斎藤純男
田口善久
西村義樹 編

The Sanseido

Dictionary of Linguistics

　　三省堂

デザイン　松田行正＋杉本聖士

はしがき

本辞典は、現代言語学の重要な概念をできるだけ分かりやすく、しかもレベルは落とさずに解説したものです。言語学を学んでいる方々、またこれから学ぼうとしている方々を念頭においで編まれましたが、広い分野にわたる知識が整理された形で簡潔にまとめられているだけでなく、近年急速に研究が進んだ分野の新しい概念も多く取り入れられており、中には日本で出た辞典として初めて取り上げる項目も含まれていますので、すでに学習が進んでいる方や教室で教えられている先生方にも使っていただけると考えています。

本辞典では、関連の概念はまとめてひとつの見出しとし、また他の概念と関連づけて説明したほうがいいと判断したものについては見出しには立てずに関連項目の中で扱いました。したがって、利用者の方々にはまず巻頭の「目次索引」を見て、そこから求める概念に辿り着いていただくことになります。求める項目を探すための索引を本文の前に持ってくるというおそらく他の辞書にはない新しい試みです。また、各項目の解説文の長さを揃えましたので、見出しはすべてページの一番上に来ており、引きやすくなっていると考えています。

本辞典の企画は三省堂の飛鳥勝幸さんからいただきました。初心者向けの分かりやすいコンパクトな言語学辞典を作りたいということでした。三省堂にはすでに『言語学大辞典』という本棚の1段を占領してしまうほど大部の有名な言語学辞典があります。そのうちの第6巻が「術語編」となっていますが、大型本で1800ページにも及びます。言語学徒には必須の辞典ですが、初学者が手軽に引くという種類のものではありません。今回の私たちの辞典は、その『言語学大辞典』の「術語編」と相補うものであると考えています。

本辞典の編集には私たち3名があたりましたが、長谷川明香さんには早い段階からあらゆる面において私たちをサポートしていただきました。また、編集協力者の方々には、項目の設定等についていろいろご相談させていただきました。各執筆者から出てきた原稿は、どれも複数によるチェックを行い、本辞典のコンセプトによりマッチするように書き変え等をお願いしたものも多くありましたが、どの執筆者の方も快くそれに応じてくださり、よりよいものになったと考えています。

本辞典には、"辞書の三省堂"の看板のひとつである「明解」を付けていただきました。これまでの明解シリーズのように広く受け入れられる辞書になることを願っています。

2015年5月
斎藤純男
田口善久
西村義樹

編　集

斎藤 純男　　田口 善久　　西村 義樹
[拓殖大学]　　[千葉大学]　　[東京大学]

執筆者一覧　(*は編集協力者)

相原 まり子　　秋田 喜美　　朝日 祥之　　池田 潤　　石塚 政行*
市之瀬 敦　　稲垣 和也　　稲田 俊一郎　　猪熊 作巳　　入江 浩司*
上垣 渉　　内田 諭　　内原 洋人　　遠藤 光暁*　　大堀 壽夫
岡田 理恵子　　梶浦 恭平　　加藤 陽子　　川島 浩一郎
木村 護郎クリストフ*　　金水 敏　　車田 千種　　高 民定
古賀 裕章*　　児倉 徳和　　小嶋 美由紀　　児玉 茂昭　　斉木 美知世
斎藤 純男　　酒井 智宏　　坂原 茂　　白井 聡子　　高見 健一
田口 善久　　田中 伸一*　　時本 真吾　　長崎 郁　　中澤 恒子
中村 桃子　　長屋 尚典*　　西川 賢哉　　西村 義樹　　野田 高広
野中 大輔　　長谷川 明香*　　林 明子　　林 徹　　林 範彦*
平沢 慎也　　藤田 耕司　　本多 啓　　前川 喜久雄　　峯島 宏次
山泉 実*　　山下 里香

編集協力　(株)翔文社　　本文組版　(有)ジェット

凡　例

1. 本書の各見出し項目は、1行目から、日本語表記（アルファベット表記が慣例となっている場合には、アルファベット表記）、よみ、英語表記、ジャンルの順に並んでいる。1行目の日本語表記がすべてカタカナの場合には、2行目のよみを省略した。1行目のアルファベット表記（例：RRG, IPA）のよみがそのアルファベットの文字としてのよみと同じである場合には、2行目のよみにも同じアルファベットの文字を記すか、よみを省略した。
2. 左肩に˘がついている用語は、見出し項目または見出し項目との関連で説明されている用語である。その用語が説明されているページは「目次索引」に太字で表示した。
3. 本書で使用したその他の記号・略語は、概略、以下の通りである。本文中で解説されているものについては省略した。
4. 文献は、原則として、手に入りやすい（特に日本語で書かれた）ものを優先した。

[ ] ……………… 音声表記
/ / ……………… 音素（表記）
- ……………… 接辞境界（接中辞以外）
= ……………… 接語境界
< > ……………… 接中辞
*(左肩) ………… [1] 再建形　[2] 非文法的な形、表現
?, ?? ……………… 容認性の低い表現
~ ……………… 重複形内の境界
∅ ……………… ゼロ要素
(→A) ……………… 別項目Aへの参照指示
cf. ……………… 参照
⇔ ……………… 反対
A' ……………… Aにアクセント核がある（日本語）
A＞B ……………… [1] AからBへの変化　[2] 階層の上＞下　[3] 動作主的項＞被動者的項
A→B／C_D …… CとDに挟まれた環境でAがBに変化する
1 ……………… first person　一人称
2 ……………… second person　二人称
3 ……………… third person　三人称
ABS ……………… absolutive　絶対格

凡例

ACC .... accusative　対格
ACT .... active　能動
ANTIP .... antipassive　逆受動
AP .... adjective phrase　形容詞句
APPL .... applicative　適用
ART .... article　冠詞
ASP .... aspect　アスペクト
AUG .... augmentative　指大辞
BEN .... benefactive　受益者格
CL .... classifier　類別詞
DAT .... dative　与格
DEF .... definite　定
DES .... desiderative　願望
DIR .... direct　順行
DO .... direct object　直接目的語
DS .... different subject　異なる主語
DUR .... durative　継続
ERG .... ergative　能格
FOC .... focus　焦点
GEN .... genitive　属格
H .... high tone　高音調（高トーン）
HAB .... habitual　習慣
IMP .... imperative　命令
IND .... indicative　直説法
INDF .... indefinite　不定
INV .... inverse　逆行
IO .... indirect object　間接目的語
IPFV .... imperfective　非完結
IPRF .... imperfect　不完了
IRR .... irrealis　非現実
L .... low tone　低音調（低トーン）
L% .... 句末境界低音調（低トーン）
%L .... 句頭境界低音調（低トーン）
LIN .... linker　リンカー
MID .... middle　中動
NEG .... negation, negative　否定(辞)
NMLZ .... nominalizer　名詞化標識
NOM .... nominative　主格
NP .... noun phrase　名詞句
OBJ .... object　目的語
OBL .... oblique　斜格(語)

OBV	obviative	疎遠
PART	particle	小辞、不変化詞、助詞
PASS	passive	受動
PFV	perfective	完結
PL	plural	複数
PNC	punctual	瞬間
PP	prepositional phrase	前置詞句
PREP	preposition	前置詞
PRS	present	現在
PST	past	過去
REAL	realis	現実
REP	remote past	遠過去
SBJ	subject	主語
SBJV	subjunctive	接続法、仮定法
SG	singular	単数
SS	same subject	同じ主語
TR	transitive	他動詞
V	verb	動詞
VP	verb phrase	動詞句

一般にあまり知られていない言語から例を挙げる場合には、次のように提示した。
　Liburu　zerra-tu=a=k　　　　　　ez　　du　　inor=i　　ere　irakas-ten
　本　　　閉じる-PFV=SG=ERG　NEG　TR.PRS　誰も=DAT　も　教える-IPFV
　「閉じられた本は誰にも教えない」（バスク語）
1行目がその言語の例、2行目はその例を形態素ごとに逐語的に訳したもの（グロス）、3行目が日本語の訳である。グロスでは、例の中の文法的形態素の意味機能を、凡例にある記号を用いて、「PFV」や「SG」のように示した。= や - は形態素の境目を示す。duのような1つの形態素がグロスの複数の要素に対応する場合、「TR.PRS」のように、その複数の要素の間にピリオドを入れた。

〈**付録**〉音声器官 …………………240
　　　　子音 ……………………241
　　　　母音 ……………………243
　　　　IPA（国際音声記号）………244
　　　　文字の系統図 …………246
　　　　英日対照表 ……………248

目次索引

*太字の用語は見出し項目を、太字の数字はその用語の説明があるページを示す。

ABA分布→周辺分布・周圏論的分布・ABA分布	
AM理論	169
ATR	**205**, 206
c統御	139
DOM（示差的目的語標示）	**157**
F0曲線	169
H変種→高位変種	
IPA（国際音声記号）	002, 014, 022, 130, 140, 154, 162, 174, 205
L変種→低位変種	
primary strategy	132
RRG	**001**, 135
SAE	**075**
SPE理論	016, **129**, 141, 180
ToBI	**014**, 169
VOT	**040**
wh-cleft→擬似分裂文	
wh句の移動	**036**, 150

【あ】

アイデンティティ　**001**, 103, 126, 134
曖昧性　**002**, 239
曖昧性除去　039
アクセント　**003**, 014, 216
アクセント核　**003**
アクチオンスアルト　**004**
アコモデーション　207
アスペクト（相）　001, **004**, 017, 054, 078, 083, 095, 117, 118, 136, 166, 167, 196, 200, 211, 227, 238
アドホック概念構築　039
アフォーダンス　**006**, 176
アブラウト　**007**
アメリカ構造主義（言語学）　086, 210
アラインメント　**007**, 074, 177, 191

アラビア数字　125
アルファベット　**008**, 125, 190

【い】

イーミック→エティック・イーミック
異音　**027**, 028, 076, 220
異化→同化・異化
意外性　118
意義　**173**
息もれ声→発声
異形態　**057**
倚辞→接語
意志性　**009**
威信　**009**, 034, 043, 068, 092, 191
依存文法　**010**
位置異音　027
一次分裂　202
位置変異　027
一致　007, **010**, 033, 054, 062, 081, 108, 113, 117, 124, 157, 166, 175, 200, 215, 227
移動→wh句の移動、名詞句の移動
移動体　012
移入　109
意符→義符→声符・義符
異分析　099
意味の悪化　**011**
意味の拡張　**011**
意味の向上　**011**
意味の合成　**013**
意味の縮小　**011**
意味変化　**011**, 112, 147, 218, 236
意味変化論　**218**
意味役割　**012**, 014, 017, 033, 081, 082, 113, 139, 191, 200, 213
意味論　001, 002, **013**, 046, 056, 086, 095, 105, 119, 160, 189, 194, 203, 220, 222, 223

異文字··················221
韻→ライム
因果連鎖··················014
隠語··················138
陰題文··················114
咽頭化··················174
インド数字··················125
イントネーション 002, **014**, 114, 119, 169, 175
インフォーマント··················071
隠喩→メタファー
引用形式··················076
引用・話法··················015
韻律··················016, 196, 197
韻律音韻論··················016, 029, 129, 186
韻律階層··················029
韻律形態論··················016, 029, 129, 186
韻律範疇··················029

【う】

ウェード・ジャイルズ式··················038
ウェルニッケ失語··················107
ヴォイス（態）**017**, 074, 081, 082, 137, 144, 149, 158, 191, 196, 201, 213, 227
受取手··················012
受身→受動
右方転位··················185
ウムラウト··················**163**, 171

【え】

エティック・イーミック··················019
絵文字・象形文字··················019
婉曲語法··················**020**, 150
円唇化··················174
延長階梯··················007

【お】

押し連鎖··················237
オノマトペ··················023, **040**, 155, 234
音位転換··················028
音韻的語··················076
音韻プロセス・音韻規則··················020, 022, 027
音韻変化··················028
音韻論··················019, **022**, 036, 038, 057, 060, 076, 085, 133, 144, 180, 204, 221, 227
音価··················**141**
音響音声学··················024
音消失・音添加··················023
音象徴··················**023**, 041
音声学··················019, 022, **024**, 204, 221
音節··················016, 019, **025**, 101, 130, 169, 183, 197, 204, 221, 222
音節の重さ··················025
音節文字··················**190**, 222
音節量··················025
音素・音素論 008, 019, 022, 023, **027**, 028, 057, 076, 122, 160, 190, 202, 221, 222
音素配列··················025
音対応··················028, 072, **184**, 233
音添加→音消失・音添加
音符→声符
音変化 011, 023, **028**, 141, 184, 201, 226, 233, 236
音法則··················028
諺文··················**183**
音律音韻論··················016, **029**, 129, 186

【か】

会意 ... **037**
外延→内包・外延
外界照応 ... **117**
解釈地図 ... **070**
改新(特徴) ... **072**
外心的→内心的・外心的
外心複合語 ... **193**
解説 ... **114**
階梯 ... **007**
下位分類 ... **072**
会話の含意 ... **030**, 095
会話分析 ... **031**, 151
格 ... **032**, 054, 091, 096, 114, 175, 177, 200, 226
拡散 ... **075**
格標示 ... 007, **032**, 157, 191, 227
格付与 ... **158**
格文法 ... 012, **033**
核母音 ... **025**
仮借 ... **037**
過剰一般化 ... **154**
過剰修正 ... **034**
活格(・不活格)型 ... **008**, 179
活性化プロセス ... **238**
活用 ... 054, **166**
カテゴリー ... **013**, 034
カテゴリー化 ... **034**, 176, 228
仮名 ... **038**
可能世界 ... **035**, 174, 217
可能世界意味論 ... **035**
カバン形態素 ... **057**
カバン語 ... **061**, 232
かぶせ接辞→超分節接辞
カルク ... **110**
含意(的)普遍性 ... **074**, 132, 215
含意法則 ... **036**
含意有標性→含意法則
関係詞 ... **215**
関係節(化) ... 111, **132**, 178, 213, 215
関係代名詞 ... **146**
関係文法 ... **036**, 201
完結相 ... **004**
観察者パラドクス ... **101**
冠詞 ... **096**
漢字 ... 019, **037**, 128, 131, 183, 190
間接話法 ... **015**
感嘆文 ... **197**
貫通接辞 ... **134**
間投詞 ... **096**
換喩→メトニミー
完了相 ... **005**
関連性理論 ... **039**, 160
関連付け機能 ... **238**

【き】

気音・前気音 ... **040**
擬音語・擬態語 ... **040**
祈願文 ... **198**
危機言語 ... **041**, 123
希求法 ... **211**
記号 ... 013, 041, **042**, 137, 175, 218, 234
聞こえ(の階層) ... 020, **025**, 110
擬似分裂文 ... **203**
きしみ声 ... **181**
記述言語学 ... 086, 123
記述的妥当性 ... 130, **208**
基数詞 ... **124**
基層 ... **043**
基層語 ... **043**
基層説 ... **043**
基層方言 ... **135**
帰属存在文 ... **142**
基礎言語理論 ... 086
基礎語彙 ... **043**, 080, 124
吃音 ... **065**
起動相 ... **005**
機能語 ... 056, **096**, 107
機能主義 ... **090**
機能的構文論 ... **044**
機能負担量 ... **045**
規範 ... **045**, 063, 191

義符→声符・義符
基本語順 068, 091
基本色彩語 046
基本母音 205
義務適用 021
疑問代名詞 146
疑問文 046, 052, 085, 091, 117, 119, 185, 197, 212
逆使役 083
逆受動(態) 018, 149, 178
逆成 060, 099
逆行→行為の方向性
旧情報 119
吸着音 049
強化→弱化・強化
共格 033
共感度 044
校合 195
共時 019, 047, 078, 184
共事象 238
共時態・通時態 047, 236, 237
強勢衝突 016
共接辞→接周辞
協調の原理 030, 047
共通語 048
共同注意 048, 176
極小主義（ミニマリズム） 049, 052
極性 188
曲線声調 130
曲用 054, 212
許容使役 102
気流機構 049
記録言語学 123

【く】

句 050, 056, 058, 091, 185, 198
空間参照枠 051, 069, 074
空間指示枠→空間参照枠
具格 033
句構造 001, 052, 079, 113, 114, 139, 172, 180, 201
屈折・派生 010, 017, 032, **054**, 059, 062, 068, 076, 083, 091, 096, 110, 124, 134, 155, 158, 180, 184, 193, 211, 212, 237
グラースマンの法則 164
クランベリー形態素 057
グリッド表示 016
グリムの法則 055
クレオール 134, 236
クレオール後連続体 135
グロットグラム 055, 156

【け】

軽音節 025
経済性 056, 175
形式意味論 013, 035, **056**, 223
形声 037
形声文字 038
形態 057
形態音韻論、形態音素論 060
形態音素 027
形態音素交替 027
形態素 057, 059, 076, 078, 086, 095, 099, 110, 122, 128, 130, 133, 181, 183, 190, 210, 222, 225, 227
形態的標示の場所 058
形態的類型論 059, 072, 225
形態統語論 060, 076
形態変化 201
形態論 054, 056, 059, **060**, 062, 083, 086, 095, 118, 158, 180, 184, 191, 212, 235
形態論的プロセス 060
系統関係 061, 091, 236
系統樹 061
系統的親疎関係 072
形容詞 010, 054, **062**, 194, 198
系列的関係→統合的関係・系列的関係
外界照応 117
結合価 010, 082, **116**, 167
結束構造→談話の結束構造・結束性、テクスト言語学
結束性→談話の結束構造・結束性、テクスト言語学
原音素 106

原型言語	121
言語イデオロギー	**063**
言語過程説	169
言語管理	067
言語共同体	**063**
言語計画	066
言語景観	**148**
言語決定論	069
言語権	**064**, 066
言語行為→発話行為	
言語行動	063, **064**, 065, 067
言語障害	**065**, 123
言語使用領域	**066**
言語人類学	019, 123
言語政策	**066**, 231
言語接触	043, 062, **067**, 075, 232, 236
言語先史学	068
言語層位学	069
言語相対論	019, 051, **069**, 123
言語地図	**070**, 104, 206
言語調査	**071**, 101
言語地理学	156
言語転移	154
言語年代学	080
言語の取替え	068
言語の分類	**072**
言語発達遅滞	065
言語普遍性	**074**
言語変項→言語変数	
言語変種	009, 034, **073**, 089, 126, 144, 206
言語変数	**073**, 126
言語領域	**075**
言語類型論	032, 036, 059, 072, **074**, 144, 191, 234
言語連合	043, 068, **075**
顕在的威信	**009**
限定コード→精密コード・限定コード	
限定符	**190**
言文一致体	195
原理・パラメータ(理論)	098, **129**, 168, 208
言理学	086

【こ】

語	014, 019, 027, **076**, 130, 181, 222
語彙→語彙項目	
語彙音韻論	**077**, 129
語彙化	**078**, 216
語彙規則	**077**
語彙機能文法	**079**, 084, 201
語彙項目	035, 078, **079**, 080, 084, 096, 102, 147, 160, 189, 198, 227
語彙素	054, 057, 060, **076**, 134
語彙提供言語	**135**
語彙的アスペクト→アクチオンスアルト	
語彙的使役構文	102
語彙統計学	**080**
項→述語・項	
後倚辞→前接語	
行為の方向性(順行・逆行)	**081**, 227
高位変種	**144**
硬音→フォルティス	
喉音仮説	**082**, 173
構音障害	**065**
口蓋化	028, 138
高起式	121, 130
口語	**195**
後語彙規則	077
項構造	012, **082**, 087, 135, 167
項交替	**084**
甲骨文字	**037**
合成性	056, **084**, 087
構成素(構造)	**050**, **052**, 079, 117, 200
構成素グリッド	016
後接語	**133**
構造依存性	**085**
構造主義言語学	042, **085**, 108, 172, 234
構造方言学	**086**, 156
拘束形態素	057, **133**
拘束的モダリティ	**222**
交替指示	**087**
後置詞	**139**
膠着(語)	059, 133, 137, **225**

肯定極性表現	188
肯定文	198
構文	001, 017, 035, 044, 058, 084, **087**, 102, 113, 120, 132, 135, 142, 155, 183, 198, 227, 228
構文文法	084, **087**, 114, 176
後方照応	117
公用語	048
合流	028, 045, **088**, 138, 141
呼応	010
コード切り替え	066, **089**
コードミキシング	089
コーパス	045, **089**, 196
コーパス言語学	**089**, 152
呼格	033
語幹	**133**, 206
語基	054, **133**, 193
国語	048
国際音声記号→IPA	
国字	038
語形	076
語形成	061
語源	**090**, 210
語源学	090
語源俗解→民衆言語	
語根	007, **133**, 193
語順	007, 036, 074, 085, **091**, 115, 134, 139, 146, 171, 185, 200, 201, 226, 233, 235
個人語	073
語声調	130
語族	068, 072, 074, 075, **091**, 141, 167, 215
語中音消失	023
語中音添加	023
固定アクセント	003
語頭音消失	023
語頭音添加	023
ことばの鎖	065
ことばの民族誌	182
語の伝播・語の放射・語の旅行	**092**
語の病気・語の治療	**092**
好まれる言い廻し	070
語の癒着・語の切断	**093**
語派	**091**
コピュラ	093, **142**
コピュラ文	**093**
コペンハーゲン学派	**086**
語末音消失	023
語末音添加	023
古文書学	195
固有名詞	034, 037, **094**, 139, 158, 175, 212, 226, 232
固有名詞学	**218**
誤用分析	145
語用論	001, 002, 017, 030, 039, 044, 046, 064, 089, 091, **095**, 103, 105, 119, 120, 122, 152, 159, 181, 184, 189, 199, 203
語用論的強化	**199**
孤立型	**059**, 060, 167
孤立的言語	**091**
語類	054, 060, 062, 079, **095**, 110, 116, 124, 133, 139, 146, 166, 212, 237
コロケーション	**089**
根源的モダリティ	**222**
混交	**210**
混合言語	062, **135**
コンサルタント	**071**
混成(語)	**061**, **232**
コンテクスト	002, 030, 039, 084, 095, **097**, 143
コントローラー	**108**, 113

【さ】

再帰代名詞 ... **146**
再建、再構 ... 082, 091, **173**
最節約原理 ... **236**
最適性理論 ... 022, **098**, 180, 186
再分析 ... **099**
削除 ... **021**
錯文法 ... **107**
サピア・ウォーフの仮説 ... **069**
差別語 ... 138
左方転位 ... **185**
作用域 ... **099**, 136, 188, 204, 223
参照点 ... 051, **100**, 176, 219
残存形式 ... **100**
残存地域 ... **100**
残存特徴 ... **072**
参与観察 ... **101**

【し】

詞 ... **169**
地→図・地
辞 ... **169**
恣意性 ... **042**, **111**
シーニュ ... **042**
子音 ... 002, 008, **101**, 140, 154, 197
子音状音、子音類 ... **101**
子音文字 ... 008, **190**, 222
使役 ... 018, 036, 057, **083**, **102**, 149, 166, 167, **231**
使役構文 ... **074**, **102**
ジェンダー ... **103**, 127
軸項 ... **113**
時系列言語地図 ... **104**, 156
死語 ... **041**, **104**
示差的特徴 ... **085**
示差的目的語標示→DOM
指事 ... **037**
指示距離 ... **239**
指示詞 ... **096**
指示対象 ... 035, 042, 056, 084, 087, 093, 094, 097, 099, 100, **105**, 111, 114, 124, 132, 146, 151, 157, 158, 160, 173, 176, 177, 194, 212, 214, 219, 226, 234, 235, 239
指示代名詞 ... **146**
指示的名詞句 ... **093**
指示転換→交替指示
指示表現 ... **139**, 239
時制→テンス
自然音韻論 ... **106**, 129
史前言語 ... **173**
自然類 ... **205**
自他交替 ... **083**
自他同形動詞 ... **083**
実験音韻論 ... **106**
実験音声学 ... **024**
失語症 ... 065, **107**
実在文 ... **142**
失書 ... **107**
実践の共同体 ... **063**
失読 ... **107**
失文法 ... **107**
指定文 ... **093**, 105
シニフィアン ... **042**, 218
シニフィエ ... **042**, 218
シネクドキー ... **011**
支配 ... 010, 054, **108**
字母 ... **008**
社会言語学 ... 055, 067, 071, 095, 103, **108**, 152, 156, 162, 207, 218, 236
斜格 ... 017, 132, 200, **201**
借用 ... 028, 043, 062, 067, 075, 090, **109**, 124, 134, 184, 216
弱化・強化 ... **110**
自由アクセント ... **003**
従位接続 ... **136**
重音節 ... **025**
重音脱落 ... **023**, 164
自由拡充 ... **039**
自由間接話法 ... **015**
習慣相 ... **005**
自由形態素 ... **057**, **133**
終結相 ... **005**

輯合(語)→複統合(語)	
修飾語	111
自由直接話法	015
重複→重複(ちょうふく)	
重文	136, 198
自由変異	027
周辺分布・周圏論的分布・**ABA分布**	100, 111
収斂	075
受影性	018
受益者格	033
主格	032, 058, 114
主格・対格型→対格(型)(言語)	
主観化、主体化	112, 200
主観性・主体性	112
樹形表示	016
主語	001, 010, 012, 014, 017, 032, 035, 036, 074, 087, 091, **113**, 115, 124, 144, 157, 165, 167, 185, 187, 191, 197, 200, 201, 213, 220, 228, 230
主辞駆動句構造文法	114, 180
主題	001, 044, 091, 113, **114**, 151, 157, 185, 200
主題化	185
述語・項	007, 010, 014, 015, 017, 058, 074, 082, **115**, 135, 149, 166, 167, 177, 185, 197, 200, 212, 213, 215, 216, 237
受動(受身)	**017**, 036, 166, 187
主要部	**050**, 058, 114, 132, 193, 215, 229
手話	116, 151
順行→行為の方向性	
照応	056, **117**, 146, 159, 176
照応形	139
照応(代名)詞	**117**, 193
象形	037
象形文字→絵文字・象形文字	
条件異音	027
条件変異	027
条件変化	028
証拠性	118, 136
証拠性モダリティ	223
小辞	096
上層(語)	043
上層方言	135
焦点	001, 014, 044, **119**, 136, 157, 188, 200, 203
焦点地域	100
譲渡(不)可能所有	120
情報構造	001, 044, 113, 117, **119**, 152, 157, 185, 191, 203, 239
情報のなわ張り理論	120
除外形	176
所記→シニフィエ	
助詞→小辞	
助数詞	215
序数詞	124
助動詞	052, **095**, 199
所有	010, 058, **120**, 158, 235
所有文	142
自律分節音韻論	**121**, 129, 186
資料地図	070
進化言語学	049, **121**, 199
進行相	005
新語創造	137
新情報	**119**, 215
新方言	207
心理言語学	122
真理条件	056, 160, 174, 177, 181, 185, 203, **217**
真理値	035, **056**, 105, 174
人類言語学	123

【す】

推意	039
推移	**028**
随意適用	021
遂行文	120, 181
数	010, 032, 054, 096, **124**, 158, 226
数詞	043, 096, **124**, 125
数字	**125**, 190
数量詞	096
スキーマ	035, **125**, 223, 235
スタイル	001, 109, **126**, 195
ステレオタイプ	**127**, 224
図・地	078, **127**, 176, 194, 238
ストレスアクセント	003

【せ】

性→文法的性
斉一原理 ... 236
制限(的)(用法) ... 111, 215
生産性 ... 128
正書法 ... 076, 128, 191
正書法的語 ... 076
生成音韻論 ... 022, 129
生成文法 ... 012, 036, 044, 049, 052, 060, 079, 082, 086, 108, 113, 121, **129**, 137, 151, 172, 176, 180, 199, 201, 210, 213, 223, 228
成節的係数 ... 082
声帯 ... 181
声調 ... 002, 038, 060, **130**, 175
声調の発生 ... 130
青年文法学派 ... 028, 234, 236
声符・義符 ... 037, 131
精密コード・限定コード ... 131
声門 ... 181
声門気流 ... 049
接近可能性の階層 ... 132, 215
接語 ... 076, **133**, 134, 146, 175, 237
接合辞 ... 134
接辞 ... 004, 007, 009, 017, 032, 054, 057, 059, 062, 068, 081, 083, 099, 110, 117, **133**, 146, 155, 166, 180, 183, 184, 191, 193, 198, 212, 225, 237
接辞化 ... 060, 096
接周辞 ... 133
接触言語 ... 134
接触場面 ... 045
接続詞 ... 096, 099
接続法 ... 211
絶対格 ... 032
絶対存在文 ... 142
接置詞→側置詞
接中辞 ... 076, 133
接頭辞 ... 007, 057, **133**, 155, 175, 188, 211, 214
接尾辞 ... 010, 057, 083, 096, 133
説明的妥当性 ... 130, 208
節連結 ... 001, 135

前倚辞→後接語
前気音→気音・前気音
線形(線状)音韻論 ... 196
先行詞 ... 117
潜在的威信 ... 009, 138
線状性 ... 042, 137
前接語 ... 133
選択体系機能言語学 ... 151
前置詞 ... 139
前方照応 ... 117

【そ】

相→アスペクト
総合→統合
相互代名詞 ... 146
操作子 ... 099
双数 ... 124
創造性 ... 137
相対的年代 ... 138
挿入 ... 021
相補(的な)分布 ... 027, 045
疎化 ... 081
俗語 ... 138
側置詞 ... 032, 096, **139**, 167, 238
束縛 ... 099, **139**, 204
束縛理論 ... 139
側面開放・鼻腔開放 ... 140
祖語 ... 068, 072, 073, 082, 090, 091, **141**, 171, 184, 226
素性階層理論 ... 129, **141**, 186
属格 ... 032, 075
措定文 ... 093, 105
存在文 ... 142

【た】

- ターゲット……108
- 態→ヴォイス
- 第一次音韻推移……055
- 対格……032, 058, 114, 157
- 対格(型)(言語)……007, 113, 146, 177, 200
- ダイクシス……015, 143
- ダイグロシア(二言語使い分け)……066, 144
- 体系文法……086
- 大語族……091
- 対象言語……218
- **対照言語学**……074, 130, 144
- 対照分析……145
- **第二言語習得**……144, **145**, 154
- 第二次音韻推移……055
- **代名詞**……032, 056, 091, 094, 099, **146**, 160, 175, 179, 185, 196, 223, 224, 226
- 題目→主題
- 代用……109
- 対立分布……027
- 高さアクセント……016
- **多義性**……002, 013, 033, 038, 084, 088, 139, **147**, 218, 220, 223
- **多言語使用**……063, 109, **148**
- 多総合的言語→複統合語
- 奪格……033
- 脱クレオール化……135
- **他動性**……009, 082, **149**, 237
- **タブー**……150
- 段位声調……130
- 単一言語使用、単一言語主義……148
- 単音文字……008, **190**, 222
- 短縮……016, **060**, 232
- 単数……124
- 単文……198
- 短母音……205
- **談話**……014, 017, 044, 087, 095, 117, 119, 144, 146, **151**, 162, 175, 196, 199, 216, 220, 227
- **談話管理理論**……152
- **談話の結束構造・結束性**……117, 151, **153**, 159
- 談話分析……031, **151**, 159

【ち】

- **地域基準**……153
- 地域方言……206
- 地名学……218
- 注音符号……038
- 中核……135
- 中核スキーマ……238
- **中間言語**……154
- 中間接辞→接合辞
- 忠実性制約……098
- 中層方言……135
- 中動態……018
- チュノム……038
- 調音……040, **154**, 174
- 調音位置節点……141
- 調音音声学……024
- 聴覚音声学……024
- 聴覚障害……065
- **重複**……040, 054, 060, 096, 134, **155**
- 超分節音→分節音・超分節音
- 超分節接辞……134
- 長母音……205
- 直示……**143**, 146, 166
- 直示移動動詞……081
- 直接構成素……139, 172
- 直説法……010, 211
- 直接話法……015
- 直列派生……098
- **地理言語学**……055, 069, 071, 090, 111, **156**
- 陳述……169, 224

【つ】

- 通言語的……**074**, 095, 132
- 通時……078, **236**
- 通時言語学……236
- 通時態→共時態・通時態
- 強さアクセント……016

【て】

- 定 …… 114, **158**
- 低位変種 …… **144**
- 低起式 …… 121, 130
- **定形性** …… **158**, 178
- 定性 …… 096, 133, 157, **158**, 191, 212
- 提喩→シネクドキー
- 適用態 …… **018**, 149
- **テクスト言語学** …… **159**, 196
- テクスト性 …… **159**
- テクスト文法 …… **159**
- **手続き的意味** …… **160**
- 転位 …… **185**
- 転換 …… **061**
- **転写・翻字** …… **160**
- **テンス**[1]（時制）…… 001, 004, 015, 017, 054, 084, 095, 114, 118, 136, 158, 159, **161**, 166, 167, 196, 211, 222
- テンス[2]・ラックス …… **162**
- 伝達に関する関連性の原理 …… **039**
- **伝達能力** …… **162**
- 転注 …… **037**

【と】

- 等位接続 …… **136**
- 同一性文 …… **094**
- 等位枠付け言語 …… **238**
- 同音異義(性) …… 002, **147**
- **同音衝突・類音牽引** …… 092, 156, **163**
- **同化・異化** …… 028, 141, **163**, 164
- 同源語 …… **184**
- **統合** …… 059, **164**
- **統合的関係・系列的関係** …… 019, **165**
- 統語構造 …… **029**
- 等語線 …… **071**
- 統語変化 …… **201**
- 統語論 …… 060, 086, 133, **199**, 203, 212, 218
- 動作主 …… **012**, 081, 083, 113, 149, 191, 226, 235
- **動詞** …… 004, 009, 010, 017, 035, 054, 074, 091, 139, 158, **166**, 167, 194, 198, 199
- 頭子音 …… **025**
- **動詞化** …… **166**
- 頭字語 …… 020, **061**, **232**
- 等時性 …… **221**
- 同時調音 …… **174**
- **動詞連続構文** …… 135, **167**
- 動詞枠付け言語 …… **238**
- **統率音韻論** …… **168**
- 倒置 …… 015, 046, **185**
- 同定文 …… **094**
- 動的モダリティ …… **222**
- 動名詞 …… **213**
- **トートロジー** …… **168**
- トーン …… **169**
- **時枝文法** …… **169**, 180, 210, 224
- ドキュメンテーション …… **041**
- 特定性 …… 157, **158**
- 閉じた(語)類 …… **096**, 146, 199
- 捉え方 …… 070, 102, 177
- **ドリフト** …… **171**

【な】

内核 135
内心的・外心的 172
内心複合語 193
内省 089, 172
内的再建法 173
内破音 049
内包・外延 002, 035, 173
内容語 056, 062, **096**
軟音→レーニス
軟口蓋化 174
軟口蓋気流 049

【に】

二言語使用 043, **148**
二言語使い分け→ダイグロシア
二次分裂 202
二重語 090
二重調音・二次的調音 174
二重分節 137, **175**, 190
二重母音 205
入破音 049
認識的モダリティ 222
人称 010, 032, 054, 058, 116, 124, 158, 165, **175**, 177, 226
人称階層 017, **081**
人称(代)詞 .. 015, 084, 117, 143, **146**, 158, 159
認知に関する関連性の原理 039
認知言語学 006, 034, 048, 070, 080, 090, 121, 127, 139, **176**, 189, 218, 219, 228, 234
認知文法 112, **176**, 229

【ね】

ネオ方言 207
ネガティブポライトネス 209
ネットワーク 062

【の】

能格性 113, **177**, 239
能格(・絶対格)(型) 007, **008**, 017, **032**, 146, 177, 191, 239
能記→シニフィアン
能動態 017

【は】

- 肺気流 ... 049
- 廃用 ... 104
- バイリンガリズム→二言語使用
- 拍→モーラ
- **橋本文法** ... 169, **180**, 210, 224
- 場所格 ... **032**
- 場所格交替 ... 084
- 場所存在文 ... 142
- 派生 ... 052, 056, 068, 079, 083, 134, 155, **180**, 184, 193, 237 →屈折・派生
- 派生語 ... 099
- **発声** ... 040, 154, **181**, 205
- 発声障害 ... 065
- **発話行為(言語行為)** ... 001, 015, 095, 175, **181**, 182, 217
- 発話内行為 ... 136, 181
- 発話内の力 ... **182**, 223
- 発話のための思考 ... 069
- 波動説、波紋説 ... **061**, 062
- 話しことば ... 195
- **場面** ... 001, 063, 103, **182**
- パラ言語 ... 185
- パラダイム ... **054**, 059, 233
- パラメータ→原理・パラメータ(理論)
- パロール→ラング・パロール
- ハングル ... **183**
- 反復 ... 155
- 反復相 ... 005
- 範列関係→系列的関係→統合的関係・系列的関係

【ひ】

- 比較言語学 ... 047, 060, 074, 090, 124, 130, 144, **184**, 195
- **比較構文** ... 062, **183**
- **比較法** ... 074, 141, 173, **184**, 232
- 非完結相 ... 004
- **非規範的語順** ... 185
- 引き連鎖 ... 237
- **非言語伝達** ... 185
- 鼻腔開放→側面開放・鼻腔開放
- 尾子音 ... **025**
- ピジン ... **134**, 236
- 非制限(的)(用法) ... 111, 215
- **非線形音韻論** ... 016, 029, 098, 121, 129, 168, **186**
- **非対格** ... 036, **082**, **187**, 214
- 非対格動詞→非対格
- 非対格仮説 ... 036, **082**
- 鼻濁音 ... **027**
- ピッチアクセント ... **003**, 016
- **否定** ... 001, 099, 136, **188**, 198
- 否定極性表現 ... **188**
- 否定辞繰り上げ ... **188**
- 否定文 ... 074, 198
- 被動者 ... **012**, 083, 113, 149, 191, 213, 226, 235
- 非能格(動詞) ... 036, **082**, **187**
- 百科事典的→百科事典的意味論
- **百科事典的意味論** ... **189**
- 表意 ... **039**, 160
- 表意音 ... **023**
- **表音文字・表語文字・表意文字** ... 008, 131, 160, **190**, 222
- 標準化 ... **191**
- **標準語** ... 009, 034, 048, **191**, 207
- 標的 ... 219
- 開いた(語)類 ... **096**, 199
- 拼音字母(ピンイン) ... **038**
- 品詞 ... **095**, 235

【ふ】

- フィリピン・タイプ ... **191**
- 諷喩 ... **219**
- フォリナートーク ... **192**, 207
- フォルティス ... 162
- 付加詞 ... 050, **115**, 215, 237
- **不完全指定理論** ... 036, 129, 186, **192**, 205
- 複言語主義 ... 148
- **複合** ... 016, 027, 060, 096, 117, 165, **193**, 206, 216
- 複合語(化)→複合
- 副詞 ... 096

複数	124
複製	110
複統合(語)、複総合(語)	059, 060, **164**, 225
副動詞	**137**
複文	136, 198
付随要素(枠付け言語)	**238**
フット	016, 025, **194**, 204
不定	**158**
部分格	**033**
不変化詞→小辞	
普遍文法	049, **129**, 137, 228
不明瞭	**002**
プラーグ学派	044, **085**, 159, 227
フレーム	013, **189**, 219
ブローカ失語	**107**
プロソディー	**197**
プロトタイプ	013, **034**, 125, 147, 157, 237
プロファイル	014, 050, **194**
文間コード切り替え	**089**
文献学	**195**, 236
文語	**195**
分詞	**166**
分詞構文	**137**
文章論	**196**
分析的使役構文	**102**
分析的(言語)	**165**
文節	**180**
分節音韻論	029, 186, **196**
分節音・超分節音	002, 016, 027, 061, 121, 192, **197**, 204
文中コード切り替え	**089**
文のタイプ	046, **197**
文文法	119, 159
文法	004, 014, 019, 034, 050, 070, 079, 085, 088, 121, 177, 191, **198**, 210, 229, 235
文法化	013, 078, 081, 090, 097, 122, 133, 139, 152, 167, **199**, 215, 223, 230, 237
文法カテゴリー	**004**
文法関係	001, 017, 033, 036, 074, 081, 082, 091, 113, 132, 199, **200**, 213, 215, 227, 230
文法的の語	**076**
(文法的)性	010, 032, 054, 070, **103**, **215**, 226
文法範疇	017, **054**, 211, 222
文法変化	099, **201**, 236
分裂	**202**
分裂自動詞性	**008**, 179
分裂能格性	**178**
分裂文	120, **203**, 239

【へ】

併合	**049**, 052
平行発展	**072**
平準化	**233**
平叙文	**197**
並列評価	**098**
ベース	**194**
変異	109, 126
変異形	**073**
変異理論	063, 126, **203**
変項	039, 094, 099, 114, 142, **204**, 223
変種→言語変種	
弁別素性、弁別的特徴	016, 085, 141, 192, **204**, 227

【ほ】

母音	002, 008, 028, 154, 197, **205**
母音交替→アプラウト	
母音状音、母音類	**101**, 205
母音調和	076, 183, **206**, 225
法→ムード	
包括形	**176**
方言	062, 070, 073, 104, 148, 171, **206**
方言字	**038**
方言接触	**207**
方言地理学	**156**
方言連続体	062, **206**
抱合	149, 165
放出音	**049**
傍層	**043**
飽和	**039**
母語の獲得	122, 130, **208**
ポジティブポライトネス	**209**

補充	058, **061**, 083
ホスト	**133**
補部	**050**
補文	046, **136**
ポライトネス理論	126, **209**
翻字→転写・翻字	
翻訳借用→カルク	

【ま】

松下文法	169, 180, **210**, 224
マクロ事象	**238**

【み】

ミニマリズム→極小主義	
ミニマルペア	**027**, 045
民間語源→民衆語源	
民衆語源	090, 156, **210**
民族言語学	123

【む】

ムード（法）	015, 054, 158, 166, **211**
無気音	**040**
無条件変化	**028**
無生	**226**
無声	**181**
無対動詞	**083**
無題文	**114**
無標	017, 036, 081, 083, 091, **227**

【め】

名詞 010, 032, 035, 054, 074, 094, 139, 158, 194, 198, **212**, 235

名詞化	128, 166, **212**
名詞化標識	**212**
名詞句階層	**226**
名詞句の移動	**213**
名詞クラス	**214**
名詞修飾節	**215**
名詞抱合	193, **216**

命題 030, 047, 078, 094, 119, 158, 160, 181, 200, **217**, 222

命題関数	**094**, 105
命名論	**218**
命令文	**197**
命令法	**211**
メタ言語	**218**
メタ言語言説	**063**

メタファー（隠喩） 011, 013, 056, 137, 147, 176,

199, **219**, 220, 235
メトニミー(換喩)………… 011, 147, 199, **219**
メンタル・スペース理論…… 035, 152, 158, 176, **220**

【も】

モーラ …… 003, 016, 025, 190, 204, **221**, 222, 232
目的語………………………………………… 157, 200
文字学……………………………………………… **221**
文字素……………………………………………… **221**
文字論・文字素論………………………… 190, **221**
モジュール…………………… **121**, 130, 176, **189**
モダリティ………… 001, 015, 095, 136, 167, **222**
モンタギュー文法……………………………… **223**

【や】

役割語…………………………………………… 126, **224**
山田文法………………………… 169, 180, 210, **224**

【ゆ】

有気音……………………………………………… **040**
融合(blending)………………………………… 013, 220
融合¹(fusion)……………………………… 059, 164, **225**
融合²(syncretism)………………………………… **226**
融合的言語…………………………………………… 225
有声………………………………………………… 181
有生性………………… 017, 146, 157, 179, **226**, 235
有声有気音………………………………………… 181
有題文……………………………………………… 114
有対動詞…………………………………………… **083**
有標性 …… 017, 036, 056, 083, 183, 188, **227**, 235
有標性制約………………………………………… **098**

【よ】

幼児のことば……………………………………… **228**
用法基盤モデル…………………………………… **228**
与格…………………………………………… **032**, 075
与格交替…………………………………………… **084**

【ら】

- ライム ... 025
- ラックス→テンス・ラックス
- ランガージュ ... 230
- **ラング・パロール** ... 230

【り】

- **力動性** ... 014, 223, 230
- 六書 ... 019, 037
- リスト存在文 ... 142
- リズム規則 ... 016
- **リテラシー** ... 231
- **略語** ... 020, 232
- 量化子 ... 096, 099, 204, 214
- 両極派生 ... 083
- 臨界期 ... 208
- リンガ・フランカ ... 048

【る】

- 類音牽引→同音衝突・類音牽引
- **類型地理論** ... 232
- 類型論→言語類型論
- **類推** ... 233, 236
- **類像性** ... 041, 102, 234
- **類別詞** ... 158, 215, 235

【れ】

- レーニス ... 162
- **歴史言語学** ... 184, 236
- レジスター ... 126, 195, 207
- 連位接続 ... 137
- 連辞関係→統合的関係・系列的関係
- **連鎖変化** ... 055, 237
- **連続体** ... 059, 237
- 連文 ... 136

【ろ】

- ロタシズム ... 202
- ロンドン学派 ... 085

【わ】

- 枠付け→枠付け類型論
- **枠付け類型論** ... 238
- **話題継続性** ... 152, 239
- 話題性 ... 081, 227
- 話法→引用・話法

RRG
Role and Reference Grammar (RRG)

理論

ヴァン＝ヴェイリン（Robert D. Van Valin, Jr.）とフォリー（William Foley）によって1980年代に開始された文法理論。特に類型論的な多様性に注目した理論構築を最初から進めていること、意味論的・語用論的な解釈を統語部門からの「出力」に対して行うのでなく、各部門からの制約を同時に適用する並列設計をとることが特徴である。英語などとは大きく異なる構造を持った言語の分析・記述に適しているため、フィールドワークを中心に行う言語学者の間で支持が広がっている。なお、RRGという名称は文法関係をrole-dominatedとreference-dominatedに類型化したことに端を発する。

理論を構成する各部門（表示レベル）は次のとおりである。これらに加え、表示間の対応についての一般的制約が設けられる。（1）句構造。述語を主要部とし、それに項が加わった中核、付加詞も含んだ節という層状構造が表示される（→句、述語・項）。（2）情報構造。主題と焦点の範囲について表示される。（3）語彙意味論。述語であればアスペクト分類に基づいた意味構造と結合価が表示される。（4）操作子。文の各層についてアスペクト、否定、テンス、モダリティ、発話行為などが表示される。「主語」や「動詞句」はRRGではプリミティブな概念ではなく、（1）－（4）の相互作用、及び個々の構文情報を基に副次的に規定される。

RRGは米国の言語学者が創出したモデルだが、他地域でも多くの言語学者によって採用されている。節連結の細分化された類型、操作子の階層、情報構造に特化した構造的位置の導入など、他の理論でなされている提案を体系化された形で先取りした部分も多い。

[文献] R. D. Van Valin, Jr. *Exploring the Syntax-Semantics Interface*. Cambridge Univ. Press, 2005. ［大堀壽夫］

アイデンティティ
identity

社会

アイデンティティは、「自分とは何者か」に関する感覚を指す。自己同一性と訳されたり帰属意識と訳されたりするが、自分の個性と他者との連帯という両面を合わせ持つところに、この概念の独自性があると言える。

言語は、アイデンティティと密接に関わっている。私たちは言語を話す時、内容を伝えているだけではなく、自分がどのような人間か（年齢、性別、出身、地位など）を表現するとともに、相手との関係のあり方をも形作っている。相手と近づくために同じような話し方をしたり、距離をとるために改まったスタイルを用いたりする。このように他の人や集団と自分を同一化したり差異化したりする。私たちは言語によってたえず相互に自己の表現・形成・位置づけを行っているのである。その意味で、言語行為はすべてアイデンティティ行為という側面を持っている。よってアイデンティティの形成や表現は言語の主要な社会的機能の1つとみなされる。

言語のアイデンティティ機能は、同じ話し方をする人への素朴な親近感や、別の話し方をする人への距離感に根差しているが、とりわけ近代以降、民族や国家への帰属意識として、集団規定の要素となってきた。また母語のみならず外国語学習もアイデンティティと密接に関わる。ただし特定の言語使用が自動的に特定のアイデンティティと結びつくわけではない。言語とアイデンティティの関係は、ある言語使用がどのように理解され、解釈されるかによって左右される。また以前は出身、性別、年齢、階層、民族などの属性との関連で固定的に捉えられることもあったが、現在では、アイデンティティは、場面や相手によって使い分けられ、変えられる流動的なものとして捉えられている。

[文献] 上野千鶴子編『脱アイデンティティ』（勁草書房 2005）
［木村護郎クリストフ］

IPA（国際音声記号）
IPA（こくさいおんせいきごう）
International Phonetic Alphabet (IPA)

音声・音韻

　IPAは、世界で最も広く使われている音声記号である（→付録「IPA（国際音声記号）」）。
【分節音の記号】 母音と子音については主にローマ字をベースにした記号が用意されている。それらの記号は、調音音声学の原理に基づいて表や図に配置されている。子音については、肺気流子音の表、そこに含められていない子音の記号である「その他の記号」、非肺気流子音の表がある。母音については台形の図が与えられている。これらの母音・子音の記号だけでは区別できない特徴を表すための「補助記号」も用意されている（→気流機構）。
【超分節音の記号】「超分節音」の欄には、強勢、長さ、声調、イントネーションなどの記号がまとめられている。ただし、イントネーションを表記するための記号は乏しく、その細かな記述には別の方法が必要である（→イントネーション、ToBI）。
【IPA表記を扱う際の注意点】（1）表記には、より精密な表記とより簡略な表記がある（スの母音をより精密に[u̜]とするか、より簡略に[u]とするか）。（2）ちょうどいい記号がない場合、記述者によって記号が異なることがある（ウに[u]を使うか、[ɯ]を使うか）。（3）決められた記号の使用法に記述者がどの程度厳密に従うかによって記述が異なる（シの子音を[ɕ]とするか、[ʃ]で代用するか）。（4）IPAは何回か改訂されてきているので、どの版に基づいているかによって記号が異なる場合がある。（5）同じ音声を聞いても記述者の言語的背景や訓練の度合いによって記述が異なることがある。（6）記述されるのは音の言語的な情報のみで、実際の音声に含まれる感情、性別、年齢などの情報は含まれない。

[文献] 国際音声学会『国際音声記号ガイドブック』（大修館書店 2003）、プラムほか『世界音声記号辞典』（三省堂 2003）　　　　　　　　　　　　　　［斎藤純男］

曖昧性
あいまいせい
ambiguity

意味論

　ある言語形式に対して複数の解釈が可能な場合、意味論のレベルで複数の意味を持っていると考える場合、これを曖昧と言い、意味論的には単一の意味を持っており、語用論のレベルで複数の解釈を説明する場合、これを不明瞭（vague）と言う。「おかしい」という語は「面白い」と「奇妙だ」という異なる意味を持っており、これはコンテクストを考慮することなく、語の意味として規定することができるので、曖昧性の例である。「太郎の本」という表現は、「太郎が書いた本」、「太郎が所有している本」などさまざまな解釈が可能だが、この表現自体が意味論的に持っているのは「太郎と関係Rを持つ本」という単一の意味で、「関係R」の部分をコンテクストから補うことによりさまざまな解釈が得られるので、これは不明瞭性の例である。従来、語レベルの曖昧性に関して、多義と同音異義という区別がされている。一般に、「くも」（雲／蜘蛛）のようにその意味の間に関連が感じられない場合は同音異義であり、「おかしい」（面白い／奇妙だ）のように関連が感じられる場合は多義であるとされている。しかし、この区別は何をもって関連があると考えるかが明確ではなく、どちらも意味論的に規定される意味が複数あるので、曖昧性の例である。不明瞭という用語は、コンテクストを参照しても、なお述語の外延を明確に規定できないことを指して使われる場合もある。「背が高い」という述語は、「日本人の成人男性としては背が高い」という意味で用いるとしても、身長172cmの太郎はその外延に含まれるかどうかはっきりしない。「身長170cm以上」のような述語とは異なり「背が高い」はこの意味で不明瞭である。

[文献] 今井邦彦・西山佑司『ことばの意味とはなんだろう』（岩波書店 2012）　　　　　　　　　　［梶浦恭平］

アクセント
accent

音声・音韻

現代共通日本語では、

　はなから　　　「鼻から」
　はな'から　　　「花から」
　は'なから　　　「端から」

に見られるように、「'」の位置で高さが急に下がり、そこが際立って聞こえる。その際立つ場所があるかないか、ある場合はどこにあるかが語によって決まっている。英語でも

　ph**ó**tograph
　phot**ó**grapher
　photogr**á**phic

のように、それぞれの語において際立たせて発音されるところが決まっている。日本語がもっぱら高さを使用するのに対し、英語は語の文中での出現場所などにより高さ・長さ・強さのすべてもしくはいずれかで示す。何を使うにしろ、このように何らかの形で単語の中のどこか1箇所を際立たせる現象をアクセントという。現代共通日本語については、かつては、1つ1つのモーラの高さが決まっていて、そのパターンがアクセントであるとされていたが、現在では、下がり目に関する決まりのみがアクセントであると考えられている。(下がり目の直前にアクセント核があると言う。)単語そのものに備わっているのは下降するところに関する情報のみで、それ以外の高さは語が現れる環境などによって決まるのである。たとえば、「鳥」という語は

　　　とりが
　　あかいとりが
　　あお'いとりが

のように「と」と「り」の高さは決まっていない。この単語に決まっているのは下がるところがないということだけである。同様に

「端」　　はしが　　　あのはしが
「橋」　　はし'が　　　あのはし'が
「箸」　　は'しが　　　あのは'しが

においても、「あの」が付くか付かないかによって「はし」の「は」の高さが違っても単語自体は変わらない。しかし、下がり目の場所(それがない場合も含む)を変えると単語そのものが変わってしまう。

【ピッチアクセントとストレスアクセント】 日本語のようにもっぱら高さを用いるアクセントをピッチアクセント、英語のように高さ・長さ・強さなどすべてを用いるものをストレスアクセントと言って区別することがある。

【自由アクセントと固定アクセント】 日本語や英語の場合、際立たせられる箇所は語によってさまざまであり、自由アクセントと呼ばれる。それに対してポーランド語では常に後ろから2番目の音節が際立ち、

　cz**ló**wiek　　　「人が」
　człowi**é**ka　　「人の」
　człowiek**ó**wi　　「人に」

キルギス語ではいつも一番最後が際立つ。

　žum**ú**š　　　　　　「労働」
　žumušč**ú**　　　　　「労働者」
　žumuščul**á**r　　　　「労働者たち」
　žumuščular**ý**　　　「彼らの労働者たち」
　žumuščularyb**ý**z　　「我らの労働者たち」
　žumuščularybyzg**á**　「我らの労働者たちに」

宮崎県都城市の方言では常に最後が高く、そこが際立つ。このようなタイプのアクセントを固定アクセントという。固定アクセントの場合は当然ながらアクセントによって語の意味を区別することはできない。

【アクセントと声調】 タイ語や広東語なども日本語と同じようにもっぱら高さを用いるが、その用い方が異なる。それらの言語におけるものは、各音節がそれぞれの言語に用意されている高さのパターンの中からどれか1つを選ぶというタイプで、声調と言われるものであり、日本語に見られるような単語の中のどこか1箇所を際立たせるというアクセントとは異なる(→声調)。

[文献] 早田輝洋『音調のタイポロジー』(大修館書店 1999)、松森晶子ほか『日本語アクセント入門』(三省堂 2012)

[斎藤純男]

アクチオンスアルト
Aktionsart（独）

文法・意味論

　動詞に内在する時間的特性。文法的アスペクトに対し、語彙的アスペクト（lexical aspect）とも呼ばれる。ベンドラー（Z. Vendler）は、この時間的特性を基準に動詞を4つのタイプに分類した。状態動詞（stative）は英語のknowやresemble、日本語の「ある」、「いる」などのように時間上で変化のない恒常的な状態を表す。よって、事態を状態化する進行アスペクトとは通常共起しない（例：*I'm knowing him）。「歩く」や「読む」に代表される活動動詞（activity）は、終結点を持たない（atelic）、継続的な動作を表す。進行アスペクトとは相性がよく、任意の時点でその行為が継続中であるさまを表す（例：彼が歩いている）。また、固有の終結点を持たず継続可能な事態を表すため、for an hourや「3時間」といった時間的な幅を指定する副詞句と共起する。到達動詞（achievement）は固有の終結点を持ち（telic）、かつ瞬間的な事態を表す動詞を指し、英語のarriveやdie、日本語の「離れる」などが例に挙げられる。達成動詞（accomplishment）は到達動詞同様、語彙的に組み込まれた終結点を有するが、英語のlearnや日本語の「渡る」などのように時間的な幅を持った事態を表す。到達動詞と達成動詞はどちらも終結点を有するためin an hourや「3時間で」といった限界点を設定する副詞句と相性がよい。また、達成動詞の場合には、英語の進行形でも日本語のテイル形でも事態の実現を導く行為の進行を表す（例：He is learning English／彼は川を渡っている）が、到達動詞の場合には、進行形が事態の実現の直前（例：He is dying）を表すのに対して、テイル形は実現後の結果状態（例：彼は死んでいる）を表す。

　英語のflashやcoughのような一回的で瞬間的に完結する事態を表す動詞を一回動詞（semelfactive）と呼んで区別することもある。

［古賀裕章］

アスペクト（相）
アスペクト（そう）
aspect

文法・意味論

　アスペクトとは、動詞の表す事態の内部的な時間構造の捉え方（事態の開始・持続・終結のどの段階に注目するかなど）に関わる文法カテゴリーであり、事態と発話時との時間的関係（事態がいつ起こるか）を表すテンスとは異なる。また、アスペクトは、動詞の屈折・接辞・助動詞（→語類）などの文法的手段によって表される点において、動詞自体に内在する時間的意味であるアクチオンスアルトとも区別される。

【用語】アスペクト（aspect）という用語はロシア語のvid（語源的にはview, visionと同根）の訳語であり、字義通りには事態の見方（捉え方）を表すカテゴリーということができる。日本のロシア語学では「完了体・不完了体」というように「体」が用いられることが多く、日本語学では「（進行）態」「すがた」などと呼ばれることもあるが、近年の一般言語学では「アスペクト」または「相」を用いるのが一般的である。

【完結相と非完結相】ロシア語などのスラブ諸語に見られる現象の記述を出発点とするという経緯もあって、アスペクトの研究は完結相（perfective）と非完結相（imperfective）との対立を中心として議論されてきている。The World Atlas of Language Structuresによると、この形態的な対立は222言語中の101の言語に存在する。

　完結相は事態の時間的展開を開始・持続・終結という段階に分割しないで、外側から総体として捉えるのに対して、非完結相は時間的展開の内部から事態を捉える。

(1) Just the other day I visited Aunt Martha and saw your picture
(2) Just the other day I was visiting Aunt Martha and saw your picture

このうち、先行節が完結相である(1)では、先

行節［I visited Aunt Martha］と後続節［(I) saw your picture］が時間的に前後して起こる2つの事態を描写するのに対して、(2)では先行節事態の生起時間内に後続節事態が包含される形で描かれており、先行節の非完結形式（be＋現在分詞）によって時間構造の内部に視点が設定されている。

ロシア語では基本的に非完結相が無標、完結相は有標（→有標性）であり（čitat' 読む［非完結相］- pročitat'［完結相］）、この形式選択は義務的である。日本語や英語でも「部屋に入った時、彼は本を読んでいた／*読んだ」、When I entered his room, he was reading/*read a bookのように、「－ている」「be＋現在分詞」という有標形式（非完結相）の選択は原則義務的である。なお、ここでは英語の例を用いているが、スラブ諸語の非完結相の表す意味は英語の進行形の表す意味と厳密には一致せず、さらに、スラブ諸語では完結相が有標であるのに対して英語では進行相が有標となっている点において、英語の進行相を非完結相とすることには問題があるとする立場もある。

【その他の種類のアスペクト】以下では、完結相・非完結相以外のアスペクトの意味クラスについて述べていく。

事態の特定の局面を捉えるものとして、起動相・終結相が挙げられる。起動相（inceptive）は事態の開始段階を表す。日本語には「－だす」「－はじめる」「－かける」などの形式が存在する（「雨が降り出した」「本を読みかけて寝てしまった」）。終結相（terminative）は事態の終結を表し、日本語では「－おわる」「－やむ」「－きる」などが挙げられる（「赤ちゃんが泣きやんだ」「全力で走り切った」）。「－てしまう」も基本的には終結を表す形式だが、元の状態に戻れないことに伴う後悔の念を表すことが多い（「宿題を忘れてしまった」）。結果相（resultative）は、動詞の表す変化の結果としての状態を表す。日本語では「ゴミが落ちている」「絵が掛けてある」のように「－ている／ある」によって表される。英語では、I have cleaned my roomのような現在完了形（have＋過去分詞）によるものが挙げられる。

非完結相に近いものとして、進行相・反復相・習慣相が挙げられる。進行相（progressive）は典型的には動的な事態の持続を表すとされる。英語では、know、likeなどの状態動詞は進行形にできないが、He is being silly（彼は馬鹿な振る舞いをしている）のように、形容詞述語の表す事態を進行形によって動的なものとして捉えなおすこともできる。日本語の「－ている」は進行相を表す中心的な形式だが、「山がそびえている」「似ている」など、静的な状態を表す場合に使われることもある。一方で、「彼はすでに帰っている」「彼は以前右足を折っている」のように英語の現在完了形と重なる用法もある。動作の継続を表す形式としては、「－つづける」なども挙げられるが、「－ている」は「走りつづけている」「咲きかけている」というように、他の形式に後接できる点でも中心的なアスペクト形式である。また、「ノックしている」「先ほどから続々とメールが届いている」のような同一場面での反復継続的な動作も「－ている」によって描かれ、これは反復相（iterative）と呼ばれることがある。同一タイプの事態の複数場面での繰り返しを表す習慣相（habitual）は、日本語では「彼は毎朝6時に起きる」のように無標で現れるが、「ここ10年ほどジョギングをしています／*します」のように時間幅が設定される場合には「－ている」が必須となる。「水は100度で沸騰する」のように、恒常的な事態を表す文は原則無標である（cf.「地球は太陽の周りを回る／回っている」）。

完結相（perfective）とは別種のアスペクトである完了相（perfect）は、時間的に先行する事態と基準時の状態との関連性を表す。先述の通り、日本語では現在完了の意味は「－ている」によって表すことができるが、「もう、朝食を食べた」「昨日は朝食を食べた」のように、「－た」は現在完了も単純過去も表すことができる。このことは、「朝食を食べました

か？」という問いに対する回答として、それが午前中の会話なら、「いや、食べていない／*食べなかった」というように「−た」を用いると不自然となるのに対して、夕食後の会話を想定すると、「いや、食べなかった／*食べていない」というように「−ている」が不自然になることからも確認できる（寺村1984: 321-322）。英語を例にとると、I ate lunchの単純過去形が事態を過去時に位置付けることを中心的な働きとするのに対して、現在完了形を用いたI have eaten lunchは事態が過去に属することを表しつつも、情報としての焦点は昼食をとった後の現在の状態にある。注目されているのが現在であるため、英語の現在完了形は過去の時点を表す副詞が共起できないが、ドイツ語や一部のロマンス系言語の現在完了に相当する形式では過去時を表す副詞が共起することができる。

このほかにもアスペクト的意味にはさまざまなクラスが存在し、個々の用語についての混乱が見られることも少なくない。Comrie（1976：25）には基本的な分類が示されており、非完結相の下位分類として習慣相と継続相（continuous）を並置し、継続相をnonprogressiveとprogressiveに分類しているが、多様性を極める諸言語のアスペクト形式の分類やその土台となる理論の整備は今なお残された課題と言ってよい。

[文献] R. Binnick ed. *The Oxford Handbook of Tense and Aspect*. Oxford Univ. Press, 2012., B. Comrie. *Aspect*. Cambridge Univ. Press, 1976., G. Leech. *Meaning and the English Verb*. 3rd ed. Pearson Education Limited, 2004., J. Lyons. *Semantics*. Vol. 2. Cambridge Univ. Press, 1977., 寺村秀夫『日本語のシンタクスと意味II』（くろしお出版 1984） ［野田高広］

アフォーダンス
affordance

知覚心理学者ギブソン（James J. Gibson）の造語で、生態心理学の用語。環境の中で事物が知覚・行為者としての動物に対して持つ意味のこと。たとえば空気はヒトに対して呼吸をアフォードするが、魚には呼吸ではなく窒息をアフォードする。一方で大量の水はヒトには窒息をアフォードするが、魚には呼吸や移動をアフォードする。椅子は人間に対して座ることをアフォードする。このようにアフォーダンスとは一方で知覚・行為者に対して事物が提供する行為の可能性であり、他方で事物がもたらす害の可能性でもある。

アフォーダンスは事物と知覚・行為者の関係であり、事物と知覚・行為者の双方の特性によって決まるものである。その意味でこれは客観的・主観的両方の性質を持つと言える。事物と知覚・行為者の関係は環境の中に実在するものである。用語の使い方としては事物の特性だけを指してアフォーダンスと呼ぶこともある。また知覚・行為者の側の特性を指してエフェクティヴィティ（effectivity）と呼ぶこともある。事物の知覚とはそのもののアフォーダンスの知覚であり、生きるとは、行為→アフォーダンスの知覚→そのアフォーダンスに導かれて行為→さらにアフォーダンスを知覚という循環を環境の中で続けること、環境の意味を探索・知覚し、それに導かれて行為し続けることである。

意味の身体性を重視する認知言語学はアフォーダンス理論を導入している。扱われている言語現象に可能表現がある。日本語には可能の原因を行為者に求める能力可能と行為者以外に求める状況可能を区別する方言があるが、これはアフォーダンスとエフェクティヴィティの問題である。英語の中間構文や日本語の属性可能構文、無標識可能表現もアフォーダンスの表現として分析できる。

［本多啓］

アブラウト
ablaut

歴史

　語根や接辞の母音の質を変えることにより、文法的機能の異なる形態を作り出すこと。インド・ヨーロッパ語（印欧語）において顕著に見られる。母音交替とも言う。インド・ヨーロッパ語でもっとも基本的なアブラウトは〈e / o / ゼロ〉の交替で、たとえば古典ギリシア語の動詞「残す」の変化形 leípō（現在一人称単数）, léloipa（現在完了一人称単数）, élipon（アオリスト一人称単数）の語根部分を抜き出すと、それぞれ〈leip / loip / lip〉となり、〈l-ip〉を骨格として母音が〈e / o / ゼロ〉で交替していることが分かる。現代英語の sing, sang, sung や、現代ドイツ語の singen, sang, gesungen などの強変化動詞に見られる母音交替も、ゲルマン語で生じた音変化のため不透明になってはいるが同じアブラウトの反映である。アブラウトによる交替形を階梯（grade）と言い、e-階梯、o-階梯、ゼロ階梯などと呼ばれる。印欧祖語の母音を比較的忠実に保っていると考えられるギリシア語の例をさらに挙げると、「父」を意味する名詞の変化では patér（単数主格）, patrós（単数属格）, patéra（単数対格）という形が、またこれに接頭辞 eu-「よい」がついた「高貴な生まれの」という意味の派生形の変化では eupátōr（単数主格）, eupátora（単数対格）という形がある。母音交替を示す接尾辞 -tēr（親族名称に現れる）の部分のみを取り出すと〈tēr / tr / ter / tōr / tor〉となる。このうち〈ter / tor / tr〉は上記と同じ〈e / o / ゼロ〉の交替であり、また〈tēr / tōr〉に現れる長母音は基本的な母音 e, o に対する量的交替であり、これを延長階梯（lengthened grade）と呼ぶ。アブラウトはインド・ヨーロッパ諸語の語形変化の中で、若干予測のつく部分はあるものの、共時的に見ればほとんどが不規則な交替である。

[文献] B. W. Fortson. *Indo-European Language and Culture*. Blackwell, 2004.　　　　　[入江浩司]

アラインメント
alignment

文法

　アラインメントとは格標示や一致、語順などの手段でS, A, Pという文法項を表現し分けるパターンのことである。対格型、能格型、活格型などが知られている。

【文法項のラベル】アラインメントを論じる際にはS, A, Pというラベルを文法項に用いるのが便利である。Sは自動詞文の単一項である。一方で、Aは他動詞文の2つの項のうち動作を開始し遂行する項のことであり、Pは他動詞文の項のうちAではない項である。たとえば、日本語を例に取ると「長谷川さんが(S)走った」「長谷川さんが (A) 野田さんを (P) 蹴った」のようになる。

　S, A, Pというラベルはそれぞれ Subject, Agent, Patient に由来するが、これらのラベルが特定の意味役割に限定されることはない。たとえばAはI (A) received the letter (P) のように受取手になることもある。

　なお、ここで言うS, A, Pと語順類型論で言うS, V, Oは異なる概念であることに注意したい。語順類型論で言うSとOはそれぞれここで言うAとPのことである。

【対格型と能格型】世界の言語には、S, A, Pをどのように表現し分けるかについていくつかのパターンが存在する（次ページの図を参照）。まずは、SとAを同じように扱い、Pを別扱いするパターンである（S = A ≠ P）。このようなアラインメントを主格・対格型（nominative-accusative）あるいは単に対格型と言う。たとえば、英語も日本語も語順や格標示の点で対格型を示す（例：John (S) left と John (A) hit the door (P)）。南米のケチュア語では (1) のように動詞の一致でも対格型アラインメントを示す。

(1) a. aywa-n　　　「彼が(S)行く」
　　　行く-3SG(S)

　　b. maqa-ma-n　「彼が(A)私を(P)叩く」
　　　叩く-1SG(P)-3SG(A)

一方で、S＝P≠A、つまり、SとPを同じように扱ってAを別扱いするパターンもある。これを能格・絶対格型（ergative-absolutive）あるいは能格型と言う。たとえば（2）のKewa語ではSとPは絶対格だが、Aは能格である。

(2) a. áá (S)　　　　　píra-a
　　　男.ABS　　　　　座る-PST.3SG
　　　「男が (S) 座った」
　　b. áá-mé (A) étaa (P)　　　ná-a
　　　男-ERG 食物.ABS 食べる-PST.3SG
　　　「男がその食物を食べた」

もちろん、すべての文法項に別々の標識を用いる場合（三立型）なども論理的には想定しうる。しかし、そのようなアラインメントを持っている言語は極めて少ない。

なお、言語によっては対格型と能格型の両方のアラインメントを持つ場合がある。これを分裂能格性と言う（→能格性）。

【活格・不活格型】世界の言語には対格型とも能格型とも言えない活格・不活格型（active-stative; 活格型とも）と呼ばれるアラインメントが存在する。分裂自動詞性（split intransitivity）と呼ばれることからも分かるように、このタイプの言語では自動詞節が二種類存在し、SがAのように扱われるものと、SがPのように扱われるものがある。たとえば、ラコタ語では同じ一人称代名詞でもwapsíča「私はジャンプした」のようにAを標示するものと同じwaが用いられる自動詞もあれば、maxwá「私は眠い」のようにPを標示するものと同じmaが用いられる自動詞もある。

主なアラインメント・タイプ

　対格型　　　　能格型　　　　活格型

【統語論におけるアラインメント】アラインメントは統語論でも観察される。SとAが同様に振る舞う現象を統語的対格性、SとPが同様に振る舞う現象を統語的能格性と言う（→主語、能格性）。

［長屋尚典］

アルファベット
alphabet

【文字】

表音文字の一種で、狭義ではローマ字やギリシア文字のように1文字で母音ないし子音を表記する単音文字を指す。アルファはセム語の「雄牛」、ベットはセム語の「家」に由来する。

広義では、フェニキア文字に代表される子音文字（ほかにアラム文字など）、アラム文字から派生した単音文字（ウイグル系文字など）、これらと系統関係のない子音文字（ウガリト文字など）もアルファベットとされる。

エジプトのワディ・エル・ホルで発見された碑文（前19世紀頃）が現存する最古のアルファベットで、シナイ半島（原シナイ文字）やパレスティナ（原カナン文字）に伝わった。これらの文字は具象的な字形を持つが、たとえば家をかたどった文字は「家」とは無関係に、b (bayt-「家」の頭音) という子音を示す。エジプト文字の感化を受けたこの原理により、20数個の表音文字が成立した。

原カナン文字は前11世紀に線的な字形を持つフェニキア文字となった。フェニキア文字には母音字がなかったが、これを借用したギリシア人がギリシア語の表記に不要な子音字を母音専用文字として用いた時に、狭義のアルファベットが成立した。少ない文字でどんな音節構造の言語でも書き表せる狭義のアルファベットは、その後、全世界に普及した。

アルファベットを構成する個々の文字を字母と呼ぶ。字母には言語ごとに一定の配列順序があり、辞書はこれに応じて語を配列する。字母と音素は一対一に対応する場合もあるが、複数の字母で1音素を表記したり（例：英語のphで/f/）、1つの字母で複数の音素を表記したり（例：英語のxで/ks/）、字母が音素を表記しない（例：英語のknifeのk）など、字母と音素の対応が不透明な場合も少なくない。

［文献］P. ダニエルズ・W. ブライト『世界の文字大事典』（朝倉書店 2013）

［池田潤］

意志性
いしせい
volitionality
【意味論】

意志性という用語にはさまざまな意味がありうるが、文法記述において意志性という場合、ある動作が意図的に行われたかどうかという区別を指す。意図性とも呼ばれる。

言語によっては、ある動作が意図的に行われたのかそうでないのかを動詞接辞で表現し分ける。たとえば、タガログ語ではジョンが意図的にコンピューターを破壊した場合にはS<in>ira ni John ang computerというふうに動詞語根 sira「壊す」に接中辞<in>を用いて表現するが、非意図的に壊してしまった場合はNa-sira ni John ang computerのようにsiraに接頭辞na-を付与する。基本的にタガログ語の動詞はすべてこの区別を持っている。

一方、意志性の区別を動詞接辞で表現し分けない言語もある。たとえば英語でJohn broke his computerと言うと、ジョンがわざとコンピューターを破壊したのか、うっかり壊してしまったのか、どちらか分からない。文脈に頼るしかない。もちろん、intentionally「意図的に」accidentally「偶然に」などの副詞をつけることで表現し分けることはできる。

日本語も同じである。同じ「折った」という動詞でも「太郎は木の枝を折った」は意図的動作という解釈が得られやすいが、「花子は足の骨を折った」は非意図的動作という解釈が優勢である。

【意志性と他動性・能格性】他動性の研究においては、意図的動作を表現する文の方が、非意図的動作を表現する文よりも他動性が高いとされる。非意志的動作を表現する文において、動作主のマーカーが典型的他動詞文と異なったり、典型的他動詞文には見られない動詞接辞をとったりする言語があるからである。また、ある言語が分裂能格性や分裂自動詞性を示す場合、意志性に関して分裂することもある（→アラインメント、能格性）。　[長屋尚典]

威信
いしん
prestige
【社会】

ある社会において、特定の言語変種、あるいは特定の形式に対して与えられるプラスの評価のこと。公的な場面で「正しい」とされることば遣いに対して与えられる評価を顕在的威信（overt prestige）といい、社会における特定のグループ内部で「ふさわしい」とされることば遣いに与えられる評価を潜在的威信（covert prestige）という。

顕在的威信は、典型的には標準語に与えられるものである。たとえば、日本語社会においては、標準語が使用されているとされる東京とその近郊地域の人たちの話し方が受ける評価が「顕在的威信」である。日本語以外の言語にも同様の傾向が認められる。たとえば、英語の中でもイギリス英語におけるRP（Received Pronunciation）（またはQueen's English）に与えられる評価がそれに該当する。

一方、顕在的威信をもたない変種には通常低い評価しか与えられないが、その変種が逆に特定集団の独自性や連帯感を強化するとして高い評価を受けることがある。これが潜在的威信である。たとえば日本語社会において、関西出身者同士が東京での生活で関西方言を使用し続けることには潜在的威信が関わっていると考えられる。潜在的威信は社会方言についてもみられる。たとえば、大学のサークルに所属する学生たちがサークル内でのみ通用する表現を独自に作り上げ、使用することがそれに該当する。一般に、標準語化には顕在的威信が、方言維持には潜在的威信が深く関わっていることが指摘されている。

[文献] 郡司隆男・西垣内泰介編『ことばの科学ハンドブック』（研究社 2004）、真田信治ほか『社会言語学』（おうふう 1992）、P.トラッドギル『言語と社会』（岩波書店 1975）
　　　　　　　　　　　　　　　　　[朝日祥之]

依存文法
いぞんぶんぽう
dependency grammar

理論

　依存文法（依存関係文法）では統語構造の本質を、表意単位の実現形が互いに結合する際に生じる階層構造として捉える。X, Yを表意単位の実現形としよう。階層構造においてXがYの直接的下位に位置する時、XはYに依存（従属）すると言う。YがXを支配すると表現してもよい。一般にXがYに依存すると言えるのは、XとYに次の3つの関係が見られるような場合である。(1) Xの出現がYの存在を前提とする。(2) Xの存在がYの統語的ステイタスに本質的な影響を与えない。(3) 発話の他の部分に対してXが持つ統語関係がYのそれとは異なる。たとえば、冠詞はその被限定項に依存する。動詞を含む階層構造の最上位に位置するのは動詞である。主語も直接目的語も間接目的語も補語も、動詞の存在を前提とする機能だからである。依存文法は、テニエールの理論に由来する。この理論はフィルモアの格文法にも影響を与えた。依存文法はまた、テニエールによる結合価（ヴァレンツ）の理論も発展させている。結合価は、動詞が支配できる主要な項の種類と数を、原子価にならってモデル化した概念である。動詞価とも言う。主要な項としての認定は観察事実によって与えられる。英語の主語のような必須の要素は、主要な項とすることが多い。動詞の下位分類に役立つ要素も、主要な項と考える。たとえば名詞句を直接目的語として支配できる動詞とそうでない動詞があれば、直接目的語としての名詞句を前者の動詞にとっての主要な項と見なしてよい。なお結合価の概念は、動詞以外の表意単位に適用されることもある。

[文献] L. テニエール『構造統語論要説』（研究社 2007）

[川島浩一郎]

一致
いっち
agreement

文法

　一致とは、ある語が別の語の文法範疇に応じて屈折する現象のことである。多くの場合、主語名詞と述語動詞の間や、名詞とそれを修飾する形容詞の間で観察される。人称・性・数という文法範疇についての一致が一般的である。呼応（concord）とも呼ばれる（→支配）。

【主語と述語の一致】英語は限定的ではあるが、主語と述語が一致する。たとえば、be動詞は主語の人称と数に応じて形を変える。現在形に話を限れば、主語が一人称単数ならam、三人称単数ならis、それ以外ならareである。また、主語が三人称単数かつ現在時制の時に-sという接尾辞が用いられる（例：John walks）。これも一致である。一方でスペイン語の動詞はもっと規則的に一致する。たとえば、hablar「話す」は直説法現在の場合、主語の人称と数にあわせてhabl-o（一人称単数）、habl-as（二人称単数）、habl-a（三人称単数）、habl-amos（一人称複数）というふうに屈折する。なお、世界の言語には主語だけでなく目的語とも述語が一致する言語も存在する。

【名詞と形容詞の一致】名詞と形容詞の間の一致も多くの言語で観察される。たとえば、スペイン語のlas casas hermosas「その美しい家（複数）」という名詞句においてはcasas「家」が女性名詞の複数形であるため、冠詞のlasも形容詞のhermosasも女性複数形をとっている。英語においてもthese boysのように名詞が複数形である場合はそれを修飾する指示詞も複数形になる。

【所有者の一致】言語によっては、所有物名詞に所有者の人称や数の情報を表す接辞がつく。たとえば、アメレ語の例ija cot-i（1SG 兄弟-1SG）「私の兄弟」では、所有物名詞cot「兄弟」に、所有者ija「私」の人称と数を表す接尾辞-iが付与されている。

[長屋尚典]

意味変化
いみへんか
semantic change

歴史

　語の意味が歴史的に変化すること。変化の原因としてさまざまな種類のものが指摘されているが、ある音形と意味の結びつきには有契性がないという言語記号のあり方そのものに意味の変化は根差している（→記号）。言語がある世代から次の世代へ伝えられる過程で、新しい世代が語の意味を誤解することから生じる変化がある。たとえば英語のbeadは本来「祈り」の意味であったが、ロザリオの珠で祈りの回数を数えたこと（count one's beads）から数珠玉そのものを指すことになった。音変化により元の意味との繋がりが失われることがある。たとえば英語のlordは、古英語ではhlāford あるいはhlāfweardの形で、本来「パン（hlāf）を守る者」（cf. hlāf > loaf）の意であったが、その後の音変化に伴いパンとの意味的な繋がりは失われた。語の意味の側にも現実世界の指示対象の側にも明確な境界がないという性質に起因して変化が生じることがある。これは他の語との構造的なあり方とも関連し、たとえば日本語の「青い」は、「緑」など他の語が同等の基本色彩語としての地位を占めるようになるにしたがって、指し示す範囲が変わってきた。現実世界の変化によって語の意味が変わることもあり、たとえば日本語の「くるま（車）」は、時代によって典型的な指示対象が異なる。別の語との慣用的な結びつきから意味が「伝染」することもあり、たとえばラテン語passus「一歩」に由来するフランス語のpasは、ne ... pasという否定辞neとの結びつきで使われるうちに、pasだけでも否定の意味を持つように変化した。

【意味の向上と悪化】語の意味が社会的によい評価を伴う方向に変化することを意味の向上と言い、悪い評価を伴う方向に変化することを意味の悪化と言う。英語のqueen「女王」（ゴート語qēns「妻」と同源）とquean「売春婦」（ゴート語qinō「女、妻」と同源）は、いずれも印欧祖語 *gwen-「女」にそれぞれ異なる接辞がついて形成された語に由来するが、queenの方は意味が向上し、queanの方は悪化している。

【意味の拡張と縮小】語の意味の範囲が広がる変化を意味の拡張と言い、狭まる変化を意味の縮小と言う。現代英語のfowl「家禽」はドイツ語のVogel「鳥」と同源で、もともと鳥一般を指していたのであるが、その意味が縮小したものである。一方、現代英語で鳥一般を指すbirdはもともと「ひな鳥」を表していたものが成鳥をも指すことができるように意味が拡張したものである。日本語の「少年」は以前は性の区別なく年少の人を指すのに用いられる語であったが、現代の日本語では意味が縮小して男の子を指す語となり、女の子を指す「少女」と反義語をなすようになっている。

【比喩による意味変化】意味が拡張または変化していく過程で比喩の果たす役割は大きい。隠喩（メタファー）は類似に基いてある語を別の概念に転用することである。たとえば日本語の「おたまじゃくし」は元来料理道具の一種を指す語であるが、形状の類似からカエルの幼生や音符記号をも表すようになった。換喩（メトニミー）は近接性に基く転用であり、たとえば日本語の「頭がいい」の「頭」は身体部分の機能の面に着目して用法を拡張したものである。提喩（シネクドキー）は特殊なものによって一般的なものを表す、またはその逆方向の転用である。たとえば日本語の「ごはん」は米のめしが本来の意味だが、食事一般の意味をも持つようになった。「最近、彼の頭には白いものが増えてきた」という文において「白いもの」は白髪を指すが、これは一般的なものによって特殊なものを指す（「ごはん」とは逆向きの）例と言えよう。

[文献] S.ウルマン『言語と意味』（大修館書店 1969）

[入江浩司]

意味役割
いみやくわり
semantic role

文法・意味論

　節の表す事態の参与者が、その事態の中で果たしている役割。参与者役割、主題役割、主題関係、格文法の深層格、生成文法のθ役割もほぼ同様の概念である。

　たとえば「太郎がサンマを七輪で焼いた」が表す事態には「太郎・サンマ・七輪」の3つの参与者が関わっている。この事態で、「太郎」は「焼く」という行為を意図的に実現する「動作主」の役割を、「サンマ」は行為によって変化を被る「被動者」の役割を、「七輪」は動作主に用いられて行為を成り立たせる「道具」の役割を担っている。

　主な意味役割には次のようなものがある：(1)動作主(agent)。意図的な行為を行う。(2)被動者(patient)。はたらきかけの対象となって変化を被る。(3)道具(instrument)。何かを行うために動作主によって用いられる。(4)自然の力(natural force)。何かを引き起こす自然現象(例: Lightning struck the tree)。(5)経験者(experiencer)。何かを感じたり、知覚したり、認識したりする(例: 春子には富士山が見えた)。(6)刺激(stimulus)。感覚・知覚・認識などの原因となる(例: 春子には富士山が見えた)。(7)移動体(theme)(例: ボールが転がった)。位置が変化する。(8)受取手(recipient)。移動体を受け取る(例: 夏子は一郎に本をあげた)。

【項の具現化】 意味役割は、項（→述語と項）がどう表現されるか（項の具現化）を決める重要な要因となる。たとえば、典型的な他動詞節（→他動性）を考えると、日本語では動作主を指す項はガ格で、被動者を指す項はヲ格で標示される。英語では動作主を指す項は主語、被動者を指す項は目的語となる。

　しかし、意味役割だけが項の具現化を左右しているわけではない。たとえば「七輪でサンマが焼かれている」のような受身文では、被動者（サンマ）がガ格で標示される。また英語では、John opened the door with the key のように、道具 (the key) はwithで標示されることもあるし、The key opened the door のように主語になることもある。

【意味役割の階層】 項の具現化を説明するために「意味役割の階層」がいくつも提案されている。たとえばフィルモア (C. Fillmore) は、「動作主＞道具＞被動者」という階層によって、英語における(1)のような主語の選択を説明しようとした（＞の左が右より高い）。

(1) a. The door opened
　　b. *The door opened by John
　　c. The chisel opened the door
　　d. *The chisel opened the door by John
　　e. John opened the door with the chisel

(1b)や(1d)のように、階層で最も高い意味役割の動作主 (John) を差し置いて、被動者 (the door) や道具 (the chisel) が主語になることはない、というわけである。

【意味役割の理論的課題】 意味役割やその階層による項の具現化の説明にはいくつかの課題がある。まず、意味役割の数と種類をどのように決めたらよいのか。意味役割を大まかに分類して少数の意味役割だけを認めると、細かい使い分けを説明するのが難しくなる。一方、きめ細かく分類して意味役割を多く想定すると、一般性を捉えられなくなってしまう。また、どのような意味役割の階層を想定するかは論者ごとに異なり、それぞれ説明できる現象が違う。このような違いは、一般的な意味役割の階層というものが存在しないことを示唆している。さらに、意味役割の階層では説明できない現象もある。たとえば(2)のような項構造の交替において、どちらの文でもhayが移動体、the wagonが場所の役割を持っていると考えると、階層だけではどちらが目的語になるかを説明できない。

(2) a. Bobby loaded hay on the wagon
　　b. Bobby loaded the wagon with hay

[石塚政行]

意味論
いみろん
semantics

分野名

　自然言語の意味を研究する分野。研究対象となる意味現象には、多義、類義、意味の合成、意味の拡張などさまざまなものがある。意味に対する考え方や説明概念の違いにより、認知意味論や形式意味論などがあり、さらにそれぞれにサブタイプがある。意味現象を詳細に記述し、その意味現象の基底にある一般的原則を明らかにしようとする。

【恣意性、言語間変異】 ソシュール（F. de Saussure）以来、言語記号は恣意的であると言われる。「イヌ」がイヌを指すのは日本語の慣習にすぎず、英語では同じものをdogで指す。人間の概念化は、さまざまな制約によりある範囲内に収まるが、外的世界のある概念領域に対し、言語間で異なる概念化が起こることがある。ある種の齧歯類哺乳動物を指すのに、日本語には「ネズミ」という語しかないが、英語ではmouseとratがある。世界の言語にはさまざまな共通性・普遍性が見られるが、その一方で、個別言語の特異性・言語間変異にも留意しておく必要がある。

【多義とカテゴリー】 多義とは、1つの言語形式がある繋がりを持つ複数の意味を持つ現象である。日本語「飲む」には、液体を口・喉を通して体内に取り込むというプロトタイプ的用法だけでなく、「（粒状の）薬を飲む」、「濁流が家を飲み込む」、「（スポーツの試合で）相手を飲む」、「（交渉で）相手の要求を飲む」などさまざまな意味拡張が見られる。多義表現の複数の意味は、放射状に拡散するネットワークを作る。1つの言語形式が1つのカテゴリーを表すと考えると、放射状カテゴリーは、メンバーの共通属性によって定義される古典的カテゴリーとは相当異なるカテゴリーになる。意味拡張には必然性がなく、ある言語に見られる意味拡張が別の言語にはないことがある。実際、英語のdrinkは、日本語の「飲む」と同じプロトタイプ的意味を共有しているが、日本語に見られる意味拡張を持たない。

【フレーム合成と融合（blending）】 複合表現の意味が、要素の意味の単純な和に見えない例もある。brick houseは煉瓦でできた家であるが、coffee houseはコーヒーでできた家ではなく、コーヒーを客に提供する店である。英語の「名詞＋名詞」の複合表現には、全体は、2番目の名詞の下位クラスを表すという制約があるとされる。実際、brick houseもcoffee houseもhouseの1種である。しかし、すべての意味合成がこの制約を守るわけではない。land yachtはヨットでなく、大型の車である。sea lionはライオンでなく、トドである。こうした例では、2つの要素のフレームの合成で意味的衝突が起こり、元のフレームにあった属性のいくつかが破棄され、新しい解釈が生み出される。フォコニエは、こうした意味合成を融合と名付けた。

【いくつかの知見】 意味研究で得られた知見をいくつか挙げておく。
(1) 意味の不十分特定化（underspecification）と意味構築の創造性：自然言語の情報伝達では、言語表現は解釈を不十分にしか特定化しない。解釈は、不完全な意味を出発点に、その場その場で創造的に作り出される。
(2) 概念メタファー：既存の知識（ソース領域）を使って、新しい概念領域（ターゲット領域）を速やかに理解可能にする認知方略である（→メンタル・スペース理論）。
(3) 不変性仮説：メタファーでのソースからターゲットへの構造投射では、ソースの構造はターゲットでも保持される。
(4) アクセス原則：2つの対象（aとb）が語用論的に結合されると、aの記述でbを指せる。
(5) 文法化と希薄化（bleaching）：十全な意味を持っていた語が文法化により文法カテゴリーを表す語に転化すると、元の意味の一部を失い、意味の希薄化が起こる。　　　〔坂原茂〕

因果連鎖
いんがれんさ
causal chain

意味論・文法

　事象参与者間の力動性に関わる相互作用に基づいて事象構造を解釈する認知モデル。たとえば、「タロウが石で窓を割った」という文の表す事象は、「タロウ」から発せられた力が「石」に伝わり、「石」から「窓」に伝わった力によって「窓」が割れていない状態から割れた状態へと変化するという、一次元的に理想化された一連の因果の連鎖として概念化される。この因果連鎖上のどの部分を切り出し、焦点化するかに応じて、述語や構文の選択が決まる。「割る」という使役動詞は、動作主「タロウ」によって行われる被動者「窓」に対する使役行為、「窓」に生じる、割れていない状態から割れた状態への状態変化、そして割れた結果としての状態のすべてをそのプロファイルに含む。一方、「割れる」という状態変化動詞は「窓」の状態変化と結果状態を、そして「割れている」という複合述語は結果状態の継続をプロファイルする。

　因果連鎖モデルの理論的重要性は、意味役割と統語役割の写像をうまく説明できる点にある。動詞のプロファイルする因果連鎖の始点に位置する参与者が主語（「タロウが窓を割った」の「タロウ」）、終点に位置する参与者が目的語（「窓」）として実現される。

　動詞の必須項ではない斜格項は、因果連鎖上において目的語よりも前に位置する先行斜格項（antecedent）と目的語の後ろに位置する後続斜格項（subsequent）の2つに分けられる。道具、様態、原因などが先行斜格項、結果や受益者などが後続斜格項の例である。たとえば、「タロウがハナコのために石で窓を割った」という文の表す事象において、「石」が道具を表す先行斜格、「ハナコ」が受益者を表す後行斜格となる。

[文献] 大堀壽夫『認知言語学』（東京大学出版会 2002）　　[古賀裕章]

イントネーション
intonation

音声・音韻

　文や発話全体の高さのパターンのこと。
【イントネーションを決定する要因】日本語を例に示す。(1)語のアクセントが異なると、「カラスが鳴く」と「スズメが鳴く」に見られるように同じような句でも全体の高さが違う。（ただし、語のアクセントによる高さの違いをイントネーションに含めない立場では、この例は全体の音調は異なるがイントネーションは等しいということになる。）(2)文法構造も影響する。逆に言えば、イントネーションの違いで文法構造が示される。「大きなゴリラの足跡」という句の場合、大きいのがゴリラか足跡かによって、「先週テレビに出ていた店に行った」の場合、先週テレビに出たのか先週行ったのかによって、高さのパターンが異なる。(3)意味関係も関わる。「危険な動物」と「危険な毒ガス」とでは後半の部分の高さが違う。「危険な」は、前者では動物の中の一部を限定しているのに対し、後者では毒ガスの性質を説明している。(4)発話意図によるものはよく知られている。「読んだ。」と「読んだ？」のような違いである。(5)フォーカス（焦点）の有無も関係する。「きのう見た」という文を、おとといではなくきのうだという意味で発するのと、見なかったのではなく見たのだという意味で言うのとでは高さのパターンが異なる。(6)そのほかにも、談話レベルでのものも含め、イントネーションを決める要因はいろいろある。
【表記】IPAの記号は不充分であるので、他の方式が使われることが多い。高さの変化の方向を示すもの、高さの段階をいくつか設定して表すもの、高さの形状を描くものなどがある。現在は、ToBIと呼ばれるシステムが有力な記述方式となっている。

[文献] 郡史郎「イントネーション」上野善道編『朝倉日本語講座 3音声・音韻』（朝倉書店 2003）、渡辺和幸『英語イントネーション論』（研究社出版 1994）　[斎藤純男]

引用・話法
いんよう・わほう
quotation / speech
【文法】

　引用とは、所与（どこかに既に存在している）と見なされることばを別の場に再現することである。日本語では①「弟が『宿題を教えて』と言った」のような、動作主体（弟が）、「ト」が後接する引用句（下線部）、発言・思考を表す述語（言った）という構造を持つ引用構文により典型的に表される。この引用構文は2種類ある。1つは①のように、引用句の内容が述語の内容を具体的に表したものに相当する。もう1つは②「弟が『宿題を教えて』と部屋に入ってきた」のように、引用句の内容が表す行為と述語（述部）の表す行為が、同時に共存する別の動作を表すものである。

【引用句の性質】引用句は、所与のことばをそのまま再現したものというわけではない。元の行為主体が発話・思惟したことを、一字一句違わぬ形態や音調まで備えた完全な形で再現するのは物理的に不可能だからである。また引用句は、未実現の内容（例：彼はこれを知ったら「嘘っ」って言うだろう）や、意味的同一性を保持したまま表現形式を変えたもの（例：ヒグラシの声が「夏は終わりだ」と告げていた）の場合もある。このように引用句は、元の発話や思惟に基づき、言語の使用者によって解釈され創造されうるものである。

【話法】話法とは、話し手を含む人の発言や思考の内容を伝達する際の表現方法である。たとえばある出来事を報告する際、③「監督は私達に怒声を浴びせた」のように行為を描写し伝達する方法もあるが、④「監督は私達に『お前らはたるんどるぞ』と言った」とも表現できる。また、⑤「監督は私達に私達はたるんでいると言った」とも言える。日本語では引用構文を使った④と⑤を、話法を表す形式とし、④を直接話法（direct speech）、⑤を間接話法（indirect speech）と言う。直接話法は、元の発話や思考のままに伝えているように表現する方法で、間接話法は、元の発話や思考を伝達者の立場から組み直して表現する方法である。英語の場合、直接話法（例：He said to me, "Which do you think is the best team?"）から間接話法（例：He asked me which I thought was the best team）へ転換するには、人称代名詞や時の表現などのダイクシス、テンス、述語動詞などの調整や、文のムード等に応じた文構造の変換が義務的で、この2つの話法が明確に区別されている。一方、日本語の場合、直接・間接話法の区別が英語ほど統語規則に反映されないこともあり、⑥「父は私が行くと言った」のように、一見区別がつかないものもある。しかし、引用句が終助詞や感動詞等の伝達のモダリティを含んでいる場合や、引用句が倒置文や言いさし文の場合は直接話法、そうでない場合は間接話法と区別できる。つまり⑥では、引用句に零形式の意志の表出のモダリティを認めれば「私＝父」という直接話法の読み、それを認めなければ「私＝この文の伝達者」という間接話法の読みとなる。

　なお、英語、仏語、独語などでは、上記の2話法のほかに、自由間接話法(free indirect speech)を持つ。これは、直接話法と間接話法の中間的性質を持つもので、英語の場合、テンスと人称は伝達者の立場に合わせて変更されるが、伝達節（He saidなどの元の話者を表す部分）をとらないものである。小説の文体を論じたリーチ＆ショート（2003）は、上述の3話法に、発話行為の語り手による伝達(narrative report of speech acts、③参照)、及び直接話法の文から伝達節を省いた自由直接話法(free direct speech)を加えた5種類の話法を取り上げ、物語の語り手の干渉の程度によりこれらを序列化し、話法が視点や距離に変化を与える手段であることを論じている。

[文献] 藤田保幸『国語引用構文の研究』（和泉書院 2000）、J.N.リーチ・M.H.ショート 筧壽雄監修『小説の文体』（研究社 2003）　　　　　　　　[加藤陽子]

韻律音韻論
いんりつおんいんろん
Metrical Phonology
音声・音韻・理論

韻律に関わる特徴、特に強勢が分節音から自律し、［±強勢］といった弁別素性ではなく独自の表示を持つことを提唱した理論で、非線形音韻論の1つ。リーバマン（M. Libermn）とプリンス（A. Prince）が創始し、80年代に論争を繰り返して発展した。

当初は、（1a）下の樹形表示が提案されたが、（1a）上のグリッド表示こそ重要との反論が出た。しかし、その後、双方の利点を取り込んだ構成素グリッド（constituentized grid）（1b）に落ち着いて、今も採用されている。

(1) a.
```
                    x
       ← x_ _ _ _ _ x
    x       x       x
    x   x   x   x   x
   Mìs.sis.síp.pi  Ríver
       s w s w s w
        w   s_ _ _s
          w
```

b.
```
(             ·             *        )
(·   ← *_ _ _)(*            )
(*)(*)(*)(*)  (*)(*)
Mìs.sis.síp.pi  Ríver
```

このような表示により、Mìs.sis.síp.pi Ríver → Mís.sis.sìp.pi Ríverに見られる強勢移動、つまりリズム規則を捉えられる。破線部が強勢衝突を起こすので、左側に着陸点を求めて移動（wとsのラベル替え）すれば、衝突を回避できるからである。しかし、SPE理論（→分節音韻論）のように、母音ごとに［±強勢］の素性を与えて強勢を捉えると、そもそも主要強勢と副次強勢は区別不能であり、主要強勢の移動先を決めることができない。

なお、この理論は強勢（強さアクセント）だけでなく高さアクセントにも応用され、さまざまなピッチアクセント言語もフットを持つことが証明されている。

［田中伸一］

韻律形態論
いんりつけいたいろん
Prosodic Morphology
音声・音韻・理論

音律音韻論が想定するような、韻律範疇（prosodic category）を利用した語形成を解明する形態音韻論分野の1つ。「語」の形に関わる話なので、モーラ、音節、フットといった語内部の（語より小さい）韻律範疇が用いられる。さまざまな言語において韻律範疇を用いた語形成プロセスを発掘することで、逆にこれら韻律範疇の存在根拠を示すことに寄与した。

たとえば、日英語の短縮複合語の例にはsit.u.a.tion+com.e.dy→sit.com（ホームコメディ）、Chi.nese+com.mu.nist→Chi.com（中国共産党員）、se.ku.sya.ru+ha.ra.su.men.to→se.ku.ha.ra（セクハラ）、too.kyoo+dai.ga.ku→too.dai（東大）などがあるが、前者では語頭の1音節が、後者では語頭の2モーラ（あるいは2モーラからなるフット）が複合されている。

短縮といっても、韻律範疇の利用の仕方には2種類あり、「切り取り型」と「はめ込み型」に分けられる。上の例は日英語ともに、一見すると語頭から1音節または2モーラが切り取られているだけに思える。しかし、sci.ence+fic.tion→sci.fi（SF）、pro.fes.sion.al+am.a.teur→pro.am（プロアマ合同）、paa.so.na.ru+kon.pyuu.taa→pa.so.kon（パソコン）、a.me.ri.kan+hut.to.boo.ru→a.me.hu.to（アメフト）の例では、下線部が二重母音化したり単母音化したり子音を削除したりして、加工しながら1音節ないしは2モーラの鋳型にはめ込んでいることが分かる。つまり、単純な切り取り型ではないのである。

特に、日本語ではパ（ー）ソコン、アメフ（ッ）トなど、いわゆる特殊モーラが避けられる傾向にあるが、最近ではメ（ー）アド、ラ（イ）ノベ、デパガ（ー）、ポテチ（ッ）のように2モーラ鋳型へのはめ込みすら軽視する例もある。

［田中伸一］

ヴォイス（態）
ヴォイス（たい）
voice

文法・意味論

アスペクトやテンスと並ぶ文法範疇であり、典型的に動詞の屈折接辞によって標示される。狭義には名詞句が担う動作主、被動者といった意味役割と、その項が担う主語、目的語といった文法関係の対応を指す。動詞の基本形を用いる構文が無標のヴォイス、派生形を用いる構文が有標のヴォイスとされる。ヴォイスの交替は多くの場合名詞句の担う意味役割と文法関係の対応に変更をもたらす。これをヴォイスの本質とする立場もある。このように、ヴォイスとは形態的、構造的側面を持つ文法現象である。

一方で、ヴォイスには意味的側面と語用論的側面も存在する。意味的側面とは、文の主語と動詞の表す行為との間の意味的な関係を言う。たとえば、主語が行った行為の影響が他の参与者に及ぶのか、主語が他の参与者の行った行為によって影響を被るのかといった概念的区別が異なるヴォイスによって表現される。また、ヴォイスの選択は、有生性階層に基づく参与者の談話における相対的な話題性によって決定づけられるという語用論的側面も有する。以下、ヴォイスの範疇に入るとされる現象を具体例とともに見ていく。

【能動態】「一郎が次郎を殺した」という文では、動作主の意味役割を持つ「一郎」という項が文の主語に、そして被動者の意味役割を持つ項の「次郎」が文の目的語に対応付けられている。この［動作主＝主語］＋［被動者＝目的語］という意味役割と文法関係の対応を典型的に能動態（active voice）と呼ぶ。動詞が基本形である点から分かる通り、能動態は無標のヴォイスである。意味的には主語の引き起こした行為の影響が被動者に及ぶことを表し、語用論的には動作主の話題性がその他の参与者と比較して高い文脈で使用される。

【受動態】「次郎が一郎に殺された」という文では、被動者の「次郎」が主語に、動作主の「一郎」が文の必須要素ではない斜格項に対応付けられている。この［被動者＝主語］＋［動作主＝斜格/ゼロ］という意味役割と文法関係の対応を受動態（passive voice）と呼ぶ。能動態からの意味役割と文法関係の対応付けの変更は、動詞語幹に「ラレ」という受身接辞を付加することによってもたらされる。日本語や英語のような対格言語では、能動態における動作主が統語的に際立った主語に対応付けられる。受動態の本質はこの動作主を脱焦点化（defocus）することにある。つまり、受動態は動作主に統語的卓立性を与える対格言語に特徴的に見られる有標のヴォイスである。脱焦点化された動作主は降格され、日本語や英語のような言語では斜格語に、ラトビア語やタバ語のような言語では義務的に表現から排除される。よって、受動態は典型的には項を1つ減少させる操作と特徴付けられる（「一郎が雨に降られた」などの、対応する能動文を持たない（*雨が一郎に降った）間接受動文は例外）。その意味的特徴は、主語がそれ以外の参与者が引き起こした事態（動詞事態）によって影響を被るという点にある。主語名詞句の話題性が動作主に勝る文脈で使用される場合が多く、セイリッシュ諸語やタノ諸語のように、被動者が人称階層において動作主より上位に位置する場合には義務的に受動態が使われる言語もある。（→有生性）

【逆受動態】統語的能格言語では、対格言語とは異なり、動作主ではなく被動者に統語的優位性が与えられる（→能格性）。この点に鑑み、ここでは統語的能格言語における他動詞文の主語を動作主ではなく仮に被動者とする。この他動詞文を能動態とは区別し、能格態（ergative voice）とするむきもあるが、ここでは能動態とする。能格言語の能動態は、［被動者＝主語］＋［動作主＝目的語］という意味役割と文法関係の対応であり、その意味は対格言語の受動態の意味にほぼ相当する。対格言語の受動態に対応する能格言語の有標

ヴォイスは、統語的卓立性を持つ被動者を脱焦点化する逆受動態（antipassive voice）である。(1-2)はジルバル語からの例である。

(1) Waguḑa-ŋgu guda:ga wawa:-l
　　男-ERG　　犬.ABS　　見る-PST
　　「その男はその犬を見た」

(2) Wagu:ḑa gudaga-nda wawa:-ḑi-ɲu
　　男.ABS　犬-DAT　　　見る-ANTIP-PST

(1)は被動者の「犬」が主語（絶対格）、動作主の「男」が目的語（能格）の能動態である。一方、(2)の逆受動態では、動詞に接辞-ḑiを付加することによって、被動者が脱焦点化されて随意的な斜格語（与格）に降格されると同時に、動作主が主語に繰り上げられて［動作主＝主語］＋［被動者＝斜格］という意味役割と文法関係の対応に変更される。逆受動態は、被動者が同定不可能であるなど談話における話題性が低い場合に使用されることが多い。意味的には、動詞の表す事態が未完了の場合、目的語に対する受影性（affectedness）の度合いが低い場合、動作主の意図した行為の影響が被動者に完全には及んでいない場合の描写に典型的に使われる。

【中動態】古代ギリシャ語をはじめ多くの言語に見られる、純粋に意味に基盤を持つヴォイス。(3-4)にフラ語の例を挙げる。

(3) 'o　　loot-ii　　　　　ɓiyiko
　　彼女　洗う-GEN.PST.ACT 子供
　　「彼女は子供を洗った」

(4) 'o　　loot-ake
　　彼女　洗う-GEN.PST.MID
　　「彼女は自分自身を洗った」

(3)の能動態に対して、(4)の中動態（middle voice）では、動作主の行為が他者に影響を及ぼすことなく、自らの領域にとどまっている。中動態は(4)のような身繕い（例：服を着る、ひげを剃る）、姿勢の変化（例：立つ、座る）など、動作主自身が自らの行為の影響を受ける状況を描写する機能を担うのが典型である。

【適用態】(5-6)にアイヌ語の例を挙げる。

(5) poro　　cise　　ta　　horari
　　大きい　家　　　に　　住む
　　「彼は大きな家に住んでいる」

(6) poro　　cise　　e-horari
　　大きい　家　　　APPL-住む

(5)の通常の能動態では、場所（家）が後置詞によって導かれている。一方、(6)の適用態（applicative voice）では、動詞に接辞を付加することで場所が目的語に昇格している。適用態とは、このように本来動詞の必須項ではない道具、受け手、随伴者、場所などさまざまな意味役割を持つ斜格語を目的語という文法関係に対応付けるヴォイスを指す。(6)のように動詞が自動詞の場合には項が増加するが、他動詞の場合には元々の目的語が中心項の地位を保持する言語（例：キニャルワンダ語）と斜格目的語に降格される言語（例：ツォツィル語）に分かれる。適用態によって目的語に昇格した参与者は、一般的に談話における話題性が高い。また、対応する通常の能動態と比較して、動詞の表す行為によって影響をより全体的に被っていると解釈される傾向にある。つまり、適用態は動作主の行った行為の影響がそれに直接的に関わる参与者以外の参与者にも波及することを一般的に意味する。

【使役態】「一郎が歩いた」という能動文に対して、「次郎が一郎を歩かせた」という使役態（causative voice）では、「サセ」という接辞を動詞に付加することで、使役主「次郎」を主語に、結果事象の動作主「一郎」を目的語に対応付けている（→使役構文）。適用態と同様、項を増加させるヴォイスである。

【その他のヴォイス】アルゴンキン諸語に見られる順行、逆行の対立（→行為の方向性）やオーストロネシア諸語のフォーカス・システム（→フィリピン・タイプ）を、項の増減や文法関係の変更などが関わらないものの、受動態や逆受動態と同様、参与者の話題性といった語用論的要因に動機づけられているとして、ヴォイスの対立と見なす立場もある。

［文献］柴谷方良「ヴォイス」『文の骨格』（岩波書店 2000）

［古賀裕章］

エティック・イーミック
etic / emic

【一般】

エティックは、他体系と共通の基準で現象を分析しようとする考え方、イーミックは、ある体系内部における機能的対立を記述しようとする考え方である。それぞれ、phonetic（音声学的）、phonemic（音韻論的）からの造語である。

たとえば、日本語で「三年」と「三秒」という2つのことばに現れる「三」の「ん」の発音を比べてみると、前者は舌先が上の歯（茎）の裏につく子音 [n]、後者は唇が合わさる子音 [m] になっていることが観察される。しかし、日本語を話す際に、「ん」が [n] であるか [m] であるかを気にする必要はない。ここで、[n] か [m] かの違いに注目するのがエティック、区別の必要がないということを重視するのがイーミックな研究態度である。

エティックとイーミックの区別は、音声・音韻の枠を越えて、語彙、文法などの現象にも広く適用される。特に、言語人類学や認識人類学の分野で重視されてきた。たとえば、日本語では、「イネ」、「コメ」、「メシ／ゴハン」という語彙的な区別があるが、英語ではいずれも rice である。現実世界に存在するものは、同じ、1つの植物、そこから収穫された穀物、そこから調理された食物である―これがエティックな見方である。一方、現実をどのように切り分けるかは言語体系ごとに異なる―これがイーミックな見方である。

イーミックを重視する研究としては、言語相対論（linguistic relativity）などがあり、個別の言語体系の独自性が、母語話者の思考や認識と深く関わることが主張されている。

[文献] 山田孝子「言語が映し出す超自然観」宮岡伯人編『言語人類学を学ぶ人のために』（世界思想社 1996）

［白井聡子］

絵文字・象形文字
えもじ・しょうけいもじ
pictogram / hieroglyph

【文字】

文字は見た目の印象から絵文字、楔形文字、線文字などに分類される。古代エジプトの象形文字、携帯電話などで用いられる絵文字のように、具象性を有し、恣意性が低く、初めて見ても何を表しているか理解できる文字が広く絵文字と呼ばれる。

【絵と絵文字の違い】文字は音素、音節、語などの言語的単位を線条的に可視化したものであるが、絵はそうではない。たとえば8人の子供を絵で表現する場合、子供の姿を8つ描く必要がある。それに対し、8人の子供をことばで言い表す場合、子供という語を8回繰り返すことはまれで、8を表す要素と子供を表す要素を組み合わせて表現する。従って、数の表現に注目すれば、絵と絵文字はある程度区別できる。

また、絵を構成する要素が一直線上に並ぶことはまれである。それに対し、言語的単位は常に線条的に配列されるため、これを表記する文字も一列に並ぶのが自然である。特に、絵と思しき印が明らかに文字と分かる記号と一直線上に並び、文字と統合的関係を成している場合、それは絵ではなく絵文字である可能性が高い。構成要素の配列からも、絵と絵文字は峻別可能である。

【絵文字と象形文字の違い】文字に関する用語は一般に未整備で、絵文字にも象形文字にも厳密な定義はないが、石に彫られた古代の絵文字が象形文字と呼び習わされている。そのため、エジプトやマヤの象形文字は絵文字の一種と言えるが、携帯電話などで用いられる絵文字は通例、象形文字とは呼ばれない。

なお、漢字の成り立ちを説明する六書における「象形」は起源に着目した分類であり、共時的な具象性を問題にしない点で象形文字とは異なる概念である。

［池田潤］

婉曲語法
えんきょくごほう
euphemism
【社会】

　不快感を与える語や表現を避けて、より遠まわしな表現を用いること。狭義には、病気や死など忌まわしいもの、排泄など不浄なもの、神のように恐れ多いものなど、直接言及することがタブーとされている物事に、別の語句や表現を用いること。言い換えには、外来語（例：「便所」を「トイレ」）、略語や頭字語（例：「ＷＣ」）、関連表現（例：「お手洗い」）などが用いられる。婉曲語が普及すると否定的意味合いが与えられ、さらなる言い換えが必要になる場合もある。婉曲語法は、同じ事物や人物を指す複数の言語表現を生み出す。これら複数の表現は、指し示しているもの（指示的意味 referential meaning、明示的意味 denotation）は同じだが、伴っている意味合い（暗示的意味 connotation）が異なる。

　広義には、次のようなものも婉曲語法とされる。（1）礼儀に従わず無作法だと見なされる可能性のあることばづかいを、敬語や丁寧表現に言い換えること。（2）蔑称や侮辱表現のように特定の集団を差別する名称や表現を、差別や偏見を含まないものに言い換えること。たとえば、日本では、特定集団の名称は、1980年代より当事者の人権に関わる問題と見なされ、日本政府も用語による誤解や偏見をなくすために、特に職業名（例：「保母」を「保育士」へ）や病名（例：「痴呆」を「認知症」へ）を変更した。（3）政府や軍、企業、メディアなどが不快な事実をより曖昧な表現で伝えること。「強姦」を「暴行」や「いたずら」と表現したり、「退却」を「転進」とするなど。このような言い換えは、同じ出来事を異なる語彙や言語表現を用いて伝達することが社会の権力構造とどのような関係にあるのかを分析する批判的談話分析（Critical Discourse Analysis）で研究されている。

［中村桃子］

音韻プロセス・音韻規則
おんいんプロセス・おんいんきそく
phonological process / phonological rule
【音声・音韻】

　音韻プロセスとは、ある言語の音韻体系に観察される分布や変化に関わる現象のこと。然るべき規則性や生産性がある場合に、理論的な立場からそれを定式化したものが、音韻規則である。前者は観察・記述レベルの、後者は説明レベルの用語と言える。

　ある言語体系にとって、まず重要な音韻プロセスが線形化（linearization）、つまり配列の手順で、これには分布と付加がある。前者は当該言語で許される音素配列（phonotactics）を決める音韻プロセスで、音節内で子音と母音を聞こえの階層（sonority hierarchy）に基づいて配列するものはこれにあたる（→音節）。後者は当該言語の形態素を然るべき順序で配置することで、結果として決まる音素配列のプロセスを指す。接辞付加や複合語化などの形態操作がこれにあたる。

　こうした分布と付加による線形化ののち、一定の条件を満たした場合に音素が何らかの変化を起こすことがある。単に分布が決まったのちに起こす変化もあるが、特に付加に伴う変化を交替と言う。変化と交替も言語体系にとって重要な音韻プロセスであり、その種類は（1）のようにまとめられる。

(1) 音韻プロセス
　a. 分布／付加（線形化）
　b. 変化／交替
　　　変質、削除、挿入、融合、分裂

　まず変質とは、音素の音質が変わることを言う。外来語では paatii「パーティー」のように [t] と [i] が並んで分布できるが、普通は「ティ」という分布は許されず、「餅」は moti→motʃi、「内」は uti →utʃi などと「ち」に変化する。接辞付加の場合も、mot-anai「持たない」、ut-anai「打たない」は [t] のままだが、mot-i→motʃ-i「持ち」、ut-i-→utʃ-i「打ち」では交替が起こる。これは [i] の前で [t] が [tʃ] に変

質する音韻プロセスによる。同様に、mots-u「持つ」、uts-u「打つ」のように、[u]の前では[t]が[ts]に変質する。外来語でも、これらの音韻プロセスを受けたりする（tipはtʃippu「チップ」に、toolはtsuuru「ツール」に変化）。

次に、ある音素の消失や、逆になかった分節音の出現を、それぞれ削除、挿入と呼ぶ。kak-u「書く」。mak-u「巻く」、akak-u「赤く」、samuk-u「寒く」で存在していた[k]が、kak-i-te→ka-i-te「書いて」、mak-i-te→ma-i-te「巻いて」、akak-i→aka-i「赤い」、samuk-i→samu-i「寒い」の交替により削除されているのが分かる。これは[i]の前で[k]が削除される音韻プロセスによる。これは動詞・形容詞接辞の付加に伴う場合のみに起こる交替で、通常の分布や名詞接辞付加でこのような削除はない（kaki「柿」、kak-i「書き」）。逆のプロセスとしての挿入の例として、分布による変化ではdaia→daiya「ダイア」、neon→neyon「ネオン」、付加に伴う交替ではsi-en→si-y-en「支援」、de-ai→de-y-ai「出会い」などがある。これは前舌母音[i, e]と非高母音[a, e, o]が連続した時に、わたり音yが挿入される音韻プロセスによる。後舌母音[u, o, a]と非高母音[a, e, o]が連続した時には、わたり音wが挿入される（gu-ai→gu-w-ai「具合」、so-en→so-w-en「疎遠」、ba-ai→ba-w-ai「場合」）。母音連続を避けるべく母音から母音へわたる時に生じるため、「わたり音」という命名がある。

同様に、融合と分裂も互いに逆の音韻プロセスであり、2つの音素が1つになるか、1つの音素が2つになるかの違いである。古い東京方言には母音の音質融合があり、hair-u→heer-u「へえる」、kaer-u→keer-u「けえる」のような変化や、uma-i→umee「うめえ」、sugo-i→sugee「すげえ」のような交替が観察される。逆に、pitari→pittari「ぴったり」、gusari→gussari「ぐっさり」、syobori→syombori「しょんぼり」、kogari→koŋgari「こんがり」のような強意形の交替では、無声子音は同じもの2つに、有声子音は同じ調音

位置の鼻音を伴い、それぞれ分裂を起こす。

こうした音韻プロセスを、音韻理論の目から定式化したものが音韻規則である。その定式（フォーマット）はA→B／C＿Dのようなもので、／の前半はAからBへの変化を、後半はCとDに挟まれた環境を示し、CAD→CBDと書いても同じことである。たとえば、上の削除プロセスは、k→∅／＿iのように定式化される（∅は何もない状態を示す）。規則による定式化の最大のねらいは2つある。1つは、その音韻プロセスが起こる変化と環境を明確にできること。もう1つは、弁別素性に基づく自然類の概念を用いることにより、一見バラバラに見える音韻プロセスを統合して、そこに見られる一般性を捉えられることである。上の「iの前でtがtʃに変質するプロセス」と「uの前ではtがtsに変質するプロセス」の本質は高母音の前で[t]が破擦音化することにあり、（2a）のように定式化できる。わたり音挿入も、（2b）のように、母音連続を避けることがその本質であった。

(2) a. t →破擦音／＿高母音
　　b. ∅ →わたり音／母音＿非高母音

いずれもどちらの母音（前舌・後舌）の前ないしは後ろで、どちらの破擦音（tʃ・ts）ないしはわたり音（y・w）が用いられるかは精緻化が必要だが、それぞれのプロセスの本質は定式化によってこそ浮き彫りになる。

このような定式化の次に問題となるのが、その音韻規則の適用性である。つまり、その規則が義務適用（obligatory application）か随意適用（optional application）かにより、条件変異（相補分布）か位置変異（自由変異）かの分布の違いが捉えられる。（→音素・音素論）

(3) a. geta「下駄」　　gomi「ゴミ」
　　　 kaŋe「影」　　　kaŋo「籠」
　　b. geta「下駄」　　gomi「ゴミ」
　　　 kage「影」　　　kago「籠」
　　　 kaŋe「影」　　　kaŋo「籠」

(3)の規則はどちらも「g→ŋ／母音＿母音」

と定式化されるが、伝統的な東京方言（3a）では義務適用、最近の標準語（3b）では随意適用となる。上で見た[k]の削除、[t]の破擦音化、阻害音の分裂は義務適用、わたり音挿入と母音融合は随意適用である。一般に、歴史体系に定着した音韻規則は義務適用だが、発音のしやすさに関わる規則は随意適用の傾向があり、世代、スタイル、発話速度に左右される。鼻濁音化（3b）は世代が古いか新しいか、母音融合はスタイルがカジュアルかフォーマルか、わたり音挿入は発話速度が速いか遅いかに左右される（いずれも前者の場合に適用されやすい）。

さらに、相互関係の問題も重要である。言語体系では複数の規則が相互に作用する場合があり、それには順序関係と共謀関係がある。まず順序関係とは縦の関係で、一定の順序により初めて体系内の正しい形を導き出せる。yuki-ɲuni「雪国」、ori-ŋami「折り紙」の派生には、連濁規則→鼻濁音化という順序関係が必要である。もともと kuni「国」、kami「紙」は[k]で始まるので、[k]→[g]→[ŋ]のように変化したのであり、逆の順序はあり得ない。一般に、体系に定着した義務的規則は、発音のしやすさに関わる随意的規則より先に順序付けられ、体系全体の規則の順序関係を一般化・精密化したのが、語彙音韻論である。一方で、共謀関係とは横の関係で、一見して全く異なる変化を導く規則どうしが、実は体系内で同じ目標達成のために協力し合うものである。上で見たわたり音挿入と母音融合は共謀関係にあり、いずれも母音連続を避けるという目標を持つ。別々の規則だが、ia, ua, io, ea など2母音が異なる音節に属する場合はわたり音挿入が、ai, au, oi, ae など同じ音節で二重母音化できる場合には母音融合が、それぞれ相補的に適用される。このような目標達成には、無関係の規則を統合して一般性を高める機能があるが、それを制約と呼んで規則を廃した枠組みが最適性理論である。

［田中伸一］

音韻論
おんいんろん
phonology

（音声・音韻・分野名）

言語の「音の文法」に関する分野で、音素目録や形態素を同定し、さまざまな音韻プロセスを発掘することで、実際の音声形式がいかに導かれるかを説明し、音韻体系を構築・解明することを目標とする。初期の生成音韻論は音韻体系を規則の集合と見なして定式化したが、最適性理論は制約の相互作用と定義する。

音声学と対比すると、ある言語体系の中でさまざまな意味を表現するために、連続体としての音がいかに範疇化（音素や弁別素性や韻律範疇）されるかを解明するのが音韻論、そもそも音がいかに発せられ、いかなる音響的性質を持ち、いかに知覚されるかを解明するのが音声学である。つまり、前者は音を言語体系の観点から範疇（離散）的に、後者は生理・音響・知覚の観点から連続体としてそのまま捉える。ゆえに、前者は音の類型・獲得・歴史変化・社会変異に関連し、後者は生理学・音響学・心理学に関連する。要は、音韻論は関係論・相対論・構造論であり、音声学は実体論・絶対論・機能論である。

音韻論と音声学の線引きは難しい。線引き自体が範疇的であり、音韻論の定義に音声学との対比を持ち出すのも音韻論的な関係論である。音声学者の中には音声学と音韻論は初めから1つしかないとする者もいるが、そう主張する者に限ってIPA（つまり範疇的な音声記号の目録）で音声を記述したりする。しかし、これには矛盾はなく、本当は音には連続的な部分と離散的な部分との両方の性質があり、音声学と音韻論双方の固有の観点と利点があるので、相互補完的な統一的方法論を備えた「音声科学」の実現こそ理想である。

［文献］窪薗晴夫『日本語の音声 現代言語学入門2』（岩波書店 1999）、田中伸一『日常言語に潜む音法則の世界 言語・文化選書10』（開拓社 2009） ［田中伸一］

音消失・音添加
おんしょうしつ・おんてんか
sound loss / sound addition

歴史

歴史的な音変化の一種で、音消失は、単語の音の一部が消える現象であり、音添加は、単語に音が付け加えられる現象のことである。消失や添加が起こる位置等によって、異なった名称が与えられている。

音消失には、音の消失する位置によって、語頭音消失（apheresis）、語末音消失（apocope）、語中音消失（syncope）、重音脱落（haplology）などがある。

語頭音消失の例は、英語knee, knowの発音されないk、語末音消失の例は、古英語u語幹男性名詞sunu「息子」の-uの脱落（現代英語son）、語中音消失の例は、古英語a語幹男性名詞複数形の語尾-asのaの消失（古英語stānas「石」, 現代英語stones[stoʊnz]）、重音脱落の例は、英語England ＜ Engla-landの重複するlaの脱落などがある。

音添加には、語頭音添加（prosthesis）、語中音添加（excrescence, epenthesisまたはanaptyxis）、語末音添加（paragoge）がある。語中音添加のうち子音間に子音が挿入される場合をexcrescenceと言い、子音間に母音が挿入される場合をepenthesisまたはanaptyxisと言う。

語頭音添加の例は、スペイン語estado「国家」＜ラテン語statu(e-の添加)、語中音添加のうちexcrescenceの例は、現代英語 empty ＜ 古英語ǣmtig「空の」(-p-の添加)、epenthesisの例はウクライナ語 molokó ＜ melko「ミルク」(-o-の添加)、語末音添加の例は、現代英語 amongst ＜ 中英語 amonges「〜の間に」(-tの添加)などがある。

[文献] R. L. Trask. *Historical Linguistics*. Routledge, 1996., D. Crystal. *Dictionary of Linguistics and Phonetics*. Blackwell, 2008.　　　　　　　　　　[児玉茂昭]

音象徴
おんしょうちょう
sound symbolism

一般

ことばの音形と意味の間に直接の関係があることを言う。

一般的に、言語記号の形と意味の関係は恣意的である（→記号）。たとえば、/tori/（トリ）という語の音形が、鳥という意味と結びつく必然性はない。しかし、この原則があてはまらないように見える語もある。たとえば、「カッコウ」やcuckooという語では、ある種類の鳥を表す語の音形が、その鳥の鳴き声に由来すると考えられる。このような現象を音象徴と言う。

音象徴は、現実世界の音や様態を模した語彙、オノマトペ（onomatopoeia）によく見られる。オノマトペの中には、crispと「かりかり」、glitterと「ぎらぎら」のように、系統関係のない言語同士で似た形の語が似た意味を表すように見える例もある。そこから、音素あるいは音素連続と意味の間に一定の関係を認める立場もある。たとえば、tinyや「ちび」などに含まれる前舌高母音iと「小さい」という意味概念が結びつくことを一般化するなどの考えである。しかし、この結びつきが適用される語彙は限られている。たとえば、「岸」という語と「小さい」という概念は結びつきそうにない。また、同じ鳴き声を模していても、日本語ではコケコッコー、英語ではcock-a-doodle-dooというように、音形の一致しない音象徴も多く見られる。限られた音素で無限の意味を表すという人間言語の性質上、音象徴は部分的な現象と考えるのが自然である。

一方で、個別の言語において、音象徴が語形成で一定の役割を担う例も見られる。アフリカのニジェール・コンゴ語族などでは、表意音（ideophone）と呼ばれる音象徴的な語形成が広く生産的に見られる。

[文献] 田守育啓・L. スコウラップ『オノマトペ―形態と意味』（くろしお出版 1999）　　　　　　　[白井聡子]

音声学
おんせいがく
phonetics

【分野名】

話しことばで使われている音を音声(speech sounds＝話しことばの音)といい、それを研究する分野を音声学という。

【コミュニケーションの過程に対応した音声学の分野】ことばは人間のコミュニケーションのための最大の手段である。ことばを話すにあたっては、話し手が音声を発し、その音声が空気中を伝わり、聞き手がそれを理解するという3つの過程があるが、それぞれの過程における音声研究の分野を調音音声学(articulatory phonetics)、音響音声学(acoustic -)、聴覚音声学(auditory -)という。

調音音声学では人間が音声を発する際にどの器官をどのように働かせるのかを研究し、音響音声学では音波である音声の物理的性質を研究する。そして聴覚音声学では物理的な音波を人間がどう知覚するかを研究する。これらのうち、直接観察できる部分が多くある調音音声学が最も古くから発達した。

【研究方法による音声学の分野】観察や測定にはさまざまな機器が使用されることが多くなり、器械音声学(instrumental phonetics)と言われたこともある。調音音声学においては、外からは見えない調音器官の動きの詳細な観察、筋肉の働きの測定、呼気流量の測定などに機器が必要である。これらの機器は一般の個人が簡単に入手できるほど安価ではなく、また使用にあたっては医師の免許が必要なものもある。音響音声学にあっては、現在は誰でも、音波の基本周波数、強度、持続時間といったものの計測だけでなく、スペクトログラムも簡単に表示して観察、測定することができる。それは、それらの分析を行うために、かつて何百万円もした機械をはるかに超える機能を備えたパソコン用ソフトウェアが無料でダウンロードでき(たとえば、PraatやWaveSurferなど)、また非圧縮音声形式で音を取り込める小型で性能の高い録音機も安価で手に入るようになったからである。したがって、現在では言語研究のための音響音声学的分析のほとんどは基本的な知識とパソコンさえ持っていれば行えるようになっている。聴覚音声学においても脳波の測定などには機器を必要とするが、知覚実験のための刺激音の作成などは上記のソフトウェアを用いて行うことができる。

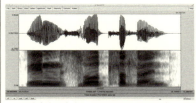

音声波形(上)とスペクトログラム(下)
[Praatによる]

研究の方法として実験を用いるものを実験音声学(experimental phonetics)という。上述のように、現在ではパソコンを使用して容易に測定を行ったり音を加工したりすることができるため、特に音響音声学や聴覚音声学の分野で言語学系の研究者が実験的な研究を行うことも多く、データを分析する際に統計学的な知識も求められるようになっている。

なお、近年は話し言葉コーパスを使用した研究も盛んとなってきている。

【歴史】知られている最も古い音声研究は古代インドにおける調音の研究である。それは、古い時代のアラビアや中国の言語研究に影響を与えただけでなく、19世紀のヨーロッパにも紹介された。中国では、後に中国音韻学と呼ばれるようになった学問を発達させ、ヨーロッパでは現代の音声研究の基盤を築くことに貢献した。古代ギリシアでも音声の研究が行われたが、古代インドと異なり、聴覚印象に基づくものであった。

[文献] P. ラディフォギッド『音声学概説』(大修館書店 1999)、E. Thomas. *Sociophonetics: An Introduction*. Palgrave Macmillan, 2011.　　　　　　[斎藤純男]

音節
おんせつ
syllable

音声・音韻

語内部の韻律範疇で、モーラより大きくフットより小さな分節単位（→音律音韻論）。中核部分を母音が形成し、その前後を子音が取り囲んで構成される。

音節は右枝分かれの内部構造を持つことが知られている。(1)はgroundの例である。
(1)

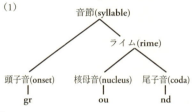

ライムは韻（rhyme）とも呼ばれ、(1)の語はfound, surroundなどと「韻を踏む」ことができる。ライム内の核母音と尾子音がモーラを形成し、モーラの定義上重要な概念である。

音節には多様な機能がある。まずは、モーラと同様、発声や知覚の処理において、等時性（isochronism）を測るリズムの単位となる。
(2) a. Mìs.sis.síp.pi　Ken.túc.ky　Tó.kyo
　　　 ○ ・○ ・ ・　　 ○ ・ ○　　 ○ ・

b. mi.si.síp.pii　ken.ták.kii　too.kyoo
　　 L H HL LL　　 LH HL LL　　 LH HH

(2a)の英語は強弱○・の交替リズムを音節単位で、(2b)の日本語は高低音調HLの繰り返しリズムをモーラ単位で、各々の音列に被せている。

また、音節はある音韻プロセスの適用条件として機能する場合がある。たとえば、英語の名詞アクセントは、通常は語末から2音節目か3音節目に付与されるが、ap.pén.dixやho.rí.zonのように2音節目が重音節だとそこに付与され、í.vo.ryやbál.co.nyのようにそこが軽音節だと3音節目に譲る。つまり、重音節にアクセントがきやすく、音節の種類がアクセント付与の条件となるのである。

ここで、軽音節とは単母音のみの1モーラ音節を言う。重音節とは2モーラ音節で、核母音が二重母音や長母音だったり、単母音に尾子音が後続したりする。この軽重の対立は、音節量（syllable quantity）または音節の重さ（syllable weight）と呼ばれ、アクセント以外でも、個別言語ごとに許される最小限の語（minimal word）のサイズを規定する条件としてはたらく。たとえば、日本語の最小語はte「手」やke「毛」のように軽音節（1モーラ）であるが、関西弁ではteeやkeeのように重音節（2モーラ）となる。英語でもspaやpenのように、重音節が条件となる（冠詞などアクセントのない機能語はこの限りではない）。

さらに、音節はある音韻プロセスの適用領域としてもはたらく。つまり、(1)の内部構造を基に、その領域内で何らかの音韻プロセスが起こるもので、最も重要なのが、音節内の音素配列（phonotactics）が聞こえの階層（sonority hierarchy）から導かれるプロセスである。聞こえとは開口度や音響や知覚に基づく概念で、聞こえの高いものから低いものを並べると、母音が最も高く、わたり音（w, y）、流音（r, l）、鼻音（m, n）、摩擦音（v, z, f, s）と続き、閉鎖音（b, d, g, p, t, k）が最も低い。そして、頭子音の領域では聞こえが低いものから高いものへ（sw-, sy-, sl-, sm-, sn-)、尾子音の領域では高いものから低いものへ（-ws, -ys, -rs, -ls, -ms, -ns）と配列される。つまり、音節全体では、(1)もそうだが、母音を中心に聞こえの山を形成する（頭子音sp-, st-, sk-や尾子音-ps, -ts, -ksは悪名高い例外）。その他、ライムが適用領域になる音韻プロセスには鼻母音化があり、tõn, pãm, lõngでは尾子音の鼻音に同化して鼻母音化するが、頭子音が鼻音でも not, mapのように鼻母音化しない。

また、音節は語形成のための鋳型としてもはたらく。韻律形態論の項で見た短縮複合語のほか、単純な省略語でも、math.e.mat.ics→ math, ad.ver.tise.ment→ad, in.flu.

en.za→flu, ro.bot→botのように、語のどこか1音節が切り取られる。また、混成語の例でも、多音節語ではOx.ford+Cam.bridge→Ox.bridge, mo.tor+ho.tel→mo.telのように頭と尻尾の音節が、単音節語ではsmoke+fog→smog, breakfast+lunch→brunchのように頭子音とライムが、それぞれ合成される。

以上から、音節という抽象的で目に見えない実体であっても、音韻や形態に関わるプロセスからその存在根拠が示されることが分かる。言語単位を言語内部の現象によって裏付けることから、このような根拠を内在的証拠と言う。一方で、音節を言語現象以外のプロセスにより裏付けることも可能で、そのような根拠を外在的証拠と言う。以下のプロセスは、言語を超えて特定の認知処理に関わるものであり、音節の外在的証拠として、その心理的実在性を示すと考えられるものである。

たとえば、歌謡では、歌詞を乗せるための音符に対し、英語では音節が対応することが多い。童謡「いぬのおまわりさん」にはナーサリーライムの"Little Kitty Little Kitty"にちなんだ英語歌詞が存在するが、出だしがLit.tle kit.ty, lit.tle kit.ty, lost and all a.lone.（13音節）となり、13音符に対応している。

まいごのまいごの　こねこちゃん
JASRAC 出 1413187-401

ちなみに、日本語歌詞はmai.go.no.mai.go.no.ko.ne.ko.tyanで、10音節の発話だが、対応するのは13モーラであることが分かる。これは（2）で見た言語的リズムにも関連があるが、音楽という別の認知領域の活動にも音節やモーラがはたらくという根拠になる。

音節の外在的証拠は、言い間違いにもあてはまる。これは認知機構における発声処理がうまくいかずに起こるプロセスだが、英語では音節の内部構造を反映する例となる。たとえば、交換エラーは「マイケル・ジャクソン」が「ジャイケル・マクソン」になるなど語の一部が入れ替わる言い間違いで、フロムキン（V. Fromkin）の研究以来、英語ではma.ga.zine→ma.za.gine, ad hoc→odd hack, gone to seed→god to seenのような例が知られている。それぞれ（1）で見た頭子音、核母音、尾子音が交換されている。一方、混成エラーは「臭う」と「嗅ぐ」が「におぐ」となるなど類似の意味を持つ2語が混同されて1語として処理される言い間違いで、Tom/Jerry→Terry, Chomsky/Halle→Challe（→生成音韻論、分節音韻論）, smart/clever→smeverのような例があり、先行語の頭子音と後続語の頭子音以外の部分が混成されている。つまり、上で見た混成語（こちらは言い間違いでなく正規の語形成であったが）と同様に、音節の内部構造が頭子音とライムの間で大きく区切れていることが分かる。

最後に、ことば遊びも音節の外在的証拠になるので、ここで英語の例を取り上げよう。ことば遊びと言っても、しりとりや回文や早口ことばなど純粋にことばを使った遊戯もあるが、ルールが分からないと理解不能となることから、他人に知られたくない時に用いる隠語として機能するものもある。（3）は英語の豚ラテン語（Pig Latin）と呼ばれるもので、英語をラテン語風に加工する隠語だが、この文がどのような意味か分かるだろうか。

(3) Ancay ouyay essguay atwhay isthay entencesay eansmay? [ænkei u:yei esgei atwei isðei entenssei i:nzmei]

下線部のay（[ei]と発音）を差し引いて考えてみたい。そうすると、元の語の頭子音が語末に移って、ayが付加されて語形成されることが分かるだろう。答えは、Can you guess what this sentence means?となる。つまり、頭子音とそれ以外の部分で大きく区切れているからこそ、それぞれが入れ替わるわけで、これも音節の内部構造を示す外在的証拠となる。あるいは、歌謡や言い間違いとともに、音節の心理的実在性を示す根拠ともなっている。

［田中伸一］

音素・音素論
おんそ・おんそろん
phoneme, phonemics

音声・音韻

　音素とは、ある言語において語の意味を区別する最小単位としての分節音のこと。音素論は、音素を発見するための方法論。

　音素発見の方法は、主に分節音の分布に基づく。たとえば、日英語ともに[ŋ]は語頭に現れず語中で許されるが、同じ位置に[g]も可能である（英語の-gg-, -ng-は発音上は[g], [ŋ]）。
(1) a. get「得る」　　　goal「目標」
　　　bagger「袋詰め機」　digger「坑夫」
　　　banger「爆竹」　　dinger「ヒット」
　　b. geta「下駄」　　　gomi「ゴミ」
　　　kage「影」　　　　kago「篭」
　　　kaŋe「影」　　　　kaŋo「篭」

　しかし、英語でのみ語中で2つの音が意味の対立を生むので、[g]と[ŋ]は別々の音素/g/と/ŋ/から派生される。この場合、bagger vs. bangerのような意味の異なる最小対立のある語群をミニマルペアと言い、その発掘こそが音素発見の基本的な方法論となる。

　一方で、日本語では[g]を導く/g/のみが音素である。[ŋ]は鼻濁音と呼ばれ、音素/g/が語中で見せるバリエーションで、これを異音（allophone）と言う。ただし、異音の現れ方にも2種類ある。(1b)第2・3段のような異音は最近の標準語に見られるもので、同じ位置に許されることから位置異音と呼ばれ、その現れ方を自由変異と言う。伝統的な東京方言ではこのような自由変異が許されず、(1b)第3段のように語中には鼻濁音のみ現れていた。この場合の鼻濁音は、語中という条件のみで現れることから条件異音と呼ばれ、その現れ方を条件変異と言う。つまり、異音変異は位置変異と条件変異に分けられる。音韻プロセスの観点から見ると、いずれも語中で/g/から[ŋ]が導かれるという鼻濁音化の規則が関わり、位置異音は随意適用、条件異音は義務適用となる（→音韻プロセス・音韻規則）。

　なお、分布の観点からは、(1a)の2音は対立分布（contrastive distribution）、(1b)第1段と第3段の2音は相補分布（complementary –）をなす。同じ位置に現れて分布の予測がつかないものが音素であり、位置による条件付けにより分布の予測がつくのが異音であると言える。そして、予測がつくからこそ異音は音韻規則により派生される。このように、ある言語の音韻体系を構築するには、表面的な音声に惑わされず、異音と音素を厳密に区別し、どのような音素からどのような音韻規則によりどのような異音が導かれるかを見極めることが重要となる。

　ただし、音素の見極めには注意を要する。まず、母音や子音だけでなく、アクセントの位置や有無、音調なども音素になり得る。
(2) hási(ga)「箸」　hasí(ga)「橋」　hasi(ga)「端」
　　　HL L　　　　　LH L　　　　　LH H

　(2)のように語の意味を区別するからである。また、ミニマルペアの数により、どれほど対立を生むかの効率が音素ごとに異なることもある（→機能負担量）。効率が悪い場合は、歴史変化により2つの音素が1つに融合したりする。逆に、言語接触により新しい音素が加わることもあるので、音素体系は動的である。さらに、ミニマルペアには別々の語の対立だけでなく、同一の語の形態操作に伴うものもある。build vs. built、to「戸」vs. hiki-do「引き戸」では、同じ語が過去形化または複合語化に伴い交替し（→音韻プロセス・音韻規則）、ミニマルペアを形成する。これを形態音素交替（morphophonemic alternation）と言い、そこから導かれる音素を形態音素（morphophoneme）と呼ぶ。ただし、交替から導かれる2音が常に形態音素であるとは限らない。mot-anai「持たない」vs. mots-u「持つ」の対立は接辞付加に伴う交替だが、ts は形態音素ではない。別々の語が[t]と[ts]でミニマルペアを形成しないからである（cf. guild「組合」vs. guilt「犯罪」、to「都」vs. do「度」）。

［田中伸一］

音変化
おんへんか
sound change

歴史

時間の経過とともに言語の音が変化することを音変化と言う。音変化はさまざまなタイプに分類される。音の位置による分類を例に挙げると、特定の音が消失する場合、その位置によって語頭音消失、語中音消失、語末音消失などと呼ばれる。また、元の語の音連続になかった音が新たに生じる場合、その位置によって語頭音添加、語中音添加、語末音添加などと呼ばれる（→音消失・音添加）。

【音韻変化】 音変化が当該言語の音素体系に影響を及ぼす場合は、音韻変化と呼ばれる。ある音が変化することで、その言語が元来持っていた別の音と同じになることを合流と言う。たとえばサンスクリット語では、印欧祖語に再建される短母音*e, *o, *aがすべてaに合流した。また、同一音素の異音であったものが、出現環境の変化で新たな音素としての地位を獲得することもある。たとえば英語のsingは元は[sɪŋg]と発音され、鼻音[ŋ]はkまたはgの直前で生じる音素 /n/ の異音だった。その後語末の[g]が脱落し[sɪŋ]となった。この段階でsingはsin[sɪn]「罪」と鼻音の違いで区別されるようになり、/ŋ/ が新たな音素として確立した。音韻体系内の項目が相互に影響をもちながら全体的に変化する場合は推移（shift）と呼ばれる。

【条件変化と無条件変化】 前後の音声環境によって音変化の条件が特定できるものを条件変化（conditioned change）、特定できない（あらゆる環境で生じる）ものを無条件変化（unconditioned change）と言う。条件変化のうち特に重要なものは、ある音が隣接または近接する別の音と類似する方向に変化する同化であり、無声音が有声音に同化する有声化、その逆に有声音が無声音に同化する無声化、硬口蓋に近づく舌の動きに子音が同化する口蓋化などがある。

【音変化の規則性】 音変化は特定の語によらず、同一の環境で一斉に生じることが多く、これを捉えた規則は音法則（sound law, Lautgesetz 独）と呼ばれる。近代言語学が確立される過程において、音変化が持つこの性質は重大な意味を持ち、19世紀後半のドイツの青年文法学派と呼ばれる人々は「音法則に例外なし」という標語のもと、印欧語比較文法における音対応の規則（たとえばラテン語の語頭のc-[k]にはゲルマン語のh- が対応するといった関係（例：ラcord-「心臓」：英heart））の精密化に努め、表面的な音声の類似ではなく、体系的な音対応を確立することで同系語の証明ができることが示され、これによって言語研究の科学性が保証されることになった。また、音変化は特定の時代に一斉に生じたのちに終息し、次の時代に同じ環境が生じても同様の変化が起きないのが特徴である。たとえば英語fishの[ʃ]は、古英語の時代に[sk]という音連続が前舌母音に接する位置で口蓋化・摩擦音化を起こして生じたものであるが（[sk]を保つ同源の古ノルド語fiskr「魚」を参照）、この変化が終息した後に借用されたrisk（17世紀フランス語より）などではこの音連続が保たれている。音変化そのものは規則的であっても、音変化が生じると語形変化のパラダイムに不規則が生じることとなり、これを平準化しようとする別の力（→類推）がはたらくことがある。

【音位転換】 音変化には偶発的なものもあり、たとえば同一語内の音声連続上で、特定の音ないし音の特徴がその位置を変えることを音位転換（metathesis）と言い、特定の語に限られた変化であることが多い。若い世代の日本語でよく聞かれる「ふんいき」（雰囲気）>「ふいんき」という鼻音と非鼻音の位置の入れ替えはその例である。英語の integral [ˈɪntɪɡrəl] の変種として聞かれる[ˈɪntrɪɡəl]という形は、rの音が位置を変えたものである。

[文献] L. Campbell. *Historical Linguistics* 3rd ed. Edinburgh Univ. Press, 2013.　　　　[入江浩司]

音律音韻論
おんりつおんいんろん
Prosodic Phonology

音声・音韻・理論

　音韻表示全体が、語を境に、下部のモーラ、音節、フットから上部の音韻句、音調句、発話までを含む韻律範疇の階層構造から成ることを提唱し、音韻表示を介して非線形音韻論の諸理論すべてを統一した80年代の理論。その階層構造を韻律階層（prosodic hierarchy）と言い、(1) の韻律範疇からなる。

(1) (--) 発話
　　(----------) (--------------------------) 音調句
　　(----------) (--------------) (----------) 音韻句
　　(----------) (----)(--------) (----------) 音韻語
　　(----)(----) (----)(----)(-) (----)(----) フット
　　(----)(----) (-)(-)(-)(-)(-) (----)(----) 音節
　　(-)(-)(-)(-) (-)(-)(-)(-)(-) (-)(-)(-)(-) モーラ
　　too kyoo　yaezakura　　mankai?

　この枠組みの研究は主に3つの系統に分けられる。まず、音韻プロセスの適用領域から韻律階層全体のあり方を解明する系統で、ネスパー（M. Nespor）とボーゲル（I. Vogel）は諸言語のさまざまな音韻プロセスに基づいて、それぞれの韻律範疇の存在根拠を適用領域の観点から初めて体系的に示した。

　また、統語構造とのインターフェイスから韻律階層上部を解明する系統もある。ケイス（E. Kaisse）が韻律範疇を使わずに統語構造から直接的に句や文レベルの音韻現象を捉えたのに対し、セルカーク（E. Selkirk）は統語構造から韻律範疇が構築される仕組みについて先駆的研究を行ない、音韻現象を説明した。

　さらに、形態構造とのインターフェイスから韻律階層下部を解明する系統は、韻律形態論に示した通りである。韻律階層下部の研究は韻律音韻論のほか、クレメンツ（N. Clements）とカイザー（S.J. Keyser）の音節音韻論やヘイズ（B. Hayes）のモーラ音韻論もある。つまり、分節音韻論以外はすべてこの階層に関わる研究になる。

［田中伸一］

会話の含意
かいわのがんい
conversational implicature
語用論

発話が字義通りの意味 (what is said) 以外に言外に持つ意味を含意 (what is implied = implicature) と呼び、特に協調の原理を基に解釈されるものを会話の含意と呼ぶ。たとえば、「明日、釣りに行かない？」という発話に対して「明日は雨だよ」という返答は字義通りには「明日は雨が降る」ということだが、通常はこの発話は「釣りには行かない」という断りが含意されていると解釈される。

【協調の原理 (Cooperative Principle)】協調の原理とは、グライス (P. Grice) が提唱した概念で、会話の参与者が暗黙のうちに協調しているという原理を指す。会話の参与者は、合理的に会話を成り立たせるために「量」「質」「関係」「様態」の4つの格率 (maxims) を「協調的 (cooperative)」に守ると仮定される。これらの格率は、発話がそれぞれの点において適切であることを求めている。たとえば、「今何時ですか」という質問に対して、「旅行から帰って来たばかりなんです」という返答は、「関係」の点で不適切な発言であると判断できる。協調の原理によって「意図」が分析の射程に入り、語用論研究に与えた影響は大きい。なお、グライスの論考は *Studies in the Way of Words* (Harvard Univ. Press, 1989) にまとめられている。

【会話の含意の性質】会話の含意は、協調の原理を前提に形成されるものである。前述の時間を尋ねる発話に対して、「旅行から帰ってきたばかりだ」という返答は、時間を答える文脈では関係のない発言であるように思われるが、協調の原理を守っているという前提に立てば (つまり「関係のないことを言うはずがない」という想定から)、その発話に含意された意味があると推定できる。この返答の可能な解釈の1つとして、「海外旅行から帰ってきたばかりで時計は現地の時間のままである」という状態で、そのことを理由として正確な時間を伝えることができないという意味が含意されていると考えることができる。

会話の含意の特徴的な性質の1つは、取り消し可能性 (cancellability) である。会話の含意の導出は、聞き手側の推論に委ねられるため、発話者はそれを矛盾なく否定することができる。冒頭の釣りの会話の例では、一般に断りが含意されると考えられるが、その後に「人が少ないだろうから、いい場所を取れるかもしれない」と言うことで、その含意は取り消される。このことは、同一の発話がコンテクスト (文脈) 次第で解釈が異なる可能性があることを示しており、会話の含意が文脈依存であることを示唆する。このような性質は非規約性 (non-conventionality) と呼ばれ、会話の含意は言葉によって直接的に表される意味とは異なるということを示している。また、時間を尋ねるやりとりの解釈の例のように、協調の原理に基づいて計算できるという点も特徴的である。この性質は計算可能性 (calculability) と呼ばれる。

会話の含意のこれらの性質は、特定の言語表現が持つ規約的含意 (conventional implicature) にはないものであり、区別されるのが一般的である。規約的含意は、会話の含意同様に命題内容に影響しないものであるが、取り消すことができない、コンテクストに依存しない (特定の表現から一意的に抽出される)、協調の原理に基づく推論的意味ではないという点で、会話の含意とは異なる性質を持っている。たとえば、My father likes dogs *and* my mother likes cats と My father likes dogs *but* my mother likes cats は、命題内容は同一であるが、後者では but の意味から「父の好み」と「母の好み」の対比が規約的に含意される (→手続き的意味)。

[内田諭]

会話分析
かいわぶんせき
Conversation Analysis (CA)
【語用論】

　会話分析は、1960年代にハーベイ・サックス（H. Sacks）によって提唱され、エマニュエル・シェグロフ（E.A. Shegloff）とゲイル・ジェファーソン（G. Jefferson）との共同研究の中で発展した、社会心理学的言語研究の手法である。アービン・ゴフマン（E. Goffman）の社会学的アプローチにのっとり、話者の対面的相互行為をその協働的な側面に注目して観察、分析することを主な目的とする。また、社会学者ハロルド・ガーフィンケル（H. Garfinkel）のエスノメソドロジーの手法にも影響を受けており、会話という行為に参与する話者がいかに社会秩序を構築していくのかを記述することに重きをおいている。

　会話は狭義には二人以上の話者による音声言語使用を指すが、会話分析の中ではジェスチャー、視線、身体の向き、非言語音声（例：笑い声）や話者交代（turn-taking）のタイミングなど非言語要素も重要な観察の対象となる。会話分析を行うためには、実際の言語使用を録音、録画し、それを詳細に書き起こすことが基本となる。そのために言語音の書き取りだけではなく、発話順序、話者交代のタイミング、非言語情報を特定の記号を用いて詳細に転写（transcribe）する仕組みが考案、使用されている。

　会話分析においては、二人以上の話者が一つの談話を構築していく様子を、相互にかかわり合う行為の連鎖として捉える。その最小単位は、隣接ペア（adjacency pair）と呼ばれ、「質問」－「答え」、「勧誘」－「受諾」などの、異なる話者の発話からなる。先行する発話を第一成分、それに対する応答となる発話を第二成分と呼ぶ。第二成分の内容には、特に典型的と考えられ優先されるものと、そうでないものがあり、非対称を示すことが多い。これを優先構造（preference organization）と言う。たとえば、「勧誘」（例：「映画に行きませんか？」）には肯定的な対応である「受諾」が優先され、否定的な対応をする時には付加的な行為（例：沈黙、間投詞の使用、その他話者交代の遅延をもたらす行為）が伴うことが多い。

　また、会話参加者が理解に困難を感じた場合には、先行発話の繰り返しを促したり、質問をしたりすることもある。これらは修復（repair）と呼ばれ、修復を開始する話者が問題を解決するために一旦会話の流れを止めて、同一の話者もしくは他の会話参加者が修復を実行した後に会話の本来の流れに戻る。このように会話分析は、話者間で共有され、実行される規範や体系的な手続きを考察することにより、その言語使用行為が話者間の秩序の構築に寄与する様子を記述する。

　一般に談話分析（discourse analysis）が、社会学や言語学の理論を背景として何らかの仮説を立て、言語データを用いてそれを検証してゆくのに対し、会話分析ではそうした抽象化は避けられ、現象の形式的な構造を忠実に記述することに焦点が置かれる。それと同時に、話者が持つ多様な知識の構造に注目し、対話者同士が共有する知識や文化的知識の役割を重視する。個々の発話は、話者同士が文化の中で慣習化された手続きにのっとって、情報や知識の内容を確認、調整、更新する行為とみなされる。こうした手法は、個人的な自然会話だけでなく、法、医療、教育などの制度的な言語使用の分析にも用いられ、社会学、言語学だけでなく人類学、心理学などの近隣分野の研究にも影響を与えている。

[文献] H. Sacks, E. A. Schecloff & G. Jefferson. A Simplest Systematics for the Organization of Turn-Taking for Conversation. *Language*, 50-4. 1974.　　[車田千種]

格

かく
case

文法

　格は人称・性・数と並んで名詞の屈折を引き起こす文法範疇の1つである。具体的には、名詞や代名詞などの名詞類が文法的要請によって語形変化する時、これを格変化と呼び、具体的な形のことを格と言う。たとえば、英語の代名詞は、主語なら主格に語形変化し（例：IやheなLf）、目的語なら対格に語形変化する（例：meやhimなど）。名詞に格を明示することを格標示（case-marking）と呼び、その屈折体系はパラダイムをなす。

　1つの言語における格の数はさまざまである。たとえば、中国語やベトナム語のように形態論が貧弱で名詞が屈折しない言語においては格の区別は存在しない。主語でも目的語でもすべて同じ形式を用いる。

　一方で、ウラル諸語は多彩な格の区別を持っている。たとえば、フィンランド語は主格、属格、対格、分格、様格、変格、内格、出格、入格、所格、向格、離格、欠格、共格、具格の15の格が一般には区別される。

　同じ印欧語でも、スラブ諸語などは整然とした格の体系を持っているが、英語は格の区別がほとんどない。代名詞こそ主格、属格、対格を区別するが（例：一人称単数代名詞にはI, my, meの区別がある）、名詞には格の区別がない。その点、中国語などと同じである。

【格標示の方法】格標示の方法は言語によってさまざまである。まず、接辞による格標示がある。たとえば、トルコ語の名詞には主格、対格、属格、与格、場所格、奪格の6つの格がある。「男」という名詞ならadam-ø「男が」、adam-ï「男を」、adam-ïn「男の」、adam-a「男に」、adam-da「男のところに」、adam-dan「男から」のように屈折・格変化する。格標示に使われる接辞は格標識（case-marker）と呼ばれる。

　言語によっては格標識である接辞が他の文法範疇の情報も持っていることがある。たとえば、ラテン語の名詞domin-us「主人」の対格はdomin-um、属格はdomin-īであるが、これらの接尾辞は格の情報だけでなく数の情報も一緒に担っている（→融合²）。

　一方で、側置詞で分析的に格を表現する言語もある。代表例は日本語である。日本語は主格なら「花子が」、対格なら「花子を」、与格なら「花子に」、奪格なら「花子から」というふうに名詞に後置詞を付与することで格を標示する。この後置詞は日本語学では格助詞と呼ばれる。格を表現する助詞（particle）ということである。ただし、格標識と側置詞の区別ははっきりしたものではなく、日本語の格助詞を格標識とする研究もある。

【いろいろな格】格はある言語の名詞類の具体的な形態の名前であるので、どういう格を設定し、それらをどう呼ぶかは個別言語（の伝統）によって当然異なる。しかし、世界の言語には一般に以下のような格が認められる。

　対格型格標示を行う言語においてSとAを同じように標示する格のことを主格（nominative）と呼び、Pを標示する格のことを対格（accusative）と呼ぶ。一方で、能格型言語においてSとPに用いられる格を絶対格（absolutive）と呼び、Aに用いられるものを能格（ergative）と呼ぶ。SやA、Pをどのように格で標示し分けるかは言語類型論の大きな関心事の1つである（→アラインメント）。

　与格（dative）は何かを与えられる人に使われる格である。間接目的語が設定できる言語では、間接目的語は与格をとることが多い。

　主格、対格、絶対格、能格及び与格は主要部である動詞の文法的要請に基づいて用いられるので、文法格（grammatical case）と呼ばれる。

　一方で、主要部の文法的要請ではなく話者の表現上の必要によって適宜用いられる格は意味格（semantic case）と呼ばれる。以下のようなものがある。属格（genitive、日本語では「〜の」）は所有者を表す格である。場所

格（locative、「〜に、で」）は動作が行われる場所を表現する形式である。奪格（ablative、「〜から」）は起点や原因を表す格である。さらに、共格（comitative、「〜と」）は行為をともに行う随伴者を表現し、具格（instrumental、「〜で」）は行為の道具を表す。受益者格（benefactive、「〜のために」）は受益者に使われる。部分格（partitive）は部分や不定量を表現する。誰かの名前を呼ぶ際に特別な形を用いる言語は多いが、そのような形は呼格（vocative）と呼ばれる。

【格の名称】格はあくまで形に関する区別である。しかし、名前をつける時には、その格がその言語において典型的に表現する意味役割の名前を用いる。特に意味格はそうである。たとえば、場所格は典型的に場所を表すから場所格と呼ばれる。

日本語学においては格助詞をそのまま格の名前に採用して呼ぶこともある。たとえば、「〜が」「〜に」を主格や与格と呼ぶ代わりにガ格、ニ格のように呼ぶ習慣がある。英語では接尾辞-tiveを用いて格の名を表現することが多い。

【格と意味役割】格と意味役割の間に一対一の対応関係はない。むしろ、1つの格形式が複数の意味役割を表す方が普通である。たとえば、日本語の対格「を」は「青山くんを殴る」（被動者）、「電車を降りる」（起点）、「井の頭公園を歩く」（場所）のようにさまざまな意味役割を担う。一方で、動作主という意味役割は主格によっても与格によっても担われる（例：「太郎が次郎を叩いた」と「次郎は太郎に叩かれた」）。

ある種の格形式の多義性は通言語的によく見られる。たとえば、属格が所有者だけでなく動作主も表現する言語は多い。たとえば英語(the enemy's castleとthe enemy's destruction of the city)や日本語（「野田さんの家」と「野田さんの出発」）などである。また、同じ格形式で場所も着点も起点も表現する言語もある。タガログ語の場所格がそうである。たとえば近称指示詞の場所格形ditoは「ここで」（場所）「ここへ」（着点）「ここから」（起点）のいずれの意味も表現することができる。

【格と文法関係】格は文法関係と一対一に対応しない。もちろん、日本語のような対格型言語においては、多くの場合、主語は主格によって標示される。しかし、常にそうであるとは限らない。たとえば、日本語の主語は尊敬語の敬意の対象となるとされる。ところが、「先生には別の考えがおありになる」では与格名詞句が敬意の対象となっている。このような主語を与格主語と言う。

【名詞句における格の一致と格の積み重ね】一致とは、冠詞や形容詞が同じ名詞句内に共起する名詞の文法範疇に従って屈折することである。性や数についての一致がよく知られているが、言語によっては格についても一致を示す場合がある。

たとえば、オーストラリアのカルカトゥング語では「この大きな犬」という名詞句がA、つまり他動詞文動作主として使われた場合、tyipa-yi thuku-yu yaun-tu（これ-ERG 犬-ERG 大きい-ERG）のように指示詞も形容詞も名詞と同じ能格をとる。

さらに、「大きな男の犬」の場合はkalpin-ku[wa]-thu yaun-ku[wa]-thu thuku-yu（男-GEN-ERG 大きい-GEN-ERG 犬-ERG）のように「大きな男」という所有者名詞句が属格について一致しているだけでなく、「犬」という所有物名詞についても一致し、結果として、属格標識に重ねて能格標識も持っている。これを格の積み重ね（case-stacking）と言う。

【その他の「格」】格という用語がここで紹介した意味以外で用いられることもある。たとえば、1960年代にフィルモア（C. Fillmore）によって構築された格文法（Case Grammar）の枠組みにおいては、現代の用語法において実質的に意味役割に対応する意味で深層格や格役割といった用語を用いている。名詞の文法範疇という意味ではない。

[長屋尚典]

過剰修正
かじょうしゅうせい
hypercorrection
(社会)

　社会的に威信のある言語変種(標準語など)との違いを解消すべく、そうではない言語変種の話者が自身の言語使用を修正しようとした結果、威信のある言語変種の表現を過度に使用したり、規範文法から見ると誤用とすべき発音や形式を使用したりする現象を指す。

　この現象は、ラボフ(W. Labov)のニューヨーク市英語研究で指摘されている。この研究では、母音の後に出現する/r/の発音(たとえば、parkやgirlなどの/r/の発音)について調査が実施された。現地では改まった場面で/r/を発音するが、調査で設定された5つの社会階層のうち、上から2つ目の階層に属する話者は改まった場面において、この発音を一番上の階層の話者よりも多く発音したのである。これは、上昇志向の強い話者が、より標準的な言語使用を志向した結果とされる。

　日本語においては、たとえば「書かさせていただく」のように、五段動詞に「させてもらう」の謙譲語「させていただく」を後接してしまう「サ入れことば」や、「お書きになられる」のように、「お＋動詞＋になる」の形(「お書きになる」)の「なる」を「なられる」と言うような二重敬語のケースが過剰修正の例とされることがある。この傾向は、より適切な言語使用を志向する話者が、改まった場面などにおいて普段の話し方をこえた丁寧さを表出しようとする際に生じるものであり、社会階層が関わる上記の英語の場合とは性格が異なる。過剰修正においては、自己の発音や文法などの「正しさ」に対する話者自身の不安感(linguistic insecurity)が関わるとされる。

[文献] 日比谷潤子編『はじめて学ぶ社会言語学』(ミネルヴァ書房 2012)、東照二『社会言語学入門 改訂版』(研究社 2009)
　　　　　　　　　　　　　　　　　　[朝日祥之]

カテゴリー化
カテゴリーか
categorization
(意味論・文法)

　カテゴリー化は「分類する」または「種類に分ける」ことを意味し、カテゴリー(category)とは分類項目または種類のことである。カテゴリー(化)は言語学のあらゆる領域に関係するが、ここでは言語表現の意味(→意味論)および文法との関わりを考える。

【意味とカテゴリー化】語の意味を知っているとはどういうことかを考えてみよう。たとえば「鳥」の意味を知っていると言えるためには、ある対象に遭遇した場合にそれが鳥であるか否かを正しく判断できなければならない。すなわち、「鳥」の意味を知っていることは鳥のカテゴリーに入る対象とそうでない対象を識別できることと表裏一体である。一般化すると、(固有名詞を除く)語の意味を知っていることには、その語と慣習的に結びついたカテゴリーを適切に使用できる―カテゴリー化を正しく行える―ことが必然的に含まれていることになる。

【プロトタイプと語の意味】古典的なカテゴリー観によると、カテゴリーにはその成員になるための必要十分条件があり、カテゴリーの成員の地位は(成員としては)対等である。それに対して、認知言語学では、哲学や認知心理学など隣接諸分野の知見に基づき、人間が日常的に(通常ほとんど無意識に)用いるカテゴリーの多くは、プロトタイプ(prototype)(→意味論)と呼ばれる、最もそのカテゴリーの成員らしい事例を中心とし、それと何らかの原理によって関連づけられた事例を周辺的な成員として組み込む、という仕組みによって成立していると考えられている。この考え方によると、たとえば鳥のカテゴリーは、(スズメやツバメのように)空を飛ぶことができるという特徴を持つプロトタイプ―鳥らしい鳥―と、この特徴を欠くけれども、その他の特徴をプロトタイプと共有するがゆえに成員

としての資格を与えられた事例—鳥らしくない鳥—から構成されていることになる。

語の意味がこのようなカテゴリーの構造を反映していることは、「鳥になりたい」という文の発話者が希求しているのが（ペンギンのように水中を高速で泳げるようになることではなく）自由に空を飛べるようになることであると容易に推論できることや、子どもが「鳥」の意味を習得する際に鳥のプロトタイプから出発するのが普通であることなどから窺い知ることができる。

【プロトタイプと百科事典的知識】厳密に言えば、あるカテゴリーのプロトタイプはそのカテゴリーに属する個別の典型的事例そのもの（たとえば特定のスズメ）ではなく、そのような成員に関するわれわれの一般的な知識（→百科事典的意味論）に基づいて構成された抽象的な存在――一種のスキーマーである。このように、プロトタイプ（およびそれを中心とするカテゴリー）は一般的な知識の獲得の一環として形成されると考えられる。

【文法とカテゴリー化】たとえば「さっき犬が猫を追いかけていたよ」という文の発話者は自らの経験した事態を多面的に—参与者と事態、参与者の事態への関わり方（→意味役割）などについて—カテゴリー化していると言える。複数の語彙項目を結合してこのような文を組み立てる際のパターン（構文など）およびその構成要素（名詞（句）、動詞（句）、主語、目的語など）が文法的な知識の単位であるから、そのような単位が文の表す事態のさまざまな面をカテゴリー化する機能を果たすと考えるのは自然であろう。事実、認知言語学では、これらを我々の基本的な経験に根差した（人や動物を含む具体的な事物、意図的行為、意図的行為の主体などの）意味的なプロトタイプを中心とするカテゴリーであると考えている。

[文献] 野矢茂樹『語りえぬものを語る』（講談社 2011）、西村義樹・野矢茂樹『言語学の教室』（中央公論新社 2013）　　　　　　　　　　　　　　[西村義樹]

可能世界意味論
かのうせかいいみろん
possible worlds semantics

意味論

可能性、偶然性、必然性などの様相概念を処理するために考案された可能世界という概念を使って、自然言語の意味を研究する形式意味論の一分野。可能世界意味論では、言語表現の意味（内包）は、可能世界を引数にして、各可能世界に指示対象（外延）を割り振る関数である。これは、言語表現の指示対象が状況によって変わるという、解釈の状況依存性に対応する。2015年時点で、名詞句「大統領」は、アメリカに対してはオバマを、フランスに対してはオランドをというように、可能世界に応じ値が変わる。文「大統領は黒人だ」は、アメリカについては真だが、フランスについて偽というように、可能世界に応じ真理値が変わる。

ヒンティカ（J. Hintikka）は、「知る」(know)や「信じる」(believe) の分析に可能世界意味論を使い、認識論理と呼ばれる理論を作った。この理論では、「aがpを知る」「aがpを信じる」は、それぞれ「aの信念と整合的であるすべての可能世界でpが真である」「aの信念と整合的である少なくとも1つの可能世界でpが真である」と分析される。ストールネイカー（R. Stalnaker）とルイス（D. Lewis）は、反事実的条件文「もしpならq」は、既存の信念のストックに前件pを付け加え、自然言語の非単調性を考慮し矛盾が生じないような調整を施した後、現実世界と最も類似した可能世界（ストールネイカー）、あるいは現実世界から到達可能な可能世界の集合（ルイス）で、後件qが真なら真、qが偽なら偽とした。

可能世界意味論は形式意味論の意味の考え方を明確にしただけでなく、メンタル・スペース理論、ギャズダー（G. Gazdar）の前提研究、ディンズモア（J. Dinsmore）の知識分割表示理論にも有益なヒントを与えた。

[坂原茂]

含意法則
がんいほうそく
implicational law

【一般】

"If a, then b"「もしaならbも成り立つ(存在する)」と定義されるa, b間の性質や存在(目録)の関係。含意有標性または含意普遍性とも呼ばれる。音韻論ではトゥルベツコイ(N. Trubetzkoy)やヤコブソン(R. Jakobson)が提唱したが、類型統語論に応用したグリーンバーグ(J. Greenberg)の業績も有名。

性質の含意とは、(1)の楕円の内の集合と全体のカテゴリーの関係を言い、この含意関係には非可逆性がある。つまり、womanであればman(人)だが、man(人)だからといってwomanだとは限らない。man(男)の可能性があるからである。一方、存在(目録)の含意とは、内の集合と外の集合の関係を言い、womanが存在するならman(男)も存在することを示す。(1)の他の例も同様である。

(1)

有標性に関連づけると、有標(特殊)なものの存在は必ず無標(一般)なものの存在を含意すると言える。そして、無標なものこそ全体を代表し、man(男)は転じてman(人)となるし、母音と言えば普通は口母音を指す。

不完全指定理論は含意関係を利用して、余剰値とデフォールト値を設定した。前者は性質を利用し、共鳴音にとって[+有声]は余剰値である。後者は存在を利用し、有声阻害音でなければ無声阻害音であるので、無標な[−有声]がデフォールト値となる。[田中伸一]

関係文法
かんけいぶんぽう
Relational Grammar (RG)

【理論】

1970年代にポスタル(P. Postal)とパールマター(D. Perlmutter)により始められた、主語、目的語、斜格などの文法関係に基づく統語理論。主語や目的語などの文法関係は、それ自体として認めなければならない基本的文法機能であり、他のものによって定義できない無定義概念と仮定する。生成文法の変形規則の構造記述は語順を考慮に入れる必要があったので、類似の統語現象でも、言語間で語順が異なる時には共通性を捉えるのが難しかった。関係文法は、文法関係に焦点をあてることで、繰り上げ、受動、使役などの統語現象の普遍性を明らかにした。

【非対格仮説】関係文法は、始発相が基本的意味を表すと考えたため、自動詞に非対格タイプ(始発相で主語を持たずに、直接目的語を持つ)と非能格タイプ(始発相から主語を持つ)という2つのタイプがあるという重要な発見をした。この区別は、自動詞文の受身がある言語で受身にできる自動詞は非能格タイプに限られるという一般化、英語で自動詞主語をV+erで表せるのは非能格タイプに限られる(dance→dancer vs. die→*dyer)という一般化、フランス語で非人称構文を可能にする自動詞は非対格タイプに限られるなどの一般化を可能にした。

【功績と弱点】関係文法は文法関係を使うことで、語順の違いや形態的な区別によって捉えにくくなっていた異なる言語間の統語現象の共通性を明らかにした。関係文法は250以上の世界の言語を研究し、類似の統語現象が言語のタイプを越えて起こることを実証し、言語類型論に重要な貢献をした。関係文法の弱点は、NPの内部構造やwh句の移動など、文法関係の変化がない言語現象に対して有効な研究方法を提案できなかったことである。

[坂原茂]

漢字
かんじ
Chinese character

文字

　古代中国で誕生した文字。当初は中国語を表すのに使われたが、やがて朝鮮・ベトナム・日本などにも伝わり、そうした言語に入った漢語のみならず固有語を表すためにも使用されるようになる。

【甲骨文字】現在見ることのできる体系的な形では最古の漢字であり、河南省安陽にある殷墟から出たもので、1899年に発見された。殷王室の占いを亀の甲羅や牛の肩甲骨に刻んだもので、殷代後期、紀元前13世紀から殷が滅びるまで二百数十年に渡り使用され、5期に区分される。4000字種ほどが見られるうち、解読されているのは1000字ほどで、未解読字の多くは人名・地名などの固有名詞である。

　殷代でも占い以外は筆で竹簡・木簡に書いていたことが知られる。それはまず甲骨に朱筆で下書きしたものがあることと、「筆」や「冊」（いくつかの簡を横糸で綴り合わせた形）という字が既に見られることによる。また「馬」のように足が下ではなく左側に90度回転させられた文字が散見し、これは縦長の簡冊に収まりやすいようにしたためだと大西克也は推定している。

　また1つの漢字について字形がたくさんあり、それは二百年以上にわたる時代差によるものもあるが、同一の甲羅に明らかに同一の刻手による左右反転した同一文字が対称的に記されている場合もある。

　甲骨文字は既にかなり組織的な文字体系を備えていることから、原初の形態ではあり得ず、漢字の起源はより古い。時代を遡る考古学時代の陶器に紋様が記されていることがあるが、なお断片的なものに留まる。

【金文・戦国文字】周代（BC 1046年頃-BC 256年）には青銅器に鋳込まれた文字・金文が大量に存し、甲骨文字が発見される前から研究が進んでいた。内容も豊富で長文の記載があり、『詩経』『書経』などの経典と平行する表現もある。また近年戦国時代（BC 403年-BC 221年）の文字資料が続々と発見されている。

【六書】後漢の許慎が編んだ『説文解字』（AD 100年）は最古の字書であり、9000字あまりの漢字（小篆、つまり日本では印鑑に使われている書体、で記されている）の成り立ちと意味を解説する。その際、漢字の構成原理を六書、即ち「指事・象形・形声・会意・転注・仮借」によって説いている。

　「指事」は⊥「上」丅「下」のように基準線の上に印をつけるか下に印をつけるかによって抽象的な事柄を指し示したもの。「象形」は☉「日」☾「月」のように事物の形をえがいたもの。この二種は単体文字であり、「文」、つまり事物の紋様を描いたものである。

　「形声」とは「江」「河」のように義符（ここでは氵）と声符（工と可）からなる文字であり、義符は事物の類別を表し、声符は類似する音の文字によって発音を示している。「会意」とは「武」「信」のように、「戈（戦い）を止めることが武」「人の言うことが信」と2つの構成要素の意味の組み合わせからなる。この二種は合体文字であり、「字」（「滋」に通じ、増えるという意味）と呼ばれ、単体文字の組み合わせから増加した。

　『説文解字』とは「文、即ち単体文字の意味を説き、字、即ち合体文字を2つに解析して成り立ちを分からせる」という意味の書名である。

　「転注」については古来諸説紛々としているが、ここでは「訓読み」の意味であるとする説を支持しておく。つまり意味の同じ別の語を指すことであり、日本語では非常に多用されている。朝鮮でも古くは「郷歌」などで訓読みがあり、中国でもかつて存在していたという。「仮借」は類似した発音の別の語を表すことであり、たとえば「來」は元はムギを表す象形文字であったが、音が近かった「くる」という語を表すようになり、元のムギの

方は「麥」と書かれるようになった。

以上をまとめると、

$$\left.\begin{array}{l}\left.\begin{array}{l}\text{指事}\\ \text{象形}\end{array}\right\}\text{文（単体）}\\ \left.\begin{array}{l}\text{形声}\\ \text{会意}\end{array}\right\}\text{字（合体）}\end{array}\right\}\text{体}$$

$$\left.\begin{array}{l}\text{転注（類義転用）}\\ \text{仮借（類音転用）}\end{array}\right\}\text{用}$$

となり、前の四種は字形の成り立ちという「体」、後の二種は既存の文字を転用する「用」に関するものである。ちなみに漢以降の伝世文献では形声文字（諧声文字とも言う）が8〜9割を占めるが、戦国時代以前はなお仮借が多く、1字の持つ多義性を回避するために義符（偏）が付加され形声文字が大幅に増加した。

【仮名】日本の「仮名」は、漢字が「真名」つまり本字であるのに対し、略字だという認識による命名である（「名」は古代中国語で「文字」の意）。日本に漢文がもたらされた当初は漢字のみを使用しており、5世紀頃から鉄剣などで日本の人名や地名が漢字で表記され始める。『古事記』（712年）・『日本書紀』（720年）・『万葉集』（759年以降）などでは多くの和歌が漢字で表記されており、これを「万葉仮名」と言う。『成実論』(じょうじつろん)（828年）以降には日本語のテニヲハや語尾を漢字の片側に記すようになり（「阿・伊」が「ア・イまたは尹」）、そこで「片仮名」と呼ばれる。片仮名の成立には漢文訓読との密接な関係があった。一方、和歌を書き表す万葉仮名は行書や草書で書かれることが多くなり、9世紀末から10世紀初頭に平仮名が成立する。詩歌を表す草書に由来する文字ということで、当初から書道芸術と一体であり、それは『高野切本古今集』(こうやぎれ)（1053年）に昇華する。

【国字】「峠・畑・辻」、「鰹」（カツオ）・「鯰」（ナマズ）などの魚の名前や「躾」など日本で作られた文字を「国字」と言う。

【漢字系文字】一方、西夏文字・契丹文字・女真文字やベトナムのチュノム（字喃）ではかえって筆画数の多い複雑な字が多く使われている。たとえばチュノムの「屿」はベトナム語の3を表す単語baの表音部の「巴」と表意部の「三」からなる。チュノムの起源は遅くとも13世紀とされる。また中国語方言（特に粤語）では方言特有の語を表す「嘢」（物）のような方言字がかなりある。

【ベトナム語のアルファベット】現在ベトナム語の正書法はフランスの宣教師ロードが作ったベトナム語辞書（1651年）の表記に由来するローマ字となっている。ベトナム語の母音や子音の区別のためĂ Â Đ Ê Ơ Ô Ưという字母も用い、声調符号も付されている。

【中国語のローマ字表記】中国語は元代にはパスパ文字という表音文字で表記されたことがあるが、ローマ字表記がなされるのは明代の宣教師に始まる。『西儒耳目資』(せいじゅじもくし)（1626年）が代表的な発音辞典であり、フランス語圏では同書の表記法が近代になるまで使用されていた。英語圏では『語言自邇集』(ごげんじじしゅう)（1867年）などで使われたウェード・ジャイルズ式のローマ字が近年まで広く使われていた。清末になり文字改革運動が興り、中国人が漢字によらずに母語を書き表せるような簡明な文字体系が多く考案された。注音符号は1918年に政府により公布され、現在でも特に台湾で使用されている。優れた音韻論的分析に基づくもので、縦書にもできる点で有用である。国語羅馬字(ローマ)は1928年公布、趙元任の考案により、通常のローマ字のみで声調も表すが、あまり普及しなかった。1930年頃ロシア極東部の中国人移民のために「ラテン化新文字」が使用された。こうした先行するローマ字を参考にして1958年に拼音字母(ピンイン)が公布された。vを除くアルファベット25文字と声調を表わす4種の記号により標準語の発音を表記する。これは現在中国語の標準的なローマ字表記として中国のみならず、欧米でも使用されている。

［文献］大西克也・宮本徹『アジアと漢字文化』（日本放送出版協会 2009）、落合淳思『甲骨文字の読み方』（講談社 2007）　　　　　　　　　　　［遠藤光暁］

関連性理論
かんれんせいりろん
Relevance Theory
【語用論・理論】

ダン・スペルベル（Dan Sperber）とディアドリ・ウィルソン（Deirdre Wilson）によって1980年代から提唱されている語用論モデル。発話解釈の際に作動する心的メカニズムに対して、明示的、因果的な説明を与えようとしている点が特徴である。

【関連性の原理】人間の認知システムは、限られた認知処理能力を最大限有効活用するように、長い進化の過程で作られてきた。このことを原理として述べたのが(1)である。

(1) 認知に関する関連性の原理（Cognitive Principle of Relevance）：人間の認知システムは関連性を最大化するよう構成されている。

認知システムへの入力は、既存の情報と相互作用して新しい情報を導いたり、既存の情報を訂正したり確証したりする場合に、認知効果を持つ。ある入力情報は、それを処理することによって得られる認知効果が大きいほど、またそれを処理するためにかかる処理労力が小さいほど、関連性が高くなる。人間のコミュニケーションは、話し手が聞き手にある情報を伝えようと意図し、この意図を聞き手に明示的に示すことから、意図明示的伝達と呼ばれる。話し手は聞き手の注意を自分に向けさせるためには、(1)の原理により、少なくとも処理労力に見合う程度の関連性があると聞き手に推定させる必要がある。これにより、(2)が導かれる。

(2) 伝達に関する関連性の原理（Communicative Principle of Relevance）：すべての意図明示的伝達は、それ自身の最適な関連性の推定を伝達している。

コミュニケーションにおいては、話し手は聞き手にとって常に「最大の関連性」を有する情報を提供できるわけではないので、「最適な関連性」が目指される。この原理が述べているのは、聞き手は常に話し手の発話が、(a)処理労力に見合う程度に十分な関連性を持ち、(b)話し手の能力と選好に両立する範囲内で最も高い関連性を持つと推定し、発話解釈を行うということである。これにより聞き手は発話解釈の際、最も処理労力が小さく、最初に関連性の期待を満たす解釈、つまり最初に頭に浮かんだ解釈が多くの場合、まさに話し手が意図していたものだと想定することができる。伝達に関する関連性の原理は、ある行為がコミュニケーションである限り例外なく成立する事実を述べたものであり、グライスの会話の格率（→会話の含意）とは本質的に異なり、遵守したり違反したりできるものではないことに注意する必要がある。

【表意構築のプロセス】関連性理論は、話し手が明示的に伝えようとしている内容を聞き手が理解する際に、多くの語用論的推論を必要とすることを一貫して強調している。グライスが主に語用論的説明の対象であると考えた推意（implicature）に対して、発話の明示的な側面を表意（explicature）と呼ぶ。文の言語的意味表示である論理形式（logical form）を発展させ表意を構築する際、聞き手が行う操作には次の4種類がある。(1) 曖昧性除去（disambiguation）：複数の可能な論理形式のうちから1つを選択すること、(2) 飽和（saturation）：論理形式に含まれる変項に対してコンテクストを参照して値を付与すること、(3) 自由拡充（free enrichment）：論理形式に語用論的要請により何らかの要素をつけ加えること、(4) アドホック概念構築（ad hoc concept construction）：論理形式に登場する語彙概念を語用論的要請により調整すること。関連性理論の重要な仮説は、聞き手が発話解釈の際に駆使するさまざまな語用論的操作は、表意の構築も推意の導出も、すべて関連性の原理とそれに基づく解釈手続きで統一的に説明できるという点である。

[文献] D.スペルベル・D.ウィルソン『関連性理論―伝達と認知』（研究社出版 1999）、R.カーストン『思考と発話―明示的伝達の語用論』（研究社 2008） ［梶浦恭平］

気音・前気音
きおん・ぜんきおん
(post)aspiration / preaspiration

〔音声・音韻〕

【気音】「子音＋母音」の連続において、声帯振動の開始時点（Voice Onset Time; VOT）の違いによって異なった子音が作られる。始めから声帯振動がある場合は[ba]のように有声子音が出る。調音が母音に移った時にそれが始まると[pa]のように無声子音が現れる。これらの場合は声門と口腔がともに狭まっているか（有声子音）、どちらか一方が狭まっており（無声子音、母音）、気流が強く外に出ることはない。しかし、声帯の振動開始が口腔内の閉鎖開放より遅れると声門と口腔の両方が広く開いた状態が一瞬でき、その間に空気が一気に外に出る。これが気音で、それを伴った無声子音を有気音、そうでないものを無気音という。有気音は[ʰ]を添えて[pʰ]のように表す。気音を伴う子音は破裂音と破擦音（まれに摩擦音も）である。破裂音等に有声・無声・無気・無声有気の3種を持つタイ語、有声・無声無気の区別のフランス語、有気・無気の中国語などがある。なお、有声有気音といわれる音もあるが、それは子音とそれに続く母音の出だしが息もれ声という発声で出される音のことで、この原理とは別である。

【前気音】「母音＋子音」の連続においても、声帯振動の終了時点（Voice Offset Time）がどこかによって音が区別される。両唇音の例で言うと、振動がずっと続けば[ab]、口腔内に閉鎖が作られるのとほぼ同時に声門が開いて声帯振動が終われば[ap]、口腔内の閉鎖が形成される前に声帯振動がなくなると前気音を伴った[ʰp]が現れて[aʰp]となる。前気音を有する言語では、語頭には無声有気音が現れるのが一般的である。前気音は、アイスランド語やゲール語のものが有名であるが、チベット語やモンゴル語などにも見られる。

[文献] J. Laver. *Principles of Phonetics*. Cambridge Univ. Press, 1994.　　　　　　[斎藤純男]

擬音語・擬態語
ぎおんご・ぎたいご
mimetic

〔文法〕

　擬音語・擬態語は、感覚印象を言語音で模倣した語であり、独自の形式的特徴を持つ。日本語のほかに、韓国語、ケチュア語、バスク語、さらにニジェール・コンゴ語族、オーストロ・アジア語族、ドラヴィダ語族などにも多いとされる。擬音語・擬態語を指す用語はさまざまであり、最も一般的なのはバンツー言語学由来の「表意音」(ideophone)だが、南・東南アジア言語学では「表出語」(expressive)、日本語学やバスク語学では「オノマトペ」(onomatopoeia)という総称も用いられる（ただし原語であるフランス語のonomatopéeは「擬音」の意）。

　擬音語・擬態語が表す感覚の種類は、聴覚（例：わんわん、がちゃん、ntùù（太鼓の音）[ルバ語]）にとどまらず、視覚（例：ぎざぎざ、ぶらり、gúrúugùrùu「大きくて丸い」[ハウサ語]）、触覚（例：ざらざら、ひんやり、càmcàm「ぬるい」[キシ語]）、さらに言語によっては味覚（例：cirpira「スパイシーな」[ヒンディー語]）、嗅覚（例：irundu「匂いのよい」[タミル語]）、感情（例：いらいら）にも及ぶ。擬音語・擬態語はこれらの感覚印象の詳細を写し取る。たとえば、「すごすご」は動き（歩行）や速度（速め）に加えて、心情（気まずい）や方向（近→遠）に関する情報も含んでいる。そのため、同じ内容を擬音語・擬態語なしで伝える際には、多くの語が必要となる。

　擬音語・擬態語の形式的特徴は多岐に渡る。音韻的には、一般に許されない音素配列を許す言語が多く、日本語では和語で許されない語頭[p]音が、擬音語・擬態語ではむしろ多い（例：ぽきぽき、ぴかっ）。形態的には、重複により反復や継続を表す例が多い（例：ざーざー、kútúkútú（沸騰する様子）[エマイ語]）。統語的には、副詞用法「きらきらと光

る」や(1)の文末用法のように、省略可能な要素として現れることが多い。
(1) ò　dé　lá　à　dàngmáá
　　3SG 取る FOC DEF 丸太
　　lɔɔ,　　　　bìlbàlà
　　投げ落とす　擬音語
　　「彼は丸太を投げ落とした、ごろごろっ」
　　　［ダガリ語］
一方で、「する」を用いた「どきどきする」や、g-「いう」を用いたsáláli g-「緩やかに動く」［ウォライタ語］のように、特定の動詞によって擬音語・擬態語が述語の一部となる例も多い。また、ハウサ語やチャガ語など一部の言語では、擬音語・擬態語の生起が肯定平叙文に限られ、疑問文や否定文には現れることができないとされる。こうした言語内・言語間における振る舞いの多様性から、擬音語・擬態語は段階的に言語構造に入り込んでいると考えられている。

記号論的には、さまざまな側面で類像性が見られる。たとえば、重複形が反復性を写すような形態的類像性のほかに、長母音が継続性や強調性を表すような韻律的類像性（「どん」vs.「どーん」）がある。また、日本語では語頭子音の清濁の対立（「ころころ」vs.「ごろごろ」）が軽重などの意味対立と体系的に結びつき、このような音韻レベルの類像性は特に音象徴と呼ばれる。類像記号としての擬音語・擬態語は、子どもの語彙獲得、さらには言語の誕生のきっかけとされることがある。猫の鳴き声が日本語「にゃー」と英語meowでいくらか異なるように、擬音語・擬態語は恣意性も兼ね備えており、この両面性が言語記号の発達を促すものと目されている。

［文献］田守育啓・L.スコウラップ『オノマトペ—形態と意味』（くろしお出版 1999）　　　　　　［秋田喜美］

危機言語
ききげんご
endangered language

世界で今日話されている言語の数は6000から7000と推定される。それらを言語の規模という点から見ると、億単位の人々により話される大言語もあれば、話者がわずか数十人あるいは数人という言語もあり、相当の不均衡が存在する。話者が一人もいなくなればその言語は消滅し、死語となる。危機言語とは、このように消滅の危機に直面しているか、あるいは将来的に直面する可能性のある言語のことを言う。

言語の消滅が世界的な問題として認識されたのは、20世紀末のことである。その背景には地球規模の環境破壊と生物多様性の縮小と同時に、言語多様性、ひいては文化多様性の縮小が歴史上これまでにない速度で進んでいるという危機感の高まりがあった。世界の言語の96%は話し手の数が非常に限られており、その総数は世界人口の4%を占めるにすぎないとの指摘がなされている。

言語の危機の度合いは、大まかに、安定状態（safe）、危機状態（endangered）、死滅（extinct）に分かれる。また、危機状態にも段階があり、世代間の言語継承（話者の年齢層）、人口に占める話者数の割合、言語使用の分野、言語コミュニティによる母語の保持に対する態度、ドキュメンテーション（文法書、辞書、テキスト、文学などの記録・記述）の量と質などを基準として、①不安定（vulnerable）、②明らかな危機状態（definitely endangered）、③厳しい危機状態（severely endangered）、④致命的な危機状態（critically endangered）のように下位分類される。

［文献］宮岡伯人・崎山理編『消滅の危機に瀕した世界の言語—ことばと文化の多様性を守るために』（明石書店 2002）　　　　　　　　　　　　　　　　［長崎郁］

記号
きごう
sign

一般

20世紀初頭にソシュール（F. de Saussure）が用いた特に構造主義言語学の根幹を担う術語。そもそも世界の事物はそれ自体が分節されているのではなく、ことばによってはじめて切り分けられると考える。ことばによって分類された価値のことを「記号」（シーニュ、signe）と呼ぶ。記号には表現と意味を併せ持つ二重性が存在する。この表現を「シニフィアン（signifiant、能記、記号表現）」、意味を「シニフィエ（signifié、所記、記号内容）」と呼ぶ。たとえば、日本語では「青」と「緑」を分けているが、色はことばを離れてはじめから分かれているのではない。ことばによって切り分けられてはじめて存在する。これに対応する英語ではblueとgreenがあるが、各指示対象は日本語と異なる。つまり、この〈青〉と〈緑〉はそれぞれ日本語の中の価値と見なされ、おのおのが記号と考えられる。そして各記号はシニフィアン（ao, midori）とシニフィエ（それぞれの持つ色の概念）とが分ちがたく結びついている。ソシュールは「言語は記号の体系からなる」と考え、言語学と記号学の密接な関係を主張した。

【恣意性（arbitrariness）】 さて、記号においてシニフィアンとシニフィエは恣意的に結びついている。ソシュールはこれを「記号の第一原理」と呼ぶ。たとえば、「動物のイヌ」の概念をi-n-uという音列で表現する必然性はない。もし仮に両者の結合が必然であるなら、いかなる言語も同じ方法で音列と意味が結合していなければならない。つまり、「動物のイヌ」は英語でも中国語でもi-n-uという音列になっているはずである。しかし、実際は異なる（英語dog、中国語gǒu）。ただ反例として、オノマトペや感嘆詞が他の語彙に比べてシニフィアンとシニフィエの共通性が諸言語で見られることを挙げる場合もある。しかし、この場合も実際には各言語で音列と意味の組み合わせがずれていることが一般的で、やはり恣意的であると言える。

ソシュールは記号間の差異の恣意性を特に重視する。シニフィアンとシニフィエの結合の恣意性は、記号間の区切りが各言語において恣意的だから成り立つ。たとえば、日本語では〈のど〉と〈首〉は異なる記号だが、タイ語のkhɔɔはその両者を指す。/nodo/が〈のど〉のシニフィエと恣意的に結合するのは、〈首〉という記号との関係性が恣意的だからである。そしてタイ語のkhɔɔもbàa〈肩〉などの記号と恣意的な関係がある。

一方、記号に恣意性があるものの、個人が自由にシニフィアンとシニフィエの結合のありかたを変更できない（「不易性（immutabilité）」）。話者はこの結合のありかたを社会から押し付けられる。たとえば、ある日本語話者が「首」のことを突如「コー」と呼んでも他者は受け入れない。他方、逆説的だが、時間の経過に伴い、結合にずれが生じ、言語変化が起きる（「可易性（mutabilité）」）。

【線状性（linearity）】 ソシュールは「記号の第二原理」として「（シニフィアンの）線状性」を挙げている。「線条性」とも書く。絵や写真の場合、それを見た瞬間に事態の全容を把握することができる。しかし、言語表現の場合は状況が異なる。いかなる言語も物理的な制約からある発話の音をすべて同時に出すことはできない。発話に関わる音列は時間の流れに沿って順序立てて並べる必要がある。さもなければ、すべての発話は一瞬で終わるはずである。ソシュールはシニフィアンの聴覚的な広がりはただ1つの次元、つまり時間の線においてのみ測ることができるとする。現在の言語学では通常これを音声記号で表し、横並びの線状に書き表すことが多い。これは線状性のイメージを具象化している。

[文献] F. ソシュール『一般言語学講義』（岩波書店 1972）、丸山圭三郎『ソシュールの思想』（岩波書店 1981）

[林範彦]

基層
きそう
substratum

歴史

　基層という用語は、言語接触における言語間の関係について述べたものであるが、主として2つの意味で使用される。

【二言語使用状態における基層】 2つの言語が同じ社会で使用されている場合に、威信においてより低い地位に置かれた言語を基層あるいは基層語と言う。これに対し、威信の高い言語を上層（superstratum）あるいは上層語と言う。たとえば、中国の多くの地域社会では、威信の高い官話と呼ばれる方言と、威信の低い方言ないし少数民族言語が共存している。基層の言語・方言は村落や家庭などの地理的・社会的に限定された場で用いられる。一方、接触はしているものの、明確な威信の高低がない場合、それらの言語は傍層（adstratum）の関係にあると言う。言語連合を構成する諸言語は、一般に明確な威信の差がないと考えられ、傍層の関係にあると見られる。

【言語の取替えにおける基層】 威信に差がある場合、基層語の話者が上層語に乗り換えてしまうことがある（→言語接触）。取替えられて消滅した言語を「基層」というのが第2の意味である。たとえば、アイヌ語はほとんどが日本語によって取替えられ、日本語にとって基層の関係にあると言える。このような過程を経て生まれた上層語には、基層語の影響が残ることがある。地名や物産の名称としての語彙に限定されることもあるが、上層語の音韻や文法に痕跡が残ることがある。このような特徴は、上層語の祖先に由来するものではないので、通常の比較言語学的な探求では説明がつかない。このような場合に、基層となった言語に由来すると説明することを基層説（substratum theory）と言う。ただし、基層説の適用は、基層語についての十分な知識がある場合に限定されるべきである。　　[田口善久]

基礎語彙
きそごい
basic vocabulary

歴史

　明確に定まった定義があるわけではないものの、以下のような性質を持った語彙を、基礎語彙と呼ぶことが多い。すなわち、それぞれの時代や地域における、環境あるいは文化の違いに影響を受けにくいと考えられる概念を表す語彙である。また、使用頻度の高さを基礎語彙の基準に含める考え方もある。基礎語彙は語彙の中で最も変化しにくい保守的な部分であると考えられるので、言語の過去の姿を探索するためにまず研究の対象とされる。一方、どのような概念が含まれるのか、また個別の言語で具体的にどの語を指すのかは自明なことではない。基礎語彙を各言語で調べるために「基礎語彙表」と呼ばれるものがあるが、これは意味項目のリストである。個別の言語の基礎語彙を求める場合には、このリストの項目に該当する語を当該言語で調べることになる。意味項目としては、一般に、身体部位、生活必需の事物や遍在的物体（水や火、太陽や月など）、基本的動作（食べる、歩くなど）、基本的色彩（白い、黒いなど）、親族名称、人称詞、基礎的数詞などが候補に挙げられる。しかし、「父母」の名称は多くの言語で類似形があるなど恣意性に疑問がある、人称詞は変化の速度が速い言語がある、数詞は文化的概念で借用の可能性が低くないなど問題は多い。次に、意味項目のリストを決定したとして、それぞれの言語でそれを表す語があるかどうか、1つに決まるかどうかは実際に調査をしてみなければ分からない。たとえば、「山」という概念が1つの言い方に決められない言語が存在する。基礎語彙を統計学的な研究に使用する場合には、一定数を確保しなければならないので、以上の問題を何らかの形で解決することが求められる（→語彙統計学）。最もよく使用されてきた基礎語彙表としては、モーリス・スワデシュ（M.

Swadesh）の100語と200語のリストがある。以下に100語リストを示す（英語で書かれているが意味の項目であることに注意）。

all	green	round
ashes	hair	sand
bark (樹皮)	hand	say
belly	head	see
big	hear	seed
bird	heart	sit
bite	horn	skin
black	I	sleep
blood	kill	small
bone	knee	smoke
breast	know	stand
burn	leaf	star
claw	lie (横たわる)	stone
cloud	liver	sun
cold	long	swim
come	louse	tail
die	man	that
dog	many	this
drink	meat	thou
dry (乾いた)	moon	tongue
ear	mountain	tooth
earth	mouth	tree
eat	name	two
egg	neck	walk
eye	new	warm
fat	night	water
feather	nose	we
fire	not	what
fish	one	white
fly (飛ぶ)	person	who
foot	rain	woman
full	red	yellow
give	road	
good	root	

[文献] S. Gudschinsky. *The ABC's of lexicostatistics (glottochronology). Word*, 12. 1956.　　[田口善久]

機能的構文論
きのうてきこうぶんろん
functional syntax

理論

　機能的構文論は、1970年代から久野暲が中心となり提唱している文法理論で、文の構造やその文法性・適格性をその文の意味や伝達機能、情報構造などの観点から分析するものである。機能言語学の1つであるこの文法理論は、プラーグ学派で知られるファーバス（J. Firbas）やマテジウス（V. Mathesius）らによって提唱された「機能的文眺望」（functional sentence perspective）の考えを源として発展してきた文法理論である。「形式言語学」の1つである生成文法が、「統語論の自律性」（つまり、文の分析は、その文の統語的要因のみで説明できるという考え）を主張するのに対し、機能的構文論は、それだけでは不十分で、構文分析を行う際に非統語的要因（意味的、談話的、語用論的要因）が、いかに重要な役割を果たしているかを英語、日本語、韓国語など多くの言語のさまざまな現象を通して明らかにしてきた。

　たとえば、文中のある要素の省略や移動に関して、文の情報構造に関わる概念、つまり「主題」、「新情報／旧情報」、「焦点」のような概念や、「文中の要素は、通例、旧情報から新情報へと配列される」という「情報の流れの原則」などを用いて説明がなされる。また、日本語の「太郎が花子に本を読んで<u>やった</u>／<u>くれた</u>」の違いは、話し手が「太郎」と「花子」のどちらに自分の視点（共感度）(empathy)を寄せるかの違いであると説明される。そして共感度と「話し手／他人」、「人間／無生物」、「特徴付け」のような概念によって、「太郎が僕に本を読んで*<u>やった</u>／<u>くれた</u>」の適格性の違いや、「*この本は昨日花子に<u>読まれた</u>／この本は天皇陛下にも<u>読まれている</u>」の受身文の適格性の違いなどが説明される。

[文献] 久野暲『談話の文法』（大修館書店 1978）、高見健一『受身と使役』（開拓社 2011）　　[高見健一]

機能負担量
きのうふたんりょう
functional load
【音声・音韻】

　機能負担量とは、ある言語音の素性が、語の弁別にどれくらい重要であるかを相対的に示す指標のこと。マルティネ（A. Martinet）らが発展させた概念で、機能負担量の大きな特徴ほどそれがなくなると語の区別が難しくなるので、より重要と言える。

　指標はミニマルペアの数で量られる。たとえば、英語では無声／有声（pie/buy, tip/dip, came/game）、両唇／歯茎／軟口蓋（pea/tea/key, buy/die/guy）、閉鎖／摩擦（pea/fee, bet/vet, tea/see, deal/zeal）などの素性は機能負担量の値が大きく、摩擦／破擦（shock/chock, cash/catch）は対立例が少なく値が小さい。また、値の大きな素性でも、別の素性のもとでは小さくなる場合があり、歯間音の無声／有声は対立例がthigh／thyくらいである。有声音の摩擦／破擦も僅少（version/virginくらい）で、語の弁別への影響は少ない。

　近年ではミニマルペアの数という曖昧な基準を、大規模コーパスから得られた頻度に還元し再定義している。たとえば、有声音の摩擦／破擦を示す対立例（version/virgin）が少ないのは、有声摩擦音[ʒ]はleisure, pleasureのように語中で頻度が高く、有声破擦音[dʒ]はjoke, dodgeのように語頭か語末で頻度が高いからだと説明できる。つまり、有声音の摩擦／破擦という特徴がほぼ相補的な分布を示すので対立例を作りにくく、その特徴の機能負担量が小さいと言えるのである。

　機能負担量が言語学的に重要なのは、歴史変化の予測にも示唆を与えるからである。マルティネによると、機能負担量の小さい対立は歴史的に失われやすく、合流または中和する運命にある。日本語でも有声音の摩擦[ʒi, zu]／破擦[dʒi, dzu]は機能負担量が小さいが、歴史的に「じ」と「ぢ」、「ず」と「づ」が合流しつつあるのはこのためである。　［田中伸一］

規範
きはん
norm
【社会】

　「規範」に関する定義は分野によってさまざまであるが、一般的には、社会のメンバーの行動やその解釈を制御する、共有された規則という意味で使われている。また「言語規範」は言語を使うための約束のことで、文法や語彙、音韻などのさまざまな言語規則が含まれる。「社会言語規範」は上記の言語規範を踏まえた上で、さらに、その時の言語使用が場面や相手に応じた適切なものであるかどうかを判断する規則であると言える。一方、母語話者と非母語話者によるコミュニケーション場面に注目する「接触場面（contact situation）」研究では、接触場面における言語問題を規範からの逸脱と捉えており、逸脱の判断となる規範はそのコミュニケーション場面に参加している当事者によって正しいと判断される規則を指すとしている。また接触場面の規範の選択においては、基本的にその場面で使われる言語の母語話者の持つ規範が「基底規範（basic norm）」となる。ただし、その時の基底規範は必ずしも「母語場面」（母語話者どうしの場面）で適用される母語規範と同じではない。たとえば、日本語の初対面の接触場面で母語話者は母語場面の時とは異なる形で挨拶や自己紹介を行うことがある。また規範の適用においては、母語場面では意識されなかった規範が顕在化することもある。たとえば、母語場面ではあまり意識されることのない言語規範が接触場面であることで意識され、非母語話者の文法的な間違いが逸脱として留意される。このようにコミュニケーション場面における規範の適用はその場面の種類や当事者によって調整され、規範の多様性と動態性を生むことに繋がっている。

[文献] S. K. ファン「異文化接触―接触場面と言語」西原鈴子編『言語と社会・教育』（朝倉書店 2010）

［高民定］

基本色彩語
きほんしきさいご
basic color term

意味論

　色は連続的に変化するもので、青と緑、黄色とオレンジの間に実際には明確な境界はないが、人間は色名を用いて色を切り分けている。世界の諸言語がどのように色を分けているかを比べる時に調べるのが基本色彩語である。色名には「青」のように基本的なものと「新橋色」のように特殊なものがある。基本的な色名だけを比べるために、以下のような基準を満たすものを基本色彩語と定義し、比較の対象とする。(1) 単純語であり、派生語や複合語でないこと。たとえば「空色」は複合語なので不適。(2) 他の色名と相互排他的なカテゴリーを作るものであること。たとえば「緋色」は「赤」の一種なので不適。(3) 多様なモノについて使える色名であること。たとえば英語のblondは髪にしか使えないので不適。(4) すぐに思いつき、よく使われ、皆が知っているような語であること。

　基本色彩語の数は、インドネシアのダニ語のように2つしかない言語から、英語のように11以上ある言語までさまざまである。数が同じでも、切り分け方は多様で、必ずしも一致しない。一方、共通性も見られる。たとえば、基本色彩語が2つの言語では、白赤黄・黒緑青をそれぞれまとめて1つのカテゴリーにする。3つの言語では白・赤黄・黒青緑、4つの言語では白・赤・黄・黒青緑（あるいは白・赤黄・黒・青緑）のようになり、分類が増える時にどの色が独自の名前を持つようになるかには一定のパターンがある。また、切り分け方に関わらず、ある色名が表す最もその色らしい色は、一致することが多い。色の分け方に関する言語ごとの相違点と共通点は、言語による分類の多様性と普遍性や、言語と認知の関係を考える上で重要である。

[文献] G. ドイッチャー『言語が違えば、世界も違って見えるわけ』(インターシフト 2012)　　[石塚政行]

疑問文
ぎもんぶん
interrogative (sentence)

文法

　疑問文とは、典型的には疑問を提示する機能を持つ特定の文のタイプの1つである。疑問文の簡単な分類について述べた後、その統語論的、語用論的、および意味論的特徴について記述する。

【疑問文の分類】 疑問文は、wh疑問文、極性疑問文（polar question）および、選択疑問文（alternative question）に大きく3分できる。これらそれぞれ、英語では What did John drink?／Did John drink coffee?／Did John drink coffee or tea?、日本語では「太郎は何を飲んだのか」「太郎はコーヒーを飲んだのか」「太郎はコーヒーを飲んだのか、それともお茶を飲んだのか」によって、例示される。さらにこれとは独立した分類として、直接疑問文と間接疑問文の違いがある。直接疑問文は、疑問文が主節として現れた場合を指し、間接疑問文は、疑問文が動詞などの補文として現れた場合を指す。

【統語論】 疑問文は、言語によって異なる特別な統語的特徴を持つ。たとえば、ゲルマン系言語やロマンス系言語では、直接疑問文は主語と助動詞/動詞の倒置構造を持つが、間接疑問文においては倒置は基本的に起こらない。さらに、日本語を含む多くの言語では、直接疑問文、間接疑問文ともに、疑問文は特別な補文標識（日本語の場合「か」）を伴う。

　また、言語に共通する特徴として、wh疑問文はwh句に相当する文要素を持つが、英語のようにそれが統語上文頭に現れるか、日本語のように、その要素の文法機能上通常の位置に現れるかには言語によって差異がある。

　さらに、wh句が文頭に現れる言語の中でも、複数のwh句が1つの疑問文中に現れる場合、英語のように、1つのwh句だけを文頭に表すか、ブルガリア語のようにすべてのwh句を文頭に表すか、に関しても言語間差異がある。

【語用論】直接疑問文は、典型的には疑問を提示するという語用論的機能を持ち、疑問文が発せられた談話の対話者は、その疑問の答えを知っている限り、その答えを述べることが期待される。具体的には、この疑問文の語用論的機能は以下のように分析することができる。たとえば「太郎はコーヒーを飲んだのか」という疑問文は、太郎がコーヒーを飲んだ、という可能性と、太郎がコーヒーを飲まなかった、という可能性の2つを真偽を決定しないまま提示する。このように複数の真偽未確定の可能性が提示された談話においては、対話者は、協調の原理（Cooperative Principle）に従う限りにおいて、このうちどれが真であるかを解決するという語用論的義務を持つ。

しかし、疑問を提示するというのは、直接疑問文が持ちうる機能の1つにすぎない。たとえば、「今何時か知っていますか」という文は、対話者に時間を伝えることを要請するという機能を持つ、「雪が降っているわけがあるだろうか」という修辞疑問文は、話者の信念に関する主張を行うという機能を持つ。

【意味論】上記の疑問文の語用論上の機能から、疑問文の意味論的値は、それが提示する複数の可能性の集合を明らかにするものでなければならないと考えられている。たとえば、「太郎は何を飲んだのか」の意味論的値として必要なのは「太郎はコーヒーを飲んだ」「太郎はお茶を飲んだ」などの可能性または命題の集合（またはそれを導く関数）である。

間接疑問文を補文として埋め込むことのできる動詞は、「知る」「思い出す」「伝える」「尋ねる」などさまざまであるが、いずれも上のような可能性/命題の集合としての疑問文の意味（またはその中の特定の命題）を項にとると分析されるのが通例である。

[文献] L. Karttunen. Syntax and Semantics of Questions. *Linguistics and Philosophy* 1-1. 1977., P. Hagstrom. What Questions Mean. *Glot International* 7-7. 2003.　　　　　　　　　　　　　　　　[上垣渉]

共時態・通時態
きょうじたい・つうじたい
synchrony / diachrony

一般

共時態とはある言語の体系をある時点で切り出した時の状態を指す。たとえば、日本語は絶えず変化してきたが、平安時代・室町時代・現代など各時代で1つの安定した体系（静的な側面）を想定できる。つまり、「平安時代の日本語」は日本語の共時態と言える。

一方で、時間の流れに沿って、歴史的な変化を捉える観点がある。ある言語体系の変化の次元（動的な側面）を通時態と言う。たとえば、日本語では奈良時代には「母」は[papa]のように発音されていたが、室町時代頃には[ɸaɸa]のようになり、[hawa]を経て、現代の[haha]の音形となった。つまり、日本語の「ハ行音」は[p] > [ɸ] > [h]のように変化したが、これは通時的側面の一例である。もちろん、音のみならず、形態・統語・意味の各部分にも通時態を見ることができる。

19世紀のヨーロッパでは比較言語学が隆盛を極めていた。インド・ヨーロッパ諸語の比較研究による言語の歴史的変化の解明が言語研究の最大の目標であった。20世紀初頭、ソシュール（F. de Saussure）は『一般言語学講義』の中で、まず共時態と通時態を混同せず明確に区別した上で、言語学は通時態よりも共時態の研究を優先すべきであると主張した。人間は過去の言語の状態を知らずとも「現代語」を話せる。つまり、人間言語の基礎は通時態ではなく、共時態にある。また、通時態を捉える場合でも共時態の解明があってはじめて、体系の変化が論じられるのである。

現地調査による言語の記述研究や過去のある時代の文献資料の言語特徴の解明はいずれも共時態の研究に属する。ただ、最近の一部の研究には言語の動的側面を共時態に見出す視点も再び取り入れられてきつつある。

[文献] F.ソシュール『一般言語学講義』（岩波書店 1972）

[林範彦]

共通語
きょうつうご
common language

【社会】

　共通語とは、ある範囲内で、異なる言語（変種）を話す人々が媒介言語として用いる言語のことである。日本では一般的に、近代において東京のことばを基礎にして形成され、教育やマスコミなどによって普及された全国共通語を指す。明治以降、日本では統一的な標準語の形成が目指されてきたが、第二次世界大戦後、方言などの変異の許容を含意する共通語という表現が教育現場やメディアなどで用いられるようになった。国以外の範囲では、地域共通語や国際共通語がある。

　共通語は国語（national language）や公用語（official language）として制度化されることがある。前者が国の一体性の象徴としての理念的な性格を持つのに対して、後者は役所など公的な場で使われる言語を定めた機能的なものである。地域の公的な場で認められた言語が地域公用語、国際機関などで定められた共通語が国際公用語である。日本では国語と公用語が一体化しているため、その違いは意識されにくいが、アイルランドやシンガポールなどのようにふだんは多数派が使っていないアイルランド語やマレー語を国語に定める例や、旧植民地諸国など、国民の大多数が話さない旧宗主国の言語が公用語になっている国もある。これらの場合、国語や公用語の共通語としての機能は限定されている。

　当事者のいずれの母語でもない共通語を特にリンガ・フランカ（lingua franca）と呼ぶことがある。これはもともと近世に地中海地域で使われていた混成言語を指す呼称であったが、現在は一般的に用いられる。エスペラントのように、リンガ・フランカとして提案された言語案から発達した言語もある。

[文献] 木村護郎クリストフ・渡辺克義編『媒介言語論を学ぶ人のために』（世界思想社 2009）

［木村護郎クリストフ］

共同注意
きょうどうちゅうい
joint attention

　発達心理学の用語。他者と同じものに注意を向けて、他者とその注意を共有すること。指さし、発声、発話などにより自分が注意を向けているものに相手の注意を向けさせる誘導的共同注意と、視線の追従などにより相手が注意を向けているものに自分の注意を向ける追従的共同注意とがある。また、事物に対する共同注意が成立している状態でその事物を介して他者と関わる状況あるいは他者を介してその事物と関わる状況を共同注意的関わりないし共同注意フレームと呼ぶ。

　子どもはトマセロ（Michael Tomasello）の言う「9か月革命（the nine-month revolution）」を経て他者の指さしの理解、視線の追従、（役割交代を含む）行為の模倣などをするようになり、生後15か月頃までに萌芽的な形で共同注意フレームが成立する。これを支えているのは、子どもが他者を自分と同じように意図を持って行為する行為者と認識するようになる社会的認知能力の発達であるとされる。また、生後15か月頃からは共同注意を成立させる媒体として言語が関与するようになる。

　共同注意フレームでは事物に関する意図の共有が起こる。これにより子どもはそのものの文化的な意味を他者から受け継ぐ。また、他者の伝達意図を理解し、役割交代模倣をすることにより、自分に話しかけてきた大人と同じように大人に話しかけるようになる。このようにして言語発達が進むことになる。

　認知言語学においては、ラネカー（Ronald Langacker）の認知文法が共同注意をコミュニケーションの基礎構造として文法理論の中に組み込んでいる。また、一語文や現象描写文のもつコミュニケーション機能を共同注意によって説明する試みがなされている。さらに、指示詞や日本語の終助詞との関連についても研究がある。

［本多啓］

極小主義（ミニマリズム）
きょくしょうしゅぎ（ミニマリズム）
minimalism

理論

　極小主義は生成文法が現在採択している研究プログラムである（→生成文法）。

　作業仮説として「言語は意味と音声を繋ぐ上で最適に設計されている」という「強い極小主義者の命題」を掲げ、それ以前の分析装置を徹底的に因子分解して、普遍文法（UG）の最大簡潔化を図っている。これは通常の理論経済性に加え、言語が実体として最も経済的な仕組みを有しているという注目すべき主張を含んでいる。D構造・S構造を始め、従来の生成文法で重要な役割を果たしていた理論概念や原理・条件をほぼ全廃し、最小限の仕組みによって最大の記述力・説明力を得る試みがなされている。言語固有のUGの内実が僅かであれば、その起源・進化の問題が扱いやすくなり、また生物学や遺伝学との整合性も高まることから、極小主義は生物言語学・進化言語学的に見てもより優れた研究戦略となっている。具体的には、階層的統語構造を定義する最小の回帰的な組み合わせ操作「併合（Merge）」のみをUG内に残し、従来はUGの原理によって捉えられてきた局所性などの特性を、統語演算と意味・音声とのインターフェイスや演算効率等の言語固有ではない自然法則（「第三要因」）から導出する可能性が探られている。これは、UGがいかなるものであるかという問いを超え、なぜそのようになっているのかという問いにも答えることに繋がるため、人間言語のより根本的な理解をもたらすことが期待される。その一方で、実際の分析においては併合に加えて、素性(feature)や一致(Agree)、フェイズ(phase)といった少数の理論装置が依然、援用されている点、また統語演算の簡素化に応じてインターフェイスにかかる説明上の負荷が増大する点など、今後の検討課題も少なくない。

［藤田耕司］

気流機構
きりゅうきこう
airstream mechanism

音声・音韻

　音声を発するには空気の流れを作る必要があるが、その仕組みを気流機構といい、肺気流機構(pulmonic -)、軟口蓋気流機構(velaric -)、声門気流機構(glottalic -)の3種類がある。

【肺気流による音（母音、子音）】肺から空気を出すことによる音のもので、世界のすべての言語に見られる。日本語を含む多くの言語はこれらのみを使用する。非常に一般的なのでこれらの音全体を指す名称は用意されていない。

【軟口蓋気流による音（子音のみ）】軟口蓋部分に後舌による閉鎖、それより前のどこか1箇所に唇もしくは舌先による閉鎖を作り、両者の間の空間に空気を閉じ込めた状態で舌を下に引くと、その空間が広がって中の気圧が下がる。そこで前の部分の閉鎖を解くと、吸着音(click)と呼ばれる子音が出る。その際、同時に外から中に向かって弱い気流が生じる。（いわゆる舌打ちやキスの音であるが、日本語などではそれらは言語音として使われるものではない。）アフリカ南部に多く見られる。

【声門気流による音（子音のみ）】声門を（ほぼ）閉じ、同時に唇から軟口蓋後部までの間のいずれか1箇所に閉鎖を作って両者の間に空気を閉じ込める。そして、声帯を含む喉頭全体を押し上げて中の気圧を高くし、前方の閉鎖を解くと、外へ向かう気流の放出音(ejective)が出る。反対に喉頭を下げて中の気圧を低くして前の閉鎖を解くと中に向かう気流の入破音（implosive）が作られる。放出音は、アメリカ大陸、カフカス、アフリカに、入破音はインドシナ、中部アフリカに多く見られる。なお、肺気流の閉鎖音で閉鎖の開放がなく閉じたまま終わるものをimplosiveと言うことがあったが、それは全く別のことがらで、日本語では「内破音」という用語が使われる。

［文献］P.ラディフォギッド『音声学概説』（大修館書店 1999）

［斎藤純男］

句
く
phrase

文法

　文は通例複数の語によって構成されるが、それらの語は線的な順序（話しことばの場合は時間的な前後関係）のみによって結びついているのではなく、いくつかの語が結合して文構造の単位となり、さらにそうした単位同士が次々に結合してより大きなまとまりができ、最終的に階層的な (hierarchical) 構造を持つ文が成立すると考えられる（→構造依存性）。文を構成するそのような文法上のまとまりを句（または構成素 constituent）と呼ぶ。たとえば

(1) Mary put the book on her desk

という文の構造は [S [NP Mary][VP put [NP the book][PP on [NP her desk]]]] のように表示することができる（→句構造）。このうち、Sで示した文 (sentence) 以外の [ ] で囲まれた語のまとまりがそれぞれ句である。（NP, VP, PPについては後述。理論によっては、文も句の一種である。また、Maryのような固有名詞は通例the womanのような句と文構造の中で（ほぼ）同じように振る舞うため、語であると同時に句でもあるとする理論が多い。）これとほぼ同じ情報を下のような樹形図で表現することもある。

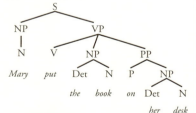

【句構造と意味解釈】句構造が重要な役割を果たすことは以下のような例を考えれば分かる。

(2) John hit the man with a cane

この文は「ジョンが杖を持った男を殴った」とも「ジョンが杖で男を殴った」とも解釈できるが、この解釈の違いはwith a caneという句が [NP the [N′ man [PP with a cane]]] という句の一部になる（the man with a cane全体が動詞hitの目的語）か、それともhit the manという句と結びついて [VP [VP hit the man] [PP with a cane]] という句を構成する（with a caneはhit the manを修飾する副詞的な機能を果たす）かの違いと相関している。

【句の機能と構造】句はそれが果たす文法的な機能によって、いくつかの種類に分けられる。句の文法的な性格を決定づける語を主要部 (head)、主要部がたとえば名詞、動詞、前置詞である句をそれぞれ名詞句 (noun phrase; NP)、動詞句 (verb phrase; VP)、前置詞句 (prepositional phrase; PP) と呼ぶ。(the bookのような句の主要部はtheのような限定詞 (determiner; 決定詞とも) であるとする理論では、このような句は限定詞句 (determiner phrase; DP) とされる。) 認知文法（→認知言語学）では、句のプロファイルを決定する（句がそのプロファイルを継承する）要素がその句の主要部であるとされる。

　主要部と結合して句を構成する要素のうち、その句にとって必須の（それがなければその句が成立しない）ものを補部 (complement)、それ以外の（それがなくてもその句が成立する）ものを付加詞 (adjunct) と呼ぶ（→述語・項）。たとえば、同じ前置詞句であっても、(1)のon her deskは目的語の名詞句the bookと並んで動詞putの補部である（Mary put the bookは英語の文として成立しない）のに対して、「ジョンが杖で男を殴った」の意味で解釈された場合の(2)におけるwith a caneはhitにとって付加詞である（John hit the manは適格な英語の文である）。認知文法では、補部は主要部のプロファイル中の顕著な部分を具体化する機能を担うとされる。

[文献] 長谷川欣佑『生成文法の方法』（研究社 2004）、渡辺明『生成文法』（東京大学出版会 2009）、M. Tallerman. *Understanding Syntax*. 4th ed. Routledge, 2015.

［西村義樹］

空間参照枠
くうかんさんしょうわく
frames of reference

意味論

空間参照枠は、言語を用いて物体の位置を表現する際に参照される枠組みのことである。たとえば、「男が木の左に立っている」という文は、物体「男」と参照物「木」の位置関係を「観察者から見て左」と表現している。この時空間における位置が問題となっているものを物体と呼び、その物体の位置の参照点となるものを参照物と呼ぶ。そして、その関係を記述している「(観察者から見て)左」を与える枠組みが空間参照枠である。空間指示枠と訳されることもある。

【空間参照枠が必要な時】ある物体の空間における位置を表現する時に必ず空間参照枠が必要になるわけではない。日本語では物体と参照物が隣接関係にある時は「りんごが机の上にある」とか「ボールが箱の中にある」などのように「上」「中」などの位置名詞を利用して表現することができる。

一方で、物体と参照物が離れている場合には、このような位置名詞を利用することはできない。物体が参照物からどの方向に位置しているのか指定してやらなくてはならないのである。それが空間参照枠である。スティーヴン・レヴィンソン(Stephen Levinson)らの研究によって世界の言語に見られる空間参照枠には絶対的空間参照枠、相対的空間参照枠、固有的空間参照枠の三種類があることがわかっている。

【絶対的空間参照枠】絶対的(absolute)空間参照枠とは「東西南北」などの空間座標を記述対象の空間にあてはめて位置関係を記述する方法である。たとえば「男が木の東にいる」とか「女が車の西にいる」などの表現である。この空間参照枠で重要なのは物体と参照物の位置関係であり、観察者の位置や向きは関係ない。また、参照物の向きも関係ない。

絶対的空間参照枠に用いられる語は「東西南北」ばかりではない。オーストロネシア諸語では「山」「海」「川の上流」「川の下流」など地理的環境に基づく空間表現を絶対的空間参照枠に用いる。また、マヤ語族のツェルタル語では「上り」「下り」を用いる。

【相対的空間参照枠】相対的(relative)空間参照枠とは観察者の持つ方向性を利用して物体の位置関係を記述する方法である。たとえば、「男が木の(観察者から見て)左にいる」とか「男が木の(観察者から見て)前にいる」という表現である。絶対的空間参照枠とは異なり、この空間参照枠では観察者の位置や向きが重要であり、観察者が動いたり向きを変えたりすると、位置関係の記述も変わってしまう。ただし、参照物の向きは関係ない。

【固有的空間参照枠】固有的(intrinsic)空間参照枠は参照物に固有の方向性を利用して位置関係を表現する方法である。たとえば、「男が車の(車にとっての)前にいる」とか「女が男の(男にとっての)左にいる」という表現である。この空間参照枠では観察者の位置や向きは考慮されないが、他の参照枠と異なり、参照物の向きが重要である。参照物の向きが変わると位置関係の記述も変わる。

【空間参照枠と言語相対論】日本語や英語だけで考えてしまうと自己から見た「右」「左」という概念は人間の言語・認知・思考にとって普遍的に思えてしまう。しかし、レヴィンソンらの研究によって、世界の言語には相対的空間参照枠を持たない言語が存在することがあきらかになった。その例がメキシコのツェルタル語やオーストラリアのグーグ・イミディル語である。つまり「右」「左」のような人間にとって基本的だと思われる語でさえ普遍的ではないのである。だとするとこれらの言語の話者は我々と同じように空間を認識しているのだろうか? こうして空間参照枠の問題は言語相対論の問題へとつながっていくのである。

[文献] 井上京子『もし「右」や「左」がなかったら—言語人類学への招待』(大修館書店 1998) [長屋尚典]

句構造
くこうぞう
phrase structure
文法

音声言語にせよ文字言語にせよ、人間の言語は音や語の並びとして一次元的に表出される。英語を例に取れば、(1a) の文は5つの語の連鎖として表出される。

(1) a. Can eagles that fly swim?
b. Eagles that can fly swim
c. Eagles that fly can swim

(1a) の疑問文のもととなる平叙文は (1b) でなく (1c) であるが、一次元的線形順序のみに基づく文法では、この事実を説明することができない (→構造依存性)。(1c) における eagles that fly の3語が1つのユニットを構成しており、助動詞 can はこのユニットの前方へ移動することで (1a) が派生される。このようなユニットを**構成素** (constituent) と呼び、文中においてどの要素が構成素をなしているかを捉えた階層的な構造のことを**構成素構造** (constituent structure)、あるいは**句構造** (phrase structure) と呼ぶ (→句)。同様に、(2a) は (2b) と (2c) の二通りの解釈を許容するが、with a stick という前置詞句 (prepositional phrase; PP) が①the man とともに名詞句 (noun phrase; NP) を構成するか [(2b) の解釈]、②beat the man とともに動詞句 (verb phrase; VP) を構成するか [(2c) の解釈]、という句構造上の違いから説明される。

(2) a. A boy beat the man with a stick
b. 杖を持った男を殴った
c. 杖で男を殴った

チョムスキー (2014、原著は1957) では、句構造を派生する規則として**句構造規則** (PS rules) が提案された。(2) を派生するのに必要なPS規則は (3) のように表示される [Sは文 (sentence)、Det は限定詞 (determiner)、かっこに囲まれた要素は随意的であることを示す]。

(3) a. S → NP VP
b. NP → Det N (PP)
c. VP → V NP (PP)
d. PP → P NP

これを図式化したものが次ページの (4) のような**樹形図** (tree diagram) である。(2a) の文に対して、(2b) の解釈は (4a) の句構造から、(2c) の解釈は (4b) の句構造からそれぞれ得られる。

このようなPS規則の集合が**句構造文法** (phrase structure grammar; PSG) であり、個別言語の基底部門は、それぞれ異なるPS規則を含むPSGから派生される。PSGによって派生された構造 [D構造 (D-structure; DS)] に対して、移動や削除といった**変形規則** (transformational rules; TR) が適用され、表層的な構造 [S構造 (S-structure; SS)] が派生されることとなる。

生成文法研究において、PSGは1980年代のGB理論の枠組みの中でXバー理論 (X-bar theory) へと進展し、さらに1990年代以降の極小主義の枠組みの中では**併合** (Merge) と呼ばれる操作の結果として捉え直され、現在も活発な研究が進められている。

[文献] N. チョムスキー『統辞構造論 付『言語理論の論理構造』序論』(岩波書店 2014)、中島平三・池内正幸『明日に架ける生成文法』(開拓社 2005)、R. Jackendoff. *X-Bar Syntax: A Study of Phrase Structure*. The MIT Press, 1977.

(4) a.

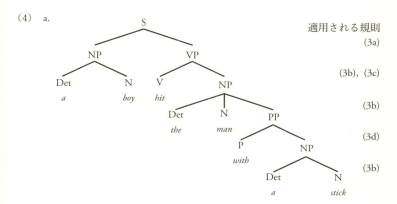

b.

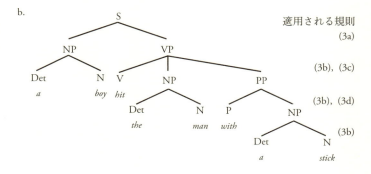

［猪熊作巳］

屈折・派生
くっせつ・はせい
inflection / derivation

語基と接辞の形態論的関係には屈折と派生の2つがある。語基に接辞をつけた結果、新しい語形が生じるのが屈折であり、新しい語彙素が生じるのが派生である。

【屈折】 屈折とは語彙素を実現する語形を形成すること、およびそのような語彙素と語形の関係である。たとえば、英語の動詞語彙素EMPLOYは使用される文によってさまざまな語形に変化する（例：employ, employs, employing, employed）。これが屈折であり、ここで用いられている-s、-ing、-edは屈折接辞と呼ばれる。また、屈折によってできた語形の集合をパラダイム（paradigm）と呼ぶ。ここでは上記の4つの語形の集合がパラダイムである。なお、名詞・形容詞の屈折を特に曲用、動詞の屈折を活用と言うこともある。

【文法範疇】 屈折を引き起こすような概念的区別のことを文法範疇（grammatical category）と呼ぶ。上の例ではEMPLOYは数、時制、相という文法範疇について屈折している。語彙素DOGなら、数という文法範疇についてdog, dog-sという語形に屈折する。

どのような文法範疇を持つかは言語によって異なる。ロマンス諸語のように豊富にもつ言語もあれば、ベトナム語のように1つも持たない言語も存在する。しかし、世界の言語に観察される文法範疇には一定の傾向があり、名詞や形容詞なら人称、性、数、格などの文法範疇を持つ傾向にあり、動詞なら人称、数に加えて、時制、相、法などといった文法範疇を持つことが多い（→語類）。

【派生】 派生とはある語彙素から別の語彙素を導くこと、およびそのような語彙素間の関係である。たとえば、動詞EMPLOYに-er、-ee、-mentという接尾辞を付与するとEMPLOYER, EMPLOYEE, EMPLOYMENTという新たな語彙素が派生できる（→名詞化）。

【屈折と派生を区別する基準】 以上のように、屈折と派生は語形をつくるのか語彙素をつくるのかという点で異なる。しかし、その区別は時として容易ではない。そのため、以下のような基準が一般には用いられる。第一に、屈折は統語論に密接な関係を持つが、派生はそうではない。具体的には統語的支配や一致現象に関係するのが屈折である。第二に、屈折は義務的だが派生はそうではない。たとえばスペイン語のすべての動詞が人称と数について義務的に屈折する。一方で、スペイン語の動詞が名詞派生接尾辞をとるかどうかは義務的ではない。第三に、屈折の適用範囲に恣意的な限界はないが、派生の適用範囲にはある。英語の名詞は基本的に単数と複数に屈折する。できない名詞もあるがそれは不可算名詞という理由がある。一方で、英語には女性名詞を派生する-essという接尾辞がある（例：author-ess）。しかし、*president-essという派生語はつくることができない。それを正当化する理由もない。第四に、屈折は意味を変えないが、派生は意味を変えることがある。たとえば、catと言っても屈折接辞-sをつけてcat-sと言っても数は違えど猫は猫である。しかし、installに派生接辞un-をつけてun-installと言うと意味が変わってしまっている。

さらに、一般的な傾向として、屈折は語の両端に出てきて、派生は語根に近い位置にでてくる。たとえば、英語のblack-en-ed「黒くした」という語形は、語根blackに近い位置に動詞派生接尾辞-enが出現し、遠い位置に屈折接尾辞-edが出現している。

最後に、屈折は語類を変えないが、派生は語類を変える傾向にある。たとえば、英語の名詞は複数形の-sをとっても名詞である。動詞は三単現の-sをとっても動詞である。しかし、動詞に名詞派生接尾辞-erを使うと名詞になってしまう（例：read-er）。

【その他の形態論的プロセス】 重複などその他の形態論的プロセスにも屈折と派生の区別は存在する。

［長屋尚典］

グリムの法則
グリムのほうそく
Grimm's Law
歴史

　童話の蒐集で知られるグリム兄弟の兄、ヤーコプ・グリムが『ドイツ語文法』(*Deutsche Grammatik*) 第2版 (1822) の中で体系化して示したゲルマン語における子音の連鎖変化。印欧祖語からゲルマン祖語が分岐した段階で、子音の3つの系列が概略、次のように変化した（第一次音韻推移）：

　　　印欧祖語　　　　ゲルマン祖語
(1)　(*b) *d *g　＞　(*p) *t *k
(2)　*p *t *k　　＞　*f *θ *h(*x)
(3)　*bh *dh *gh　＞　*b *d *g
　（印欧祖語 *b の確実な対応例はわずか）

　その後、ゲルマン語のうち高地ドイツ語（現代標準ドイツ語につながる言語）において、さらなる子音の体系的な変化（第二次音韻推移）があり、他のゲルマン語から高地ドイツ語を分ける特徴となった。舌先で調音される子音を語頭にもつ語の例をギリシア語、ゴート語（ゲルマン祖語の音を反映）、古高ドイツ語の順に挙げると、(1) ギdéka、ゴtaíhun、古高ドzehan「10」、(2) ギtreîs、ゴpreis (þ [θ])、古高ドdrî「3」、(3) ギthugátēr (< *dh-)、ゴdaúhtar、古高ドtohter「娘」という対応になる。

　無声閉鎖音をT、有気閉鎖音をTH（グリムはこれに破擦音・摩擦音を含めた）、有声閉鎖音をDで記号化すると、(1) からD＞T＞TH、(2) からT＞TH＞D、(3) からTH＞D＞Tのように整理され、グリムはD＞T＞TH＞D＞……という循環で全体を捉え、印欧祖語からゲルマン祖語への変化で一段階の推移が生じ、さらに高地ドイツ語においてもう一段階の推移が生じたと考えた。のちに語中の有声音と無声音の対応に見られる例外を説明する法則がデンマーク人のカール・ヴェルナーにより補完された。

[文献] 風間喜代三『言語学の誕生―比較言語学小史』(岩波書店 1978)　　　　　　　　[入江浩司]

グロットグラム
glottogram
地理

　空間軸を谷間・道路・海岸線など一本の線に沿って設定し、それぞれの地点で各年齢層を調査し、地理分布と年齢差を系統的に跡づける方法。1969年に徳川宗賢・グロータースらが糸魚川で行った調査に端を発する。日本ではその後多く研究が蓄積され、下に岸江信介による紀伊半島沿岸を対象としたものを単純化して示す。

	地点	39歳以下	40〜59歳	60歳以上
三重	浜島	|	|	|
	南島	|	|	|
	海山	|	|	|
	尾鷲	|	|	|
	御浜	|	○	○
和歌山	新宮	|	○	○
	太地	|	○	○
	古座	▲|	○	○
	串本	▲|	○	○
	田辺	|○	ナシ	|

　これは「魚がいる」に対する表現で、○は「アル」、|は「オル」、▲は「イル」を表す。和歌山県の老年・中年層はアルと言うが、若年層はオルが多く、更に若い話者にはイルと言うものもいる。一方、三重県では南側は和歌山県と類似の傾向を示すが、北側では年齢を問わず「オル」と言う。

　このように、地理的な推移のみならず、年齢軸における古い語形の残存や新語形の浸透の様相をきめ細かく見ることができる。古典的な方言学では老年層の男性を調査対象とするのが主流であったが、そのような各地点の最古層のみならず年齢差という社会言語学的な属性を組み込んだ新しい傾向の地理言語学の一手法である。

[文献] 岸江信介ほか『都市と周縁のことば』(和泉書院 2013)　　　　　　　　　　　[遠藤光暁]

経済性
けいざいせい
economy
文法

　ある効果を得るためにどれだけのコストが必要かという尺度。さまざまな領域について使われる。たとえばある構造（音韻表示、統語表示など）を得るために必要な派生操作のステップ数、言語音を発するための音声器官の動き、ある意図を伝えるための言語表現の長さや複雑性などがある。

　経済性の対概念は冗長性（redundancy）で、両者の間にはトレードオフがある。2つの信号を弁別する際、一文字だけの違い、たとえばaaaxとaaayであれば最も経済性の高いシステムとなるが、その反面、末尾の一文字にノイズが入ると弁別は不可能となる。したがってある程度の冗長性を持ったaabaxとaacayのようなペアの方がノイズの混じる現実のコミュニケーションでは有用であるとされる。

　経済性を生起頻度との関係で定式化したのがジョージ・ジフ（George K. Zipf）の法則である。頻度の数値と頻度のランクの関係についての主法則に加え、ジフは最小努力の原則（principle of least effort）に基づいて、頻度の高い語は短くなる傾向があるという一般化を行った。実際、内容語と機能語を比べれば後者の方が短い傾向があり、内容語の中でも頻度の高いものは短い。長い表現は頻繁に使用されると短縮されることがしばしば見られる（例：「ありがとうございます」＞「あざっす」）。いわゆる形態論的有標性についても、頻度の高い語形（印欧語であれば動詞の一人称や三人称単数の直接法）が頻度の低い語形（同じく叙想法など）よりも短くなる傾向は、経済性によって導かれるとする説がある。ただし、命令形は頻度の低さにもかかわらず短い形態であることが多く、この説明も万能ではない。

[文献] G. K. Zipf. *The Psychobiology of Language*. Houghton-Mifflin, 1935.　　　　　　［大堀壽夫］

形式意味論
けいしきいみろん
formal semantics
意味論・理論

　言語表現と指示対象の関係づけの厳密な数学的モデルを作ることで、意味を研究する理論。言語表現の意味は指示対象を適切に選び出すための必要十分条件であり、指示対象は概念あるいは概念の外延である。文の指示対象は真か偽かの真理値で、文の意味とはその文が真である状況の集合、すなわち真理条件である。形式意味論は、複合表現の意味は、要素の意味と要素の結合規則とで決定されるとする合成性の原理を仮定し、句・節・文などの複合表現の意味を要素と規則から合成的に算出する。

【いくつかの例】モンタギュー（R. Montague）は、自然言語と形式言語との間には本質的な違いはないと考え、ラムダ計算と内包論理を使って意味論の形式化を試み、形式意味論の先駆者となった。カンプ（H. Kamp）は談話表示理論で代名詞の照応の分析を行い、ロバ文（例：Every farmer who owns a donkey beats it）が引き起こす困難に1つの解決を与えた。バーワイズ（J. Barwise）は一般量化子理論で、「誰も」のような量化子を含む表現も、高階の論理を使えば、通常の名詞句と同じく合成性原理に従うよう扱えることを示した。

【理論の限界】形式意味論が仮定する、言語表現と外的モデルの直接対応が成り立つためには、モデルを規定するのに必要な情報はすべて言語表現に含まれていなければならない。この仮定から、形式意味論の研究対象は、新たな意味の生成のない、形式化しやすい意味現象に限られ、メタファーなどは扱わないという欠点が出てくる。自然言語の意味論としてそれでよいかどうかは、意味についての考え方で変わってくるが、重要な限界がある。また、合成性の原理は望ましい原則であるが、実際には部分的にしか成立しない。　［坂原茂］

形態素
けいたいそ
morpheme
【文法】

　形態素とは意味を表す最小の単位のことである。言語分析によって抽出される抽象的な単位で、形態（morph）によって具体的に実現される。たとえば、dogsという語形はdog「犬」と複数を表す-sに分割することができる。この2つの形態はそれぞれ「犬」という意味を持つ{dog}と複数を表す{-s}という形態素を実現している。形態素は抽象的な単位であるから、音素や語彙素と同じく発音したり聞いたりできない。なお、形態素は{と}で囲むのが普通である。

【異形態】語彙素が1つまたは複数の語形によって実現されるように（→語）、1つの形態素が複数の形態によって実現される場合もある。たとえば、英語の不定冠詞は、直後に続く語が子音で始まるか母音で始まるかによってaまたはanという形態のどちらかが実現する。また、日本語でも使役の形態素には-aseと-saseという2つの形態がある（例：nom-ase-taとmi-sase-ta）。このように1つの形態素を実現する複数の形態のことを特に異形態（allomorph）と呼ぶ。

　ある形態素を実現する異形態のうちどの形態が選ばれるかはさまざまな要因によって決まる。上記の英語の不定冠詞や日本語の使役接辞の場合は音韻論的に条件付けられている。

【形態素と語彙素の関係】形態素は単独で語彙素をなす場合もあるが、なさない場合もある。たとえば、英語の前置詞in, byは意味をなす最小の単位という意味で形態素であるが、同時に語彙素でもある（単純語）。一方で、複数の形態素で1つの語彙素をなす場合もある（合成語）。たとえば、unsuccessfulという語彙素は接頭辞un-、語根success、接尾辞-fulという複数の形態素から成り立っている。

　なお、in, by, successなどのように単独で語として用いられる形態素を自由形態素（free morpheme）と呼ぶ。逆に、他の形態素と結びついて初めて語として用いることができるものは拘束形態素（bound morpheme）と呼ばれる。上記のun-や-fulなどの接辞がその代表である。

【形態素と形態の関係】形態素とそれを実現する形態の関係にはさまざまある。まず、英語のwasという語形はこれ以上分割できないので単独の形態からなっていると考えることができるが、この形態は単にbe動詞という形態素だけでなく、一人称や過去という形態素も実現している。このように1つの形態が複数の形態素を実現している時に、カバン形態素（portmanteau morpheme）と呼ぶ。

　英語のcran-berryにおけるcranという形態は、blue-berryやstraw-berryなどと並行的な関係にありクランベリーをベリーの一種にする意味を持っている形態であるが、この語にしか現れない。このような特殊な語にしか出てこない拘束形態素をクランベリー形態素（cranberry morpheme）と呼ぶ。

　接周辞は語基の前後に同時に現れる接辞である。たとえば、インドネシア語のke- -anは抽象名詞をつくる（例：sehat「健康な」→ke-sehat-an「健康」）。接周辞は2つに分かれた形態全体で1つの抽象名詞を作る形態素を実現している。このような形態を不連続形態（discontinuous morph）と呼ぶ。

　中間接辞はharu-s-ame「春雨」、mura-s-ame「叢雨」の-s-のように複合語の2つの要素の間にのみ現れる接辞である。中間接辞の役目はそれだけであって、意味を持たないから、実現する形態素もない。このような形態を空形態（empty morph）と呼ぶ。

　口語フランス語において形容詞の男性形は女性形から語末子音を取り除くことによって形成されているように見える（例：pətit「小さい（女性形）」→pəti「小さい（男性形）」）。このような語末子音はマイナス形態（subtractive morph）と呼ばれることもある。

［長屋尚典］

形態的標示の場所
けいたいてきひょうじのばしょ
locus of marking

文法

ニコルズ（Johanna Nichols）によって1986年に提唱された、言語を形態論的に類型する重要な基準の1つ。句や節、文を構成する要素間の依存関係、特に主要部と依存部の統語的関係を表す形態的標示がどの位置に現れるかは言語によって一様ではない。この関係が依存部（dependent）に標示されるパタンを依存部標示型（dependent-marking）、そして主要部（head）に標示されるパタンを主要部標示型（head-marking）と呼び区別する。

【主要部と依存部】 ニコルズにしたがって句、節、文の3つのレベルにおける主要部と依存部を以下に提示する。表から分かる通り、依存部とは主要部を修飾したり、その項として機能する要素を指す。

	依存部	主要部
句	所有者 限定的形容詞 側置詞の目的語	所有物 名詞 側置詞
節	項と付加部 （主）動詞	述語 助動詞
文	従属節	主節（の動詞）

【具体例】 まずは句レベルの例として、日本語とハンガリー語の所有構文を比較してみる。

(1) a. その男の家
　　b. az　　ember　　h'az-a
　　　その　　男　　　　家-3SG

(1a)では、所有を表す属格「の」が主要部である「家」に依存する所有者「その男」に標示されている。一方、(1b)のハンガリー語の例においては、所有者と所有物の間の統語的関係が三人称単数の一致標識-aによって主要部である所有物h'azに標示されている。したがって、所有構文においては、日本語が依存部標示型、ハンガリー語が主要部標示型のパタンを示すと言える。

依存部と主要部の間の統語的関係が明示的に表されない言語も存在する。また、(2)のトルコ語の例が示す通り、その関係が依存部と主要部の両方に標示される場合もあり、そのようなパタンを二重標示型（double marking）と呼ぶ。

(2) ev-in　　　kapï-sï　　「家のドア」
　　家-GEN　　ドア-3SG

次に節レベルの例として、述語と項の依存関係に注目する。(3a)は日本語、(3b)はそれに対応するツトゥヒル語（マヤ語族）の例である。

(3) a. ネズミが服をかじった
　　b. x-ø-kee-tij　　　　　tzyaq ch'ooyaa'
　　　ASP-3SG-3PL-食べる　服　　ネズミ.PL

(3a)では、述語である「かじる」に依存する項「ネズミ」「服」にそれぞれ主格と対格の標示がみられる。よって、依存部標示型のパタンである。一方(3b)では、項に格標示がない代わりに、人称と数の一致標識により依存関係が主要部に標示されている。したがって、主要部標示型のパタンを示す。主語が三人称単数代名詞で時制が現在である英語の節ではHe likes herが例示するように、述語と項の依存関係、つまり格関係が補充（suppletion）によって項に、そして人称と数の一致標識によって述語に標示されるため、二重標示型と言える。

【類型論的示唆】 以上の例では、依存部標示型、主要部標示型、二重標示型のパタンを構文ごとに見てきた。ニコルズは、これらのうちどのパタンが支配的であるのかによって言語を類型化する可能性を示した。それによると、ギリシア語は依存部標示型、ブラックフット語やラコタ語は主要部標示型、アリュート語やアラビア語は二重標示型、そしてバントゥー諸語は節レベルが主要部標示型であるのに対し、句レベルでは依存部標示型という分裂標示型が支配的であるとされる。

[文献] J. Nichols. *Linguistic Diversity in Space and Time*. The Univ. of Chicago Press, 1992.　　[古賀裕章]

形態的類型論
けいたいてきるいけいろん
morphological typology

分野名

　形態論的に諸言語をいくつかのタイプ（類型）に分類する、言語類型論の一分野。言語類型論には、言語の普遍性を明らかにすることと、言語間の相違の範囲を明らかにすることと、という二大目的がある。主に後者の目的を果たすため、19世紀から形態的類型論が発展した。初期の学者らは、言語ごとに劇的に異なる形態法に注目し、そこに言語の本質が反映していると考えた。以降、形態的類型論は、言語類型の考察にとどまらず、言語の本質を解明することを1つの目的として発展してきたといえる。現在、言語のタイプを形態論的に分類するための主な手がかりとして、統合の指標、融合の指標という概念が用いられている。

【統合の指標】 ここで言う統合とは、1つの語に含まれる形態素の量に関わる概念である。語に1つしか形態素が含まれないような孤立型 (isolating) を1つの極とし、語が多数の形態素を含み、前提が不要な発話をたった一語で容易に構成し得る統合型 (synthetic) を他方の極とする。たとえば、孤立型に近い中国語には単形態素の語が多いのに対し、統合型に近いイマス語（パプア諸語：パプアニューギニア）には多形態素の語が多い。「彼₁は座って彼₂の話を聞いた」のような意味を表現するために、中国語では、「他₁坐着听他₂説話了」と多くの（単一形態素から成る）語を並べる必要がある。一方、イマス語では、多数の形態素から成る1つの語 na-n-yakal-tantaw-anti-ntut [3SG₂-3SG₁-DUR-座る-聞く-REP] のみでよく、語に形態素を詰め込むことによって、十分な発話や文に相当する語を作ることができる。ちなみに、統合の度合いが特に高い言語の場合、「輯合」、「複統合」、「複総合」(polysynthesis) という用語が用いられる。

　以下に述べる融合の指標もそうだが、ここで見る指標は、段階性をもった一種の連続体と考えるのがよい。したがって、「完全な孤立型」、「完全な統合型」の言語というものは存在せず、「〜型に近い」「〜的な」言語が存在することになる。たとえば、接辞添加等のプロセスが他の言語に比べて比較的強く制限される「孤立的」言語（中国語など）はあり得る。しかし、単一形態素語だけを認めるような（完全な）「孤立型」言語はない。

【融合の指標】 ここで言う融合とは、語内の形態素間の境界がどれだけ明瞭か、ということに関わる概念である。語に含まれる形態素をはっきりと分割できる程度は言語によって異なる（この指標は、語が2つ以上の形態素を含む場合に適用できるので、孤立的な言語には適用できないことが多い）。語内の形態素を容易に分節できる膠着型 (agglutinative) を1つの極、形態素の境界を決定しがたい融合型 (fusional) を他方の極とする。たとえば、膠着的な日本語では、[見-させ-られ-ない] を [語幹-使役-受動-否定] と、形式と意味の一対一の対応を見ながら、容易に形態素の境界を明示できる。一方、融合的なイタリア語では、capirebbero「理解する（3人称・複数・条件・現在）」に含まれる分節音のうち、r、e、bb、ro が「条件」の形態が具現した部分であると同時に、このうちの bb は [3人称]、ro は [複数] の形態にも該当する。このように、融合的な言語では形式と意味が一対一には対応しておらず、文法範疇の境界を線状的に見出すのが難しい。そのため、パラダイムで屈折（=語形変化）が示されるのが普通で、そのような言語は「屈折型」と呼ばれることもある。

　多くの統合的言語は同時に膠着的でもある。これは、語根にいくつも接辞を付け、生産的・効率的に多数の語形等を作るため、より明確な形態素境界が要求されるからである。

[文献] L. J. ウェイリー『言語類型論入門―言語の普遍性と多様性』（岩波書店 2006）

［稲垣和也］

形態論
けいたいろん
morphology
分野名

　形態論とは語の構造を分析対象とする言語学の一分野である。ある語が1つの形態素からできているのか複数の形態素からできているのか、複数の形態素からできているのならばどのように組み合わさっているのか、ある語とある語はどのような関係にあるのか、などの問題について答えようとする分野である。形態素論とも呼ばれることがある。扱う現象は、接辞化、重複、複合などの形態論的プロセスである。なお、「形態論」という用語自体は、生物の構造と形態を研究する生物学の一部門である「形態学」に由来する。

　19世紀の比較言語学隆盛期以来、形態論は言語研究の中心であったが、20世紀中頃から生成文法が注目を集めると、統語論に理論言語学の焦点があたるようになった。しかし、近年、通言語的に興味深いデータが蓄積され、言語処理など新しいアプローチも生まれ、形態論は再び注目を集めている。

【形態論の隣接分野】 形態論は音韻論と統語論に隣接する。異形態の選択や複数の形態素の結合に関わる音韻論的問題を扱う分野は特に形態音韻論（morphophonology）あるいは形態音素論（morphophonemics）と呼ばれる。一方で、形態論と統語論の両方に関わる分野は形態統語論（morphosyntax）と呼ばれる。

【形態論と文法記述】 語の内部構造の理解なしに言語の構造は理解できないため、記述言語学において形態論の研究は非常に重要である。ただし、形態論研究がどの程度重要な位置を占めるかは言語ごとに異なる。アメリカ先住民諸語のように複統合的な言語においては形態論の研究が文法記述の中心的な課題となる。一方で、中国語のように孤立語的性格の強い言語では、形態論的分析の対象となる言語現象があまりないため、統語論の方が主要な研究対象となる傾向にある。　［長屋尚典］

形態論的プロセス
けいたいろんてきプロセス
morphological processes
文法

　形態論的プロセスとは、屈折にせよ派生にせよ（→屈折・派生）語基から新しい語形や語彙素が形成される方法の総称である。語基に形態論的プロセスを適用することで別の語を作り出すという発想である。形態論的プロセスとしては接辞化が最も一般的な方法であるが、それ以外の方法も存在する。具体的には次のような現象をまとめて呼ぶ。

【接辞化】 接辞化（affixation）とは、語基に接辞をつけることである（→接辞）。

【重複】 重複とは、語の一部または全部を繰り返して語をつくることである（→重複）。

【複合】 複合とは複数の語根をあわせて新しい語を作るプロセスである（→複合）。

【語基変化】 語基に何かを加える以外にも、語基の母音や子音を変えることによって屈折や派生を行う方法もある。最も有名なのは母音交替（→アブラウト）である。たとえば、デンマーク語gås「ガチョウ（単数）」→gæs「ガチョウ（複数）」、mand「男（単数）」→mænd「男（複数）」のように母音が交替することで複数形をつくる。同じようなパターンは英語にも見られる。たとえば、foot→feet、mouse→miceなどである。

　子音・母音のような分節的要素だけでなく、語基の超分節的要素（強勢や声調）が変わる場合もある。たとえば、英語は強勢の位置で語類を転換することができる（例：ínsult「侮辱（名詞）」とinsúlt「侮辱する（動詞）」）。

【語基短縮】 語基を短縮する形態論的プロセスも存在する。短縮や逆成が知られている。短縮（clipping）は、ある語の部分を切り取って意味や語類を変えずに新しい語を作る方法である。たとえば、英語のrefrigerator→fridge「冷蔵庫」、Ronald→Ronなどである。

　逆成（back formation）は形態論的に複雑そうに見える語から接辞のように見えるものを

取り除いて語を作り出すことである。たとえば英語の動詞editは名詞editorからの逆成である。歴史的には後者の方が古い。

【混成】混成（blending）とは複数の語から一部ずつ切り取って新しい語をつくることである。たとえば、英語のbreakfast「朝食」+ lunch「昼食」→ brunch「ブランチ」、smoke「煙」+ fog「霧」→ smog「スモッグ」などがある。語の全体をつなげるのではなく、一部ずつを切り取る点において複合と区別される。混成語はカバン語（portmanteau word）とも呼ばれる。

【補充】補充（suppletion）とはある語の屈折形として別の語を用いることである。たとえば、英語は-edによって規則的に過去形をつくることができる（例：walk→walk-ed）が、goの場合はgo-edではなくwentが用いられる。この時、本来go-edとなるべきパラダイム上の位置をwentが補充していると言う。

【転換】転換（conversion）とは語基に何ら変化を加えずに新しい語を作り出すことである。たとえば、英語において名詞から動詞を派生する場合に観察されるship「船（名詞）」→ship「発送する（動詞）」、book「本（名詞）」→book「予約する（動詞）」などである。ゼロ派生（zero derivation）とも呼ばれる。転換・ゼロ派生は形態論的に何もしないわけであるから、形態論的プロセスとして特殊である。なお、先ほど英語において強勢の位置で語類が変わる現象を紹介したが、これは超分節的要素が変化しているので転換ではない。

【頭字語】頭字語（acronym）とは地域名や組織名などを構成する語のアルファベットの頭字を取り出して新しい語を形成する方法である。たとえば、Tokyo University of Foreign Studies→TUFS「東京外国語大学」などである。基本的に意味は変わらない。

【語形成】形態論的プロセスと同じような意味で語形成（word formation）という用語を使うこともある。語形成を派生のみに限って使うこともある。　　　　　　　［長屋尚典］

系統樹
けいとうじゅ
family tree, Stammbaum〔独〕

●歴史

【系統樹モデル】単一の祖先が時間の経過とともに変化し、複数の子孫に分岐していく場合に、その祖先と子孫の関係を系統関係（genetic relationship）と言い、これを表示するグラフを一般に系統樹と言う。言語の場合には、単一の祖語とその子孫言語の関係を表示する図として使用される。また、単一祖先と子孫という関係によって言語間の歴史的関係を説明するモデルを系統樹モデルと言う。初めてグラフとしての系統樹とともに系統樹モデルを明示したのは、19世紀のドイツの言語学者アウグスト・シュライヒャー（A. Schleicher）である。

　系統樹は、祖先を表す根（図1におけるX）と、実証される子孫を表す端の節点（端点：図1におけるA、B、C）およびこれらの節点を結ぶ線から構成される。祖先と子孫の中間に位置し子孫を束ねる内部の節点（内点：図1におけるY）が設けられる場合もある。図1の系統樹においては、XはA、B、C全体の祖語を表し、YはBとCの祖語を表す。BとCは、Yという祖語にさかのぼることで、Aに比べて互いに近い関係にあることが示されている。これは、BとCが全体に対する下位グループであることを示している。このように、系統樹モデルは、言語間に成立する系統関係および言語間の親疎関係を明示することができる。なお、言語学では祖語を上に、子孫言語を下に系統樹を描くことが多い。

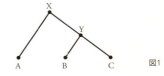

図1

【波動説】系統樹モデルにおいては、祖先が子孫へと分岐すると、子孫どうしが関係を持つことはない。したがって、系統樹内の節点

から節点へのルートは1つである。しかし、実際の言語では、分岐後も語彙や文法などの特徴が言語から言語へ伝播することがある。A・シュライヒャーの弟子の一人であったヨハネス・シュミット（J. Schmidt）は、分岐した言語が、互いに影響を与え合うことを重視した波動説（波紋説とも言う：wave theory, （独）Wellentheorie）を提唱した。このモデルでは、ある言語において発生した変化が、近隣の言語・方言に波のように広がっていくと捉える。一般に、単一の言語から分かれた複数の言語が互いに影響を与えうる関係を保っている場合には、それらの言語は方言連続体をなしていると考えられ、系統樹モデルでは説明しにくい。さらに、言語接触の結果、複数の言語を祖先とする混合言語が発生することもあると考えられている。このような場合には、複数の祖先から単一の言語が生じることになり、系統樹モデルは適用できない。ただし、通常の借用では、言語の系統が混乱することはないと考えられており、系統樹モデルの有効性が否定されているわけではない。

【ネットワーク】このように単一祖先からの分岐では説明できない場合の言語の関係を表示する際に、ネットワーク（network）と呼ばれるグラフが有効な場合がある。ネットワークは、節点から節点へ2つ以上のルートをたどることが可能であるようなグラフである。ネットワークは、子孫間における特徴の共有関係を表示するために利用される。図2のネットワークにおいては、言語BがCと多くの変化を共有しながらも、Aともいくつかの変化を共有していることを表している。

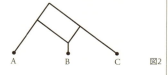

図2

〔田口善久〕

形容詞
けいようし
adjective

【文法】

形容詞は語類の1つで内容語である。典型的には属性を表現する。日本語で言えば「大きい」「長い」などがそれにあたる。

【形態論的特徴】形容詞は、形態論的には、比較級や最上級などを表わす接辞をとることができて、言語によっては名詞と一致することができたりする。たとえば、ラテン語ではaudax「大胆な」はaudac-ior「もっと大胆な」（比較級）、audac-issimus「最も大胆な」（最上級）という形になる。スペイン語の形容詞は名詞と性・数について一致する。

日本語の場合、形容詞に比較級・最上級や一致がない。しかし、独自の活用体系を持ち、名詞と動詞とは異なる屈折接辞を持っている。

【統語論的特徴】形容詞の統語論的特徴は比較構文に現れることができることである。また、名詞や動詞と共起できないさまざまな種類の程度表現と共起することができる（例：「とても高い」とは言えても「とても犬」とか「とても走る」とは言えない）。

さらに、そのままで名詞を修飾する表現としても使われる。動詞が名詞修飾する際に語形変化する言語が多いことと対照的である（例：形容詞でtall womenとは言えても、動詞でsleep womenとは言えずsleeping womenのように現在分詞形を用いる）。

【形容詞の下位範疇】形容詞は形によっても意味によってもいくつかの下位範疇に分けることができる。たとえば、現代日本語の形容詞は屈折接辞の種類によってク活用とシク活用に分けることができる。また、意味に注目すれば、場面レベル（stage-level）形容詞と個体レベル（individual-level）形容詞の2つに分類することができる。前者はdrunkやsickのように一時的状態を表現し、後者はintelligentやtallのように恒常的状態を表現する。

〔長屋尚典〕

言語イデオロギー
げんごイデオロギー
language ideology

社会

　言語の構造や使用に関して使用者が持っている認知の仕方や価値判断を言語イデオロギーと呼ぶ。発音から語彙、文法、表現法まで、私たちの言語使用は常に何が「正しい」、あるいは「適切」かという言語イデオロギーに支えられていると言える。しかし言語イデオロギーは、単に「言語観」や「言語意識」を指す別の表現ではない。言語イデオロギーの特徴として2つの点が挙げられる。まず、言語イデオロギーは社会的背景と関連づけて考察されるということである。その言語を使用する社会の文化、個人や集団の利害や権力と言語使用をつなぐのが言語イデオロギーの基本的な意義である。次に、言語社会に加わっている一定の人々の間で共有される傾向に注目するということである。言語に関する認知や判断、評価は人によって無限に異なるのではなく、場面ごとに突発的に生まれるのでもない。言語イデオロギーは、ある程度継続的なパターンを指す。ただしパターンと言っても、必ずしも固定的で一枚岩のものではない。言語イデオロギーは言語社会において持続・反復される言語行動（言語に関する言説を含む）によってたえず再構成され、また変容していく流動的なものである。

　言語イデオロギーの調査においては社会状況や実際の言語使用から言語に関する言及（メタ言語言説）にまで注意を払う必要がある。言語イデオロギーの明示的な現れと言えるメタ言語言説には、自覚的に言語を主題にした言説から、言語を主題にしていない場合の言語に関する言明、さらには直接に言語に言及しなくとも言語に関連する事柄についてなされる表明まで含まれる。

[文献] 岩田祐子・重光由加・村田泰美『概説　社会言語学』（ひつじ書房 2013）　　[木村護郎クリストフ]

言語共同体
げんごきょうどうたい
speech community

社会

　言語共同体という用語には、大きく2つの用法がある。1つは、同一の言語を話す個人の集合ないし、同一の言語を使用する集団の集合を指す用法である。たとえば、世界各地のエスペラント語話者は、エスペラント語の言語共同体を作っていると言えるし、フランコフォニー（francophonie）は、世界でフランス語を話す国・地域のまとまりである。こうした共同体は、「同じ言語を使用している」というイデオロギーを基盤に結束していると言える。

　もう1つは、言語変異や言語使用の実態の研究における用法である。ここで言う言語共同体とは、言語の使用や知識に関して、同じような規範やパターンを共有する人々の集団である。その規範やパターンは、一言語使用のみならず、多言語使用も含む。古典的な言語共同体は、変異理論による研究のように、都市に暮らす人々という大きな集団であったり、ある高校に通う生徒たちといった小さい集団であったりする。

　言語共同体は、地域など話者の社会的属性に説明を求める従来の本質主義的な枠組みではなく、より構築主義的な枠組みへと理論的に発展した。たとえば、個別の人間関係をマッピングするソーシャル・ネットワーク理論や、話者間の社会関係を考慮し、行為や思想、社会規範等、言語から非言語までのさまざまな実践を共有する実践の共同体（community of practice）という概念も利用されるようになった。たとえば近年、オンライン上で特定の掲示板に集う匿名の人々を共同体と見なして言語使用を研究する理論や方法論が議論されつつある。

[文献] L. カルヴェ『社会言語学』（白水社 2002）、G. レイヴ・E. ウェンガー『状況に埋め込まれた学習―正統的周辺参加』（産業図書 1993）　　[山下里香]

言語権
げんごけん
language rights
（社会）

　言語が人格形成のため、また社会生活を営むために重要な要素であるという認識から出発した権利概念が言語権である。よって多言語社会における言語の学習や使用に関わる差別や不公正の問題が権利、さらには人権の問題として捉えられるのである。

　少数派言語話者の権利は、おそくとも国家が言語問題に本格的に介入するようになった近代以降、社会的な問題として浮かびあがってきた。近年は、とりわけ民族問題の顕在化や移民の言語問題への注目などから、人権としての言語に関する議論が興隆した。現代において言語権は、単一言語による社会の言語的な均一化に代わる、多様性を尊重する新たな社会統合の原理を模索するなかで検討されるようになったと言える。

　言語権は広くは社会での少数派言語の認知を含むが、狭義の本来的意味では法的な保障をめざすものである。現在、国連やヨーロッパにおける宣言や条約、また多くの国内法において言語教育および使用に関する権利がうたわれ、少数派言語を尊重すべきであることが少なくとも理念としては認められつつある。

　言語的少数者に関して実際に言語権の問題になる事柄には、2つの柱がある。1つは、自らが帰属意識を持つ集団の言語を習得・使用する権利であり、もう1つは当該地域や国で広く使われる言語を学習・使用する権利である。どちらか一方ではなく両方を主張するのが現在の言語権論の特徴である。

　しばしば少数者の独自言語への主張は社会の分断・対立につながるという危惧が表明される。しかし言語権の論者は、同化でも分離でもない方向性を持つ言語権の尊重こそが言語紛争を軽減させることを強調することが多い。

［文献］渋谷謙次郎・小嶋勇編『言語権の理論と実践』（三元社 2007）　　　　　　　　　　［木村護郎クリストフ］

言語行動
げんごこうどう
language behavior
（社会）

　人間のコミュニケーション行動のうち、言語（手話を含む）を用いるものを指す。表情や身振りなどの非言語行動とは区別される。言語行動は語用論や文化人類学における言語研究を出発点とし、談話分析を中心とした研究に発展していった。「まえおき」「注釈」など話し手が自らの言語行動を評価する「メタ言語行動表現」も研究されている。

　具体的な研究方法としては、たとえば、個人の1日の言語行動（例：「家族と話したか」「新聞を読んだか」など）について、大規模調査を行い、ある集団の言語生活の実態を明らかにするアプローチが存在する。

　また、種々の言語行動を構成する要素を設定し調査を行うアプローチも存在する。依頼表現を例にすると、依頼表現を構成する要素の選定、その組み合わせ方などが分析の対象となる。たとえば、行きつけの店で自分の荷物を預かっておいてもらうことを相手に依頼する表現として「すみません、ちょっと近くで買い物したいので、この荷物を預かってもらえますか。すぐ戻りますので、よろしくお願いします」と言ったとする。この表現は、5つの要素で構成される。具体的には、(1)注意の喚起（「すみません」）(2)状況説明（「ちょっと近くで買い物したいので」）(3)依頼（「この荷物を預かってもらえますか」）(4)効果的補強（「すぐ戻りますので」）(5)対人配慮（「よろしくお願いします」）である。これらの要素の出現頻度やその組み合わせ方などについて、場面間や調査地域間の比較研究を行う。

［文献］真田信治編『社会言語学の展望』（くろしお出版 2006）、南不二男編『講座言語 言語と行動』（大修館書店 1979）、国立国語研究所『言語行動における「配慮」の諸相』（くろしお出版 2006）　　　　［朝日祥之］

言語障害
げんごしょうがい
speech-language disorder

一般

正常な言語行動から逸脱した状態。一般に言語の「正常」な状態というのは主観的な判断によるところが多く、そこから逸脱した状態を客観的に定義するのは難しい。またコミュニケーションのレベルになると、言語障害は一概に話し手の言語行動だけから判断されるものではなく、聞き手の存在が関与する。話し手の言葉の特徴が正常な状態から逸脱していても聞き手がそれを理解できればコミュニケーションが成立する。このような観点で言語障害を捉えたモデルでは、言語障害は、言語障害の症状、聞き手の反応、話し手の反応という3つの要素によって捉えられている。さらに、言語障害は時間経過とともに変化するものであり、時間の要素も絡み合った多次元的なものとして表される。

【言語障害の発生機序と種類】言語障害を捉えるために、「ことばの鎖」(speech chain) と呼ばれるモデルが頻用される。モデルのどこに障害を受けるかにより言語障害の特徴が説明される。デニシュ(P. B. Denes)とピンソン(E. N. Pinson)によると、言語によるコミュニケーションには話し手と聞き手が存在し、話し手による発信から聞き手による受信までの一連の処理がなされる。まず(1)話し手が話したいことを脳内で言語に変換し、(2)それを音声器官によって音に変換して発信する。(3)音は音波として空気中を流れる。(4)その音が聞き手の聴覚器官によって受容され、(5)その音の信号を脳内で言語として解釈する。このうち、(1)と(5)を言語学的レベル、(2)と(4)を生理学的レベル、(3)を音響学的レベルと呼び、言語障害は前者2つのレベルのどこかに障害を受けたことにより発生すると考えられる。

言語学的なレベルでは音韻レベル、統語レベル、意味レベルなどの高次の処理が行われる。いずれのレベルの障害も言語の表出・理解の両方に障害を与える。言語発達遅滞(同年齢の子供より言語発達が遅れる状態)や失語症がこれにあたる。

生理学的レベルは、音声器官で音声を発する出力系と、耳で音声を知覚する入力系とに分けられる。出力系の障害には、発声障害、運動性構音障害(調音器官の運動麻痺や神経疾患によるもの)、器質性構音障害(口蓋裂や手術による調音器官の形質異常)、機能性構音障害(麻痺や形質異常などの明らかな原因を見いだし得ないもの)、吃音などがある。機能性構音障害は音韻能力の獲得の問題が関与すると言われ、言語学的レベルの障害としての側面も重要である。入力系の障害には聴覚障害がある。外耳から中耳までの音が物理的に伝わる経路の障害(伝音難聴)と内耳以降の障害(感音難聴)がある。聴覚障害では、たとえば全失聴により音声言語の獲得が困難など、二次的に言語機能の障害、即ち言語学的レベルの問題が生じることもある。

【言語障害の臨床】一般的に、言語障害は治療に長期間を要し、時間を経ても症状が正常に戻る可能性が低いという特徴がある。また、言語障害は目に見えにくい障害である。本人が自分の障害についてことばで説明することが困難なため、より周囲に伝わりにくいことも言語障害に共通する特徴である。障害の原因や程度を判定し、言語障害を改善するために臨床家が治療にあたる。

言語障害の医学的評価や診断を行うのはリハビリテーション科、耳鼻咽喉科、小児科などの医師であるが、具体的に言語症状を評価し、それを基に治療目標を設定し訓練を行うのは主に言語聴覚士である。治療活動には患者本人の言語症状の改善に対するはたらきかけのほか、社会的不利を軽減するための環境調整、家族指導などが含まれる。

[文献] 毛束真知子『絵でわかる言語障害―言葉のメカニズムから対応まで 第2版』(学研メディカル秀潤社 2013)

[岡田理恵子]

言語使用領域
げんごしようりょういき
domain
〈社会〉

　言語社会学者ジョシュア・フィッシュマン (Joshua A. Fishman) が言語使用のパターンを明確化するために提唱した概念である。領域という日本語の用語は、ある言語が使われる地域 (area, territory) という地理的な意味でも使われるため、言語使用領域と訳される。フィッシュマンは、参加者、場所、話題の3つの要素から導き出される抽象的な概念として言語使用領域（以下、領域）を構想した。たとえば、家庭、街頭、学校、教会、文学、新聞、軍隊、裁判、行政、マスコミなどの領域にそれぞれ対応する言語がある場合、それらをその言語の領域と見なすことができる。普遍的な領域のセットがあらかじめあるわけではないので、領域の名称や数は調査対象となる社会ごとに異なる。

　領域は、とりわけ複数の言語の能力を多くの話者が共有するような多言語状況（二言語使い分けなど）の分析のための概念として有効である。一方、コード切り替えが行われるなど特定の言語と領域が対応しない場合の分析には適さないとされる。

　しかし主に使用される言語を領域ごとに特定することができない場合も、言語使用の場を分類するために領域が用いられることがある。この意味での領域概念は応用言語学でも活用され、たとえば欧州評議会による異言語教育の基本文書である「言語のためのヨーロッパ共通参照枠（Common European Framework of Reference for Languages; CEFR）」では、言語使用は常に社会生活を組織する領域のどこかで行われるとして、言語コミュニケーション活動を「私的領域」「公的領域」「職業領域」「教育領域」のそれぞれの場面に分けている。

[文献] B. シュリーベン＝ランゲ『新版 社会言語学の方法』（三元社 1996）　　　　［木村護郎クリストフ］

言語政策
げんごせいさく
language policy
〈社会〉

　言語政策とは、言語に対して何らかの意図や方針をもって介入する営みである。言語が人間の思いや行動によって生成・変化する以上、言語への意識的な働きかけは決して特別なことではない。しかし国家による明確な言語政策は、近代的な国家形成のために言語変種の選択と標準化が行われたことに起源を見ることができる。言語政策論は、20世紀半ば以降、旧植民地の独立に伴う新たな国家形成の課題に対応する必要が増大するのと並行して研究分野として発達してきた。近代化の過程ではしばしば国内の言語の単一化・均質化が目標とされたが、そのような政策が、異なる言語を話す人々の不満を生み、言語紛争につながることもある。現在では、少数派の言語権を認めて保護することをめざす多言語政策が、むしろ国民統合の観点からも望ましいとされている。多言語政策は、「多様性の中の統合」をうたうヨーロッパ連合のように国をこえたレベルでも行われている。また人の移動が増大する中、移民言語政策が重要な課題となっている。

【**言語計画**】言語政策の具体的な実施段階はしばしば言語計画（language planning）と呼ばれる。言語計画は、基本的に3種類に分けられる。まず、言語（変種）の選択に関する地位計画（status planning）がある。国語や公用語の選択はここに含まれる。次に、発音、語彙、文法、書法等に関する体系計画（corpus planning）がある。標準化の過程では体系計画が重要な役割を担う。そして言語教育に関する習得（普及）計画（acquisition planning）である。ここには共通語の国内外への普及や異言語教育政策などが含まれる。言語計画は、言語政策論の代表的な用語となってきたが、国家に代表される特定の主体が言語の「自然な流れ」に計画的に介入することでよりよい

方向に導くという考え方の限界も明らかになっている。最も根本的な問題として指摘されるのは、実際の使用の現場を精査することなく計画を立案・遂行できるという発想である。

【言語管理】話者の実践から切り離された言語政策論の限界への認識から、言語活動の現場の考察を含める必要性が提起されている。なかでも、実際の使用者から考察をはじめるべく研究枠組みのパラダイム転換を行ったのがイジー・ネウストプニー（Jiří V. Neustupný）らによる「言語管理」のアプローチである。言語管理研究では、言語を実際に生み出す「産出」(generation)に対して、産出に向けられたメタ言語活動としての「管理」(management)に注目する。歴史的に位置づけると、国家による集権的な言語計画は多分に近代の産物であるが、より広い概念としての「言語管理」はそれ以前も行われ、これからも行われ続けるものである。

従来、社会言語学においては、言語使用者の言語行動ないし態度と、政府などによる言語政策が別の種類の言語現象、また研究対象として扱われてきた。しかし言語管理は、どちらをも含む統合的な観点と言える。談話ないし相互行為というミクロ（微視的）なレベルの具体的な場面において言語の使用者が経験する言語問題の分析に基づいて、よりマクロ（巨視的）な管理（政策）を考えるべきであるというのが、言語管理の理論の主張である。この視点にたてば、個人の具体的な言語使用から家族、地域、組織、メディア、政府、さらには国際機関の言語政策まで、さまざまなレベルで言語管理の過程を分析することができる。言語管理の研究は、マクロに特化した言語政策研究よりも現場に即した有効な提言を行うことが期待される。

［文献］L. J. カルヴェ『言語政策とは何か』（白水社 2000）、J. V. ネウストプニー「二十一世紀に向けての言語政策の理論と実践」田中慎也ほか編『移民時代の言語教育』（ココ出版 2009）　　　　［木村護郎クリストフ］

言語接触
げんごせっしょく
language contact
(社会)

人間は誰しも出会いと別れを繰り返しながら生きている。一言もことばを交わさないまま、あるいは軽い挨拶を交わす程度の出会いもある。だが何度も出会いを繰り返すこともある。異なる言語を話す集団が交流する時、文化・社会面だけでなく言語面でも一方が他方に影響を与えることがある。また、1つの集団が2つ以上の言語を使用することもあり、その場合にも言語どうしが影響を与えあう。これらの現象を言語接触と言う。言語接触は言語変化に関する重要な一要因である。

言語接触という時、想定すべきは、同一の時間に同一の場所で2つ以上の言語が使用される状況である。その状況は必ずしも長期間である必要はないものの、時間と場所を共有しながら、異なる言語を用いる話者たちには伝え合いの意思が存在するはずである。ただし、接触に関与している者たち全員が流暢な二(多)言語話者である必然性はない。

【接触は借用を生み出す】異言語話者間の交流が継続する場合、言語内で起こりうる現象として最初に考えられるのが借用（borrowing）である。借用は語、音、文法の各レベルで生じるが、とりわけ起こりやすいのは言語の中で最もオープンな体系と言える語彙面である。例を挙げれば、日本語のいわゆるカタカナ語（ラジオ、マンションなど）は借用語である。借用は言語間における語彙や文法構造のコピーだとも言えるが、精密さが求められるわけではない。よって、日本語のマンションと英語のmansionの間で発音の違いだけでなく、用法面でも違いがあっても不思議ではない。

語と言っても、特に借用されやすいのは具体的な意味を持つ内容語であり、中でも使用頻度が高い基本的な語彙に属さない語である。それに比べ前置詞など文法的機能を持つ

語は借用されにくい。日本語に入った英語の内容語は数え切れないほどあるものの、前置詞ofやfromは日本語の日常語彙になっていない。

【"語"から文法へ】 接触の期間と強度が増し、より高い威信や影響力を持つ言語から他の言語への文化的圧力が増大すると、借用は語彙レベルにとどまらず音声や文法レベルまで達する。当初は借用語だけに見られた音声が、意味の区別に役立つ音素として受容されるようになる場合がある一方で、接触によって音素の対立が失われる場合もある。文法のレベルにおいては、たとえば派生接辞や屈折接辞が借用されたり、基本語順が変化したりすることがある。

【言語連合の形成】 ある地域で3つ以上の言語が接触を繰り返した結果、いくつかの言語的特徴が共有されるに至ることがある。それらの言語群は言語連合(Sprachbund)と呼ばれる。言語連合は世界各地に点在するが、中でもギリシア語、ルーマニア語、アルバニア語、ブルガリア語などからなるバルカン言語連合が有名であり、共通する特徴として定冠詞の後置や不定詞の消滅が指摘される。

【言語の取替えから言語の死へ】 言語接触の状況下で、言語の取替えに至ることは少なくない。ある言語が圧倒的な影響力を持つ言語から長期間にわたり強度の影響を受ける場合、前者の言語の話者たちが後者の言語に、生活で使用する言語を取り替えてしまうのである。たとえば、19世紀には、アイルランド語話者の多くが英語話者に変わっている。

言語の取替えが一部地域の話者だけでなく、ある言語の話者全体に達すれば、1つの言語が死を迎えることになる。それは同時に1つの文化の消滅を意味する。言語の死にどう向き合うかは、21世紀、言語学者に課される重要なテーマの1つとなっている。

[文献] S. G. Thomason. *Language Contact: An Introduction*. Georgetown Univ. Press, 2001.　　　[市之瀬敦]

言語先史学
げんごせんしがく
Linguistic Paleontology

分野名・歴史

言語先史学は、祖語を話す民族が実際に存在したと仮定した場合の彼らの居住地(故地homeland)及び文化や社会構造を、考古学や歴史学、民俗学、生物学などさまざまな分野の知見を借りつつ、祖語に基づいて再構成することを目的とする学問分野である。原理的には言語先史学は、祖語を再建可能なあらゆる語族に対し適用できるが、最も盛んに研究されてきたのはインド・ヨーロッパ語族(印欧語族)についてである。

印欧語族については、その故地の問題が古くから議論されてきた。19世紀には再建された語彙に含まれる動植物や自然現象の分布を手掛かりに、ヨーロッパ北部からアラル海周辺までの広い範囲が故地の候補となっていた。その後、考古学的な証拠から、クルガン文化という文化の担い手を印欧祖語と結び付けた学説が登場し、また、近年のコンピュータを利用した研究では、故地はアナトリア周辺であるとされている。このように現在も故地問題には定説がなく、非印欧語族の言語に残された古い借用語や地名などさまざまな証拠も用いて、研究が続けられている。

印欧語族の文化や社会構造については、たとえば金属については、祖語に再建することのできる語彙から、彼らは、金銀青銅は知っていたがそれ以外の金属は知らなかったことが推測できる。また、農業に関する語彙をインド・イラン語派は欠いており、牧畜に関する語彙は共通して各分派言語に見られることから、元々は印欧語族は牧畜を中心としていたのではないかと推測できる。このように、再建された語彙から、ある程度の社会や文化に関する推測を行うことも可能である。

[文献] 風間喜代三『印欧語の故郷を探る』(岩波書店1993)　　　[児玉茂昭]

言語層位学
げんごそういがく
géologie du langage（仏）
地理

ジリエロン（J. Gilliéron）らが地理言語学的解釈を地質学にたとえた比喩による名称。下はジリエロンの地図による牝馬の分布だが、ドーザは文献資料に基づきègaが最も古いものでこれを第一紀層とする。中央高原と南部やアルプス地方に言語島として分布している（）。

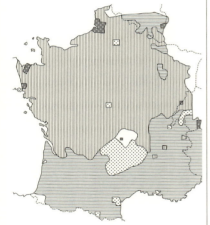

ついで、南部およびロレーヌやベルギーのワロン地方に分布するcavaleを第二紀層とする（▤）。これはイタリアから入った語形で、ベルギーのような北部にも分布する周辺分布をなすことから、かつてフランス全土に拡がっていたことが窺える。

北部に広く分布するjumentを最も新しい第三紀層と推定している（▦）。

今日では「言語層位学」という用語が使われることは稀だが、このように地理分布を言語史の層位が投影されたものと見ることは、事実上地理言語学的解釈の中心をなす。

[文献] A.ドーザ『フランス言語地理学』（大学書林 1958) ［遠藤光暁］

言語相対論
げんごそうたいろん
linguistic relativity, linguistic relativism
一般

言語の違いに応じて、それを母語とする人の思考や認識、文化、社会が異なるという考え方。提唱者であるアメリカの言語学者サピア（E. Sapir）とその弟子ウォーフ（B.L.Whorf）の名前にちなみ「サピア・ウォーフの仮説」（the Sapir-Whorf Hypothesis）とも呼ばれる。これは二人が共同して立てたものではなく、後世の人が両者に共通の考え方を名付けたものである。萌芽的概念は、ドイツのフンボルト（W. von Humboldt）や、サピアの師であるボアズ（F. Boas）らにも見られる。

空間参照枠の問題も言語相対論と関係する。図（井上1998: 60を元に作成）の机Aの列を見たあと振り返って机Bにそれと同様に物を並べるというタスクにおいて、①「右」「左」といった相対的空間参照枠を持つ言語の話者と②「東」「西」などの絶対的空間参照枠しか持たない言語の話者とでは、並べ方が異なる。

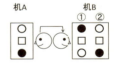

【強い仮説と弱い仮説】 言語相対論には強い仮説と弱い仮説があり、前者は、言語決定論（linguistic determinism）とも呼ばれる。これは、言語がそれを母語とする人の思考や認識などを全面的に決定するというもので、現在は否定的立場が大勢である。それに対して、「決定する」のではなく「影響を与える」という弱い仮説は近年も議論の対象となっている。

【近年の動向】 1つは、スロービン（D. Slobin）の「発話のための思考」（thinking for speaking）である。スロービンによれば、言語化することを前提として物事を見て考える時、人は言語化する必要がある要素に目を向けると

いう。言語化する必要がある要素、および、その言語化の仕方は、言語ごとに異なる。彼は、言語相対論を言語使用のレベルで捉え直しそれまでの考え方を限定したのである。
(→枠付け類型論)

　また、ピンカー (S. Pinker) は著書『言語を生みだす本能』(1995)、『思考する言語』(2009) の中で言語決定論、言語相対論に対して否定的な議論を展開しているが、ドイッチャー (G. Deutscher) は、ピンカーが切り捨てた意味の一部を研究に値するものとしてすくい上げようとしている。男性名詞、女性名詞といった文法的性 (gender) を持つ言語を例にとる (→名詞クラス)。ある無生物の対象に名前を与え暗記させるテストをすると、その対象を指示する名詞の文法性に対応した名前の方が覚えやすい傾向が見られた (例：スペイン語話者には、リンゴ (スペイン語で女性名詞) につけられた名前がパトリック (男性名) よりパトリシア (女性名) の方が覚えやすい)。

　言語相対論は、1980年代後半に興った認知言語学とも親和性が高い。人間が事態をどう捉えているかということを重視する認知言語学では、言語の意味構造を普遍的ではなく言語ごとに相当程度異なるもので、かつ、意味構造は百科事典的知識に依拠していると考える。ウォーフの言う「好まれる言い廻し」(fashions of speaking：ある言語の話し手が特に好んで選ぶ言語表現) という考え方を、認知言語学の「捉え方」およびスロービンの「発話のための思考」という概念と関連づけ、認知科学の知見も組み入れて発展させ、言語ごとの違いおよび思考との関係を明らかにすることが今後期待される。

［文献］B. L. ウォーフ『言語・思考・現実』(講談社 1993)、池上嘉彦『「する」と「なる」の言語学』(大修館書店 1981)、井上京子『もし「右」や「左」がなかったら』(大修館書店 1998)、G. ドイッチャー『言語が違えば、世界が違って見えるわけ』(インターシフト 2012)
［長谷川明香］

言語地図
げんごちず
linguistic map
地理

　言語地図と言うと、個別言語やその下位方言がどこに分布するかを示した地図がまずあり得る。*Ethnologue: Languages of the World* (17th edition, SIL, 2014) が代表的なもので、どこに行けばその言語・方言に接することができるかを知る上では便利なものである。

　しかし方言学者がふつう思い浮かべる言語地図はそのようなものではなく、1語1語ないし個別の音韻・文法特徴を1枚ないし数枚の地図に描いた地図のことである。『日本言語地図』(全6冊、大蔵省印刷局 1966-1975) が代表的なもので、語彙を基本単位としているので「語彙地図」ということもある。文法を扱う『方言文法全国地図』(全6冊、大蔵省印刷局 1989-2006) のような「文法地図」や音韻を扱う「音韻地図」もあり、こうした地図の集成を「言語地図集」と呼ぶ。

　こうした言語特徴ごとに描いた「特徴地図」が重要なのは、おのおのの地理分布に基いて各語形や言語特徴の変化過程を具体的に推定することがそれによって可能になるからである。また逆に言うと、全くの解釈抜きの地図は『フランス言語地図集』のように語形を音声記号のまま記したようなもの以外には有り得ず、記号化を行った時点で既に何らかの解釈を経たものとなる。

　J. Chambers & P. Trudgill, *Dialectology* (Cambridge Univ. Press, 1980) は資料地図 (display map) と解釈地図 (interpretive map) の区別を立てるが、前者はさまざまな語形に対してくまなく別々の記号を与えた地図であるのに対して、後者は同一の起源ないしタイプの語ごとにまとめた上で少数の記号を与えた地図である。

　次の地図 (加藤正信「ある方言地図の解釈」『言語研究』42, 1962) は佐渡ヶ島のネコヤナギの語形の地理分布を地図化したものであ

る。地図1は各語形に含まれる鳴き声に着目して分布図を描いたものだが、秩序ある分布となっていない。

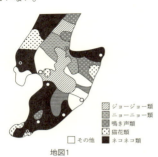

地図1

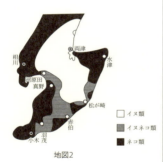

地図2

それに対して地図2のようにイヌ類かネコ類かに着目すると内側・外側という単純な地理分布が現れる。こうした秩序ある地理分布が得られるよう語形の分類を行うのが地図解釈の第一歩となる。

同じ語形ないし言語特徴を持つ境界線を結んだものを「等語線 isogloss」と呼ぶ。いくつかの地図をまとめた「総合地図」も目的に応じて作成される。

類型論的特徴を地図化したものもあり、Comrieらの *World Atlas of Language Structures* (Oxford Univ. Press, 2005,ウェブでも公開されている) が代表的なものである。［遠藤光暁］

言語調査
げんごちょうさ
linguistic fieldwork

（一般）

現在、実際に話されている言語に関する資料を収集するために行う調査のこと。言語学の中には、記述言語学、社会言語学、地理言語学のように、言語調査が非常に重要な役割を持つ研究分野がある。

言語調査の主な方法には、聞き取り調査(面接調査)とアンケート調査がある。両者は、何らかの質問に対する回答を資料として得るという点で共通する。聞き取り調査は、1人または数人の被調査者のおのおのから回答を得るもので、口頭で行われる。たとえば、ある言語の発音・語彙・文法を記録する際には、被調査者である話者（コンサルタントまたはインフォーマントと呼ぶ）に実際に発話してもらい、それを筆記したり録音・録画したりする必要があるため、この方法が用いられる。アンケート調査は、ある程度まとまった数の被調査者から共通の質問への回答を得るもので、文書の形で行われることが多い。たとえば、選択肢方式の質問をして、統計的な資料を集める際には、この方法が用いられる。また、質問によらず、被調査者の生の話や会話をそのまま録音したり、その様子を録画したりして、より自然な言語活動の実態を資料として収集することもある（→参与観察）。

質問による調査では、質問事項を記した調査票（questionnaire）の準備が不可欠である。調査票は、調査の目的、被調査者の質と人数、調査地、調査にかけられる時間といったさまざまな条件を考慮して作成される。また、質問の形式にも、翻訳式（例：あなたの言語でアタマを何と言いますか？）、なぞなぞ式（例：頭に生えているものを何と言いますか？）、実物やイラスト・ビデオを見せる形式などがあり、調査の目的に応じて使い分けられる。

［長崎郁］

言語の分類
げんごのぶんるい
language classification

歴史

言語学における言語の分類には2つの方式がある。1つは言語の構造的特徴に基づいた分類で、類型分類（typological classification）と呼ばれている。もう1つは、言語の系統関係に基づいた分類で、系統分類（genetic classification）と呼ばれる。

【類型分類】 言語の類型分類の歴史は19世紀前半のフリードリヒ・シュレーゲル（F. Schlegel）およびアウグスト・シュレーゲル（A. Schlegel）を始祖とする形態的類型論にさかのぼる。これは、語の形態的特徴に着目して全人類の言語を分類するとともに、その類型間の歴史的関係をも視野に入れた理論であった。現在でも、言語についての簡便な紹介を行う場合に、孤立的、膠着的、屈折的、抱合的といった用語を用いることがある（→形態的類型論）。1960年代にジョゼフ・グリーンバーグ（J. Greenberg）によって言語類型論は新しい展開を見ることになるが、これは全人類の言語を分類するための理論ではなく、言語の普遍的特徴を探求するための方法論である。ただし、SOV言語、SVO言語といった類型論的特徴は、言語の紹介の際に用いられることがあり、分類機能を果たしていることは確かである。

【系統分類】 祖先を共有する関係を系統関係と言うが、この関係によって言語を分類することを系統分類と言う。言語学における言語の分類は、基本的に系統分類を指す。系統関係の認定そのものが議論の対象となるので、学者により数は変動するが、全世界の言語は30程度の語族に分類されている。1つの語族を確立する最も典型的な方法は、音対応の発見に基づく祖語の再建である。しかし、音対応を支える語彙の数量、比較される語彙の意味的な適合性などはさまざまであり、対応が成立するかどうかで学者の意見が一致しないこともある。言語は時間の経過とともに変化するが、その変化量は無際限に増大することが考えられるので、系統関係がないことを証明することもできない。そこで、系統関係の確立は解決の難しい問題となることがある。

【下位分類】 一方、1つの語族に属する諸言語を、言語間の系統的親疎関係（phylogeny）に従って分類することができるが、これを下位分類（subgrouping）と言う。これは、言語群の中に他を排除してまとまる、より小さな言語群を発見することである。この言語群の認定の根拠は、その下位の言語群が共有する改新特徴（innovation; 単に改新とも）である。ある語彙、音韻特徴、文法特徴などが、特定の言語群のみに観察され、それが全体の祖語に由来するものではなく、その言語群で発生した変化の結果であると推定される場合、それらの特徴は共有改新特徴と見なされる（したがって、改新特徴の認定には祖語の情報が必要である）。改新特徴の共有が重要なのは、それらの言語群がかつて1つの言語をなしていた証左と考えられるからである。これに対して、祖語から受け継いだ古い特徴を残存特徴（retention）と呼ぶ。複数の改新が異なった言語に独立に発生する蓋然性は低いと考えられるので、下位分類では共有改新特徴の束を発見することが重要である。ただし、改新が他の言語からの借用であるか、独立にそれぞれの言語で同じ特徴が発生する平行発展（parallel development）の結果である可能性もある。たとえば、前舌母音の前での子音の口蓋化や母音間での有声母音化などは起こりやすい変化と考えられており、考察から排除されることが多い。以上のような考察によって解明された言語間の親疎関係は、系統樹によってグラフ化することができる。

[文献] L. Campbell. Linguistic classification. *Historical Linguistics: An Introduction*, The MIT Press, 2013.

［田口善久］

言語変種
げんごへんしゅ
variety

一般

　1つの言語に含まれる、異なる特徴を持ったバリエーション（変種／変異種）。方言とも言う。1つの言語に含まれる言語変種同士は、共通の祖語から分岐して成立したものである。同一の標準語や文語を共有することも多い。

　たとえば、「青森市出身の70代男性であるA氏のことば」と、「鹿児島市出身の10代女性であるBさんのことば」には、多くの異なる特徴が観察できるだろう。しかし一方で、どちらも、日本語という1つの言語に含まれている。このような、A・Bそれぞれのことばを、言語変種と言う。

　代表的な言語変種は、地域的言語変種で、津軽方言、京都方言、薩摩方言など、離れた地域でそれぞれに発達した変種である。狭い意味での「方言」は、通常、これを指す。また、同じ地域のことばでも、男性と女性の違い、世代による違い、家族で話すことばと会社で使われることばの違い、といったように、さまざまな社会的変種を抱えている。さらに、厳密には、一人一人、発音の癖やことばづかいの特徴が違っており、これは個人語（idiolect）と呼ばれる言語変種である。

　言語と言語変種は、内的特性から見れば同等のものである。たとえば機能的には、どちらも言語的コミュニケーションに不自由なく用いられる。言語変種という概念は、複数の変種（たとえば、標準語と地域的言語変種）を対比する際に相対的に用いられる。共通の祖語を持つ2つのバリエーションが、別々の言語（○○語）か、1つの言語の変種（○○方言）なのかを判断する基準は、相互の理解度や政治的状況などさまざまに考えられるが、言語学的に決定的なものはない。

[文献] 小林隆ほか『シリーズ方言学1 方言の形成』（岩波書店 2008）　　　　　　　　　　[白井聡子]

言語変数
げんごへんすう
linguistic variable

社会

　音韻、形態、統語、語彙の各レベルにおける要素において変異を認定するために設定される言語的単位を指す。言語変項とも呼ばれる。進行中の言語の変化を捉える研究において基本となる概念である（→変異理論）。言語変数は通常、（　）を用いて表す。

　たとえば、「見られる」を「見れる」とするような「ラ抜きことば」と称される現象においては、（られる）が言語変数であり、具体的に観察される「られる」と「れる」を値としてとることになる。これを変異形（variant）という。

　進行中の言語変化においては、複数の変異形が併存・競合状態にある。したがって、その研究では、どの変異形がどのような話者によってどのような状況において選択・使用されるかが観察および分析の対象となる。変異形の選択は、言語内的条件と言語外的条件によって決まると考えられる。

　言語内的制約条件は、言語表現の構造的側面に関する条件であり、たとえば、音韻レベルの場合、言語変数を取り巻く音環境、すなわち、前後に現れる母音・子音や生起する場所（語頭、語中、語末）などが考慮される。形態・統語レベルの変異については、言語変数が現れる文中での位置やその意味機能などが考慮される。言語外的制約条件としては、(1) 話者内変異（スタイル変異）に関わる条件、(2) 話者間変異（社会変異）に関わる条件が挙げられる。前者は、話題、改まり、話し方、口調、息つぎなどが、後者は話者の年齢、居住歴、民族集団、性別などが該当する。これらの制約条件と変異形との関係を明らかにすることで、進行中の言語変化に見られる規則性に迫ることが可能となる。

[文献] 郡司隆男・西垣内泰介編『ことばの科学ハンドブック』（研究社 2004）、東照二『社会言語学入門 改訂版』（研究社 2009）　　　　　　　[朝日祥之]

言語類型論
げんごるいけいろん
linguistic typology

分野名

　いかなる言語もコミュニケーションという共通の目的を持つ。しかし、その共通性にもかかわらず、実際の言語は驚くほど多様な構造を持ち、互いに異なっている。言語類型論は、そのような多様な言語を広く観察し、そこから言語の特徴について一般化を行おうとする。比較的最近独立した言語学の下位分野であり、1960年代にアメリカの言語学者グリーンバーグ（J. Greenberg）によってなされた語順の研究をその嚆矢とする。

　言語間の共通点や相違点に注目し、言語類型論の成果を活かそうとする研究・分析方針を「類型論的（typological）」あるいは「通言語的（cross-linguistic）」と形容する。言語についての一般化はせず、単に複数の言語の共通点・相違点を明らかにする場合は対照言語学（contrastive linguistics）と呼ぶ。

【言語類型論の具体例】 言語類型論はその名の通り言語を類型つまりタイプに分ける。どのような言語特徴について分類するかで、音韻的類型論、形態的類型論、統語的類型論、意味的類型論などと呼び分ける。

　具体的には、基本語順で言語を分類する語順類型論、文法項をどのように表現し分けるかについてのアラインメント類型論、さらに関係節の形成に関わる制約を考察した関係節の類型論などがある（→接近可能性の階層）。主語をはじめとする文法関係、ヴォイス、使役構文なども重要な分類対象である。近年では、移動表現などの枠付けや空間参照枠についての類型論が注目を集めている。

【サンプリング】 世界には6000を超える言語が存在するが、これらすべてを調査することは無理である。したがって、語族や地域に偏りなくサンプルとなる言語を選ぶ。

【言語普遍性とその種類】 言語類型論における人間の言語に関する一般化は言語普遍性（language universals）と呼ばれ、いくつかの種類がある。まず、絶対的普遍性と非絶対的普遍性がある。前者はその名の通りすべての言語にあてはまる一般化である。たとえば「すべての言語には名詞と動詞がある」「すべての言語には肯定文から否定文をつくる方法がある」というものである。一方で、後者は普遍的傾向あるいは統計的普遍性とも呼ばれ、すべての言語にあてはまるわけではないものの、統計的に有意な人間言語の傾向のことを指す。たとえば、語順類型論の成果によれば、世界の言語の基本語順はSOVとSVOが支配的である。すべての言語にあてはまらなくても普遍性と呼ぶ。

　言語普遍性は、含意的かどうかによっても区別される。含意的普遍性とは「pならばq」という文で述べられる一般化であり、言語特徴pが別の特徴qの存在を予測する。たとえば「ある言語において基本語順が動詞先行型なら、その言語は前置詞を持つ」「ある言語が双数を持つなら、複数も持つ」「ある言語のprimary strategyが斜格語について関係節化できるなら主語も目的語も関係節化できる」（→接近可能性の階層）などである。

【言語類型論ではないもの】 言語類型論に似て非なるものとして比較言語学がある。比較言語学（comparative linguistics）は複数の言語群の歴史的な関係を比較法で研究する。一方で、言語類型論は系統関係の有無に関係なく言語の特徴のみを比べる。両者は必ずしも重ならない。たとえば、ヒンディー語は系統関係の点では日本語と別グループだが、語順類型論の点ではSOVであり、日本語と同じ類型に属する。

　同様にして、文字の種類と言語類型も異なる。たとえば、漢字を用いる漢字文化圏でも、中国語のようなSVO言語もあれば、日本語や朝鮮語のようなSOV言語も存在する。

［文献］B. Comrie. *Language Universals and Linguistic Typology*. 2nd ed. The Univ. of Chicago Press, 1989.

［長屋尚典］

言語連合
げんごれんごう
Sprachbund（独）

歴史

【定義の問題】 ある地域に話されている複数の言語が、互いに特徴（とりわけ文法的特徴）を借用しあうことによって類似度を高めていき、当該地域に特有の共有特徴を顕著に発達させている場合、その言語群は言語連合をなすと言う。言語連合は地理的な連続体を構成するので、地理的な性格を重視して言語領域（linguistic area）という用語が使われることもある。ニコライ・トルベツコイ（N. S. Trubetzkoy）によって最初に提唱された用語であるが、その後も多くの学者によって異なったニュアンスの定義がなされている。定義の相違点として、(1) 含まれる言語の数、(2) 含まれる言語が異なった語族の言語であるかどうか、(3) 設定の根拠となる特徴の性質や数などがある。一般的には、語族は同じでもよいが本来的に異なった特徴を有する3つ以上の言語が関与し、複数の文法的特徴を共有する場合を典型とする。特徴の共有は借用によって起こるが、その借用の方向性が一方向ではなく、相互的であることも言語連合の特徴である。また、言語連合は、地理的に明確な線を引くことができず、中心的な地域と周辺的な地域というような連続体を形成する現象である。

【拡散と収斂】 一般に言語接触において、ある言語の特徴が系統関係のあるなしにかかわらず地理的に隣接する言語に伝わっていくことを言語特徴の拡散（diffusion）と言う。複数の言語が接触して、それぞれの言語の特徴が周囲の言語へ拡散し、互いの類似度が高まることを収斂（convergence）と言う。したがって、言語連合は収斂が発生している言語群であるとも言える。

【言語連合の例】 古典的な言語連合の例として知られているのは、バルカン半島の諸言語が形成する「バルカン言語連合」である。バルカン半島には、同じ印欧語に属しながらも異なった語派に属するギリシア語、ブルガリア語、ルーマニア語、アルバニア語が話されているが、これらの言語にはその祖先には帰すことのできない共通の特徴が見られる。たとえば、後置冠詞の使用、属格と与格の合流、不定詞句を使用せず節を使用することなど。

また、西ヨーロッパの言語が1つの言語連合を形成することもよく指摘される。この言語連合は、ウォーフ（B. L. Whorf）の造語であるStandard Average European（略してSAE）という名称を与えられている。その代表的な特徴としては、定冠詞・不定冠詞の使用、関係代名詞を伴った関係節形成、haveに相当する助動詞を使った完了表現、過去分詞を使った受動態形成などが挙げられる。これらの特徴を持った最も典型的な言語は、フランス語、ドイツ語、オランダ語であり、この3言語を中心地域として地理的に離れるに従って、次第に特徴の共有度は低くなる。中心地域のすぐ外に位置するイタリア語、スペイン語、英語などがこれ続き、スウェーデン語やギリシア語は周辺地域に置かれている。これ以外のよく知られた言語連合の例としては、インド言語領域があり、それには印欧語、ドラヴィダ語、オーストロアジア語、チベット・ビルマ語が含まれる。また、東南アジアや中米などにも言語連合が設定されている。

言語連合は、含まれる言語の歴史が明らかである場合や、収斂が発生している地域に属さない同系言語がある場合にその存在が明確に指摘できる。当該地域の諸言語が共有している特徴が、他地域の同系言語に見られない場合、その特徴を言語連合における収斂に帰することができるからである。

[文献] L. Campbell. Areal linguistics. *Historical Linguistics: An Introduction*. The MIT Press, 2013.

［田口善久］

語
ご
word
【文法】

　我々がふだん何気なく使う「語」は実はいくつもの異なる言語学上の概念を指している。
【正書法における「語」】まず、正書法においてどのように表記されるかで定義される語もある。これは英語など分かち書きを行う言語において空白で区切られた文字列のことである。たとえば、John went to a grocery store という文では6つの正書法的語（orthographic word）が容易に認定できる。もっとも日本語のように分かち書きしない言語や、そもそも書記言語を持たない場合、このような方法で語を認定することはできない。
【音韻的語・文法的語】では、どのような基準で語を認定するのか。一般的には音韻論的基準と文法的の2つがある。音韻論的基準によって認定される語を音韻的語（phonological word）と呼ぶ。強勢の位置や母音調和などの音韻論的プロセスなどを基準に認定する。

　一方で、文法的すなわち形態統語論的基準によって認定される語を文法的語（grammatical word）と言う。特に断りなしに「語」と呼ぶときはこちらの方を指す。語認定のための文法的基準はいくつかある。第一に、文法的語は文の中で（比較的）自由に移動することができる。第二に、（接中辞を除くと）文法的語の内部に別の要素を挿入することはできない（*d〈the〉og）。第三に、文法的語を構成する複数の形態素の順序を入れ替えたり、一部を取り出して修飾したり屈折したりすることはできない（複合語black-boardを例にとると、*board-black; *very black-board; *blacker-board）。

　音韻的に認定した語と文法的に認定した語が一致しない場合もある。特に、接語は文法的基準から言えば語だが、音韻的には語ではない。たとえば、英語のmustn'tは音韻的には1つの語だが、文法的には助動詞mustと否定接語の2つの語から成立している。

【語彙素と語形】文法的に定義された語には2つの側面がある。語彙素と語形である。この2つの側面を考えるために、英語のgo, goes, went, goneを考えてみる。このリストにはいくつ語があるだろうか。1つの数え方は、すべて形が異なっているので4つと答える方法である。このように具体的な形に即して捉えた語を語形（word form）と呼ぶ。一方で、形は異なるものの、すべて同じ意味を表現していると考えられるのでリストに語は1つと答えることもできる。このように異なる語形から抽出できる抽象的なレベルでの語のことを語彙素（lexeme）と呼ぶ。言い換えれば、語彙素は1つまたは複数の語形から抽出されるものとしての語であり、語形はある語彙素を実現する形式としての語である。

　さらに例を挙げると、語形dog, dogsは語彙素DOGを、語形mouse, miceは語彙素MOUSEを実現していると考えることができる。AFTERのように語形がafterの1つしかないような語彙素も存在する。

　語彙素と語形の関係は、形態素と（異）形態、音素と異音の関係と並行的である。抽象的単位である語彙素は、形態素や音素と同じく、発音したり聞いたりすることはできない。この語彙素と語形の区別は形態論において重要で、屈折と派生の区別は語形を作るか語彙素を作るかの違いである。ただし、言語学でも、語彙素と語形の区別がそれほど重要ではない文脈では、単に「語」と言う。

　語彙素にどのような名前をつけるかは自由である。通常は形態論的に単純な語形を用いる。たとえば、walk, walks, walking, walkedという語形に対して語彙素WALKという名前を与えることができる。語彙素の名前は引用形式（citation form）とも呼ばれる。どのような語形を引用形式として採用するかは言語ごとに異なり、ラテン語の動詞は一人称単数現在形を引用形式として用いるのが普通である。なお、語彙素名はスモールキャピタルで表現することが多い。

［長屋尚典］

語彙音韻論

ごいおんいんろん
Lexical Phonology

音声・音韻・理論

規則の順序付け（→音韻プロセス・音韻規則）を最大限に活用することで、音韻規則の性質や接辞付加をめぐる適用性の問題を解決し、レキシコンの構造を解明した音韻と形態のインターフェイスの理論。80年代前半にキパルスキー（P. Kiparsky）を始め、モハーナン（K. P. Mohanan）、ハレ（M. Halle）、ボロウスキー（Borowsky）、ルーバック（J. Rubach）らが発展させた。

まず（1a, b）のように、ある言語体系に定着した語彙規則（lexical rule）が、発音のしやすさに関わる後語彙規則（postlexical rule）よりも先に順序付けられるとし、それぞれの性質の違い（義務的／随意的、単語内のみ／単語間も、例外あり／例外なし）を説明した。

(1) a. 語彙部門（レキシコン）
　　　レベル1
　　　　接辞：-ive, -ity, -ion, -al, in-
　　　　規則：連濁、主要強勢付与
　　　レベル2
　　　　接辞：-less, -ness, -hood, un-
　　　　規則：副次強勢付与
　　b. 後語彙部門
　　　規則：鼻濁音化、帯気音化、弾音化

yuki-ŋuni「雪国」は連濁規則→鼻濁音化により[k]→[g]→[ŋ]と派生される（→音韻プロセス・音韻規則）が、連濁規則はmi-kuni「三国」などの例外もあるが*yuki-kuniは許さない義務的な語彙規則、鼻濁音化は例外なくどの語にもyuki-ŋuni/yuki-guniのような随意性を許す後語彙規則である。しかも、音素にない分節音に変化させる音韻プロセスも後語彙規則の特徴で、日本語の鼻濁音[ŋ]もそうだが、英語の強勢音節に見られる[p, t, k]の帯気音化（ho[tʰ]él）や母音後の無強勢音節に見られる[t]の弾音化（cápi[r]ol）も後語彙規則である。

さらに、語彙音韻論は接辞の種類による音韻プロセスの違いにも注目し、（1a）のように語彙部門をレベル分けすることでこれを説明した。たとえば、áctiveに-ityを付加したらactívityと強勢が変わるのに、-nessを付加してもáctivenessと強勢が変わらないのはなぜであろうか。これはレベル1の規則が循環的（cyclic）であることによる。つまり、レベル1の接辞が付加されるごとに、áct→áctive→actívityと主要強勢の振り直しが起こるのである（主要強勢は、語末から2音節目が重音節だとそこに、軽音節だと3音節目に付与される→音節）。しかし、-nessの接辞付加は、áctiveの主要強勢付与が終わった後にレベル2でなされるため、áctivenessのように強勢が変わらないというわけである（逆に、-nessの付加後に主要強勢付与を行うと、語末から2音節目が重音節なので、*actíveness という誤った結果を導く）。

ただし、主要強勢付与と違って、副次強勢付与は非循環的（non-cyclic）なレベル2の規則とされる。specìficàtionálityのようにすべての接辞付加が終わったあとで、主要強勢をもとに強弱を機械的に交替させるものだし、そもそもáctivenèss, excèptionlèssnessのようにレベル2の接辞でも付加可能だからである。一方、連濁は語彙規則だと言ったが、循環適用なのでレベル1に相当する規則である。雪国からの便りを作るのに疲れたことを（あまりないとは思うが）表現する場合、「雪国便り作り疲れ」となるからである。

どの接辞がいずれのレベルに属するかは任意に決められるのではない。語源的にラテン系はレベル1、ゲルマン系はレベル2となる傾向があるが、それ以外にも付加順序に規則性がある。exceptionlessnessのようにレベル1の-ionの後にレベル2の-less, -nessは付加可能だが、*exceptionlessityのように-lessの後にレベル1の-ityは付加できない。ただし、レベル2のゲルマン接辞un-が付いたungrammaticalに-ityを付加できるので、必ずしも"exceptionless"ではない。

［田中伸一］

語彙化
ごいか
lexicalization

【文法・歴史】

　一般に、共時的な意味での語彙化と通時的な意味での語彙化を区別することができる。

【共時的意味での語彙化】共時的な観点からは、特定の意味要素と特定の形態素との規則的な対応関係を指す。たとえば、移動に関わる意味要素として、移動体である図、図の位置や移動を規定する際の参照点となる地、移動、経路、様態などが挙げられる（→枠付け類型論）。タルミー（L. Talmy）によれば、移動表現においてこれらのうちのどの意味要素が動詞語幹に包入（incorporation）されているのか、つまり語彙化されているのかに応じて、言語を3つのタイプに分類できる。1つ目のタイプは、英語のように移動と様態が動詞語幹に包入されている言語（例：He walked into the room / She swam across the river）で、ゲルマン諸語やスラブ諸語はこのタイプに属する。2つ目のタイプは、日本語のように移動と経路が動詞語幹（主動詞）に包入されているタイプ（例：「彼は部屋に入った」/「彼女は川を泳いで渡った」）であり、ロマンス諸語やセム諸語はこのタイプに入る。最後に3つ目のタイプとして、動詞語幹に移動と移動体に関わる情報を包入する言語がある。たとえば、アツゲウィ語には、-lup-「小さくて光沢のある丸い物体（例：飴玉）が移動する」、-caq-「粘々した塊のような物体（例：ヒキガエル）が移動する」など、移動体の大きさ、形状、触感といった情報を包入する動詞語幹が非常に多く存在する。このようにある意味要素と特定の形態素との体系的な共時的結びつきを語彙化と呼ぶ。

【通時的意味での語彙化】通時的な観点からは、ある統語規則や語形成規則によって作られた複合的な構造が、それを構成する個々の要素や規則からは予測できない新しい意味や形式を獲得し、全体として分析不可能で丸ごと記憶せざるを得ない語彙項目に変化する段階的な歴史的プロセスを指す。たとえば、gospelという語は、古英語においてgod 'good' + spell 'tidings'（訳：良い便り）という複合語であったが、徐々に音韻的に融合（fusion）して新しい形式を持つ単一の語彙項目に変化した。また、goodbyeはGod be with youという文、besidesという前置詞はbe［by］+ sidan-es［side-GEN］という構造から、個々の要素間の境界が消滅することによって分析不可能な新たな語彙項目に変化した。このように、語彙化の過程で融合が起きる傾向が強い。

　融合が起こらないケースでは、イディオム化（idiomaticization）が起こり、個々の構成要素の意味からは予測不可能な意味を全体が帯びる（→合成性）。これにより、丸ごと記憶するしかない新規の語彙項目が生まれる。たとえば、black marketは文字通り「市場」を指すわけでも「黒い何か」を指すわけでもない。また、「仕組み、要点」といった意味を表すnuts and boltsもこのタイプの具体例である。

　語彙化は文法化と正反対の言語変化と考えられることがあるが、実際には両者は相互排他的ではなく、文法化の最終段階に語彙化が観察されることが多い。日本語の「しまう」を例に挙げると、「何かを元あった場所に移動させる」という物理的な移動の意味を持った動詞としての用法から、文法化によって完了アスペクトや命題に対する話者の否定的態度を表す補助動詞（例：本をすべて本棚に戻してしまった）としての用法を獲得した。この文法的用法が頻度を増すに伴い、助詞の「て」と「しまう」が音韻的縮約によって融合し、「ちゃう」という形式が生まれた（例：しまっちゃう）。この縮約形式が十分に定着し、元の形式と意味が復元できなくなるほどに分析可能性を失った場合、新たな語彙項目として捉えられることになる。現に『大辞林』などの辞書では、連語としてではあるが「ちゃう」が項目に挙げられている。　　［古賀裕章］

語彙機能文法
ごいきのうぶんぽう
Lexical Functional Grammar (LFG)

理論

生成文法系の理論の1つ。その特徴は、語彙項目の素性情報を重視すること、主語や目的語といった文法機能（→文法関係）の構造を構成素構造とは別に表示すること、移動を用いないことなどである。計算言語学に応用されている重要な文法理論の1つであり、同時に、多くの言語の文法記述の枠組みとして用いられている。

語彙項目は、名詞や動詞といった語類の情報のほかにも、文法的な情報を持っている。たとえば、heが単数主格であることや、devourが主語と目的語を要求することなどである。LFGでは、このような情報を（1）のように素性とその値の行列として表示する。（1）はheの数（NUM）が単数（SG）、格（CASE）が主格（NOM）であることを表している。

(1) *he*: $\begin{bmatrix} \text{NUM SG} \\ \text{CASE NOM} \end{bmatrix}$

文の統語構造は、構成素構造（c構造）と機能構造（f構造）によって表示する。c構造は言語ごとに固有の句構造規則によって導かれるもので、言語間で異なる可能性がある。一方、f構造は言語普遍的な素性とその値の行列として表されるもので、句構造規則に付記される情報に基づいて、構成素の素性情報を単一化することで導く。最終的に、c構造は音声解釈、f構造は意味解釈を受ける。

LFGは、生成文法の主流理論では移動によって扱われていた繰り上げや受動化といった現象を、移動を用いずに説明する非派生文法の1つである。たとえば受動化では、動作主を主語、被動者を目的語として要求する能動態の語から、動作主を任意の斜格、被動者を主語とする受動態の語を導く語彙規則を立てることで、移動を用いずに受動文の統語構造を導く。

［石塚政行］

語彙項目
ごいこうもく
lexical item

意味論・文法

特定言語の知識（その言語の使用を可能にする、母語話者に備わった暗黙の知識）は語彙（lexicon）と（狭義の）文法（grammar）という相補的な領域から成り立っていると考えるのが一般的であるが、そのうちの語彙（的知識）の単位を語彙項目と呼ぶ。（言語学の用語法では、特定言語の「語彙」はその言語（の代表的な使用者）の有する語彙項目の集合全体を指す。）語彙項目とは母語話者の記憶に定着している個々の表現のことであるが、これには、イディオム（例：目を皿にする）、コロケーション（例：電話に出る）、決まり文句（例：訪れる人の目を楽しませる）、ことわざ（例：取らぬ狸の皮算用）等、語以外の定型表現（fixed expression）が多数含まれる。

【語彙項目の構造】語彙項目は特定の形式（発音、文字、手指動作など）と特定の意味の組み合わせであると考えるのが一般的であるが、ある語彙項目の適切な使用を可能にする知識に含まれるのはその語彙項目の形式と意味（と常識的に思われているもの）に関わるものだけではない。たとえば日本語動詞「住む」と「暮らす」に関して、両者が互いに異なる発音と（少なくとも「故郷を離れて東京に住む」と「故郷を離れて東京で暮らす」のような用法においては）同じような意味を持つことを身につけただけではこの2つの動詞を適切に使えるようにならない。居住地を表示する助詞として、「住む」では「に」、「暮らす」では「で」がそれぞれ普通であることに加えて、「住む」の場合には「東京に住む」の「東京に」は補部（→句）である（例：「太郎は故郷を離れて住んでいる」は日本語の文として不完全である）のに対して、「暮らす」の場合には「東京で暮らす」の「東京で」は付加詞（→句）である（例：「太郎は故郷を離れて暮らしている」は適格な日本語の文であ

る）ことも日本語使用者のこの2つの動詞についての知識に含まれていると考えられる。これらの特性は、「住む」と「暮らす」を用いた適格な文を組み立てるために知っていなければならないという点で、これらの動詞の文法的な特性であると言える。語彙項目の適切な使用を可能にする知識にはこのような文法的な特性も含まれることになる。

【語彙項目の意味と文法的特性の関係】前項では語彙項目の意味と文法的特性が互いに独立しているかのような書き方をしたが、実際には、この2つは表裏一体の関係にあると考えるべきである。再び「住む」と「暮らす」について考えてみよう。この2つの動詞の意味を十分に知っていると言えるためには、それらを用いて意図したメッセージを伝えることのできる適格な文を組み立てられなければならないはずである。「太郎は故郷を離れて住んでいる」が、「太郎は故郷を離れて暮らしている」とまったく同等に、日本語の文として自然であると判断する人は「住む」の意味を正確に身につけているとは言えないであろう。すなわち、「住む」と「暮らす」の文法的な特性の違いはこの2つの動詞の意味の違いを反映していると考えるのが妥当である。

以上の考察は、さらに、語彙と文法が截然と二分された知識の領域ではないことを示唆する。[X(人)ガY(場所)ニ住む]という（形式と意味の両面を持つ）パターンは、語彙項目「住む」の適切な使用を可能にする知識の一環であると同時に、[X(人)ガY(場所)ニ動詞]という（やはり形式と意味の両面を持つ）文法的なパターンに関する知識にも属している—このパターンを十分に習得していると言えるためにはその動詞のスロットに「住む」が生じうることを知っていなければならない—からである。認知言語学では、言語の知識の単位の大多数はこのように語彙と文法の両方に同時に属する—語彙と文法は連続体を構成する—と考えられている。　［西村義樹］

語彙統計学
ごいとうけいがく
lexicostatistics
（歴史・分野名）

【語彙統計学】語彙をデータとし、数理的な手法を用いることによって言語間の歴史的関係を研究する分野を語彙統計学と言う。語彙統計学は、1950年代にアメリカの言語学者モーリス・スワデシュ（M. Swadesh）によって創始された。語彙統計学では、同源語の共有度が高いほど、言語間の距離が近いと考える。典型的には、以下のような手続きで言語間の親縁関係を測定する（これ以外の方法を指す場合もある）。まず、系統関係がある複数の言語を対象言語として選定する。次に、スワデシュの基礎語彙表のような意味項目のリストによって、それらの言語の語彙項目表を作成する。それに基づいて言語間の同源語の数量を求めてその保有率を計算し、行列表を作成する。最後に、言語間の距離に基づいてクラスタリングを行うというものである。近年ではコンピュータプログラムを用いて言語間の親疎関係をさぐる研究が盛んになってきている。なお、語彙統計学という用語は、以下に説明する言語年代学と同義的に用いられることがあるが、区別するべきである。

【言語年代学 glottochronology】スワデシュを中心として1950年代に提案された言語分岐年代測定法。計算の基礎は、語彙統計学で行われる同源語の割合である。言語において語彙が失われていくスピードを仮定し、同源語の割合に基づいて、2つの言語の分岐年代を計算する。この方法は、変化のスピードがすべての言語、すべての語彙項目で一定であるという非現実的な仮定の上に立っており、その後支持を失っている。

[文献] A. McMahon & R. McMahon. *Language Classification by Numbers*. Oxford Univ. Press, 2005.

［田口善久］

行為の方向性（順行・逆行）

こういのほうこうせい（じゅんこう・ぎゃっこう）

direct / inverse

文法

　北アメリカのアルゴンキン諸語に典型的に見られる文法的区別。動作主と非動作主（動作主以外の意味役割を持つ項）の人称階層における序列に基づき、順行形と逆行形の選択が決定される。順行、逆行の区別は動詞接辞によってなされることが多く、また受動態などと同様に参与者間の相対的な話題性が形式の選択を決定づける要因となっていることから、ヴォイスの一種とみなされることもある。

【具体例】 平原クリー語では、「二人称＞一人称＞三人称」という人称階層の上位の参与者が下位の参与者に対して行為を行った場合には（1）のように動詞に順行（direct）標識-āが、下位の参与者から上位の参与者に対して行為が行われた場合には（2）のように逆行（inverse）標識-ikoが動詞に付加される。

(1) Ni-sēkih-**ā**-nan　　　　atim　　（順行）
　　1-怖がらせる-DIR-1PL　犬
　　「我々はその犬を怖がらせる」

(2) Ni-sēkih-**iko**-nan　　　atim　　（逆行）
　　1-怖がらせる-INV-1PL　犬
　　「その犬は我々を怖がらせる」

(1)、(2)では、人称階層の上位に位置する参与者が一貫して動詞の一致を引き起こしている。また、語順は項の意味役割や文法関係を特定する手がかりにならず、平原クリー語では多くの場合、順行、逆行標識が唯一の手がかりとなる。さらに平原クリー語を含むアルゴンキン諸語には、三人称に近接形（proximate）と疎遠形（obviative）の区別がある。近接形とは疎遠形よりも相対的に話題性の高い三人称を指し、人称階層において疎遠形の上に位置づけられる。よって、(3)が示すように、近接形が疎遠形に働きかける場合には順行形が、方向性が逆転した場合には逆行形が義務的に使用される。

(3) O-wāpam-**ā**-n　　　　O-wāpam-**iko**-n
　　3-見る-DIR-OBV　　　3-見る-INV-OBV
　　「彼は誰かを見た」　　「誰かが彼を見た」

このように三人称を話題性の度合いに応じて区別する現象を疎化（obviation）と呼ぶ。

【日本語の例】 日本語でも順行、逆行が形式的に区別される。たとえば、一人称が三人称に対して電話をするという行為を行った場合、(4a)のように無標の形の動詞が使われる。一方、三人称が一人称に対して同様の行為を行った場合には、(4b)のように動詞に直示移動動詞「くる」を後続させるのが自然である。

(4) a. 私はタロウに電話をした
　　b. タロウは私に電話をしてきた

よって、「てくる」は逆行標識として機能すると分析できる。授受を表す動詞、「やる」と「くれる」をそれぞれ順行、逆行形と分析することも可能である。つまり、(5)のように「くれる」は人称階層の上位の参与者に対して授受、もしくはその他の行為が行われた場合に使用され、「やる」にそれ以外の場合に使用されると特徴づけられる。

(5) a. 私はタロウに電話をしてやった
　　b. タロウは私に電話をしてくれた

日本語の逆行形「てくる」は、文法化の度合いが未だ低いため、共起できる動詞に制限があり、平原クリー語の逆行形のように生産的には使われない。しかし、同じ直示情報を持つ「てくれる」との対立が、(6)のように受害（(4b)のように中立の場合もある）と受益というより詳細な意味的区別を可能にしている。

(6) a. タロウが親切にしてきた　　　（受害）
　　b. タロウが親切にしてくれた　　（受益）

また、順行形にも無標形と「てやる」形の(4a)と(5a)のような対立があり、他言語にはない、きめ細かい意味的区別がなされる。

［文献］古賀裕章「「てくる」のヴォイスに関する機能」『ことばのダイナミズム』（くろしお出版 2008）

［古賀裕章］

喉音仮説
こうおんかせつ
Laryngeal Theory

歴史

19世紀の印欧語学では、印欧祖語に再建されるe-o-ゼロという母音交替のパターン（例：ギリシア語 leipō「私は残す」、loipos「残り」、elipon「私は残した」）に従わない例があることが問題とされていた。たとえば、ギリシア語 didōmi「私は与える」、dōron「贈り物」、dotos「与えた」は、ō-ō-o、phāmi「話す」、phōnē「声」、phatos「話した」は、ā-ō-aという交替を示しているように見える。ソシュールは「成節的係数（coefficient sonantique）」という要素（AとO̦）を祖語に仮定し、一見例外的なこれらの母音交替も、以下のように「e-o-ゼロ」というパターンで説明できることを示した。これらは本来以下のようにAとO̦の前に基本パターンに従った母音e, oが付いた形、および母音がゼロである形に由来する。

eO̦-oO̦-O̦ > ō-ō-o
eA-oA-A > ā-ō-a

この理論は、発表当時は受容されなかったが、メラー（H. Møller）により、セム語と印欧語の類縁関係を主張する際に用いられた。彼は3つ目の成節的係数Eを付け加え、それらをセム語の喉頭音と関連付けて喉音（laryngeal）と名付けた。現在では、E, A, O̦はそれぞれメラーの表記にならってh_1, h_2, h_3と書かれる。

ソシュールの再建は純粋に理論的なものだったが、ヒッタイト語の解読により、ソシュールが喉音を再建していた位置にヒッタイト語のḫという音が現れることを、クリウォーヴィチ（J. Kuryłowicz）が、1935年に示した。喉音の存在の仮定により、上に示した母音交替や、語根の構造など多くの現象が説明できるため、現在ではほとんどの印欧語学者が喉音仮説の妥当性を認めている。

[文献] 吉田和彦『言葉を復元する―比較言語学の世界』（三省堂 1996）、吉田和彦『比較言語学の視点―テキストの読解と分析』（大修館書店 2005） ［児玉茂昭］

項構造
こうこうぞう
argument structure

文法

項構造とは、ある述語の項の数と意味役割を表示したものである。具体的には、その述語が①どのような意味役割の項を、②いくつとるかという情報を含んでいる。たとえば、(1)は英語の動詞の項構造の例である。

(1) a. WALK <agent>
　　b. FALL <patient>
　　c. HIT <agent, patient>
　　d. GIVE <agent, theme, recipient>

項構造は、述語の意味がどのように文法関係に反映されるかを決める重要な情報であり、ヴォイス現象や項交替現象（後述）を理解する際に不可欠のものである。項構造は、ふつう動詞のそれを指すが、名詞、形容詞、前置詞などにも存在する。

項構造という用語自体は1980年代のアメリカで生成文法の枠組みにおいて採用された。それ以前は、下位範疇化（subcategorization）とも呼ばれていた。述語がとる項の数で述語を下位範疇に分けることになるからである。一方で、ヨーロッパではほぼ同じ意味の理論的装置を結合価（valency）の名前で呼んでおり、長い歴史を持つ。このように理論ごとにその内実が少しずつ異なるものの、項構造という用語は理論的枠組みを超えて広く用いられている。

【項構造と他動性】 項構造と統語的他動性の関係は深い。項構造は項の数を指定するからである。項構造で項を1つ指定された動詞は自動詞と呼ばれる。同様に、2つ指定された動詞は他動詞と、3つ指定された動詞は複他動詞とそれぞれ呼ばれる。（→述語・項）

生成文法では自動詞に二種類の異なる項構造を仮定する立場がある。これを非対格仮説（Unaccusative Hypothesis）と呼ぶ。この仮説では、自動詞は非能格動詞（unergative verb）と非対格動詞（unaccusative verb）に二分さ

れる。前者では、唯一の項が最初から他動詞の主語と同じ位置に生起するが、後者では、唯一の項は他動詞の目的語と同じ位置にいったん生起し、あとで主語の位置に移動する。前者には意図的行為や生理的現象などを表す動詞が多く、後者には状態動詞や状態変化動詞、存在・出現動詞、非意図的動詞、アスペクト的意味を持つ動詞などが多い。

【項構造とヴォイス】項の意味役割と文法関係の対応のパターンのことをヴォイスと呼ぶが、このヴォイスを理解する上で項構造は重要なはたらきをする。対格型言語（→アラインメント）である英語を例にとると、能動態、すなわち無標のヴォイスでは、(2a)のように動作主は主語として、被動者は目的語として実現する。一方で、有標のヴォイスである受動態では、(2b)のように被動者が主語に、動作主が斜格語にリンクされる。

(2) a. John hit Bill

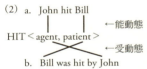

　　b. Bill was hit by John

ここで重要なことは能動態と受動態とでは意味役割と文法関係の対応こそ異なるものの、項構造は共通していることである。異なるヴォイス形式の共通点を項構造は捉えている。

【項構造と自他のペア】日本語を含む世界の多くの言語は、動詞の項構造を変える形態統語論的操作を持つ。特に、状態変化を表現する自動詞とその状態変化を引き起こすことを表現する他動詞のペアには、さまざまな形態的関係が観察される。たとえば、日本語の例(3)を考えてみる。ここでは自動詞「開く」に他動詞化接尾辞を付与することで他動詞「開ける」が派生されている。このような派生を使役（causative）と呼ぶ。

(3) a. 開く (ak-u) <patient>
　　b. 開ける (ak-e-ru) <agent, patient>

さらに、(4)のように他動詞から自動詞を派生する場合も日本語にはある。

(4) a. 砕ける (kudak-e-ru) <patient>
　　b. 砕く (kudak-u) <agent, patient>

このように他動詞から自動詞を派生することを逆使役（anticausative）と呼ぶ。他動詞から自動詞への変化という点では受動態と似ている。しかし、能動態と受動態は(2)のように項構造を共有していたのに対して、逆使役では(4)のように項構造自体が異なる。

これに加えて、共通の語根にそれぞれ異なる接辞をつけて自動詞と他動詞を派生する方法もある。両極派生（equipollent）と呼ぶ。

(5) a. 壊れる (kow-are-ru) <patient>
　　b. 壊す (kow-as-u) <agent, patient>

これまでの例では使役にせよ逆使役にせよ接辞が付与されていたが、接辞が関与せずに自他のペアが成立する場合もある。まずは、補充（suppletion）による場合で、英語や日本語の(6)のような対立である。

(6) a. die／死ぬ <patient>
　　b. kill／殺す <agent, patient>

次に、(7)のように形態が一切変化しない自他同形動詞（labile、ambitransitive）によるペアもある。このような1つの動詞が形態変化なしに自動詞にも他動詞にも使われる関係を自他交替（causative/inchoative alternation）と呼ぶことがある。

(7) a. The door opened <patient>
　　b. I opened the door <agent, patient>

世界の言語は、自他の対において自動詞化を好むか他動詞かを好むか、さまざまである。英語のように自他同形パターンが多い言語もあれば、フィリピン諸語のように両極派生が中心的な言語もある。日本語は使役パターンを好むとされる。

なお、日本語学においては、形態論的に対応する自動詞（他動詞）を持つ動詞を有対動詞、持たない動詞を無対動詞と呼ぶ。

【英語の項交替現象】英語の動詞の特徴は、1つの動詞が形態変化を伴わない複数の項構造実現パターンを持っていることである。これを項交替（argument alternation）と呼ぶ。たと

えば、(8) と (9) のような与格交替（dative alternation）を考えてみよう。それぞれのペアにおいてaでもbでも同じ動詞が用いられ、およそ「動作主が物体を受取手に与えた」という意味を持つが、物体が目的語として実現している場合と受取手が目的語として実現している場合がある。

(8) a. Sally <u>sent</u> a letter to Harry
    b. Sally <u>sent</u> Harry a letter
(9) a. She <u>threw</u> the keys to me
    b. She <u>threw</u> me the keys

場所格交替（locative alternation）は、「動作主が物体を場所に（場所から）移動することによって場所に変化が起こる」という意味を表す二種類の構文の間の交替である。物体が目的語になっている場合と、場所が目的語になっている場合がある。

(10) a. They <u>loaded</u> hay onto the truck
     b. They <u>loaded</u> the truck with hay
(11) a. They <u>cleared</u> snow from the streets
     b. They <u>cleared</u> the streets of snow

どの動詞がどの項交替に出現できるかは動詞の意味による（例：(12)と(13)）。たとえば、hitのような表面接触動詞はwith/against交替に出現しうるが、breakのような使役状態変化動詞はできない。一方で、自他同形の自他交替を示すのは後者のみである。

(12) a. Chuck <u>hit</u> the fence with a stick
     b. Chuck <u>hit</u> a stick against the fence
     c. *The window <u>hit</u>
(13) a. Chuck <u>broke</u> the fence with a stick
     b. Chuck <u>broke</u> a stick against the fence
        （壊れたのはstickで13aと同義ではない）
     c. The window <u>broke</u>

このように英語は1つの動詞が複数の項構造の実現パターンを持っている。この項交替現象をどのように記述し説明するかは諸文法理論の重要課題であり、生成文法、語彙機能文法、構文文法などで盛んに議論されている。

[文献] 影山太郎 編『日英対照 動詞の意味と構文』（大修館書店 2001）　　　　　　　　　　　　　[長屋尚典]

合成性
ごうせいせい
compositionality
（意味論・文法）

複数の有意味な要素（語彙項目など）から構成される複合的な表現（典型的な文など）の意味が、それらの要素がもともと—コンテクストから独立して—有すると考えられる意味をその表現の文法構造に従って組み合わせることによって、過不足なく得られる時、その表現の意味は完全に合成的であると言う。現実の言語使用において複合的な表現（以下では文と呼ぶ）によって伝達されるメッセージはその文の完全に合成的な意味とは異なるのが普通である。以下ではその主な要因をいくつか取り上げる。

【ダイクシス】指示詞、人称代名詞、テンスなどのダイクティック（→ダイクシス）な要素の意味はそれらを含む文が使われるコンテクストを参照しないと確定できない。

【多義性】日常的に多用される語彙項目のほとんどは多義であるが、現実の言語使用において特定の文に生じる際には、そのうちのいずれか1つの意味を表すと解釈されるのが普通である。この場合にも、どの意味を表すかを決定するにはコンテクストを参照することが不可欠である。

【百科事典的な知識】語彙項目の意味が1つに確定してもなお、その意味は（語彙項目に内在する一定不変のものではなく）その語彙項目の指示対象に関する一般的な—言語使用という目的に特化されない—知識のうち、コンテクストとの関連で、活性化される部分であると考えられる（→百科事典的意味論）。

【文全体の意味との相互作用】現実の言語使用において文が伝達する意味がその文を構成する有意味な要素（語彙項目や構文）によって動機づけられ、制約を受ける一方で、コンテクストからの情報をも取り込みながら前者が柔軟に構築される過程で後者がその文で担う意味が定まるという面もある。　　　　　　[西村義樹]

構造依存性
こうぞういぞんせい
structure dependence
【文法】

　文法が、語順ではなく階層構造に基づいてできているという、言語の基本的な性質の1つ。この性質を示す好例として挙げられるのは、英語の極性疑問文である。

　(1)の平叙文に対応する極性疑問文は(2)である。(1)のisを文頭に移動すると(2)の疑問文が得られる。
(1) He is tall　　(2) Is he tall?

　ここで、(3)のように主語が関係節で修飾されている場合を考えてみる。
(3) The man who is tall is hungry
(4) Is the man who is tall hungry?

　(3)にはisが2つある。これらのisのうち、肯否疑問文で文頭に移動されるのは主節の述語のisだから、(3)に対応する極性疑問文は(4)のようになる。このことから分かるのは、be動詞を主節の述語とする平叙文から極性疑問文を作る規則は、「主節のbe動詞を文頭に移動する」のような、統語構造に基づいた規則である、ということだ。(1)と(2)の対応関係だけを見れば、たとえば「最初のbe動詞を文頭に移動する」のように、語順に基づく規則を導くこともできそうだが、(3)にその規則を適用すると(5)のような非文が出来てしまうことから、この規則は妥当でない。
(5) *Is the man who tall is hungry?

　(3)に対応する疑問文が(4)であることはいつの間にか英語話者の知識の一部になっているのに、複雑な構造を持つ(4)のような疑問文を会話で耳にすることはほとんどない、と従来は想定され、それを根拠にヒトは言語の構造依存性を生まれつき「知っている」のだと主張されてきた。しかし実際には、(4)のタイプの疑問文の実例は従来の主張よりも高頻度で使用されているという報告もあり、構造依存性が生得的かどうかについては議論が続いている。
[石塚政行]

構造主義言語学
こうぞうしゅぎげんごがく
structural linguistics
【理論】

　20世紀前半を中心に展開された言語学理論。言語を社会的で機能的な制度として見なし、言語外の現実を取り込む言語記号の体系として考える。構造主義言語学はソシュール(F. de Saussure)に端を発し、ソシュールの弟子であったバイイ(C. Bally)やセシュエ(A. Seschehaye)らジュネーブ学派をはじめ、様々な学派が各地で展開した。ジュネーブ学派がソシュール理論の解釈を中心に行ったのに対し、本格的に構造主義言語学が発展したのはプラーグ学派以降とされる。ただ、基礎的な考え方を除くと、各学派は異なる言語観に支えられており、注意を要する。ここではプラーグ学派以降の理論について概説する。

【プラーグ学派(Prague School)】 チェコのプラハを中心に展開し、音韻論の構築に貢献した学派。ヤーコブソン(R. Jacobson)、トルベツコイ(N. S. Trubetskoy)、マテジウス(V. Mathesius)、スカリチカ(V. Skálička)などが活躍した。トルベツコイの『音韻論の原理』は特に重要で、音声的な対立を意味のレベルとつなぎ合わせる「弁別性」の概念を生み出した。プラーグ学派での音素はさらに小さいレベルである弁別的特徴(distinctive feature; 示差的特徴とも)の束であると見なされる。たとえば、日本語では/t/と/d/は音素的対立をなす。両者は破裂音の特徴を共有するが、無声vs.有声の弁別的特徴が音素対立に貢献する。またマテジウスは文法理論において「機能的文眺望」(functional sentence perspective)の考えを提唱した。発話は基本的にテーマ(既知のもの)によって始められ、続いてレーマ(未知のもの)がテーマを解説する構造をとるとした。

【ロンドン学派(London School)】 20世紀前半に音声学の分野で活躍したスウィート(H. Sweet)やジョーンズ(D. Jones)の影響のも

とに、1940年代頃から展開した学派。ファース（J. R. Firth）を中心に、ロウビンズ（R. H. Robins）、パーマー（F. R. Palmer）などが活躍した。ファースは韻律素（プロソディー）分析の理論を確立し、また人類学者のマリノフスキー（B. K. Malinowski）や社会学者のデュルケーム（E. Durkheim）の影響を強く受け、「意味とは脈絡における機能である」とする意味論を展開した。ハリデー（M. A. K. Halliday）はこの研究を継承し、統語論と形態論を含む全般的な理論構築を目指した「体系文法」（Systemic Grammar）を提唱した。

【コペンハーゲン学派（Copenhagen School）】デンマークのコペンハーゲンを中心に展開された学派。イエルムスレウ（L. Hjelmslev）やブレンダル（V. Brøndal）、ウルダル（H. J. Uldall）らが活躍した。構造に徹底的にこだわり、言理学（glossematics）とも呼ばれる。ソシュール理論から多く継承し、要素自体ではなく、要素間の関係や差異に着目して分析することで、言語学の自律性が実現できるとする。

【アメリカ構造主義言語学（American Structural Linguistics）】アメリカでは未記述の北米先住民語の記録の重要性に着目した人類学者のボアズ（F. Boas）以降、アメリカ構造主義がサピア（E. Sapir）とブルームフィールド（L. Bloomfield）によって展開され、スワデシュ（M. Swadesh）、ハリス（Z. Harris）、ホケット（C. F. Hockett）らが活躍した。特に徹底的な科学的客観主義を貫いた「ブルームフィールド学派」は音素と形態素を記述の単位とし、設定された要素の相互の分布を分析の基礎としたことから「分布主義」とも呼ばれる。ハリス門下のチョムスキー（N. Chomsky）の変形生成文法によりこの学派は解消されたかに見えるが、帰納的な分析手法は現代の記述言語学（ディクソン（R. M. W. Dixon）の基礎言語理論（Basic Linguistic Theory）など）に継承されている。

［文献］R. H. ロウビンズ『言語学史 第3版』（研究社出版 1992） ［林範彦］

構造方言学
こうぞうほうげんがく
structural dialectology
(地理・分野名)

1つの言語特徴の地理分布のみを個別に地図にするのではなく、それと緊密に連携して1つの構造をなす諸特徴と共に扱う分野。下の地図はW. Moulton, Dialect Geography and the Concept of Phonological Space (*Word*, 18. 1962) がスイスのドイツ語方言の /ā/ の音声実現を描いたものの一部。放射状に8本の線があるうち、下の3つの線が /ā/ の音声実現に該当し、斜め左下は前よりの α(=[a]) で、真下は中舌母音、斜め右下は後よりの [ɑ] である。また、真左から上・真右に向かって時計回りに /ǣ/、/ē/、/ē/、/ō/、/ɔ̄/ の母音を表す。

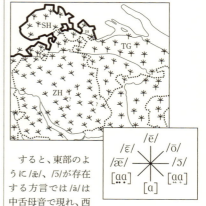

すると、東部のように /ǣ/、/ɔ̄/ が存在する方言では /ā/ は中舌母音で現れ、西部のように /ǣ/ はあるが /ɔ̄/ がない方言では /ā/ は後舌母音で現れ、西北端のように /ɔ̄/ はあるが /ǣ/ がない方言では前舌母音で現れることが巧みに記号に表示されている。このように隣接する母音と最大限の距離を取ろうとする傾向をモールトンは「最大差異」の原則と呼んでいる。このような観点は語彙・文法にも適用可能である。

［文献］W. グロータース「構造言語地理学の新方法」『日本の方言地理学のために』（平凡社 1976） ［遠藤光暁］

交替指示
こうたいしじ
switch-reference
文法

複数の節からなる文において、先行する節と後続する節の主語（の指示対象）が同一なのか（SS）、異なるのか（DS）を動詞接辞によって区別する現象。指示転換とも言う。

(1) daka oro-go-**i** era-ga-nu
  1.NOM くる-SG-SS 見る-SG-PST
  「私はきて、彼を見た」（コイタ語）
(2) daka oro-go-**nuge** auki
  1.NOM くる-SG-DS 3.NOM
  da era-ga-nu
  1.ACC 見る-SG-PST
  「私はきて、彼が私を見た」（コイタ語）

(1)の-iという動詞接辞は、oro「くる」の主語dakaが後続するera「見る」の主語と同一であることを示す。一方(2)の-nugeは、eraの主語aukiが先行節の主語とは異なることを表す。このように、交替指示は指示の曖昧性を解消する機能を持ち、談話に登場する指示対象を追跡する手段の1つとされる。

どの種類の複文に交替指示が観察されるかは言語によって異なる。たとえば、コボン語では等位節のほかに様態や時間などを表すさまざまな種類の副詞節に交替指示が見られる。しかし、ケチュア語（アンカシュ）では副詞節のみに、またフイチョル語では副詞節の中でも特に時間節に限定されている。

談話において一、二人称の指示対象は自明である。よって、交替指示が指示の曖昧性を排除するための文法要素であれば、先行節と後続節の主語がいずれも三人称である文脈に典型的に現れると予測される。実際、ゴカナ語、ユピック語などでは、交替指示が三人称主語の節に限られる。交替指示の作用域が一、二人称を主語にする複文にまで拡張している言語は多くあるが、一、二人称に限定される言語は存在しないと考えられる。

[古賀裕章]

構文
こうぶん
construction
文法

比例比較構文「the 比較級..., the 比較級...」の具体例であるThe more he reads, the less he understands を例に構文を定義する。この文は、2つの尺度の相関を示した条件文であり、前件の「彼が読む」という行為の程度の増加を条件として、「彼が理解する」という事態の程度が減少することを後件で結論づけている。従来の文法理論は、文全体の意味は文を構成する各要素の意味の総和に相当するという合成性の原理を前提としていた。しかし、この文を構成する個々の要素の意味を足し合わせても、尺度の相関や条件の意味を導くことはできない。したがって、「the比較級..., the比較級...」という文法構造が「…すればするほど…」という慣習化された条件の意味と結びついていると考えるのが妥当である。このような形式と意味の慣習的な結びつきを構文と呼ぶ。また、この構文を言語知識として捉え、言語分析の基本的な単位に据える文法理論のことを、構文文法（Construction Grammar）と呼ぶ。

創始者のフィルモア（C. Fillmore）らによる構文文法の初期の研究は、比例比較構文やlet alone構文といった比較的慣用性の度合いが高く、従来の文法理論では研究対象とされなかった表現を中心に扱っていた。ところが、ゴールドバーグ（A. Goldberg）は、従来の文法理論において研究の中核に据えられてきた動詞の項構造を取り上げ、二重目的語構文、使役移動構文、結果構文などにすら個々の要素を足し合わせただけでは説明できない意味が存在することを示して、構文による言語分析の射程と可能性を飛躍的に拡大させた。

【**具体例：結果構文と使役移動構文**】英語のsneezeという動詞は項を1つ取る自動詞である。この項構造に関する情報は、一般に語彙の中で与えられるとされる。ところが、(1)

He sneezed his nose red「彼はくしゃみをして鼻を赤くした」や（2）He sneezed the napkin off the table「彼はくしゃみをしてナプキンをテーブルから落とした」のようにsneezeが他動詞的に使われる例がある。ここで問題なのは（1）の状態変化、（2）の移動の意味がsneezeの語彙情報からは導けず、非合成的だという事実である。この問題に対する1つの解決策は、語彙規則によってそれぞれの意味を派生させることである。これは動詞を多義と考えるのに等しく、（1）では「くしゃみをすることによって何かを状態変化させる」、（2）では「くしゃみをすることによって何かを移動させる」という意味を動詞に想定する。しかし、この解決策には（1）や（2）のような異なる構造の文ごとにアドホックに動詞に異なる意味を想定せざるを得ないという重大な問題が残る。そこで構文文法では（1）の「NP_1 V NP_2 AP」という抽象的な形式に「NP_1がVの指定する行為を行った結果、NP_2がAPの指定する状態に変化する」という抽象的な意味が、（2）の「NP_1 V NP_2 PP」という抽象的な形式に「NP_1がVの指定する行為を行うことによってNP_2がPPの指定する場所に/から移動する」という抽象的な意味が結びついていると考える。つまり（1）と（2）において動詞の意味は一定であり、（1）の状態変化、（2）の移動の意味はそれぞれ結果構文、使役移動構文という構文から与えられると分析する。これにより、動詞に構文ごとに異なる意味をあてる必要がなくなり、余剰性を排除し、経済的に言語事実を捉えることが可能となる。

構文を言語知識と捉えることは、換言すれば、従来の枠組みでは無意味とされてきた文法に意味を認めることに等しい。ひいては、抽象度の違いはあれど語彙と文法がいずれも形式と意味の結びつきであると考えることで、語彙と文法の連続性を捉え、同一の原理で両者を分析する可能性を提示する。

[文献] A. ゴールドバーグ『構文文法論』（研究社出版 2001） ［古賀裕章］

合流
ごうりゅう
merger

歴史

ある言語の2つ以上の異なる音が1つの音になる音変化のこと。それが無条件に生じる場合には、その言語の音素目録に含まれる音が減少する。合流には、ある音が、その言語に既に存在する別の音と同じ音になる場合（A, B ＞ B）と、2つ以上の音が、その言語には存在しない音に変化する場合（A, B ＞ C）がある。

前者の例には、印欧祖語の*e, *a, *oがインド・イラン語派（以下の例でのサンスクリット語）でaに合流した音変化がある。

サンスクリット語	ギリシア語	印欧祖語	
pad-	pod-	*pod-	「足」
janas-	genos-	*genos-	「氏族」
haṃsa-	k^hansi-	*g^hans-	「ガチョウ」

（khansi-はミュケナイギリシア語の形式）

後者の例には、フィジー語に見られる以下のような変化がある。フィジー語ではオーストロネシア祖語（PAN）のp, bがvに合流した。

PAN	フィジー語	
*tuba	tuva	「魚の毒」
*batu	vatu	「石」
*ubi	uvi	「ヤムイモ」
*pitu	vitu	「7」
*pəɲu	vonu	「亀」

上に挙げた例はすべての環境で無条件に合流が起こった例であるが、特定の環境でのみ合流が起こることもある。たとえば、オーストラリアの北部クイーンズランド州のウラディ（Uradhi）語では、語頭でのみpとwがwに合流している。この場合には、合流は部分的にしか生じておらず、語頭以外の位置ではpがそのまま保存されるため、音素目録に含まれる音の数は減少しない。

[文献] T. Crowley and C. Bowern. *An Introduction to Historical Linguistics.* Oxford Univ. Press, 2010.

［児玉茂昭］

コード切り替え
コードきりかえ
codeswitching

社会

会話の最中に言語（または変種）が切り替わること。一般的に、同一の話者が時間的に隣接した単位間で言語を切り替えることを言う。形式上の分類として、文単位で切り替わる文間コード切り替え（inter-sentential -）と、節や語彙、機能語単位で切り替わる文中コード切り替え（intra-sentential -）に分けられる。後者のタイプをコードミキシング（code-mixing）と呼ぶ研究者もあるが、実際の会話では一文の文法上の境界は曖昧であるため、言語学ではあまり使われない。なお、特定の語彙だけの借用は、コード切り替えとは呼ばないことが一般的である。

コード切り替えは、「どちらの言語も十分に話せない」ために起こる現象であると考えられていたが、米国のプエルトリコ系移民のコミュニティを研究したポプラック（S. Poplack）は、二言語の運用能力が高い話者ほど言語を切り替えており、米国社会およびプエルトリコ系コミュニティのどちらにも帰属意識があるという表明の手段の1つとなっていたと主張し、コード切り替えに対する見方を大きく変えた。コード切り替えの動機には、他にも、発話相手の切り替え、相手に対する態度の表明、話題の変化、感情の変化、場面／状況の認識の変化といった文脈的な要因などがある。コード切り替えは、文法的制約などの言語的側面のみならず、社会における制度と個人の関係において、またミクロな個人間の相互行為においてどのような意味を持って使用されているかといった、社会学的・人類学的視点から研究されてきている。

[文献] L. J. カルヴェ『社会言語学』（白水社 2002）、山本雅代編『バイリンガリズム入門』（大修館書店 2014）

[山下里香]

コーパス言語学
コーパスげんごがく
corpus linguistics

分野名

言語テクストの集合体をコーパス（corpus, 複数形はcorpora）と呼ぶ。一般的には、実際に使用された話しことば・書きことばを、ある言語や言語変種の代表となるように集め、コンピュータ上で検索可能にしたものを指す。コンピュータ技術の発展により、大規模なデータを扱うコーパスが開発されるようになった。コーパスは、言語研究はもちろん辞書編纂や言語教育などに幅広く利用されている。

【なぜコーパスを使うのか】英語の副詞perfectlyとutterlyは、ともに「完全に」という意味を表す。両者の違いを探るにはコーパスを利用するのが有効である。たとえば、現代イギリス英語を集めたBritish National Corpus（BNC）でperfectly, utterlyの直後に現れる形容詞を調べると、前者はnormal, possible, good、後者はdifferent, ridiculous, impossibleなどの語とよく用いられていることが分かる。このように、慣習的に結びつく語、つまりコロケーションの違いから、perfectlyは肯定的な状態を強調するのに対して、utterlyは否定的な状態を強調する傾向にあると記述できる。上記のような情報を話者の内省・作例から引き出すのは困難である。なぜなら、母語話者は文の容認性については判断できても、どのような表現が典型的であるか言いあてることができなかったり、作例として思いつく範囲に限界があるために偏ったデータから一般化がなされたりするからである。それに対して、コーパスを用いると、特定のバイアスに左右されずに用例を集めることができ、検索語句の生起環境や共起語の頻度をもとに言語実態に即した記述をすることが可能となる。また、従来の文法研究は文を基本単位とすることが多かったが、コーパスでは検索語句の前後の文脈や発話者などが特定できるため、語用論的

機能についても調査することができる。実証的な観点から言語の分析ができること、従来見過ごされてきたような現象を発見できる可能性があることが、コーパスを利用する利点である。

【コーパスの種類】一口にコーパスと言っても、さまざまなものが存在する。研究目的からは、汎用コーパスと特殊コーパスの二種類を分けることができる。汎用コーパスは、当該言語の総体を代表するべく広範囲のジャンルから偏りなくテキストが収集されており、多様な研究に用いられる。汎用コーパスは一般的に規模が大きく、たとえば、BNCや「現代日本語書き言葉均衡コーパス」（BCCWJ）はともに1億語規模である。一方、特殊コーパスは、ある目的に特化したコーパスであり、汎用コーパスよりは小規模なものが多い。新聞記事、英語学習者の作文など特定のジャンルや言語活動から構成されている。また、時代ごとにテキストを収集した場合は通時コーパス、収録テキストが常に更新される場合はモニター・コーパスと呼ばれる。検索に利用できる情報（品詞情報、構文情報など）もコーパスによって異なるため、研究目的に応じてコーパスを選択する必要がある。

【コーパス言語学と関連領域】コーパスを用いて言語の記述・分析を行う言語学はコーパス言語学と呼ばれる。コーパス言語学は言語研究を行うための方法論という側面が強い。しかし、言語表現の典型性や慣習性を明らかにする一連の研究は、言語能力と言語運用、語彙と文法など従来想定されていた二項対立を問い直す契機となり、コーパス言語学に単なる方法論を越えた役割を見出す研究者もいる。このような観点は機能主義の言語学（機能言語学、認知言語学、文法化研究など）にも通じるものであり、コーパス言語学と機能主義の言語学は、得られた知見と方法論の両面にわたって接近や連携が見られている。

[文献] T. マケナリー・A. ハーディー『概説 コーパス言語学―手法・理論・実践』（ひつじ書房 2014） [野中大輔]

語源
ごげん
etymology, etymon

歴史

「語源」という用語は2つの意味で使用される。1つは、語の歴史的な由来（etymology）であり、もう1つは元となった語（etymon, 複数形etyma）のことである。また、語源を研究する分野を語源学（etymology）と言う。語源の研究には、文献学的な語形と意味の研究及び比較言語学的研究が重要である。すなわち、文献に基づいて過去の時点の語形や意味を確認するとともに、そこから現代語までの変遷を研究する。また、同系言語が存在する場合には、言語間の音対応に基づいて同源語を認定し、祖語形式の再建を行う（たとえば、英語のfatherは、ドイツ語のVaterと同源語で、究極的には印欧祖語の*pəterに由来するなど）。一方、個々の語にはそれ独自の歴史があり、その解明には、地理言語学が重要な方法を提供する。これらの基本的研究方法によらない語源探求は、音的類似に基づいて語彙を恣意的に分割し解釈することになりがちである。語源が不明確になった後に、後世の人が恣意的に与える語源解釈を民衆語源と言う。

【二重語】同一語源の複数の語が、1つの言語内部に共時的に存在する場合に、これらの語は二重語（doublet）をなすと言う。これには2つの場合がある。まず、他の言語から同一の語を異なった時期に借用した場合があり、例としては、日本語の漢字音の呉音と漢音を使った語のペアである「ごく（極まれに）」と「きょく（2つの極）」や、英語からの借用語である「ストライキ」と「ストライク」（どちらもstrikeから）や「ステッキ」と「スティック」（どちらもstickから）がある。次に、他の同系言語から、本来持っている固有語と同一語源の語を借用した場合があり、例としては、英語のshirtとskirtがある（前者は英語本来の語で、後者は同系の北ゲルマン語からの借用）。 [田口善久]

語順
ごじゅん
word order
(文法)

　文は複数の句からなることが普通であるが、この句の先後関係のことを語順と呼ぶ。
【語順と文法】語順には文法関係を示すはたらきがある。たとえば、格に関する屈折をほぼ持たない英語においては、基本的に動詞の前に出現するものが主語であり、後ろに出現するものが目的語である。John hit Mikeという場合とMike hit Johnという場合では誰が誰を殴ったかという関係が異なる。

　また、語順は語用論的な表現効果をもたらす場合がある。たとえば、I won't eat that pizzaという文は、目的語を文頭に持ってきてThat pizza, I won't eatと発音しても基本的な意味に変わりはないが、(主語ではなく)目的語が主題になっている。

【基本語順】基本語順(basic word order)とは、ある言語における主語(S)、目的語(O)、動詞(V)の無標の語順を言う。たとえば、英語ならJohn hit MikeのようにSVOの語順をとるが、日本語は「梅田くんが青山くんを殴った」のようにSOVである。

　ある言語の基本語順を決める際には条件がいくつかある。(A)平叙文の主節であること。疑問文や従属節で語順が変わってしまう言語は多い。(B)主語も目的語も語彙的名詞句である他動詞文であること。主語や目的語が代名詞であると語順が変わってしまう言語もある(フランス語など)。(C)語用論的に無標の文であること。SVO言語である英語でも上記のように目的語を主題化した際にはOSVの語順となる。これは基本語順ではない。

【語順類型論】人間言語の基本語順にはSOV、SVO、OSV、OVS、VSO、VOSの6語順が可能性としてある。しかし、実際には、日本語のようなSOV言語が言語数としては最も多く、英語のようなSVO言語がそれに続き、両者で80％以上を占めている。

[長屋尚典]

語族
ごぞく
language family
(歴史)

　複数の言語間に単一の祖先を共有する関係がある場合、それらの言語の間には系統関係(genetic relationship)があると言う。語族とは、系統関係によって束ねられた諸言語の集合を言う。語族の例としては、インド・ヨーロッパ語族(Indo-European family; 印欧語族とも。英語、ドイツ語などのゲルマン諸語、フランス語、スペイン語などのロマンス諸語、ヒンディー語、ペルシア語などのインド・イラン諸語などを含む語族)やオーストロネシア語族(Austronesian family; 台湾諸語、フィリピン諸語、ポリネシア諸語などを含む語族)がある。また、ある語族に所属する言語群が下位グループをなす場合には、語派(branch)と呼ばれる。たとえば、ゲルマン諸語は、インド・ヨーロッパ語族ゲルマン語派を構成する。語族という用語は、上記2つの語族のように、系統関係が明確で、祖語が再建されている場合が基本であるものの、シナ・チベット語族(Sino-Tibetan family)のように、系統関係は多くの学者が認めていても祖語の再建が未だ成功していない場合や、アルタイ語族(Altaic family)のように、系統関係に疑問が提出されている場合にも使用されることがある。したがって、人類言語の全語族数は学者によって必ずしも一致しないが、30ほどの語族が設定されている。また、既存の語族間に、さらに系統関係を認めようとする場合、複数の語族を束ねる大語族(phylum)という用語を使用する学者もいる。なお、日本語やアイヌ語のように、他の言語との間に系統関係が認められていない言語を孤立的言語(isolate, isolated language)と言うが、このような場合にも1つの言語のみを含む語族を立てる。

[文献] M. Ruhlen. *A Guide to the World's Languages. Vol.1. Classification.* Stanford Univ. Press, 1987.

[田口善久]

語の伝播・語の放射・語の旅行
ごのでんぱ・ごのほうしゃ・ごのりょこう
expansion des mots, rayonnement des mots, voyages des mots（仏）

地理

ドーザ（A. Dauzat）は語をはじめとする言語特徴が地理的に広がる諸相を挙げており、たとえば河や街道沿いや都市に新形が伝わりやすく、山脈や海が伝播の障壁となったりする。

言語特徴を放射し、周囲に拡散させる中心地としては首都など文化的・経済的・政治的に威信が高いところである場合が多い。下図は西ヨーロッパにおける/r/の音価を示したもので、パリで1600年台に生じた口蓋垂ふるえ音[ʀ]または摩擦音[ʁ]が白い地域に放射され、黒い地域では元の舌尖音[r]を保っている（Chambers & Trudgillより一部引用）。

このような伝播は「語の旅行」とも喩えられる。井上史雄は日本語の生き生きとした例を多く挙げ、伝播の速度も求めている。

[文献] A.ドーザ『フランス言語地理学』（大学書林 1958）、井上史雄『日本語は年速一キロで動く』（講談社 2003）、J. Chambers & P. Trudgill. *Dialectology*. Cambridge Univ. Press, 1980.　　　　　　［遠藤光暁］

語の病気・語の治療
ごのびょうき・ごのちりょう
pathologie et thérapeutique verbales（仏）

地理

フランスの言語地理学者ジリエロン（J. Gilliéron）は、音韻変化の結果、語形が短くなったり、2つの語が同音になることを「病気」に喩え、そこで個別の語に対して「治療」が行われる、と捉えている。

たとえば、下の南フランスの地図で、ラテン語「雄鶏」gallusに由来する語（━）が北部に分布し、南部はそれ以外の語となっている。一方、南部ではラテン語の「猫」cattusがgatと音韻変化しており、地図中の…で境界を示されたところの南西部では-ll- > -tという音韻変化が生じており、それによって「雄鶏」gallusはgatとなり、「猫」gatと同音となってしまう（即ち「語の病気」となる）。

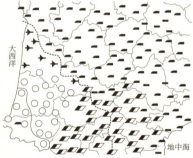

そこで、南西部地域では「雄鶏」は「雄のひよこ」pullus（▰）や「雉」faisan（○）や格好の類似から「カトリック司祭」vicaire（✚）などの別の語に置き換えられた（即ち「語の治療」）。これは「同音衝突」を回避した例となる。

フランス語は激しい音韻変化によって語形が著しく短縮されることが多く、このような現象が特に多い。

[文献] J. ジリエロン・M. ロック「フランス語地域における語の衝突 A.雄鶏と猫」（もと1912、「日本方言研究会発表原稿集」54 1992）、A.ドーザ『フランス言語地理学』（大学書林 1958）　　　　　　［遠藤光暁］

語の癒着・語の切断
ごのゆちゃく・ごのせつだん
agglutination / déglutination（仏）
【地理】

語の癒着とは、フランス語で短い代名詞・冠詞・接続詞などが、母音省略（élision, たとえばleなどの短い弱母音/ə/を持つ語がle enfant→l'enfantのように母音の前で母音を失う現象）やリエゾンのために、後ろの名詞や動詞と続けて発音され、その2語を分離するのが困難になって生じる現象である。ドーザ（A. Dauzat）によると、les yeux（「眼」の複数）はリエゾンによりlézyœと発音されるが、文字を知らない人がles zyeuxと間違え、その単数をle zyeuということがありうる。その証拠にzyeuter（注視する）というzyeuの派生語が存在する。母音省略による例としては、フランス語の冠詞のleが古語のierre（つた）についてl'ierreとなり、それが1語となって現代語のlierre（つた）となったものがある。またフランス人の苗字Lenoir, Leblancなどのleは定冠詞に由来し、またDejean, Depierreなどのdeは「〜の家の」に由来するが、現在では1つの苗字となっている。

語の切断とは、その逆に、本来は一語の語頭音が、冠詞や前置詞と間違えられて、その語から切断されることである。フランス語のgriotte（さくらんぼ）はl'agriotte（aigre［すっぱい］さくらんぼ）に由来するが、語頭音のlaが女性定冠詞laと間違えられて語形が切断されてできた。orange（オレンジ）はサンスクリット語 nāraṅgaḥ、アラビア語 nāranj、ペルシャ語 nārangなどからの借用で、やはり切断の例とされることがある。

英語における切断の例を挙げると、現代語のapron（エプロン）は古期フランス語nappe（テーブルクロス）に由来するがa napronがan apronと誤って分割されて出来たものである（→再分析）。

[文献] A.ドーザ『フランス言語地理学』（大学書林1958）
［遠藤光暁］

コピュラ文
コピュラぶん
copular sentence
【文法】

「AはB」のように、2つの名詞句A, Bをコピュラ（繋辞）と呼ばれる特殊な形式で結びつけた文をコピュラ文と言う。ただし、言語によってはコピュラが登場しないコピュラ文もある。また、Bが形容詞句であるものや、英語の疑似分裂文（→分裂文）のように、Aが節であるものも、コピュラ文に含めることができる。

コピュラ文は従来、論理哲学者によって取り上げられてきたが、そこで用いられる「包摂判断」「同一判断」といった概念装置は言語学的には不備がある。また、コピュラ文を集合論的に扱おうとする議論もあるが、集合という外延的な概念装置では、コピュラ文を適切に扱いきれない（→内包・外延）。

自然言語のコピュラ文を分析するためには、名詞句AとBが文中で果たす意味機能に着目することが重要である。意味機能の違いにより、コピュラ文はいくつかのタイプに分類できる。以下に代表的なコピュラ文を挙げる（一部のタイプのコピュラ文は倒置が可能である。ここでは西山（2003）に従い、日本語で「AはBだ」となるものを倒置形、「BがAだ」となるものを倒置以前の形式と見なす）。

【指定文 **predicational sentence**】
例：ジョンは画家だ
Aは指示的名詞句、Bは属性を表す非指示的名詞句（叙述名詞句）で、Aの指示対象にBで表される属性を帰す。Bが形容詞句の場合もある（例：ジョンは賢い）。次の2つの文、Fido is a mammal／Dogs are mammalsについて、前者をカテゴリーとメンバーの関係を表す文、後者をカテゴリー間の包摂関係を表す文として区別する議論もあるが、コピュラ文の類型としてはどちらも指定文と見なすべきである。

【(倒置)指定文 **specificational sentence**】
例：銀行強盗犯はあの男だ／あの男が銀行強

盗犯だ

Aは命題関数を表す非指示的名詞句（変項名詞句）、Bは値表現で、Aで表される命題関数（[xガ銀行強盗犯デアル]）の変項を埋める値をBで指定する。Aが指示的名詞句ではない以上、Aの指示対象とBの指示対象の間の関係を述べる文ではないという点に注意が必要である。「命題関数の変項xを埋める値はどれ／どいつか」という問いに答えるタイプの文である。

【（倒置）同定文 identificational sentence】

例：あいつは山田村長の次男だ

Aは指示的名詞句、BはAを同定するための特徴記述を満たすものを指示する特殊な指示的名詞句で、Aの指示対象を他から区別するために、Bで十分な情報を与える。「Aの指示対象はいったい何者か」という問いに答えるタイプの文である。

同定文、指定文におけるAの意味機能は異なるが、このことは次の文に見られるように代名詞の選択に反映される。

「太郎の将来を見込んで学費を出した人……{それ／彼}は山田さんのお父さんです」

Aを「それ」で受けると「それはどの人かというと…」という倒置指定文の解釈が、「彼」で受けると「彼は何者かというと…」という倒置同定文の解釈が得られる。

【（倒置）同一性文 identity sentence】

例：ジキル博士はハイド氏だ

A, Bともに指示的名詞句で、Aの指示対象とBの指示対象が同一であることを述べる。

同一性文は文献で頻繁に取り上げられるが、そこで挙げられる例文については注意が必要である。たとえばThe number of planets is nineのようなコピュラ文は、倒置同一性文ではなく、倒置指定文と見なすべきである。

[文献] 熊本千明「同定文の諸特徴」『佐賀大学教養部研究紀要』27（1995）、西山佑司『日本語名詞句の意味論と語用論』（ひつじ書房 2003） ［西川賢哉］

固有名詞
こゆうめいし
proper name

特定の事物が持つ名前。哲学では固有名と呼ばれることが多い（↔普通名詞、一般名）。普通名詞の語源が問題にされ得るのと同様に、固有名詞の起源・由来を研究する固有名詞学と呼ばれる分野があるが、ここではそうした話題には触れず、固有名詞の文中でのはたらきについてのみ述べる。ミル（J. S Mill）は固有名詞のはたらきは特定の対象を指すことに尽きると考えた。これによると、「ロマン・ガリ」と「エミール・アジャール」が同一人物の2つの名前である場合、「私はロマン・ガリに会った」と「私はエミール・アジャールに会った」は同じ命題を表す。フレーゲ（G. Frege）は、ミルの考え方では「エミール・アジャール＝エミール・アジャール」と「エミール・アジャール＝ロマン・ガリ」の意味の違いが説明できないため、固有名詞は指示対象のほかに「意義」を持つとした。ラッセル（B. Russell）はこの考えを推し進め、「ペガサスは存在しない」のような対象の非存在を表す文が可能であることから、日常言語の固有名詞は、特定の対象を指すのではなく、記述の省略にすぎないと考えた。これに反してクリプキ（S. Kripke）は「アメリカ大統領がアメリカ大統領でないこともありえた」が有意味であるのに対して「ニクソンがニクソンでないこともありえた」がナンセンスであることから、固有名詞は記述と異なり固定指示的である（あらゆる可能世界で同一の対象を指す）ことを指摘し、固有名詞の指示はそれと結びつけられる記述ではなく、命名行為によって決定されると主張した。現在用いられる「アリストテレス」がアリストテレスを指すのは、命名儀式の時点から現時点まで「アリストテレス」という名前を受け渡す歴史的連鎖が存在してきたためである。 ［酒井智宏］

語用論
ごようろん
pragmatics
分野名

　言語学の諸分野のなかで、意味に関わる研究を扱う分野に意味論と語用論があるが、語用論には大きく分けて2つの捉え方がある。語用論を広義に捉える立場では、社会言語学、談話分析など「言語使用に関わる」という点で共通する諸分野をまとめるためのラベルであり、語用論としての一般理論などは存在しない。これに対し、語用論を狭義に捉える立場では、コンテクストとは無関係に言語表現それ自体が持つ意味を扱う意味論に対して、言語表現があるコンテクストで使用された場合に、発話解釈がいかにしてなされるかを扱うのが語用論であると考える。狭義の語用論は、発話行為理論を提唱したジョン・オースティン（John Austin）や、会話の含意の概念を提案したポール・グライス（Paul Grice）などの議論から発展してきたため、もっぱら発話の非真理条件的側面を扱うと思われがちである。しかし、近年の語用論の発展により、発話の真理条件的側面、明示的に話し手が聞き手に伝えようとしている内容を理解する際にも多くの語用論的推論が必要となることが認識されてきた。たとえば、「あいつは太郎の家に行ったよ」という発話の場合、ここで使用されている文の意味からは、「あいつ」が誰であり、「太郎」と「家」の関係は何であり、「行った」のは歩いて行ったのか車で行ったのか、などについては何も分からない。聞き手はここで話し手が伝えようとしている意味内容を理解するには、語用論的推論によってこれらの情報を補う必要がある。狭義の語用論の中心的課題は、文の意味と発話の意味との間の大きなギャップを、聞き手がいかにして埋めているかを解明することである。

［文献］S. レヴィンソン『英語語用論』（研究社出版 1990）　　　　　　　　　　　　［梶浦恭平］

語類
ごるい
word class
文法

　語類とは一定の基準に従って語をグループに分けたものである。原理的には語を分類しさえすれば語類となる。たとえば、音韻に注目して単音節語とか複音節語に分けることも、形態論に注目して形態素を1つしか持たない語と形態素を複数持つ語を区別することもできる。また、語の由来に注目して固有語と外来語・借用語に分類することもできる。しかし、言語学において語類と言う時、形態統語論的基準に基づく語彙素のグループ（名詞や動詞など）を指す。この意味での語類は品詞（parts of speech）とも呼ばれる。

【語類認定の基準】語類を認定する時には一般に形態統語論的基準が用いられる。すなわち、形態論的特徴と統語論的特徴の両方を観察することで分類するのである。

　もちろん意味を基準として語類を認定することもできる。名詞は事物の名前、形容詞は属性、そして動詞は動作を意味すると定義するのである。この意味的定義はうまくいくこともあるが、いかないこともある。たとえば、beautifulness「美しさ」のように属性を意味しても文法的には名詞である語や、running「走ること」のように動作を意味しても文法的には名詞である語がある。このような場合、意味よりも形態統語論による分類を優先する。

【語類のいろいろ】通言語的によく観察される語類としては、名詞、形容詞、動詞、側置詞、代名詞、助動詞、数詞、類別詞、接続詞、冠詞、間投詞などがある。ここでは別項目として立てていないものについて解説する。

【助動詞（auxiliary verb）】英語のcanやmay, mustなどのように、それ自体では動詞として働かないものの、動詞と一緒に現れ、動詞の意味を補足・補完する語類である。可能、許可などのモダリティ的意味を担う場合が多い。言語によっては動詞に代わって時制・アスペ

クトや自動詞・他動詞の区別などの情報を担う場合もある。

なお、日本語の学校文法においては受身の-(r)areや使役の-(s)aseなどを助動詞として教えるが、厳密にはこれらは動詞接尾辞である。語ではないから、ここで言う助動詞ではない。

【指示詞（demonstrative）】英語のthis/thatあるいは日本語の「これ」「それ」「あれ」のように話者との関係で人やモノ、場所を指示する語のことである。一般に、話者（と聞き手）からの距離に応じて近称、中称、遠称が区別される（→ダイクシス）。

【冠詞（article）】名詞とともに用いられ、その名詞の定性に関する情報を表現する語類である。英語の不定冠詞a(n)、定冠詞theなどがこれに相当する。ドイツ語のように冠詞が名詞の性・数・格について一致する言語もある。

【数量詞（quantifier）】英語のmanyやfew, allのように量を相対的に示す語のこと。量を絶対的に示す数詞とは区別される。量化子（量化詞）とも呼ばれる。

【副詞（adverb）】副詞は名詞以外を修飾する役目を持つさまざまな語をまとめた語類である。たとえば、英語の副詞には、様態副詞（quickly, carefully）、場所副詞（up, above）、時間・頻度副詞（rarely, always）、接続副詞（therefore, however）、程度副詞（very, too）、文副詞（unfortunately, frankly）が含まれる。これらの副詞は互いに異なる文法的特性を持っており、これらすべてを束ねるような形態統語論的な特徴はない。「名詞以外のものを修飾する」という機能上の共通点があるくらいである。このため副詞は「語類のゴミ箱」と呼ばれることがある。

【小辞（particle）】屈折せず文法機能を担う短い語で、どの語類にも属さないものをまとめて呼ぶ。不変化詞、助詞とも呼ばれる。何を小辞に含めるかは言語ごとに異なる。

【接続詞（conjunction）】句や節を結びつけるために用いられる語。たとえば、英語のandやbutなどがそれにあたる。

【間投詞（interjection）】間投詞とは「ああ」「へー」「おい」などのように感動を表したり、呼びかけを表現したりするために用いられる語のことである。

【内容語と機能語】以上のように認定した語類は大きく2つのタイプに分けることができる。内容語（content word）と機能語（function word）である。名詞、動詞、形容詞、副詞が内容語に属し、側置詞、接続詞、冠詞、助動詞などは機能語に属する。

内容語と機能語にはさまざまな違いがある。まず、内容語は開いた語類であるが、機能語は閉じた語類である。つまり、内容語に分類される語類は、新しい語をどんどん加えることができる。必要な語彙項目を接辞化や重複、複合を使用することで派生したり、あるいは他の言語から借用したりすることもできる。日々新たな名詞や動詞、形容詞が生まれている。一方で、機能語は閉じている。必要に応じて加えるということはできない。もちろん、長いタイムスパンで考えれば文法化を経て新しい機能語が生じることはある。

次に、内容語は語類に属する語の数が多いが、機能語は少ないという違いがある。たとえば、ある言語の名詞や動詞の数を数えることは無理だが、助動詞や側置詞、冠詞の数を数えることは可能である。ある言語の文法書は基本的にその言語の機能語を網羅している。

さらに、内容語は具体的で特殊な意味を表すことが多いが、機能語の意味は抽象的で一般的である。このことは機能語の表す意味が「可能」「定」「過去」などのように抽象的であることを考えてみればすぐに分かる。

内容語と機能語にはほかにもさまざまな違いがある。傾向として内容語は音節数も多く長い語が多いが、機能語は音節数も少なく短い語が多い。使用頻度はというと、繰り返し何度も使われるので機能語の方が高い。

【語類の普遍性】語類はその言語の形態統語論的特徴に基づいて認定される。したがって、個別言語ごとに設定するものである。その意

味では普遍的なものではない。実際、言語によってはある語類を欠いている場合もある。たとえば、日本語には英語にある冠詞という語類は設定できないが、形容詞と呼ばれる英語には設定できない語類がある。

内容語の中では形容詞を認定できない言語は多い。あるいは、ハウサ語やタミル語のように形容詞が10ぐらいしか認められない言語も報告されている。そのような言語では属性概念は名詞か動詞によって表現される。

さらに、名詞と動詞の区別さえ持たないと分析される言語も存在する。たとえば、フィリピン諸語や北米先住民諸語などである。

【語類認定の諸問題】語類認定にはさまざまな難問がある。まず、すべての言語にあてはまる語類認定の基準は存在するかという問題がある。たとえば、形容詞を設定する際に比較級・最上級という形態論的特徴が基準に選ばれることが多い。しかし、この基準は日本語の形容詞にはあてはまらないので、この基準では日本語には形容詞がないことになってしまう。すべての言語にあてはまる語類認定の基準を設定することは難しい。

さらに、ある語群がそれ自体で1つの語類をなすのか、それとも、ある大きな語類の下位範疇に過ぎないのかという問題もある。たとえば、属性を表現する語群が、形容詞として独立の語類をなしているのか、それとも、動詞の下位分類としての状態動詞なのか、判断に迷う言語は多い。

最後に、文法化の問題がある。文法化とは語彙的意味を持つ語が文法的機能を担う接辞へと変化する現象である。その過程で内容語が機能語へと変化する。たとえば、存在動詞が進行相の助動詞へと変化したり（例：英語のbe動詞）、動詞が側置詞に変化したりする（日本語：「(〜に) つく」→「〜について」）。このことは語類の認定を難しくする。文法化の結果、共時的には、動詞と助動詞の両方の性質を持つものや、動詞と前置詞の中間のような存在が生じるからである。　　［長屋尚典］

コンテクスト
context
語用論

発話解釈の際、聞き手が用いるさまざまな情報をコンテクストと言い、一般に次の3種類を区別している。（1）物理的コンテクスト：発話が実際に行われる場面から得られる情報。話し手が目の前のケーキを指差しながら「これはおいしいね」と発話した場合、聞き手は「これ」の指示対象をケーキであると理解するような場合。（2）言語的コンテクスト：先行する発話によって得られる情報。「太郎は天才だ。彼の歌声は本当にすばらしい」という発話を解釈する際、聞き手は第2文の「彼」は、第1文の主語である「太郎」を指示していると理解するような場合。（3）百科事典的コンテクスト：世界のさまざまな事項に関する一般的知識から得られる情報。「漱石の本はおもしろいね」という発話を解釈する際、「夏目漱石は作家である」という百科事典的知識を用いるような場合。

語用理論の中心的な課題の1つは、聞き手が持つ膨大な情報の中から、発話解釈の際にいかにして適切なコンテクストを選択するのかを説明することである。「A：今晩、映画を見に行かない？　B：明日、ちょうど演劇論の試験があるの」という会話を考えてみる。この会話で、Bの発話をAがどのように理解するかは、コンテクストとしてどのような情報を用いるかによる。「試験の前日には勉強する」というコンテクストでは、Bは映画の誘いを断っていることになるが、「演劇論の試験前には映画を見ておくのは試験対策になる」というコンテクストでは、Bは映画の誘いを受け入れていることになる。このように、Bが伝えようと意図していることを正しくAが理解するには、Bが意図したコンテクストをAが選択する必要がある。

[文献] Y. Huang. *Pragmatics*. Oxford Univ. Press, 2007.

［梶浦恭平］

最適性理論
さいてきせいりろん
Optimality Theory (OT)

音声・音韻・理論

　音韻プロセスを個別規則ではなく普遍制約により定式化し、文法を「優先順位を付けられた制約の集合」と定義した理論。プリンス（A. Prince）、スモレンスキー（P. Smolensky）、マカーシー（J. McCarthy）により1993年に創始された。

　その主な特徴は2つある。1つは、直列派生（serial derivation）に代えて並列評価（parallel evaluation）を文法の構成とした点である。それまでは深層形から表層形に至るまでに、順序付けられた規則を1つ1つ適応しその数だけ派生の中間段階が存在したが、最適性理論では1つの入力形に対応する複数の出力形が、制約の相互作用により一気に評価され導かれるので、派生（中間段階）のない文法構成となる（→音韻プロセス・音韻規則）。

　もう1つは、制約が違反可能な点である。80年代までの非線形音韻論は原理とパラメータにより言語の普遍性と多様性を捉え、その原理を絶対普遍的で違反不可能と考えたが、実際の言語形式には原理違反が多々ありジレンマに陥っていた。しかし、最適性理論の普遍制約は優先順位の低いものなら違反可能であり、最低限の違反（minimal violation）しか犯していないものが「最適な出力形」として実際の言語形式になると考えた。この発想により、分節音や韻律に関わるすべての非線形音韻論が抱えていたジレンマを克服し、諸理論の統合に至ったというわけである。

　普遍制約は、入力形と出力形を完全に一致させる（変化も削除も挿入もさせない）忠実性制約（Faithfulness Constraint）と、有標性を排除する有標性制約（Markedness Constraint）からなる。前者は意味の保持のため、後者は無標性の確保のためである。

　たとえば（1）のように、英語はlとrにより意味の区別をするため、忠実性制約が上、有標な*lを排除する制約が下となる。

(1) 音素の同定

英語		忠実性	*l
/light/	☞ light		*
	right	*!	
/right/	☞ right		
	light	*!	*
日本語		*l	忠実性
/laito/	laito	*!	
	☞ raito		*
/raito/	☞ raito		
	laito	*!	*

「*」は当該制約の違反、「!」は致命的違反、影は最適性決定には無関係な評価、「☞」は最適な出力形をそれぞれ示す。日本語はlのような有標な子音を持たず制約の順位が逆になり、対立を失って「光」のlightも「右翼手」のrightも同じ子音のraitoとなる。

　一方、規則の順序付けも制約の相互作用により一気に導く。yuki-nuni「雪国」は、連濁規則→鼻濁音化によりk→g→ŋと直列派生（→音韻プロセス・音韻規則）されるのではなく、(2) のような並列評価の産物である。

(2) 規則の順序付け

/yuki-[+有声]-kuni/	具現	*VgV	忠実性
yukikuni	*!		
yukiguni		*!	*
☞ yukiŋuni			**

　入力形の［+有声］は複合語要素をつなぐ形態素で、「具現」はその音実現（これを連濁と呼ぶ）を要求する制約、*VgVは母音間のgを禁止する制約である。*VgVと忠実性が入れ替われば、鼻濁音化のない方言となる（鼻濁音の「**」は有声性と鼻音性の2変化から）。

　このように、言語共通の普遍制約を入れ替えることで、音素目録（1）、規則の順序付け（2）、ひいてはさまざまな音韻プロセスの類型、獲得、歴史変化を、制約の相互作用により捉えることができる点で画期的である。

［文献］A. プリンスほか『最適性理論―生成文法における制約相互作用』（岩波書店 2008）　　　　［田中伸一］

再分析
さいぶんせき
reanalysis

【歴史】

　言語形式の構造や機能が、本来とは異なるように解釈された結果、新たな形式や結びつきを生じる変化を再分析と言う。再分析は文法変化において重要なはたらきをするが、ここでは形態レベルの現象を取り上げる。

【異分析】 類推により本来とは異なる箇所に形態素境界が意識されて語形が変化することを異分析（metanalysis）と言う。英語の不定冠詞にはaとanの異形態があるが、apron「エプロン」は中英語のnapronに由来し、不定冠詞を伴った時 a napron > an apronという形態素境界の移動が生じてできた形である。一方、nickname「ニックネーム」は中英語eke-name「つけ加えられた名」に由来するが、an eke-name > a nicknameという逆の異分析によって生じた形である。若い世代の日本語に定着した感のある「東京らへん」などの「～らへん」は、本来「そこ（い）ら」などの指示詞と一体であった「ら」を、「そこら｜へん」＞「そこ｜らへん」という意識で「へん」と結びついたものとして切り出し、一般化した異分析の例であろう。

【逆成】 派生語を作る時、元になる語に接辞を加えて新たな語を作り出すのが通常のやりかたであるが、元になる語の一部分を接辞と解釈し、それを取り外して新たな語を作ることがあり、これを逆成（back formation）と言う。たとえば英語の動詞editは、後期ラテン語からの借用語として先にあったeditorから-orの部分を行為者名詞の接辞と解釈して取り外して作られたものである。また injureという動詞は、先に存在した名詞 injury（ラテン語 injūria「損害」からの借用）の-yを名詞化接尾辞と解釈して取り外して作られたものである。

[文献] L. Campbell. *Historical Linguistics. 3rd ed.* Edinburgh Univ. Press, 2013.　　　　　[入江浩司]

作用域
さよういき
scope

【意味論】

　作用域とは、量化子や否定、接続詞、心理述語などの操作子（operator）が、その意味的作用を及ぼす範囲を指す。たとえば、英語の文連続 (1) It is not raining. It is snowing. において、1文目は否定の作用域に含まれているが、2文目は含まれていない。このことは、(1) が「雨が降っているわけではなく、雪が降っている」という意味を持ち、「雨が降っておりかつ雪が降っているわけではない」という意味を持たないことから分かる。つまり、簡単な論理記法を用いると、(1)はNOT [rain & snow]ではなく、NOT [rain] & snow という意味を持っており、作用域とは、ここで否定NOTの作用が及ぶ範囲を [ ] で示した部分を指す。（→否定）

　操作子が量化子であった場合、作用域は量化子が代名詞等で表される変項を束縛できる範囲を指す。たとえば、(2) Every girl did her homework; she is asleepにおいて、量化子 every girlの作用域は1文目であり、2文目を含まない。このことは代名詞 herとsheの解釈に影響を与えている。すなわち、1文目のherは量化子に束縛された解釈を持つが、2文目のsheは束縛された解釈（「すべての女の子は、自分の宿題をしたし、かつ眠っている」）を持たないため、文脈上の特定の女性を指す解釈しか可能ではない。

　文中に複数の操作子が含まれる文は、原理的には、それぞれの操作子の作用域の広さの違いによって異なる解釈を生む。たとえば Every girl loves some boyは、everyの作用域がsomeを含む「すべての女の子について、誰か一人愛している男の子がいる」という読みと、逆にsomeの作用域がeveryを含む「すべての女の子に愛されている男の子が少なくとも一人いる」という読みがある。

[上垣渉]

参照点
さんしょうてん
reference point
（一般）

ある対象への心的アクセス（注目、想起など）が、その対象と密接に関連していると同時に（注目されやすいなどの理由で）よりアクセスしやすい対象を経由して、間接的に行われることが（言語使用以外の領域でも）よくあるが、そのような場合に、後者の（最初にアクセスされる）対象を参照点（reference point、以下R）、前者を標的（target、T）、Rによって活性化され、その範囲内を探索すればTを容易に発見できる認知領域をRの支配域（dominion、D）と呼ぶ。

【参照点能力を基盤とする言語現象】認知文法（→認知言語学）では、R、D、Tの関係を利用する能力がさまざまな言語現象の基盤にあると考えている。たとえば英語の所有表現の一種とされるX's Y（Xは名詞句、Yは名詞）は、（狭義の）所有関係、親族関係、全体-部分関係（例：John's car, Sue's mother, the cat's tail）など多様な関係を表現するのに用いられるが、いずれの場合にも、Xの指示対象はYが指定するタイプの具体事例（T）にアクセスするためのRとして機能していると言える。また、主題-解説関係（→主題）も参照点現象の一種である。主題に対して文の残りの部分が解説になりうるのは、前者がRとして喚起する知識領域（D）に後者がTとして適切に組み込まれることによるものと考えられるからである。さらに、「村上春樹を読む」のような典型的なメトニミー表現（→メトニミー）においては、下線部の通常の指示対象とこの表現における指示対象との間にRとTの関係が成立していると言える。この場合にRが喚起するDは村上春樹に関する（百科事典的な）知識であることも重要である（→百科事典的意味論）。

［文献］J. R. Taylor. *Possessives in English*. Oxford Univ. Press, 1996.

［西村義樹］

残存形式
ざんぞんけいしき
relic form
（地理）

新しい変化を被らずに残った言語形式のこと。語形に限らず音形など言語形式一般を含みうる。下の図はコセリウが挙げる『フランス言語地図集』に基づく例で、ミツバチを表す語について南部のabeilleが優勢であるのに対して、縦線の地域ではapes（複数）・apis（単数）に由来する古形が残存している。

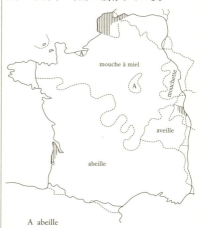

A abeille

語形の新旧を見分ける基準としては、周辺分布（ABA分布）が有効である。しかし、ABA分布が見出されず、AB分布や孤立した分布の場合、文献資料との比較など別の根拠を援用することとなる。しかし、どれが残存形式でどれが改新を経た形式かが識別できない場合も少なくない。

残存形式が多く保存されている地域を「残存地域 relic area」と言い、逆に文化的中心地を含む改新の出発点を「焦点地域 focal area」と言う。ただし、語彙ごと、言語特徴ごとにそうした状況は異なりうる。

［文献］E.コセリウ『言語地理学入門』（三修社 1981）

［遠藤光暁］

参与観察
さんよかんさつ
participant observation
【社会】

　参与観察はフィールドワークの主要なデータ収集法であり、調査者が現場に身を置き、生活や行動を共にしながら出来事を観察することを指す。詳細なメモ（フィールドノート）を基本としつつ、可能な限り写真・録音・録画による記録を加えるのが一般的である。実際の調査では、観察するだけでなく、観察したことについての質問や、時期や場所の制約によって観察できなかったことに関する聞き取りをも行うことが多い。また文書調査などをあわせて行うことで理解が深まる。

　言語調査において、参与観察は具体的な相互行為の過程を詳細に記録することができるのが大きな利点である。言語使用者の意識と実際の言語行動はしばしば乖離しているため、インタビューやアンケートでは得られない実際の言語使用のデータは貴重である。また調査のために設定した場面と異なり、言語データを社会生活の全体的な文脈に位置づけて考察できるのもこの方法の特長である。

　一方、問題点としては、観察および分析が調査者の主観に依存するのではないかという危惧や、観察しなければ実際の言語使用は分からないが調査者が観察することで現場が変容してしまうという観察者パラドクスが挙げられる。これらの点に関しては、記述・分析に際して、調査者の位置づけや行動を含めて記録して調査者が及ぼす影響について自覚的になるとともに、推論の過程・根拠を明示して他者が跡づけできるようにすることが大切である。参与観察における調査者には、参与者（参加者）と観察者という2つの側面があり、完全な参加者と完全な観察者という両極の間で、場面ごとに適切な立ち位置を見極めるのが課題となる。

[文献] J. V. ネウストプニー・宮崎里司『言語研究の方法』（くろしお出版 2002） ［木村護郎クリストフ］

子音
しいん
consonant
【音声・音韻】

　口腔や咽頭腔で気流に対する何らかの妨害を作ることによって出される言語音。有声子音の場合はそれに声帯振動による音も加わる。

【気流による種類】気流の種類によって子音の類が4つ区別される（→気流機構）。

【発声による種類】声帯振動のある有声とそれがない無声があり、有声にさらにいくつかの種類を区別する言語がある（→発声）。

【調音による種類】基本的には気流に対する妨害の起こる場所（調音位置）と妨害のしかた（調音方法）によって多くの子音が作られる。（→巻末 子音）その他にもさらに多くの子音を作る方法がある（→調音、二重調音・二次的調音、気音・前気音）。

【長さの違い】長さが意味の区別にはたらく言語がある（日本語 [ita]「いた」、[itːa]「行った」）。3段階の区別をする言語もある（エストニア語 kala [kala]「魚」、kalla [kalːa]「オランダカイウ」、kalla [kalːːa]「注げ」）。

【子音と子音状音】喉頭より上に気流に対する妨げのないのが母音、あるのが子音、という音声学的な基準からすると、[j][w]などは母音となるが、それらが一般に子音とされているのは音そのものの音声学的特徴によってではなく、音節の核となっていないということによる。パイク（K.L. Pike）は、音声学的に定義したものを「母音状音（母音類）vocoid」・「子音状音（子音類）contoid」、音節の核となっているかどうかという音韻的機能の点から分類したものを「母音」・「子音」として区別した。この基準によれば、[j][w]などは母音状音で子音となる。このような区別は重要であり、広く理解はされているが、用語の使い分けは一般に行われるに至ってはいない。

[文献] K. パイク『音声学』（研究社出版 1964）、J. Laver. *Principles of Phonetics*. Cambridge Univ. Press, 1994.

［斎藤純男］

使役構文
しえきこうぶん
causative construction

文法

　言語学で言う「使役」は、対応する英語表現 causation（cause は「原因（となる）」を意味する）と同じく、因果関係を意味の中核とする用語であり、日本語の文法における「使役」よりも適用範囲が広いので注意が必要である。「使役構文」は因果関係を意味に含む述語（→述語・項）を持つ構文を指す。

【複合的な事象としての使役】因果関係は2つの事象間の関係として捉えられるのが普通であることに対応して、使役構文が表すのは原因事象（causing event）と結果事象（caused event）からなる複合的な事象（complex event）であると考えられている。そのような因果関係を意味に含む述語を持つのが使役構文であるとすると、日本語の「動詞＋サセ」を述語とする「花子が太郎に窓を開けさせた」のような（＜花子による太郎へのはたらきかけ＞という原因と＜太郎が窓を開ける＞という結果からなる事象を表す）文のみならず、「太郎が窓を開けた」も使役構文であることになる。後者も、＜太郎による窓へのはたらきかけ＞が原因となって＜窓が開く＞という変化が生じたことを表すのが典型的であり、述語動詞の「開ける」が主語の指示対象による目的語の指示対象へのはたらきかけとその結果としての目的語の指示対象の変化を意味に含むからである。

【語彙的使役構文と分析的使役構文】「太郎が窓を開けた」と「花子が太郎に窓を開けさせた」が例示する構文はそれぞれ語彙的（lexical）使役構文と分析的（analytic）使役構文と呼ばれている。両者の違いは、原因事象と結果事象が単一の語彙項目（例：他動詞「開ける」）の意味に組み込まれているか、2つの語彙項目（日本語の場合には動詞と使役接辞サセ）の組み合せによって表現されるかにある。（英語の分析的使役構文 Mary made John open the window では使役動詞 make が日本語のサセに対応する役割を担っている。）語彙的使役構文（例：Mary killed John）は分析的使役構文（例：Mary caused John to die）よりも緊密な因果関係―原因事象と結果事象が分ち難く結びついているという捉え方―を表す場合に用いられる傾向がある。これは類像性の例であると言える。

【許容使役】使役構文は、主語の指示対象Xの行為が原因事象Yである―Xがいるからこそ結果事象Zが生じる―場合のみならず、Zの発生を十分阻止できる立場にあるXがその力を行使しない―XがいるにもかかわらずZが生じる―場合を表すのに用いられることもある。後者の場合を許容（permissive）使役と呼ぶ。許容使役を表す文においては、XがZを阻止する力を行使しないことがYを構成する行為として捉えられていると考えられる。英語では使役動詞 let を含む分析的使役構文を用いて許容使役を明示的に表すことができる（例：Don't let appearances fool you）。

【使役と受動】言語によっては、使役と受動（→ヴォイス）を同じ構文を用いて表すことがある。たとえば英語の I had a book stolen は「本を盗ませた」（使役）と「本を盗まれた」（受動）のいずれの意味にも解釈できる。このような曖昧性が生じるのは、方向性こそ異なるものの、使役構文と受動構文には主語の指示対象とある事象（上の例の場合は本が盗まれること）との間に成立する影響関係を表すという共通点があるからであろう。

　一方、日本語の使役文「花子は息子を交通事故で死なせた」は、受動文「花子は息子に交通事故で死なれた」と客観的には同じ事態を記述している場合でも、後者とは異なる許容使役の意味を担う―息子の死に対する花子の責任に焦点を合わせた捉え方を表す―と考えられる。

［文献］斉木美知世・鷲尾龍一『日本文法の系譜学』（開拓社 2012）、西村義樹・野矢茂樹『言語学の教室』（中央公論新社 2013）

［西村義樹］

ジェンダー
gender
社会・文法

　ラテン語で種類を表すgenusが語源。次の2つの意味で使われる。①文法的性。②生物学的性別（セックスsex）と区別された社会・文化的性役割。

【文法的性 grammatical gender】 主に名詞を分類する文法範疇の1つ（→名詞クラス）。女性と男性の2つに分類する言語（フランス語やイタリア語、スペイン語など）、女性、中性、男性の3つに分類する言語（ドイツ語やロシア語など）が主だが、多数に分類する言語もある。語の意味とは無関係な場合が多い。名詞の性に対応して、限定詞や代名詞、形容詞などの形が変化する。英語では、古英語にあった文法的性は衰退し、近代英語では名詞が指し示す対象の特徴に基づいた性（自然的性natural gender）が与えられる（womanは女性なので、代名詞はsheを使うなど）。

【社会・文化的性役割】 女性と男性に適した、いわゆる女らしい、男らしいとみなされている役割や言動、特質。社会や時代によって異なる。1970年代の欧米のフェミニズム運動は、「女は家事で男は仕事」のように、生物学的特徴に基づいているとされていた性役割の多くは社会が決めたものであり、よって変更できると指摘した。また「弱々しい女らしさと強い男らしさ」のような、ジェンダーの不均等な権力関係が女性差別を正当化していると主張した。ジェンダー概念は、家族関係や性別役割分業、男性中心の歴史や政治、経済などの社会的構築を明らかにする道を開いた。ジェンダーは、女性学や男性学、ジェンダー研究の誕生をうながし、人文社会科学の広範囲な現象の解明に不可欠な概念である。

【言語とジェンダー研究】 社会言語学や語用論、言語人類学に属する分野。「言語使用とジェンダー研究」と「ジェンダー表現研究」に分けられる。「言語使用とジェンダー研究」は、主に会話などにおけるジェンダー・アイデンティティ構築を明らかにする。1970年代には、男女のことばづかいの違いを探求する性差研究が行われた。しかし、話し手はジェンダーだけでなく会話場面の多様な要因を考慮してことばを使い分けており、話し手のジェンダーのみに基づいて言語的性差を明らかにすることは不可能だった。その結果、会話場面を考慮する重要性が指摘された（→場面、言語使用領域）。また、性差研究ではジェンダーは男女2つに区別されていたが、ジェンダーは人種、階級、年齢、職業などに応じて多様な女らしさや男らしさとして現れることが分かった。さらに、話し手は特定のジェンダーを持っており、それに基づいて女は女らしく男は男らしく話すと想定する本質主義（essentialism）ではなく、場面に応じてことばを使い分けることで多様なジェンダー・アイデンティティを表現すると考える社会構築主義（social constructionism）が提案された。

　「ジェンダー表現研究」は、語彙や慣用表現、新聞記事や文学において、言語がジェンダーをどのように表現しているのかを主に研究する。その結果、男女を不平等に扱う表現（「婦人警官、女性社員、女流作家」など、その職業従事者が男性であることを前提とした表現）や、女性に対する侮蔑的な表現（社員を「女の子」と呼ぶなど）が指摘された。これらの表現を改善することが社会の性差別を改善するのかについては議論があるが、多くの国際機関や政府、出版社は、言語表現は社会関係の認識に影響を与えると考えて、性差別のない表現を採択している（→婉曲語法）。また、女性の経験に新しいことばを与えることは社会関係を新しい視点から見直す契機となる。「セクハラ」ということばは「アカハラ、パワハラ」など権力関係に基づく多様な嫌がらせの可視化につながった。

[文献] 上野千鶴子ほか編『きっと変えられる性差別語—私たちのガイドライン』（三省堂 1996）、中村桃子『ことばとジェンダー』（勁草書房 2001）　　　［中村桃子］

時系列言語地図
じけいれつげんごちず
time series linguistic map
地理

　地理学では同じ地域の2つ以上の時点の地理分布を比較する地図を「時系列地図」と呼ぶので、言語特徴に関する同様の地図を「時系列言語地図」と呼ぶことができる。

　下の地図は福嶋秩子による新潟県の理由を表す表現に関する例で、1979-1982年に当時の60-70歳を調査した『方言文法全国地図』と1994-2002年に短大生（20歳前後）を調査した結果を比較したもの。

　細かな図例は省略するが、大きな記号が高齢者世代、小さい記号が若年層で、特に「スケ」（大きな○）に由来する「ッケ」（小さい■）が広まったことが示されている。

　このように、空間の2次元に時間の1次元を加えて3次元において言語変化の進行過程をダイナミックに跡づけることができる。数十年前の言語地図があれば、同じ項目を再調査することによって描画可能になる。2枚以上に描画してもよく、また実時間・見かけ上の時間のいずれの比較も可能である。

[文献] 福嶋秩子「パソコンを用いた言語地図重ね合わせの新手法」『県立新潟女子短期大学研究紀要』42 (2005)

[遠藤光暁]

死語
しご
dead language
歴史

【死語】話者が消滅した言語のこと。これには2つの場合が考えられる。1つは、言語の断絶により、話者が存在しなくなる場合である。言語の断絶とは、ネイティブ・スピーカーの死亡、あるいは言語の取替えによって、話者が消滅することを言う。例としては、エトルリア語（現イタリアの言語：紀元後1世紀ごろ消滅）やタスマニア語（現オーストラリアの言語：19世紀末ごろ消滅）などが挙げられるが、方言というレベルにおいては、ほとんどの言語で発生してきたと考えられる。もう1つは、歴史的変化により、祖先言語が独立した複数の子孫言語に分岐し、その祖先言語自体は消滅したと考えられる場合である。この用法は、過去の言語が豊富な文献を持つ場合に使用されることが多い。その代表例としては、ラテン語が挙げられる。ラテン語は、イタリア語やスペイン語、フランス語といった子孫言語を持つので断絶はしていないが、子孫言語は独立した言語として認識されるので、ラテン語自身はすでに死語となったと言われる。なお、ネイティブ・スピーカーであることを話者の条件から外し、当該言語を使用する話者集団があれば死語になったとは認めない考え方もある。

【廃用】言語においてある語彙あるいは表現形式が使用されなくなることを廃用（obsolescence）と言う。語彙が表す事物が実際に存在しなくなることで、語が使用されなくなることもある。その場合には、その事物を知る世代が消滅することによって語も廃用になる。また、事物とは関係なく廃用になることもある。流行語の廃用がこれに相当する。なお、廃用になった語彙のことを「死語」と言うことがあるが、これは言語学的な用法ではない。

[田口善久]

指示対象
しじたいしょう
referent

意味論

言語表現と、世界の中の（言語外の）対象との間に、前者が後者を指示する（refer to）という関係が成り立つ時、その対象のことを指示対象と言う。言語と世界との関係は、哲学における中心的テーマの1つであり、それゆえ膨大な量の哲学的議論が提案されているが、ここでは言語学的な議論を中心に取り上げる。

【非指示的名詞句】対象を指示するという機能は、名詞句の重要な機能の1つであるが、すべての名詞句が指示機能を持つわけではない。たとえば、措定文「AはBだ」（例：ジョンは画家だ）のB、（倒置）指定文「AはBだ」（例：銀行強盗犯はあの男だ）「BがAだ」（例：あの男が銀行強盗犯だ）のAは、それぞれ、属性を表す名詞句（叙述名詞句）、命題関数（変項を含む不完全な命題）を表す名詞句（変項名詞句）であり、いずれも世界の中の対象を指示するという機能を持たない、非指示的名詞句である（→コピュラ文）。

【指示性の決定要因】ある名詞句が指示的であるか否かは、その名詞句が文中で果たす文法的機能によって決定され、文とは独立に、その表現自体で決定されるわけではない。同じ表現（たとえば「社長」）であっても、「<u>社長</u>は勤勉だ」では指示的に、「太郎は<u>社長</u>だ」では非指示的に機能している。

また、名詞句の指示性は、純粋に（意味論を含む）文法のレベルで決定されることであり、指示対象が世界に存在するか否かとは独立である。たとえば、数学的には最大の素数は存在しないとされるが、「<u>最大の素数</u>は奇数だ」（→コピュラ文）という文の中では下線部は指示的名詞句として機能している。このように、ある名詞句が指示的であることと、それが指示対象を持つこととは必ずしも一致しない。

【指示対象の決定】一般に、指示的名詞句の指示対象は、その名詞句の意味だけでは決定しえない。今、スミス殺害事件の被告人であるジョーンズが、公判で奇妙な振る舞いをしていたとしよう。さらに、それを見た人がSmith's murderer is insaneと発話したとしよう。この時、たとえスミスを殺害したのがジョーンズでなくても（スミスは自殺したのであり、実際にはスミスを殺害した者はいない場合であっても）、Smith's murdererという表現でジョーンズを指示しうる（ドネラン2013）。このことは、記述を満たすものが存在しない場合でも、指示が失敗するとは限らないこと、言語表現の意味は、指示対象決定の有力な手がかりとはなるが、それだけでは十分ではないことを示す。指示対象の決定には、聞き手による語用論的な推論が不可欠である。

【指示的に透明な文脈と不透明な文脈】2つの指示的名詞句A, Bが同じ対象を指示する時、AとBは同一指示的名詞句（co-referential NP）であると言う。一般に、文に登場する指示的名詞句は、真理値を保持したまま、同一指示的名詞句で置き換えることができる（例：太郎は｛自分（＝太郎）の母親／花子｝と結婚した）。しかし、このような置き換えが許されない文脈があることが知られている（例：太郎は｛自分（＝太郎）の母親／花子｝と結婚<u>したいと思っている</u>）。このように、同一指示的名詞句で置き換えると真理値が変わりうる文脈は「指示的に不透明な文脈」（referentially opaque context）と呼ばれる。これに対し、この種の置き換えが可能な文脈は「指示的に透明な文脈」（referentially transparent context）と呼ばれる（→内包・外延）。

[文献] D. ブレイクモア『ひとは発話をどう理解するか』（ひつじ書房 1994）、K. ドネラン「指示と確定記述」G. フレーゲほか『言語哲学重要論文集』（春秋社 2013）、今井邦彦・西山佑司『ことばの意味とはなんだろう』（岩波書店 2012）

[西川賢哉]

自然音韻論
しぜんおんいんろん
Natural Phonology

音声・音韻・理論

　言語獲得を手がかりに「自然な」(具体性のある)音韻体系を構築した理論で、ドネガン(P. Donegan)、スタンプ(D. Stampe)、フーパー(J. Hooper、のちのバイビー(J. Bybee))により創始されたもの。統語論でもチョムスキー理論に対して生成意味論が提唱されたのと同様に、抽象的・形式的なSPE理論(→分節音韻論)に対する反発から生まれた。

　その特徴は具体性を追求した機能主義につきる。たとえば、個別言語の音素の獲得は、実際の音声に現れる普遍的な音素目録(IPAで表されるような言語音の集合)からの喪失によると考え、抽象的な音素は仮定しない。つまり、調音位置が未指定の抽象的な原音素(archiphoneme) /N/からi[m]possible, i[ŋ]conclusiveに見られる同化のプロセスが導かれるのではなく、音素は/n/を設定する。

　また、音韻プロセスを定式化して音韻規則とする(→音韻プロセス・音韻規則)のではなく両方が存在し、前者を無標、後者を有標なものとして前者のみを研究対象とした。そして、普遍的な音韻プロセスの集合からの変更や喪失に加え、個別言語ごとの特殊な音韻規則の習得により文法が獲得されるとした。音韻プロセスとして、尾子音の無声化はドイツ語lieb [liːp]「可愛らしい」やオランダ語bed [bet]「ベッド」などに見られる通り、最後に声帯振動を止める自然で普遍的なプロセスだが、英語では獲得過程で幼児がGod [gɔt]、big [bik]などと発音して片鱗を見せるものの、最終的にはこれを喪失して文法が完成する。

　このように、音素も音韻プロセスも音声実質に裏付けられたものを仮定するので、具体性を持つ理論体系となる。ただし、音韻規則の獲得は別としても、獲得=喪失だとすると、大人より子供の方が複雑な体系を持つという矛盾をはらむことになる。　　　　[田中伸一]

実験音韻論
じっけんおんいんろん
Laboratory Phonology

音声・音韻・理論

　音韻表示のあり方をめぐって、調音の運動様態や音響の物理的性質を測る音声技術を駆使して検証・改訂を試みた理論。80年代中期に分節音研究者と韻律研究者が手を組んで創始された。ブラウマン(C. Browman)とゴールドシュタイン(L. Goldstein)の調音音韻論(Articulatory Phonology)、ピアフンベルト(J. Pierrehumbert)とベックマン(M. Beckman)のイントネーション理論が有名。

　たとえば、分節音では調音運動の測定により(1a)のような表示、韻律では音響測定により(1b)のような表示が提案されている。

(1) a. palm　　[p　　ʰ　　ɑ　　m]

口蓋帆の開き				広
舌体		咽頭の狭窄		
唇	閉鎖			閉鎖
声門		広		

b. [mu.ra.sa.ki.i.ro]「紫色」
　　　　|　　|
　　%L　H　　　L%

(1a)の特徴は、語が分節音ごとの弁別素性の行列(→分節音韻論)としてではなく、いくつかの調音動作(articulatory gesture)が重複(overlap)しながら連続した位相または譜面(score)として表示される点にある。(1b)の特徴は、H(高音調)が続く部分が不完全指定されている点である。これは、ki.i.ro「黄色」、a.o.i.ro「青色」、mi.do.ri.i.ro「緑色」のようにモーラ数を増やすほど高さの下降が緩やかになる音声事実を捉えるためで、一律にHを与えてよいわけではないからである。

　音律音韻論が特定の系統を持ちながらも韻律階層の研究すべてを含み得るように、最近では音声・音韻に関わる実験研究は何でも実験音韻論とされ、「音韻表示の検証・改訂」という目標が薄れつつある。それは"experimental phonology"ではあっても、固有名詞のLaboratory Phonologyではない。　[田中伸一]

失語症
しつごしょう
aphasia

大脳に損傷を受けたことによって、一度獲得された言語が受ける後天的な言語障害。一般的に、言語に関する機能の「話す」「聞く」「読む」「書く」の4側面すべての機能に障害を受けたもののことを言う。コミュニケーションには言語での意思伝達とジェスチャーや頷きなどの言語以外の方法があるが、一般に失語症では後者には障害を受けない。

失語症は大脳損傷で生じる他の高次脳機能障害や運動機能障害と分けて考える必要がある。たとえば道具の使い方が分からなくなる失行を呈し、鉛筆の使い方が分からずに字が書けない場合は失語症の症状にはあたらない。ほかにも舌や唇などの動きが麻痺したことによることばの表出困難は「構音障害」と呼ばれ、失語症とは区別される。

失語症に関わる言語野は右利きの約98%の人が左半球にあると言われる。主要な言語野は左下前頭回三角部・弁蓋部のブローカ野と左上側頭回後部のウェルニッケ野で、それらを弓状束が結ぶ。このほか、角回も言語と大きく関連があり、文字言語処理に関連している。

【失語症の症状を表す用語】
流暢性（fluency）：自発話のなめらかさの評価。発話単位の短さと話量の低下、発語失行などから評価され、流暢と非流暢に二分される。

喚語障害（word finding difficulty）：意図した語が正しく表出されない状態。全く表出されない喚語困難や下記に記す錯語などを含む。

錯語（paraphasia）：意図した語を推定できる範囲での語や音の誤りのこと。「りんご」と言おうとして「みかん」など誤った語に置換されたり（意味性錯語）、「りんど」など誤った音に置換される（音韻性錯語）。錯語の分析は、語レベルの言語処理モデルの構築に取り入れられている。

失文法（agrammatism）、錯文法（paragrammatism）：統語障害の1つで伝統的には、助詞や助動詞などの機能語が欠落した文になるものを「失文法」と呼び、ブローカ失語に多く見られる。助詞などが誤った文になるものを「錯文法」と呼び、流暢性の失語で見られる。近年は、機能語の欠落や誤りという視点ではなく、統語障害を持つ失語症者は動詞の欠落が共通して見られることから、動詞と機能語との関連から統語障害を捉える分析が進められている。

失書（agraphia）、失読（alexia）：「書く」あるいは「読む」機能の障害の症状を指す。「書く」には自発書字と書き取りの2つがあり、どちらも言語の他の側面に比べ障害されやすい。「読む」には読解と音読があり、両者の間に機能的な乖離が起こることもある。

【失語症のタイプ】失語症では言語のすべての機能が同じ程度に障害されるわけではなく、症状により複数のタイプに分けられる。たとえば、ブローカ失語は非流暢な発話が特徴的で文の形で発話するのが困難であるが、聴理解は比較的良好な症状を呈する。ウェルニッケ失語は流暢・多弁で文レベルの発話が出現するが錯語が多く、また聴理解が重度に障害されている。ボストン学派の基本8タイプが主流なタイプ分類である（括弧内は症状）。

〈非流暢タイプ〉
ブローカ失語（文の形で発話するのが困難）・超皮質性運動失語（自発話の減少）・超皮質性混合失語（相手のことばをそのまま繰り返す）・全失語（言語機能の全ての側面が重篤に障害）

〈流暢タイプ〉
ウェルニッケ失語（多弁で文レベルの発話が出現するが錯語が多い）・伝導失語（復唱能力の障害が目立つ）・失名詞失語（喚語困難が主症状）・超皮質性感覚失語（語義理解が困難）

[文献] 紺野加奈江『失語症言語治療の基礎』（診断と治療社 2001）

[岡田理恵子]

支配
しはい
government

文法

　依存関係にある2つの要素のうち、一方（支配項）が他方（被支配項）に対して特定の形式を要求すること。たとえば、ドイツ語の動詞helfen「助ける」や前置詞zu「〜へ」は、補語となる名詞句が与格の形であることを要求する。このことを、「これらの動詞や前置詞は与格を支配する」と言う。また、ドイツ語の限定詞は、同じ名詞句中に現れる形容詞の形を決定する（dieser *gute* Mann「この良い男」に対してein *guter* Mann「ある良い男」）。これも限定詞が形容詞の形を支配していると考えることができる。

　支配は、一致と同じく、依存関係にある要素の一方が他方の形式に影響を与える現象の1つだが、両者は次の点で異なる。まず、支配は支配項の文法範疇の変化に影響されないが、一致ではコントローラー（一致を引き起こす要素）とターゲット（コントローラーに一致する要素）は一緒に変化する。たとえば、名詞と形容詞の数の一致の場合、名詞が複数形に変化すれば、それに一致する形容詞も語形が変わる。それに対して、ドイツ語の動詞は現在形や過去形などに屈折するが、どの語形になっても支配する格が変わることはなく、単に支配項が存在することによって格が決まる。よって、一致する要素同士は同じ文法範疇を持つが、支配の場合はそうとは限らない。また、一致のターゲットが複数ある場合はそれぞれ同じ値を持つが、被支配項が複数ある場合はそれぞれ異なる値を持つ。たとえば、ドイツ語のgeben「与える」は、補語となる名詞句の一方が対格、もう一方が与格であることを要求する。一方、1つの名詞に依存する限定詞と形容詞は、同じ性・数の形になる。

　なお、生成文法においては、支配はdominanceの訳語であり、governmentは統率と訳される。　　　　　　　　　　　　［石塚政行］

社会言語学
しゃかいげんごがく
sociolinguistics

分野名

【言語と社会をつなぐ領域】言語は社会の中で形作られると同時に、社会関係を形成する基本的な要素でもある。このような、言語と社会の関係を扱う研究領域が社会言語学である。社会を理解するために言語に注目する言語社会学に対して、言語を理解するために社会に注目するアプローチに限定して社会言語学と呼ぶこともある。しかし、言語を使用者から切り離された実体として捉えるのではなく言語意識や言語使用の視点から考察することは共通しており、2つのアプローチは明確には分けられない。

　言語と社会の関わりは、言語学によっても社会学によっても中心的な課題としては扱われてこなかった。構造主義言語学や生成文法といった言語学の潮流においては言語の体系を扱う際に言語の社会的な側面はしばしば捨象されてきた。一方、社会学は、言説のタイプや言語による人間関係の構築には関心を向けてきたが、そこで使われる言語の存在はしばしば自明のこととされ、社会のなかで言語がどのように成り立ってどのように機能しているのかということを掘り下げて問うことはあまりなかった。そのような、言語学と社会学のすきまを埋める研究領域として生まれたのが社会言語学と言える。社会言語学が多方面に大きく成長してきたことは、この「すきま領域」が小さな割れ目のようなものではなく、とてつもなく大きい穴であったということを示している。社会言語学は、文化人類学や（言語）教育学、心理学やメディア論などともつながる学際的な領域となっている。

　なお、社会言語学という名称は欧米起源であるが、日本では方言学の蓄積や言語生活研究という、言語使用に注目する独自の研究の流れがあり、それらが欧米の社会言語学と接続しつつ今日に至っている。

【変異と選択】

社会言語学の研究範囲は多岐にわたり、輪郭を描くことは困難であるが、いずれにも共通するのが言語の変異（variation）や選択への注目である。均質な単一言語のみの社会は存在しないし、一とおりの話し方しかできない人もいない。言語は多様であり、使い手は用いる言語やスタイルなどを選択することができる。そこで、誰（人や組織）がどのような状況でどのような意図を持ってどのような言語的選択をするのか、そしてその言語選択はどのような意味を持つのかを明らかにすることが社会言語学の基本的な課題と言える。社会言語学は基本的に、変異と選択の言語学と言えよう。

言語の変異は、音や語彙のレベルから個別言語までさまざまな単位で捉えることができる。また各単位の可能性の中からの選択は、個人が具体的な場面で行うミクロ（微視的）な選択から、国家などの機関が多かれ少なかれ計画的に行うマクロ（巨視的）な選択までさまざまな範囲で行われる。よって社会言語学の守備範囲には、日常的な言語使用から国単位や国際的な動向に関わるものまで含まれる。

【変化への注目】

また言語はさまざまなレベルでの選択の結果としてたえず変化していく。言語は自ずと変化するのではなく、実際には話し手の意識や行動によって変化するのである。そこで言語変化は社会言語学の重要な主題となってきた。主に使用する言語を話し手たちが取り替えることも起こる。これを扱うのが言語維持・取替え研究である。共有化・単一化と分立化・多数化の間でたえず揺れ動く言語のさまざまな変遷を社会関係の中で考察することによって、今日の言語のあり方の特徴、さらには言語変化に影響を与える社会的要因を明らかにすることも、社会言語学の課題の1つである。

[文献] S. ロメイン『社会のなかの言語―現代社会言語学入門』（三省堂 1997）、真田信治編『社会言語学の展望』（くろしお出版 2006） ［木村護郎クリストフ］

借用
しゃくよう
borrowing

歴史

2つの言語が接触する時に起こる、模倣・複製のプロセスとその結果を広い意味で借用と言う。すなわち、2つの言語AとBにおいて、言語Aの要素を模倣・複製することにより、言語Bに新しい形式が生じたり、従来からある形式に新しい意味・機能が生じたりする場合、言語Bにおけるこれらの変化を借用と言う。ただし、借用の結果として、言語Bの語彙が増加するという限定的な意味で使用されることが多い。語の構成や文法の借用については、以下に示す別の用語が使用される傾向にある。借用において、模倣・複製する側の言語のことを、受容言語（recipient language）、模倣・複製の対象となる言語のことを供給言語（donor language）あるいは源泉言語（source language）と言う。

【借用の要因】

言語集団間の関係が密接でない状況においても、当該言語集団にない概念（たとえば、クリスマスやコンピュータなど）を取り入れる場合には借用が起こる。また、1つの社会に2つ以上の言語が話されている場合には、一人の話者が複数の言語を話す多言語使用を通して、語彙以外でもさまざまなレベル（音韻、文法、談話など）で借用が起こる。

【借用の種類】

借用は、その仕方によって大きく、移入（importation）と代用（substitution）に分類される。移入とは、供給言語の要素の形式（あるいは形式と意味のセット）を受容言語側で模倣することを言う。移入の主たる対象は語彙である。たとえば、日本語において「外来語」と言われる借用語の多くが語彙の移入に該当する。移入の結果としての語彙を借用語（loanword）と言う。借用語においては、形式は受容言語の音韻体系に従って形成される。したがって、英語の track「走路」も truck「貨物自動車」も日本語においては「トラック」となり、原語は英語では1音節語

であるが、日本語では3音節語になる（ただし、供給言語の音声を模倣し、それが定着することもある）。また、意味も供給言語の元の意味とは異なることが多い。たとえば「サービス」は英語のserviceに由来するが、日本語では「報酬を求めない、ただの」という英語にない意味を獲得している。

一方、代用は、供給言語の語の意味を、受容言語本来の語に移し替えたり、固有の要素で再構成したりすることを言う。たとえば、「くるま」という語は、本来車輪を意味していたはずだが、現代では「自動車」という意味を加えている。また、中国語の「互聯（互いにつながった）網（ネット）」（インターネット）では、供給言語の構成を分解してその要素単位で翻訳し、受容言語の語構成規則に従って再構成している。後者の例のような再構成を伴う代用を特にカルク（calque）あるいは翻訳借用（loan translation）と言う。また、文法の借用の場合には、供給言語の文法構造を受容言語側で再解釈して新しいパタンを生み出す。たとえば、英語の構成を模倣して、「東京の人口は札幌のそれよりも多い」（The population of Tokyo is larger than that of Sapporo）と言うような場合がそれに該当する。このような構成の借用は、複製（replication）と呼ばれることがある。

【借用のされやすさ】言語を構成する要素において、借用されえないものはないと考えられている。しかし、語彙、とりわけ文化的な語彙（たとえば、学問、政治、料理などに関する語彙）が最も借用されやすいこともまたよく知られている。語類の中では、名詞が最も借用されやすく、動詞が借用される場合にも、まず名詞として借用し、それに一般的動作の動詞（「する」に相当する動詞）をつけたり、動詞化接辞をつけたりすることが多い。形態素のレベルでは、語よりも接辞（とりわけ屈折接辞）が借用されにくいと考えられている。

[田口善久]

弱化・強化
じゃっか・きょうか
lenition, weakening / fortition, strengthening

歴史

弱化は、「強い」子音がより「弱い」子音に変化する音変化である。この「強弱」は声道の狭めや声帯振動の有無などの音声学的特徴と関連付けられる子音の聞こえ（sonority）と関係がある。聞こえの大きさは、流音＞鼻音＞有声摩擦音＞無声摩擦音＞有声閉鎖音＞無声閉鎖音の順であるが、子音の強さは、逆に無声閉鎖音が最も強く流音が最も弱い。この弱化という現象は多くの言語で見られる。たとえば、スペイン語では、escoba < scōpa「ほうき」、nadar < natāre「泳ぐ」、amiga < amīca「女性の友人」のように、母音間でラテン語の無声閉鎖音が有声閉鎖音で現れる。

弱化が文法的な現象と関係することで知られているのはケルト語派の言語で、たとえば古期アイルランド語では、所有代名詞a「彼女の」の後ろでは弱化が生じないが、a「彼の」の後ろでは、語頭の閉鎖音が摩擦音に弱化し、a「彼らの」の後ろでは、無声閉鎖音は有声閉鎖音に、有声閉鎖音は鼻音に弱化する。従って、弱化の有無が所有者の違いを表している。

a penn　[a pʲen]「彼女のペン」
a phenn [a fʲen]「彼のペン」
a penn　[a bʲen]「彼らのペン」
a ben 　[a bʲen]「彼女の女」
a bʼen 　[a βʲen]「彼の女」
a ben 　[a mʲen]「彼らの女」

強化は弱化とは逆に、「弱い」子音が「強い」子音に変化する音変化のことを言う。強化は弱化に比べると珍しい言語現象である。強化の実例としては、南米のマヤ語族に属するケクチ（Q'eqchi）語では、w > kw (winq > kwi:nq「人」)、j > tj (ijax > itjax「種」) という音変化がある。

[文献] L.Campbell, *Historical Linguistics: An Introduction*. The MIT Press, 2013., 吉田和彦『言葉を復元する―比較言語学の世界』（三省堂 1996）[児玉茂昭]

修飾語
しゅうしょくご
modifier
【文法】

　主要部（→句）に従属する語句のうち、必須のものを補語（補部）と呼ぶのに対して、随意的な語句を修飾語と言う。名前は修飾「語」だが、複数の語からなることも多い。

　たとえば、「鼻が短い象」の「鼻が短い」は「象」の修飾語である（「象」を修飾している）。このような、名詞に対する修飾を連体修飾と言う。形容詞、前置詞句、関係節などのいろいろな語句が連体修飾の機能を持つ。

　連体修飾語には制限用法と非制限用法の違いがある。制限用法とは、名詞句の指示対象の範囲を狭める用法で、たとえば鼻が長い象から短い象を区別するために「鼻が短い象」と言えば、「鼻が短い」は制限用法の連体修飾語である。一方、非制限用法では、修飾語は指示対象の範囲を狭めることには寄与せず、単に情報を付加するだけである。たとえば、太郎という知り合いについて「可哀想な太郎」と言うときには、可哀想でない太郎から可哀想な太郎を区別するために修飾語が用いられているわけではなく、太郎について「可哀想だ」という情報を付加している。

　また「庭で鳥が鳴いている」の「庭で」のように、述語に対する修飾を連用修飾と言う。連用修飾要素は、動詞修飾と文修飾に大別できる。動詞修飾は、動詞の表す事象の生起する時間や場所（毎日歩く）、行為の様態（<u>てくてく歩く</u>）、程度（<u>ちょっと歩く</u>）、数量（<u>5回歩く</u>）、条件、理由などを表す。文修飾は、文の表す命題の確実度（<u>おそらく</u>太郎は歩かなかった）、事態に対する評価（<u>残念なことに</u>太郎は歩かなかった）、発話の態度（<u>正直に言えば</u>太郎は歩かなかった）などを表す。英語では、動詞修飾か文修飾かで副詞の現れる位置が異なるなどの統語的違いがあるほか、動詞修飾要素も統語的にいくつかに分かれる。

［石塚政行］

周辺分布・周圏論的分布・ABA分布
しゅうへんぶんぷ・しゅうけんろんてきぶんぷ・ABAぶんぷ
peripheral distribution
【地理】

　中心地域にBという語形があり、その周辺をAという語形が取り囲む地理分布のこと。地理言語学では、その中心地域でもかつてはAという語形だったものがBに置き換えられた、つまりA＞Bという語彙変化が中心地域で生じたと推定する。

【ABA分布の原則が成り立つ根拠】このような推定ができる前提として、ソシュールの「言語学の第一原理」、つまり「言語記号の恣意性」がある。この原理は、語の両側面である音と意味の間のつながりには必然性がなく、ある意味を表す音はどんなものであってもよい、というものである。その証拠にたとえば「木」を表す語は英語で tree、ドイツ語で Baum、フランス語で arbre、中国語で shù、日本語で ki のように言語が異なれば全く違う音となっている。

　さて、日本語の例を徳川編（1979）から出すと、「家屋 house」を表す語は、九州・四国・中国・近畿・東北ではイエ、南西諸島ではヤー、関東・中部・北海道ではウチが優勢である。北海道は明治以降に東北地方などからの移民が開拓した日本語の歴史の浅い土地であるから別扱いとし、ヤーとイエを同一起源に遡るとすると、ABA分布の例となる。このような場合、一番初めに考え得る可能性としては関東・中部などでもかつてはイエと言っていたのがウチに取って代わられたため、このような地理分布が生じた、という推定である。なぜなら、その逆の過程、周辺部でウチという語がそれぞれ独立に同じ音のイエという語に変化するのは言語記号の恣意性に照らして可能性が小さいからである。

【ABA分布による推定の限界】まず、音韻については周辺にある形が必ず古いとは言えない。音韻変化は同じ音声条件が与えられればさま

ざまな言語・方言で独立に同じ方向に生じうる(例:日本語のアクセントや母音ai>εなど)。

文法変化も同様にして方向性を持つ。たとえばアジアでは中国語などの孤立語の基本語順はSVOで、その周辺を膠着語のSOV言語が取り巻くが、それゆえ中国語などがかつてSOVであったと推定するには更に他の証拠が必要である。

また意味変化も一定の方向性を持つから、別々の地方で独立に同じ変化が生じうる。

そのほか、飛び火的伝播をした場合、別の推定をなす必要がある。たとえば日本語では「女」は関東・中部でオンナ、東北・近畿・中国・四国・九州等ではオナゴと言い、ABA分布の観を呈するが、文献上はヲンナやその原型のヲミナのほうがヲナゴよりも古い。徳川編(1979)はヲナゴが北陸を経て東北に伝播したと推定する。

【辺境のことばは古いか】 この原則はよく辺境のことばは古い形を残すという考えと混同されることがある。しかし、辺境で新しい語形や新しい変化が生じることも多くあるため、それはあてにならない考えであり、ABA分布の原則と同一視することはできない。

[文献] 柴田武『言語地理学の方法』(筑摩書房 1969)、徳川宗賢編『日本の方言地図』(中央公論社 1979)

[遠藤光暁]

主観性・主体性
しゅかんせい・しゅたいせい
subjectivity

ラネカー(Ronald Langacker)の認知文法では主体性は概念化の構造に関わる概念である。概念化には概念化の主体と対象がある。何かが概念化の対象となること(何かが概念化されること)をその事物が「客体として把握される(be objectively construed)」と言い、概念化の主体であること(何かを概念化する主体であること)を「主体として把握される(be subjectively construed)」と言う。

(1) The balloon rose quite slowly と (2) The trail rises steeply near the summit を考える。(1)では風船の移動が客体として把握され、概念化者がそれを追視して視線を移動することで認識している(概念化者の移動が主体として把握されている)。(2)では客観的には移動するものは存在しない(客体として把握される移動は存在しない)が小道の形状を認識する概念化者の視線の移動が主体として把握されている。(2)で主語の小道が移動しないものであるにもかかわらず移動動詞が用いられているのはこのように主体として把握された概念化者の移動があるためと分析される。(1)と(2)の関係のように、客体的に把握されるものが消失して主体として把握されるものだけが残って前景化することを認知文法の用語で主体化(subjectification)と呼ぶ。

トラウゴット(Elizabeth C. Traugott)はライオンズ(John Lyons)の主観性概念を引き継いで、言語に話者あるいはその態度がどのように現れるかを主観性と呼んでいる。言語表現の意味構造の中に話者がより強く組み込まれていく方向の言語変化を主観化(subjectification)と呼ぶ。「同時」というテキスト構成的な意味を持つwhileから「譲歩」という話者の態度を表す意味が生じたことなどはその例である。

[本多啓]

主語
しゅご
subject

文法

主語とは目的語・斜格語とならぶ文法関係の1つであり、文法項のうち最も統語的に優位に立つ項である。「語」を名前に含んでいるが、実際には句レベルの構成素である。

【軸項とコントローラー】「統語的に優位に立つものが主語」という規定には2つの側面がある。1つは、節連結で空所となることができることである。たとえば英語の等位接続構文で空所となることができるのは主語のみである。John went to the store and ___ hit Mike（主語空所）と言えてもJohn went to the store and Mike hit ___（目的語空所）とは言えない。受動態を使用して … and ___ was hit by Mikeとするしかない。このような意味での主語のことを特に軸項（pivot）と呼ぶ。

一方で、主語は文法現象のコントローラー（controller）としてはたらくこともある。たとえば英語では動詞の一致を引き起こすのは主語である。目的語ではない。He walksやHe hits meとは言えてもI hits himとは言えない。また、命令文ではRun!とかHit John!のように主語の指示対象に命令することはできるが、John hit you!と目的語の指示対象に命令することはできない。さらに、再帰代名詞の解釈を考えてみる。英語ではJohn killed himselfのように主語が目的語の位置にある再帰代名詞の解釈を決定することはできても、その逆はない。Himself killed Johnとは言えない。

【主語の普遍性と多様性】このように主語とは「ある構文において空所になる項」「ある構文において文法現象・意味解釈をコントロールする項」である。言い換えると、主語はある構文を分析するために構文ごとに設定されるものである。このことの意義は大きい。構文は個別言語ごとに異なるため、主語の内実も言語ごとに異なることになるからである。主語は普遍的な概念ではない。

実際、どのような構文でどの項が統語的に優位に立つかは言語ごとに異なる。まず、英語のような言語ではほとんどすべての構文において、自動詞文の単一項（S）と他動詞文の動作主項（A）が主語として認定できる。

一方で、オーストラリアのジルバル語では等位接続構文など多くの構文でSと他動詞文の被動者項（P）が文法的優位に立つ。英語が統語的対格性S/Aを示すのに対してジルバル語は統語的能格性S/Pを示すのである。「主語」という用語には統語的優位に立つS/Aという固定観念があるため、統語的優位に立つS/Pをあえて主語とは呼ばず別の用語（「絶対項」など）で呼ぶ場合もある。

日本語の場合、尊敬語化や再帰表現などの構文で主語が設定できると考えられている。たとえば、主語だけが尊敬語の敬意の対象となる。「太郎は次郎をお褒めになった」という文で敬意を付与されているのは目的語ではなく主語である。このように、英語やジルバル語とは根拠となる構文が違うものの、日本語にも主語が設定できる。

【主格・主題・動作主】主語に似て非なる概念として主格・主題・動作主がある。主格は対格型言語のSとAに用いられる格の名前である（→アラインメント）。主題は情報構造上の概念で、文がそれについて述べるものである。動作主は何らかの動作を行う参与者という意味役割である。いずれも主語とは異なる概念であり、混同してはならない。

ただし、これらの諸概念は一致する場合が多いことも事実である。特に、対格型言語においては、主語は典型的に主格をとり、主題であり、動作主を表現する。

【その他の主語の定義】主語という用語は言語理論や個別言語学の伝統によって全く異なる定義が与えられることもあるので注意が必要である。たとえば、生成文法において主語は句構造上の位置の名前にすぎない。

[文献] 角田太作『世界の言語と日本語 改訂版』（くろしお出版 2009）

[長屋尚典]

主辞駆動句構造文法
しゅじくどうくこうぞうぶんぽう
Head-Driven Phrase Structure Grammar (HPSG)

理論

カール・ポラードとアイヴァン・サグの唱える生成文法理論。非派生文法の1つ。1980年代初頭の一般句構造文法や主辞文法の流れを組み、また範疇文法の影響を受けている。

文法範疇はサイン（sign）と呼ばれ、素性とその値の対から成る集合である素性構造によって記述される。単一化（unification）と呼ばれる操作によって素性構造を合成することで文生成を行う。文法範疇は音韻、統語、意味情報を含み、特に句の主辞（主要部とも言う）となる語には文法項を指定する下位範疇化情報が組み込まれているため、多くの句構造規則を必要としない。素性は下位範疇化素性のほか、格や時制などの主辞素性やwhなどの非局所性の素性、意味素性などに分類されており、分類に応じた原理に従って素性値が句構造標識の各構成要素間で共有される。

句構造規則や原理の記述においては局所性を重視し、おおむね文脈自由文法の生成能力を持つとされる。形式化が厳密なことと計算の複雑さが限定的なことから、自然言語処理の理論的枠組としても関心が寄せられ、英語や日本語などの構文解析器がいくつも開発されている。

レキシコンは単なる語のリストではなく、包括的な語彙情報に加え、語彙規則や語彙範疇の階層構造の記述を含み、この語彙主義が理論の中核を成す。しかし近年、語彙情報に由来しない、構文に固有の意味をも取り入れた分析を提唱し、構文文法（Construction Grammar）との融合をはかっている。

[文献] I. A. Sag, T. Wasow & E M. Bender. *Syntactic Theory: A Formal Introduction*. 2nd ed. CSLI Publications, 2003., H. C. Boas & I. A. Sag eds. *Sign-Based Construction Grammar*. CSLI Publications, 2012.

[中澤恒子]

主題
しゅだい
topic

語用論

主題は、解説（comment）が加えられる対象であり、ある文がある事物についての聞き手の知識を増やすような情報を表していると解釈できる場合、その事物やそれを指し示す言語表現はその文の主題（題目、話題とも）と呼ばれる（→話題継続性）。主題を持つ文（有題文）もあれば、持たない文（無題文）もあり、「私は学校に行った」は「私」が主題、「学校に行った」が解説の有題文であるが、「雨が降ってきた」のような事象報告文は無題文である。「誰が来たの？」という質問に対する「花子が来たの」という文は「xが来た」（xは変項）ことを前提とし、xが「花子」であることを伝える文であるが、このような変項を含む前提を持つ文を、有題文の一種（陰題文）と見なす立場もある。

主題名詞句は、基本的に定名詞句である。しかし不定名詞句でも修飾成分によって範囲が限定される場合は、主題と解釈できることもある（例：A boy in my class is real tall「私のクラスのある男子は本当に背が高い」）。同定可能な指示対象のうち、主題として最も容認されやすいのは、聞き手が意識を向けている対象であり、その次は、少し前まで意識を向けていたり、一般的な知識に基づいて推論したりすることによってアクセスできる対象である。長期記憶の中にのみ存在する対象は主題として容認されにくい。

主題と解説の関係については、主題が解説内の述語と格関係を持っている場合もあれば（例：私はりんごを食べた（主格）、りんごは私が食べた（対格））、そうでない場合もある（例：このにおいはガスが漏れているよ）。

主題の表し方には、（1）形態的手段（主題を示す形態的標識を用いる）、（2）統語的手段（主題を文頭やそれに近い位置に置く）、（3）音声的手段（主題の後の小休止やイン

トネーション）がある。日本語は形態的手段が発達しているが、統語的手段と音声的手段も併用され、スペイン語では主に統語的手段が用いられるが、音声的手段も併用される。英語では主に音声的手段が用いられる（野田2004）。中国語では、主に統語的手段が用いられるが、音声的手段も併用され、さらに形態的手段（「呢」、「啊」といった助詞を主題の後ろにつける）が用いられることもある。形態的な主題表示手段が発達した日本語の場合、書きことばでは、通常、主題である主語には係助詞「は」などがつき、主題でない主語には格助詞「が」がつくため、主語が主題の文とそうでない文が違う形になるのが普通である。これに対して、英語のような主に音声的な手段で主題を表す言語においては、主語が主題の文とそうでない文が、音声以外は同じ形になることが多い。たとえば、My car broke down「私の車は／が故障した」のMy carは主題の場合もあれば主題でない場合もある。ただし、このような現象は、主に統語的手段で主題を表す言語でも見られる。たとえば、中国語では、「目的語－主語－動詞」という語順の文における目的語は主題であるが、「主語－動詞（－目的語）」の主語は主題とは限らない。次の文では、主語である「小李」は主題の場合もあれば主題でない場合もある。

小李　　回家　　了
李さん　帰宅する　ASP
「李さんは／が 帰宅した」

[文献] K. Lambrecht. *Information Structure and Sentence Form: Topic, Focus, and the Mental Representations of Discourse Referents.* Cambridge Univ. Press, 1994., 野田尚史「主題の対照に必要な視点」益岡隆志編『主題の対照』（シリーズ言語対照〈外から見る日本語〉第5巻）(くろしお出版 2004) 　　[相原まり子]

述語・項
じゅつご・こう
predicate / argument

文法

　述語には、大きく2つの意味がある。1つは、主語に対する概念であり、もう1つは項に対する概念である。

【主語と述語】「AはBである」「AはBでない」といった文は、対象Aについて、Bという属性が成り立つことを肯定したり否定したりするものである。文の中で対象Aを指している部分を主語、それについてBという属性を述べている部分を述語と言う。たとえば「与三郎は美男だ」という文は、与三郎という人について美男という属性があてはまる、と述べている。この時、「与三郎は」が主語であり、「美男だ」が述語である。

【項と述語】節が表す事態は、1つ以上のものの属性やそれらのものの間の関係として捉えられる。たとえば「与三郎がお富をゆすった」という節は、与三郎とお富の二者間に成立する、ゆすりという関係を表現している。この時、その関係を表す「ゆすった」の部分を述語と言い、その関係を成り立たせているもの（参与者）を表す「与三郎」や「お富」の部分を（広義の）項と言う。

　項は、文の完成のために本質的で必須のものと、随意的なものに分けられる。たとえば、He cut the rope with his teeth の述語はcutであり、広義の項は下線を引いた3つである。このうち、主語・目的語であるheやthe ropeを省くと文として成立しないが、with his teethはあってもなくてもよい。狭義には、必須のものを単に項と呼び、随意的な要素は付加詞（adjunct）と呼んで区別する。つまり、狭義の項とは述語の要求する要素（補部（→句））であり、付加詞とは述語の修飾語である。

　どのような必須項がいくつ必要かを決めるのは、通常、述語である。たとえば、英語のputは、能動態では動作主・移動物・場所の3項を要求し、それぞれ主語・目的語・斜格語

（前置詞句等）として表される。述語の取る必須項の数をその述語の結合価（valency）と言う。また、n個の項を要求する述語をn項述語と言う（たとえば、「壊れる」は1項述語、「見る」は2項述語、「送る」は3項述語）。

通常、単独で述語の機能を持つ語類は動詞であるが、ロシアのネネツ語のように、名詞が単独で述語となり得る言語もある。英語の形容詞のように、コピュラの補語となって述語を構成する語類もある。

【項と付加詞の区別】前述したように、基本的には、義務的かどうかによって項と付加詞を区別することができる。たとえばスペイン語のtú vienes「君は来る」の場合、主語名詞句のtú「君」は省略することができるので義務的とはいえないが、動詞vienesは二人称単数の形であるので、主語が誰なのかは動詞によって表現されている。したがって、主語はこの動詞にとって義務的な項だと言える。

しかし、義務性の基準がうまく適用できない場合もある。たとえば英語の動詞eatは、目的語があってもなくても使える場合がある（Mark has eaten the fish／Mark has eaten）。この時、eatの目的語は項なのだろうか。また、たとえば日本語では名詞句を比較的自由に省略することができるが、かといって動詞によって主語や目的語の人称などが表されるわけではない。このようにどの名詞句も義務的であるとは言えない場合、どうやって項と付加詞を区別したらよいだろうか。

たとえば、述語によって意味が変わるかどうかを基準に加えることができる。「学校で本を書いた」と「学校で本を破いた」を比べたとき、「学校で」はどちらでも行為の場所を表している。一方で「本を」は、前の文では行為によって作られるもの、後の文では行為によって変化するものを表しており、意味が異なっている。「本を」のように述語の影響で意味が変わるものが項、「学校で」のように意味が一定しているものが付加詞である。

[石塚政行]

手話
しゅわ
sign language

手指や顔の動きを用いる自然言語の一種。日常的な意味で「言語」と言うと、音声・聴覚による体系を持った音声言語を思い浮かべがちだが、音声言語と同様、手話もまぎれもなく「言語」である。両者は、言語一般に見られる社会的な機能、心理的な機能、言語獲得といった多くの側面を共通して持つ。世界にはさまざまな手話があるが（約140の手話が知られている）、別々の音声言語を使っていては互いに意思疎通ができないように、各手話の間には相通性が無い。たとえば日本手話は、アメリカ手話を使用する場面において通じない。

【手話が生じるところ】手話があれば、必ずそれを使用するろう(聾)のコミュニティが存在する。ろう者人口はたいてい全人口の1％未満と少ない。そのため、手話使用者のコミュニティが形成される場は、多くのろう者が集う場、典型的には、ろう学校が中心となる（ただし、ろうのコミュニティが比較的自然に形成されたケースもある）。そして、たいていの場合、ろう学校の卒業生達を中心として、より大きなネットワークが生じる。ろうの子どもたちが完全な手話を獲得するのは、手話使用者である親（多くは聴覚健常者）から継承するよりも、ろう学校および上記のコミュニティを通してである場合が圧倒的に多い。

子どもの手話獲得において特定の訓練は必要ない。ただし、音声言語が使われる家庭などで比較的遅れて手話を獲得するろうの子どもは、早い段階で獲得する子どもよりも文法体系や言語処理が完全でない場合もある。

【言語構造】それ自体は意味を担わないが、意味を区別するために用いられる要素が手話にも見つかる。そのような要素は、ある種の「音韻」的要素とみなせる。それには3つのカテゴリーがある。すなわち、手形・位置・動

きである（調音方法・調音位置・声の有無等に比される）。基本的に、手形、位置、動きが組み合わされて初めて意味を担うサインができる。たとえば、サインを繰り出す位置・動きが同じでも、手形が異なる（例：握り拳に対し、その人差し指を立てた形）ことで語彙が区別され得る。

語の複合プロセスは多く、接辞を持つ手話もある。複合語には2種類あり、連続的な複合語と同時的な複合語に分けられる。別々のサインを両手で同時に繰り出す（構造の同時性）という非線状的な特徴は、手話の形態法を複雑にしている要因の1つである。一致の体系は、空間内の指示の場に基づいている。たとえば、サインを繰り出す際の手の起点位置と着点位置が、それぞれ主語と目的語の人称に一致する（サインの送り手に近い位置の1人称を起点［主語］とし、送り手の視線の外かつ遠い位置の3人称を着点［目的語］とすることで、1人称から3人称への何らかの動作が表現される等）。サインの動きの長さ、経路の形状、繰返しなどは、持続や反復といった相を標示する場合がある。これら一致や相は、サインとそれが表す意味との間に強い結びつきがあることを反映する言語特徴である。

手話における構成素順は比較的自由だが、不連続構成素を認めるほど自由というわけではない。ただし、手話は構造の同時性という特徴を持つため、そもそも線形順序を議論できないことが多い。

手指以外の文法要素としては、表情、頭部の位置、姿勢が挙げられ、特に表情（口や目や眉による）は、抑揚、副詞的な修飾、疑問文、共有知識等、韻律・統語・意味・情報構造の標識として、多岐に渡って利用される。また、手話の記号化の種類や比喩的な拡張にはしばしば普遍性が見られるが、異なる手話間で容易に意思疎通ができるほど大量の語彙が類似するということはない。

[文献] 神田和幸『手話学講義―手話研究のための基礎知識』（福村出版 1994）　　　　　　　　［稲垣和也］

照応
しょうおう
anaphora

文法

結束構造を示す言語手段に「指示」がある。これは例①「林A子は雑誌社の部長だ。彼女はある問題を抱えていた」のように、指すもの（照応詞 anaphor）である「彼女」と、指されるもの（先行詞 antecedent）である「林A子」を同定することで、談話に意味的関連性を与えるものである。このように人称詞等により、文脈内、または文脈外の外界に存在するもの・ことを参照することを照応と言う。照応には、前方照応（狭義のanaphora）、後方照応（cataphora）、外界照応（exophora）の3つがある。前方照応は、①のように先行詞が照応詞の前の文脈に存在するもので、後方照応は逆に後の文脈に存在するものである（②「巷で話題のこの果物を御存知だろうか？アサイーという果物が注目の的なのだ」）。外界照応は、先行詞がテクスト内に存在せず、発話が行われている場面にあるものである（③「棚の上から二番目の、あれ取って」）。テクスト内の結束構造を示す手段となるのは、前方照応と後方照応のみである。照応詞には、人称詞（①）、指示詞（②③）のほか、④「委員会は2014年3月に調査を開始し同年9月に報告書を提出した」のような名詞もある。また、⑤「赤ん坊が食卓からミルクを落とした。(∅が)床に広がりびしょぬれになった。」のように照応詞が省略されている場合も、零代名詞（null-pronoun）による照応として照応関係が捉えられる。なお①②④⑤と異なり、先行詞が文脈中に存在しないものもある（⑥「新郎は懐から封筒を取り出した。それを読む新郎の目に涙が光っていた。」先行詞は「手紙」）。こうした場合は知識や推論を利用し先行詞が同定される。

[文献] 阿部純一ほか『人間の言語情報処理』（サイエンス社 1994）　　　　　　　　　　　　［加藤陽子］

証拠性
しょうこせい
evidentiality

文法

話し手がどのようにして文の表す情報を得たかを表す文法範疇。北米先住民語の1つであるWintu語において、k'upa-bē/k'upa-nt^{h}ē/k'upa-rē/k'upa-ʔel/k'upa-kē という5つの文を例にとると、これらの文はいずれも「彼は木を伐っている」という同一の情報を表しているが、接尾辞-bēが直接経験（その事態を目撃した）、-nt^{h}ēが視覚以外の知覚経験（木を伐る音を聞いた、あるいは話し手に木片が当たった）、-rēが知覚経験に基づく推論（彼が小屋におらず、また斧もないという状況からの推論）、-ʔelが経験的知識に基づく推論（彼が毎日この時間は木を伐りに行くという知識に基づく推論）、-kēが伝聞というように、接尾辞が文の表す情報の出所を表しており、これが証拠性に相当する。

証拠性とはこのように情報の出所に関わる文法範疇であるが、情報の出所を具体的にどのように区別して標示するかは言語により異なる。先に見たWintu語のように、五感による知覚をさらに視覚と視覚以外に、推論をさらに直接経験情報に基づく推論と既存の知識に基づく推論というように細かく区別して標示する言語もあれば、五感による知覚経験全体とそれ以外（推論・伝聞）を直接経験（direct experience）／間接経験（indirect experience）として区別するのみという言語も存在する。

【証拠性と他の文法範疇との結びつき】証拠性は典型的には前述のWintu語のように独立して範疇をなし、純粋に情報の出所を表す要素として形態論的に標示されるが、テンス、アスペクトのような他の文法範疇と結びつき、1つの文法形式として標示されることも少なくない。その代表的なものは、結果状態や完了を表す要素が間接経験も表すというものである。トルコ語において、接尾辞-mişは完了というアスペクト的意味を表すが、特に主節末に現れた場合に、その情報が結果状態に基づく推論や、伝聞などの間接的な手段（間接経験）により得たものであることも表される。

【日本語における証拠性】日本語では、まず推量を表す「ようだ」「そうだ」「らしい」が、推論や伝聞という情報の出所の違いにより区別される点で証拠性を表すと言える。また、希望を表す「たい」と「たがる」では、「たい」が「私／??彼は行きたい」のように一人称主語を好むのに対し、「たがる」は「??私／彼は行きたがる」のように一人称主語を嫌うという違いが見られるが、これも両者の区別を内的経験か、あるいは（他者の）観察かという情報の出所によるものと見ると、証拠性に関わっていると言える。内的経験か観察かという話し手の経験の種類による文法形式の使い分けはテンス、アスペクトを表す「る」と「ている」にも見られる。「る」は「私／??彼は怒りを覚える」のように一人称主語を好むが、「ている」は「私／彼は怒りを覚えている」のように人称の制限が見られない。

【証拠性と意外性】証拠性とされる対立には文の表す情報と話し手の持つ既存の知識との関係が関わる場合もある。トルコ語において、-mişは間接経験を表す一方、話し手の既存の知識（あるいは予測）に反する情報であれば、直接経験に基づく情報にも使用することができる。そのとき-mişは、意外性（mirativity）を表す。この現象に対しては、あくまで-mişは間接経験を表し、-mişの表す驚きは-mişの副次的効果であるとする立場と、-mişは本質的には間接経験による情報ではなく意外性を表すとする立場があり、特に後者の場合、さらに意外性を証拠性に含める立場と、証拠性に含めず、独立した文法範疇と見る立場の2つがある。意外性を証拠性に含める立場に立つと、証拠性は単に情報の出所だけでなく、話し手の既存の知識との関係をも表す範疇であるということになる。

［児倉徳和］

焦点
しょうてん
focus
【語用論】

　焦点とは、情報構造上の新情報または対照的情報に対応する文要素を指す。焦点の実現のされ方は言語によって異なり、例えば英語においてはイントネーションによって実現される。以下では、主に焦点の意味論的／語用論的機能について記述する。また、焦点がおかれている句を[John]$_F$のように記述する。

　焦点の1つの語用論的機能は、談話の情報構造上の新情報を表すことである。たとえば、同じJohn ate the cakeという文でも、Who ate the cake? という疑問の応答としてはJohnに焦点が置かれ、What did John eat? という疑問の応答としては、the cakeに焦点が置かれる。これは、疑問文の応答でwh句に対応する句が新情報を表すことから来る。

　また、焦点はonlyなどの特定の副詞と連合して、意味論的な作用を及ぼす。たとえば、John only introduced [Bill]$_F$ to Sue は「ジョンがビルしかスーに紹介しなかった」という意味だが、John only introduced Bill to [Sue]$_F$ は「ジョンがビルをスーにしか紹介しなかった」という意味となる。この事実は、焦点が、onlyとの相互作用の結果、語用論だけではなく、文の意味に影響を及ぼしていることを示している。

　焦点の機能の統一的説明として、ルース (M. Rooth) は、焦点はそれに置き換わる代替 (alternatives) の集合を意味論的に導入するとした。たとえば、[Bill]$_F$の代替集合はビルに置き換えられる人物の集合である。この理論では、情報構造に関する語用論的規則や副詞の意味は、焦点が導入する代替集合に依存したものとして分析される。

[文献] M. Rooth. Focus. S. Lappin ed. *The Handbook of Contemporary Semantic Theory*. Blackwell, 1996.

［上垣渉］

情報構造
じょうほうこうぞう
information structure
【語用論】

　話し手は、聞き手の知識と意識の状態に関する想定によって、同じことを伝えるのにも異なる表現を用いる。たとえば「昨日、林さんに会ったよ」と言った場合、林さんを知っているという聞き手の知識についての想定が話し手にある（知らないと想定するなら「林さんという人」などと言うだろう）。上の発話の直後に「林さんは元気だった」ということを伝える場合、「林さんは」を言わずに「元気だったよ」とだけ言うのが普通である。林さんが聞き手の意識に上っていると想定できるからである。また、同じ命題を伝える際、話し手が何を伝達の中心と想定するかによっても、文の形は異なり得る（例「太郎はりんごを食べた」vs.「りんごは太郎が食べた」)。さらに、文によって伝えられることには、話し手が聞き手に知らせたい命題の部分（新情報）だけでなく、伝達の土台として聞き手に既知だと想定される命題の部分（旧情報）も含まれ、両者は形式的に異なる扱いを受ける。たとえば「林が犯人だった」と言えば、誰かが犯人だったということが旧情報で、その犯人は林だということが新情報である。

　このような話し手の想定という観点を入れてコミュニケーションで使われる文を分析すると、文の形態・統語構造は文が伝える命題内容（意味構造）をそのまま形にしたものではなく、上記の話し手の想定に影響されていることが分かる。この形態・統語構造に影響を与えるものを意味構造にかぶさるような構造としてとらえたものが情報構造である。

　話し手の想定によって同じ命題を伝える文の形式が異なることを文法理論でどう扱うかについて統一した見解があるわけではなく、文文法の一部に話し手の想定と文の形式の関係を司る部門があると想定する立場では、その部門のことも情報構造と言う。　　［山泉実］

情報のなわ張り理論
じょうほうのなわばりりろん
theory of territory of information
「理論」

　情報のなわ張り理論は、神尾昭雄によって提唱された語用論に関する理論で、情報が、話し手や聞き手の誰に帰属するか、つまり、誰の「なわ張り」にあるかによって表現形式が異なることを明示したものである。

　「私は兵庫県出身です」のような確定的、断言的文型を〈直接形〉、「彼女は多分来るだろう」のような不確定な文型を〈間接形〉とすると、情報が話し手、聞き手のなわ張りの内にあるか外にあるかによって、次の4つの表現形式が用いられる。

		話し手のなわ張り	
		内	外
聞き手の なわ張り	外	A：直接形	D：間接形
	内	B：直接ね形	C：間接ね形

　Aは、情報が話し手のなわ張りにのみ属し、「私は頭が痛い／主人は来週パリに行きます」のような〈直接形〉が用いられる。Bは、情報が話し手と聞き手の両方のなわ張りに属し、「いい天気ですね／君はフランス語がうまいね」のような〈直接ね形〉が用いられる。一方Cは、情報が聞き手のなわ張りにのみ属し、「君は退屈そうだね／係長は出張のようですね」のような〈間接ね形〉が用いられ、Dは、情報が話し手と聞き手のどちらのなわ張りにも属さず、「明日も暑いらしいよ／彼はもう退院したんじゃない」のような〈間接形〉が用いられる（英語では、A, Bが〈直接形〉、C, Dが〈間接形〉で表現される）。

　情報のなわ張りは、さらに分裂文、心理文、遂行文、指示形態素「こ・そ・あ」、thisとthat, comeとgo、「行く」と「来る」、「知らない」と「分からない」の違いなど、多くの言語事象に関わっていることが示されている。

［文献］神尾昭雄『情報のなわ張り理論』（大修館書店 1990）　　　　　　　　　　　　［高見健一］

所有
しょゆう
possession
「文法」

　所有は人間にとって根源的な概念の1つであり、世界のどの言語もそれを表現する慣習化した手段を持っている。

【限定所有と叙述所有】所有表現は大きく二種類ある。限定所有（attributive possession）は名詞句の内部で所有を表現する方法である。たとえば、John's bookや「野田さんの家」のように属格名詞を用いた構文である。

　一方で、述語で所有を表現する叙述所有（predicative possession）もある。たとえば、所有述語を用いたI have a carなどである。これに加えて、主語（＝所有物）の所有者を述語で表現する所有構文もある。たとえば、This car is John'sなどである。

【譲渡不可能所有と譲渡可能所有】譲渡不可能所有（inalienable possession）とは親族や身体部位のように所有者と所有物が不可分の関係にあるような所有を指す。そうではないものを譲渡可能所有（alienable possession）と呼ぶ。世界の言語にはこの意味的違いを構文的違いとして表現する言語もある。たとえばインドネシアのラマホロット語においては「Hugoの家」（譲渡可能所有、laŋo?「家」）はHugo laŋo? = kɔ̃のように属格標識 = kɔ̃を用いるが、「Hugoの足」（譲渡不可能所有、lei「足」）の場合、Hugo leĩのように所有物名詞の語末母音が鼻母音になる。同じ所有でも異なる構文を用いるのである。

【所有と存在】通言語的に所有と存在に共通した語や構文が用いられることがしばしば観察される。たとえば、日本語の「ある」は所有も存在もどちらも表現できる。具体的には、「野田さんには車がある」と「井の頭公園には池がある」のようにである。タガログ語でも両者にmay「ある、いる」が用いられる。

［文献］B. Heine. *Possession*. Cambridge Univ. Press, 1997.　　　　　　　　　　　　［長屋尚典］

自律分節音韻論
じりつぶんせつおんいんろん
Autosegmental Phonology
音声・音韻・理論

　音調の特徴が分節音から自律し、[±高音調] といった弁別素性ではなく独自の表示を持つことを提唱した理論で、非線形音韻論の1つ。レーベン（W. Leben）に端を発する。

　なぜ音調が自律分節かというと、分節音が削除されても音調は残るからである。(1a) の助詞を削除しても、その音調が主語に残ってよい。しかし、音調が母音の特徴なら、助詞の削除とともに必ず失われるはずである。

(1) a. me ga itai → me(e) itai 「目痛い」
　　　 H L LHL　　 HL LHL
　　　 ke wo kitta → ke(e) kitta 「毛切った」
　　　 L H HLL　　　 LH HLL
　　b. usagi → usagi ga/wo 「うさぎが／を」
　　　 LLH　　 LLL H
　　　 karasu → karasu ga/wo 「烏が／を」
　　　 LHL　　 LHL L

　助詞の挿入も自律性の根拠になる。(1b) は大阪方言の例だが、音調は母音の特徴ではなく語ごとに指定された型の特徴なので、Lが続いてHで終わる型かHで始まりLで終わる型かによって、助詞の音調が決まる。

　なお、アクセントと音調の関係を大阪方言 (2a) と東京方言 (2b) の比較で示すと、左縦列のアクセントのある母音がHで、それ以降がLになる。右縦列は無アクセントである。

(2) a. ho.to.tó.gi.su　a.ru.koo.ru
　　　 H H HLL　　　 H HHH
　　　 o.mu.rái.su　me.da.ma.ya.ki
　　　 L L HLL　　　 L L L L H
　　b. ho.to.tó.gi.su　a.ru.koo.ru
　　　 L HHLL　　　 LH HHH
　　　 o.mu.rái.su　me.da.ma.ya.ki
　　　 L HHLL　　　 LH HHH

ただし、(2a) はHで始まる高起式とLで始まる低起式で対立するが、(2b) ではLHで始まる型に中和している。
　　　　　　　　　　　　　　　　[田中伸一]

進化言語学
しんかげんごがく
evolutionary linguistics
分野名

　進化言語学は、人間の言語能力の進化を対象とする研究領域であり、特に1990年代以降、生物学や人類学、神経科学、複雑系科学など多数の関連分野の参入により、大きな学際的発展を見せている。言語進化には、言語能力の最初の出現（＝言語を持つ新しいヒト種の誕生）という「生物進化」と、その後の歴史的経緯の中での個別言語の分岐・変化・多様化という「文化進化」の2つの側面がある。

【言語の生物進化】言語は最初、およそ6～8万年前の東アフリカにいたホモ・サピエンスの小集団内に生じ、出アフリカを経て今日のわれわれの言語能力に至っているというのが、有力な仮説の1つである。これは生成文法が主張する「普遍文法」の仮説と符合するが、それをもたらした先行能力（前駆体）の解明には、認知言語学の考え方が有効にはたらく。

　これまでの人類進化史を書き換えるような重大な発見が現在も相次いでおり、言語の最初の発生時期を明確に特定することは未だ困難である。

【原型言語】人間言語に先行して、より原始的な「原型言語（protolanguage）」がホモ・エレクトスの時代にあったと考える研究者が多い。その手掛かりとしては、幼児や言語失陥患者の不完全な文法や動物のコミュニケーション能力などが示唆される。原型言語は言語進化を漸進的に見れば自然な仮説であるが、これを跳躍的・創発的プロセスと見る研究者は原型言語の存在に懐疑的である。また、原型言語には最初、語相当のものがあり後に文法が生じて組み合わされるようになったのか、一語文相当のものが後に分節されて語相当のものが生じたのかも大きな争点となっている。

【モジュール進化】言語は複数の独立した機能（モジュール module）の集積として成立する

複合的能力であるから、言語全体に対して1つの前駆体を仮定することは妥当ではない。ジェスチャー起源説や発声起源説など、過去に提案された言語起源説のほとんどはこの点で不十分であった。さまざまな種間比較により、発声についてはトリのさえずり能力が、また意味概念については大型霊長類の概念能力が、人間言語との進化的連続性を持つことが強く示唆される一方、統語能力は人間独自のものであることも主張される。各モジュールごとのきめ細かい言語進化研究が現在では可能となっている。

【言語関連遺伝子】遺伝子と脳・認知機能の関係は複雑かつ多層的であり、言語専用の遺伝子は存在しない。FOXP2, ASPM, MCPH1など言語進化や脳進化にも関連する遺伝子が現在では多数知られており、これらがどのような変異を辿って言語能力のどの側面に影響を及ぼすようになったのかの解明が待たれる。FOXP2は当初、文法との関係が指摘されたが、現在では主に構音能力に関わるものと理解されている。

【思考と伝達】ある形質の現在の主機能が最初から適応価を有していたという可能性は低いため、進化研究では元機能と現機能の区別が重要である。言語の元機能が思考か伝達かをめぐっては、研究者の立場は大きく分かれる。少なくとも、言語伝達の進化と言語自体の進化を同一視することはできず、言語進化を伝達機能に限定することなく多元的に研究することが求められる。

【生物進化と文化進化】すべての文化には生物学的基盤があり、言語の文化進化を生物進化とは無関係の事象と考えることは妥当ではない。特に、ニッチ構築やボールドウィン効果など、文化進化が新たな生物進化を促進する要因が注目され、また、音韻変化や文法化などの現象を進化的に捉え直す動きが加速化している。

[文献] 藤田耕司・岡ノ谷一夫編『進化言語学の構築』(ひつじ書房 2012)
　　　　　　　　　　　　　　　　　[藤田耕司]

心理言語学
しんりげんごがく
psycholinguistics

分野名

　心理言語学（言語心理学）は、言語知識・能力の構造と運用メカニズムを、主に実験的手法によって自然科学的に考察する学問分野で、主な話題は、言語の獲得と喪失、また言語の理解と産出である。

【母語の獲得・外国語学習】母語の獲得については、生得的に備わった能力の役割を強調する伝統的立場と、子どもと養育者との積極的相互作用を重視する社会語用論的アプローチが激しい議論を続けている。また、早期外国語教育への社会的関心を背景に、学習された言語の知識構造とその特徴、また外国語学習に対する臨界期と学習時間・加齢の影響についても、実験的知見が蓄積されつつある。

【言語理解】言語理解には複数の心的処理が想定できる。すなわち、(1) 音声の中に音素・形態素を見出し、心内辞書から語彙情報を検索する音韻・形態処理、(2) 形態素間の依存関係を構築する統語処理、(3) 発話文の意味を解釈する意味処理、(4) 文脈を検索し、文意から話者の意図を推論する語用論的処理である（手話についても音韻処理以外は基本的に同様の処理が想定できる）。各処理についての実験心理学的知見は豊富だが、言語理論の多くは実時間内の言語処理を念頭に構築されていないので、両分野の研究は基本的に独立して進んできた。ただし、言語理論上の概念が実験要因として操作されることは多いし、言語理論内の仮説選択に実験的手法が用いられる場合もある。また、各処理間の関係について、言語理論は言語知識にモジュール性（→生成文法）を想定し、組み合わせの記号表現の逐次的変換によって言語現象の規則性を捉えようとする伝統を強く持っているので、言語理論を背景にした言語理解研究は、音素・形態素から話者の意図へと進む逐次的処理を仮定する事が多い。一方で、言語知識に強い

モジュール性を想定せず、異なる言語単位の並列処理を前提として、大きな単位の処理が小さな単位の処理にトップダウン的に影響する可能性を積極的に認める立場もある。この立場では、言語単位の心内表示に組み合わせ的記号表現を仮定しないことも多い。

【言語産出】発話意図の実験的操作が難しいため、言語産出研究は、言い間違いから多くの知見を得てきた。言い間違いは、発話処理過程のみならず、言語の心的単位についても示唆に富む。また近年、直前に処理した文と同じ構文を発話する心的傾向を利用した「統語的プライミング」の手法によって発話過程の実験的考察が可能になった。統語的プライミングは、第一・第二言語に加え、二言語間、さらに失語症患者にも適用されている。

【言語の神経基盤】ヒト脳に対する実証的研究は、技術的・倫理的理由で、言語障害の症例に長く頼ってきた。ここでは、脳の損傷部位と失われた言語機能との対応関係に基づき、脳内での言語機能の所在が考察される。大脳皮質の神経細胞には明確な解剖学的区分があり、脳の機能局在は言語能力の領域固有性を支持する証拠ともなってきた。しかし、近年、外科的処置を伴わず、体外から脳活動を観察する非侵襲的脳機能計測技術が飛躍的に進歩し、言語知識・処理の神経基盤の考察に大きく寄与している。現在、認知症等の神経変性疾患を予測するバイオマーカーの要請を背景に、異なる脳領域間の相互作用に大きな関心が向いている。ここでの機能単位は複数の脳領域間の同期的活動である。脳全体の同期的活動と言語機能との関わりについては、知見がまだわずかだが、今後の新知見が言語理論の設計に改変を促す可能性もある。

[文献] M. トマセロ『コミュニケーションの起源を探る』(勁草書房 2013)、村上郁也編『イラストレクチャー 認知神経科学』(オーム社 2010)、寺尾康『言い間違いはどうして起こる?』(岩波書店 2002)　　　　[時本真吾]

人類言語学
じんるいげんごがく
anthropological linguistics
分野名

言語を文化の一側面と捉え、言語構造と文化との間に一定の相関関係を見出す言語学の一分野。「民族言語学(ethnolinguistics)」「言語人類学(linguistic anthropology)」等とスタンスが異なるが、厳密には区別されない。

20世紀初頭、北米先住民の文化を研究していたボアズ(F. Boas)は人類学において言語学が有効であると考え、人類学の部門の1つとして掲げることを主張した。その後、その門下筋であったサピア(E. Sapir)やウォーフ(B. Whorf)は言語と思考様式に強い相関性があることを説く「言語相対論」を提唱した。言語構造は文化の構造を十分に反映したものであるとの考えが強調され、20世紀前半のアメリカ構造主義言語学による言語の記述研究(記述言語学 descriptive linguistics)に大きな影響を与えた。

伝統的な人類言語学のテーマとしては色彩語彙や親族名称、時空間や環境に対する認識などがある。たとえば、日本語の「青」に相当する語彙に対して英語ではgreenとblueの2種の語彙が対応することが多い。また一部の豪州先住民語では、「左」や「右」といった相対位置を表す語彙を持たず、「東」「西」という絶対的な空間表現を用いる。人類言語学はこのような言語構造に反映された世界観の違いをフィールドワークにより解明してきた。

近年では認知科学による実験的分析手法により、検証可能性が高まってきている。また従来の西洋中心主義では計り知れない特徴的な現象を持つ言語の多くが危機言語であることから、言語構造の記述を超え、口承文芸・歌謡・儀礼等を含む包括的な文化情報を録画・録音し、アーカイヴ化する記録言語学(documentary linguistics)が進められている。

[文献] N. エヴァンズ『危機言語』(京都大学学術出版会 2013)　　　　　　　　　　　　　　　　[林範彦]

数
すう
number

文法

数は文法範疇の1つである。多くの言語では名詞がその指示対象の現実世界での数に従って屈折する。この屈折を引き起こす概念的区別が数である。最も一般的な数の区別は単数（singular）と複数（plural）である。たとえば、英語の可算名詞は単数と複数の対立を複数接尾辞-sの有無で表現している（dogとdog-sなど）。さらに、言語によっては単数と複数に加えて2つの事物を指す双数（dual；両数とも）を持つこともある。たとえば高地ソルブ語がそうである。この言語の一人称主格代名詞はja（単数）、móy（双数）、my（複数）である。単数が「私」を表すのに対して、双数が「私たち（二人）」を、複数が「私たち（三人以上）」を指す。このように双数を持つ言語では複数の意味が「三以上」となる。

数は人称や性とともに一致に関わる文法範疇であることが多い。たとえば、スペイン語では動詞が主語の人称・数について一致する。たとえばcomer「食べる」という動詞は、直説法現在では、主語が一人称単数の場合はcom-oという語形だが、一人称複数の場合はcom-emosという語形をとる。

【文法範疇としての数】 ここで言う数とは文法範疇、すなわち英語の-sのように屈折という語形変化として実現する概念的区別のことを指す。この意味での数を日本語は持たない。もちろん日本語でも単数と複数を概念的に区別することはできるが、その違いが日本語では語形変化として実現しない。ただし、語類としての数詞なら日本語にもある。

【動詞数】 言語によっては事態の繰り返しや事態に参加する参与者が多いことを標示する体系を持つ。これを動詞数（verbal number）または複行為性（pluractionality）と呼ぶ。アイヌ語の例：kor「持つ」とkor-pa「たくさん持つ」。

［長屋尚典］

数詞
すうし
numeral

文法

数詞とは数を表現する語群である。日本語で言えば「いち」「に」「さん」「し」などのことである。数という抽象的な意味を表現し、また、1つの言語における数詞の数は限られたものであるため、言語によっては独立の語類として認める場合もあるが、名詞や形容詞の下位範疇とする言語もある（→語類）。数詞とは語のグループの名前であり、文法範疇でいうところの数とは異なる（→数）。

数詞には大きく2つの種類がある。基数詞（cardinal number）と序数詞（ordinal number）である。基数詞は単に数を表現するための数詞で、英語で言えば、one, two, three, fourなどがそれにあたる。一方で、序数詞は順序を表現する数詞であり、英語で言えば、first, second, third, fourthなどがそれにあたる。

数詞の体系で最も一般的なものは十進法である。しかし、それ以外の数詞の体系も存在し、五進法、二十進法などが知られている。バスク語のように十進法と二十進法を混ぜて使う言語も存在する。これは人間が手の指や足の指を使って数を数えるためと考えられ、実際、5という数詞と「手」を表す語が同じ言語も多い。一方で、オーストラリア原住民語など限られた数の数詞しか持たない言語も存在し、ピダハン語にいたっては数詞が存在しないと主張されている。

数詞は数という人間の思考に根本的な概念を表現するため、比較言語学における基礎語彙としてよく用いられる。しかし、ある言語の数詞が他の言語からの借用である場合も存在する。実際、日本語では和語数詞だけでなく漢語数詞も併用しており、特に、11以上の数字はもっぱら漢語を用いる。タガログ語においても同様で、この言語固有の数詞に加えて、時刻や値段の表現ではスペイン語あるいは英語の数詞が用いられる。

［長屋尚典］

数字
すうじ
numeral

文字

　数は常にthreeなどの数詞によって表現できるが、それとは別に多くの言語が数を表記する文字を持つ。これを数字と呼ぶ。数字は、その成り立ちから写像型、アルファベット型、頭音型、算用数字型に大別される。

【写像型】楔形文字、エジプト文字、線文字A・Bなどは、1本の線で1を表し、線の本数によって9までの数を表記する。10を表記する記号は別にあり、その個数と線の本数を組み合わせて10以上の数を表記する。なお、楔形文字は60進法をとるため、60には1と同じ文字をあてる。また、マヤ文字は点(1)と横棒(5)の組み合わせによって、数を表記する。

【頭音型】ギリシア人は1〜9を写像的な数字で表記したが、それに加え、一部の数詞の頭文字を数字として用いた。たとえば、Πで5 (Πέντε)、Δで10 (Δέκα)を表記した。ローマ数字のCやMも頭音型の数字と考えられる。

【アルファベット型】ギリシア人は上記の数字に加え、紀元前6世紀頃からアルファベットを数字として使い始めた。最初の9文字($α$から$θ$)で1〜9、$ι$からの9文字で10の倍数、$ρ$からの9文字で100の倍数を表記した。ヘブライ文字やアラム文字もこの方式を取り入れた。

【算用数字型】漢数字、ブラーフミー数字、ローマ数字は1から3を線の本数で表現するが、それ以外の数字には写像性がない。このうちブラーフミー数字はインドで成立した。これがゼロと位取りを持つインド数字となり、800年頃にイスラーム圏へと伝わった。アラビア文字にはアラム文字由来の伝統的配列があり、それがアルファベット型の数字として用いられていたが、イスラーム圏の人々はインド数字を取り入れ、さらにヨーロッパに伝えた。これが今日のアラビア数字(算用数字)である。

[文献] G. イフラー『数字の歴史』(平凡社 1988) [池田潤]

スキーマ
schema

一般

　認知文法(→認知言語学)の用語。2つの(意味、音韻、記号)構造の間に、一方(たとえばmammal, do somethingの意味、音韻的な単位としての母音、日本語の受動構文)が他方(たとえばcat, throw a ballの意味、音素/e/、「太郎は花子に叱られた」という受動構文の具体例)よりも特定性が低く(一般性が高く)、前者の規定を後者がすべて満たす、という関係が成立する場合、前者は後者に対するスキーマである(逆に、後者は前者を具体化または精緻化している)と言う。タクソノミー的な階層関係における上位カテゴリーはその下位カテゴリーのスキーマである。

【スキーマとプロトタイプ】認知文法では、カテゴリーの構成要因としてプロトタイプとともにスキーマが重視される(→カテゴリー化)。あるカテゴリーのプロトタイプPの規定をすべて満たしてはいない概念Xが、それにもかかわらず、両者の相違点が捨象されることによって、そのカテゴリーに組み込まれるという形でカテゴリーの拡張が生じる場合、一般にPとXの共通項としてスキーマSが抽出されている―Sの抽出がカテゴリー拡張の要因である―と考えられる。(PとXはともにSを精緻化していることになる。)

【文法カテゴリーのスキーマ】たとえば、日本語の受動構文(→ヴォイス)というカテゴリーにおいては、「太郎は花子に叱られた」のような(「花子は太郎を叱った」のような直接対応する能動文のある)直接受動構文がプロトタイプで「太郎は花子に泣かれた」のような(そのような能動文を持たない)間接受動構文はその拡張であると考えられるが、両者は〈Y(ニ格名詞句の指示する人やもの)の行為によってX(主語の指示する人やもの)が影響を受ける〉という意味スキーマを共有している―そのようなスキーマがカテゴリー拡張を動機づけている―と言える。

[西村義樹]

スタイル
style
【社会】

スタイルとは、1人の話者において生じる言語的な変異のこと(→社会言語学)。スタイルが指すものは、文体・話体、特定の音声的特徴、パラ言語的特徴など、研究の対象によりさまざまなレベルで設定される。

【変異理論における古典的なスタイル】 変異理論を打ち立てたラボフ(W. Labov)は、都市コミュニティの話者内の変異を、言語変数の使用の観察を通して分析した。その結果、話者が自分の発話に注意が向いている時と向いていない時とで、特定の語の発音が変わることを発見した。話者の発音が、発話に注意を向ければ向けるほど調査都市の標準変種に近くなり、向いていなければそれだけ話者の出身コミュニティ元来のものに近くなるというのである。注意のレベルを段階別に抽出する方法としてラボフは、(話者の注意のレベルの高いものから順に)語彙リストの読み上げ、文の読み上げ、調査者とのインタビュー会話、親しい者同士でのカジュアルな会話、危険に遭った経験談を語るといった場面を設定した。語彙リストでは標準変種に近くなり、「危険に遭った経験談」では話者の母変種に近くなることが観察された。このことから、スタイルが「カジュアル」と「フォーマル」のゆるやかな連続体モデルをなしていることが提唱された。この考え方は画期的であったが、細かな批判も多く受け、ラボフ自身も必ずしも実態を正確に予測するものではない理論上のものとして留保するようになった。

【社会心理学的なアプローチ】 変異理論研究の発展に伴い、調査者の属性や言語使用がインタビュー内での被調査者の言語使用に与える影響の大きさが、方法論的な問題の1つとして指摘された結果、社会心理学的な考察が発達した。そこで生まれたのが、スピーチ・アコモデーション理論(speech accommodation theory)や、オーディエンス・デザイン理論(audience design theory)といった考え方である。これらの理論はスタイル選択を、話者による聞き手との関係性の構築への意思から説明した。話者が、聞き手との関係の構築やポライトネスなどの観点から、聞き手の所属する集団のスタイルないしその場の社会関係においてより適切と考えられているスタイルを選択していると考えるのである。スタイル選択が、注意からだけではなく、対人関係が関わる相互行為の観点から捉えられるようになったのである。

【より流動的なスタイル】 上述の2つのモデルだけでは、さまざまなスタイル選択を捉えきれない。上述のモデルでは、話者が使用するスタイルは、話者が属しているとされる集団の社会・地域方言と一致していることを前提としているが、実態はより多様である。また、話者の所属集団ないし所属を望む集団は、話者が選択するスタイルによって構築されるという考え方も生まれた。そのため、近年では、ジェンダー、セクシャリティ、若者文化、エスニシティなどと結びつけられた言語的な特徴を用いた、話者による自己の位置づけ(アイデンティティの構築)や他の成員との社会関係の構築が注目されている。また、1対1の会話のみならず、流行歌やコメディ等に見られるような言語によるパフォーマンスも分析されるようになった。

【日本におけるスタイル研究】 日本でも、さまざまなスタイルが研究されている。若者言葉、女性語や役割語といったレジスターや、「ですます体」や敬語といった待遇表現、フォーマル(漢語や書きことば的な表現)とインフォーマル(新語や話しことば的な表現)といったスピーチレベル、「方言コスプレ」など会話におけるストラテジー(方略)の研究がある。

[文献] N. Coupland. *Style: Language Variation and Identity*. Cambridge Univ. Press, 2007., 石黒圭『日本語は「空気」が決める 社会言語学入門』(光文社 2013)

[山下里香]

ステレオタイプ
stereotype
社会

　18世紀印刷に使用された鉛版 stereotype が語源。特定の集団や物事に関して社会に普及している画一的なイメージや類型、あるいは、考え方や表現が型にはまっていて新鮮味がないこと。集団に関するステレオタイプの例には、人種、ジェンダー、地域、年齢、職業、趣味に基づく集団に関する固定観念があるが、当該集団にあてはまらないものも多い。また、どの集団を区別し、どのような固定観念を与えるかは文化や時代によって異なる。否定的なステレオタイプは、その集団に対する偏見や差別につながる場合もある。ステレオタイプの普及には、メディアにおける類型的な人物描写が一定の役割を果たしている。

　言語に関しても「この集団はこのようなことばづかいをしている」というステレオタイプがある。言語のステレオタイプも実際のことばづかいと異なる場合が多いが、言語研究では両者が混同されることもある。たとえば、ロビン・レイコフ（Robin Lakoff）が列挙した英語の女ことばの特徴は、後の研究によって、女のことばづかいに関するステレオタイプであることが分かった。この意味で、言語研究がステレオタイプを作り出す場合もある。一方、言語のステレオタイプは、その集団のことばづかいを評価したり、集団メンバーの言語選択に影響を与える点で、言語研究の重要なトピックとなる（→言語イデオロギー）。「女性は丁寧に話す」というステレオタイプがあるために、丁寧でない発言に不快感を抱いたり、丁寧なことばを選択して女らしさを強調するなど。また、ステレオタイプはことばづかいと集団の特徴を結びつけるので、この結びつきを利用して人物像を描く場合もある。

[文献] R. レイコフ『言語と性―英語における女の地位 新訂版』(有信堂高文社 1990)　　　　[中村桃子]

図・地
ず・じ
figure / ground

　知覚心理学由来の用語。視覚経験では通常視野は均質ではなく、小さく閉じた部分が図（figure）として浮かび上がり、周囲は地（ground）となる。視野が図と地に分割されることを図地分化という。図は物として、地は図が存在する場として知覚される。

　「ルビンの盃」では、黒が地になれば白の図（盃）が見え、白が地になれば黒の図（人物の顔）が見える。この現象を図と地の反転と呼ぶ。どちらの場合も目に写る図柄は同じであるが、知覚者の注意のあり方に応じて同じ図柄から異なる知覚経験が生じる。つまり知覚経験は外部世界の脳内コピーではなく、知覚者の捉え方によって変わり得ることになる。

　言語の意味において話し手の捉え方を重視する認知言語学者、特にタルミー（Leonard Talmy）とラネカー（Ronald Langacker）は、図地分化を意味構造にも認めている。

　タルミーの図（F）と地（G）は、それぞれ「可動物」「その位置などを判定するための基準点」である。(1) The bike (F) is near the house (G) (2) ? The house (F) is near the bike (G) は同じ状況を指すが、自然さが異なる。(1) では位置が固定した家をG（地）と捉え、それを基準としてF（図）である可動物の自転車を位置づけている。これは状況に対する自然な捉え方を反映している。一方 (2) では、位置が固定しない自転車をGと捉え、それを基準に移動不可能な家をFとして位置づけている。これは状況に対する不自然な捉え方を反映している。同じ状況を指し示す2つの文の自然さの違いが状況の捉え方の自然さの違いから説明されることになる。

　言語における自然な図地の反転の例としては「蜂が庭にいっぱいいる」「庭が蜂でいっぱいだ」がある。前者は蜂を図と見ているが、後者は庭を図と見ている。　　　　[本多啓]

生産性
せいさんせい
productivity
（一般・文法）

　語形成において、ある形態素が、自由に新しい語を作れるかどうかを表す。多様な組み合わせが可能な形態素は、生産性が高いと言う。

　たとえば、日本語の形容詞語幹について名詞化する接尾辞に、「-さ」と「-み」があるが、生産性は大きく異なっている。「-さ」は、「高さ」「自分らしさ」など複合形容詞を含むさまざまな形容詞と結びついて名詞を作ることができ、生産性が高い。一方、「-み」は、「高み」と言えても「*低み」と言えないように、一部の形容詞としか組み合わせられず、生産性が低い。また、「大（だい）-」と「大（おお）-」では、原則として、前者は漢語やカタカナ借用語と、後者は和語と結びつくという、語種の制限がある。つまり、「大都会」「大ヒット」などでは「大（だい）-」の方が、「大嘘」、「大部屋」などでは「大（おお）-」の方が付加されている（「大地震」などどちらも付加されうる例外もある）。

　生産性が問題になるのは、語形成においてのみであり、句や文については一般に問題にならない。言い換えると、語彙部門では生産性が限定的な場合があるが、統語部門では常に生産的である。たとえば、目的語が漢語か和語かというような制限を持つ動詞はない。また、「掻きむしる」と「食べかける」は、一見すると、同じく2つの動詞語幹を組み合わせた複合動詞であるが、前者は語彙部門で、後者は統語部門で作られるとする研究もある。つまり、「〜むしる」は生産性が低く、「*こすりむしる」のように別の語幹と組み合わせることが難しいが、「〜かける」は生産性が高く、多くの組み合わせが可能である。

[文献] 影山太郎『文法と語形成』(ひつじ書房 1993)

［白井聡子］

正書法
せいしょほう
orthography
（文字）

　特定の言語を特定の文字体系で正しく表記するための規範。通例、政府などによって定められ、学校教育を通して周知される。

　同一言語（例：日本語）でも文字体系が異なれば（例：漢字・仮名、ローマ字）別の正書法があり、逆に同じ文字体系（例：ローマ字）でも言語が異なれば（例：英語、ドイツ語）別の正書法がある。同じ文字体系で同一言語を書く場合でも、時代によって（例：旧仮名遣い、新仮名遣い）、国によって（例：英国と米国）正書法が異なる場合がある。

　あらゆる正書法が個々の文字と発音の対応関係、および表記要素と発音の対応関係を定める。表記要素とは、文字列全体として発音に対応し、それ以上分解すると発音との対応がくずれてしまう二重字（英語のsh、日本語の「時雨」など）や三重字（ドイツ語のsch、日本語の「五月雨」など）のことである。

　漢字と仮名を交じり書きする日本語の正書法は、それらの使い分けや送り仮名を定めている。言語や文字体系によっては、子音連続の表記、母音の表記、分かち書きの仕方、句読点の打ち方、大文字と小文字の使い分け、外来語の表記を定める正書法もある。

　正書法には、厳格なものと柔軟なものとがある。厳格な正書法は正しい表記を1つに定め、自由裁量の余地を残さない。それに対し、柔軟な正書法は正しい表記に幅を持たせ、その範囲内で複数の表記を許容する。日本語に比べ、英語はより厳格な正書法を持つ。

　正書法には「深さ」もある。浅い正書法は、フィンランド語のように個々の文字と発音の対応関係が一対一に近く、綴りに例外が少ない。深い正書法は、英語のように文字と発音の対応関係が複雑で、例外的な綴りが多い。

[文献] F. クルマス『文字の言語学―現代文字論入門』(大修館書店 2014)

［池田潤］

生成音韻論
せいせいおんいんろん
Generative Phonology
【音声・音韻・理論】

生成文法（generative grammar）の流れを汲む音韻理論で、生成統語論と二人三脚で発展した形式理論。Chomsky & Halle（1968）の出版年をもって誕生とされる。この著作の頭文字をとって、当時の枠組みをSPE理論と呼ぶ（→分節音韻論）。

その特徴は3つある。第1に、文法を一種の関数 $y = f(x)$ として捉え、ある言語のもとになる形式 x（深層構造）が与えられれば、その言語に実在する形式 y（表層構造）を生成する f が文法だと定義する。つまり、音素や形態素や語の音韻形式を学習すれば、語や句や文の適格な音声形式をすべてかつそれだけを生成する内在的な f を解明することが目標となる。

第2に、医学が病気や怪我などの異状から健康や身体構造を探るように、ある言語の非文法的な（実際には存在しない）音声形式を手がかりに、文法的な音声形式を可能にする内在的な f を探る。この点は、生成文法以前の記述文法が、ある言語に実在する文法的な表現形式のみを集めて体系化した外在的なものを文法と定義したのと対照的である。

第3に、天動説が地動説に、ニュートン力学が量子力学に取って代わられたように、（小規模なものも含め）パラダイムシフトにより理論が発展した点である。端緒となるSPE理論に対し、そのアンチテーゼとして70年代に自然音韻論、語彙音韻論が提唱されたのち、80年代にかけて非線形音韻論の旗印のもと、韻律分野では自律分節音韻論、韻律音韻論、韻律形態論、音律音韻論、分節音分野では不完全指定理論、素性階層理論に精緻化された。しかし、90年代には、より一般的な最適性理論にすべて吸収・統合される歴史を辿った。

[文献] N. Chomsky, M. Halle. *The Sound Pattern of English*. Harper & Row, 1968.　　　［田中伸一］

生成文法
せいせいぶんぽう
generative grammar
【理論】

生成文法は、1950年代に米国の言語学者ノーム・チョムスキー（Noam Chomsky）が提唱した言語学の革新的パラダイムであり、理論言語学の大きな潮流として現在も発展を続けている。それまでの言語学は個々の言語現象の蒐集と分析を主な目的としていたが、生成文法はそれらの現象の根底にある人間の言語能力そのものを研究の対象とし、それを通して人間の心・脳の理解を目指すものである。生成文法の登場によって、言語学は単なる用例研究を超え、人間の本性に迫る経験科学に昇華されることになった。

【普遍文法】生成文法では、全人類共通の生得的言語能力の基盤として普遍文法（Universal Grammar; UG）の存在が主張される。これはノーマルな言語環境で生まれ育つすべての人間が、そして人間だけが、生後わずか数年で母語を獲得し、また獲得された母語文法には実際の言語経験からは帰納できない豊かで複雑な知識が含まれているという「驚くべき事実」を説明するために提案された。それまでの行動主義心理学では、母語獲得も刺激に対する反応であり、幼児は自身の言語経験だけに基づいて母語を学習していくと考えられていた。チョムスキーはこの経験主義に異議を唱え、母語話者の持つ言語知識を説明するには生後の経験だけでは不十分であって、乏しい言語刺激を豊かな母語知識へと写像する仕組み（＝UG）が、あらかじめ人間には備わっていなければならないと主張して、デカルト的合理主義を復活させた。

【原理・パラメータのアプローチ】以降、生成文法は母語話者の文法能力（内在言語、I-Language）の明示的モデル化を通したUGの実体の解明を目指し、主に3つの発展段階を経て現在に至っている。最初の飛躍的な発展は、その第2期にあたる「原理・パラメータの

アプローチ」において起きた。言語はただ1つの人間言語としての深層の普遍性と各個別言語間に噴出する表層の多様性という2面性を持つ。このアプローチは、UGは普遍的一般原理と、それに付随してこれら一般原理の各個別言語における作動様式を微調整するパラメータから構成されると考えて、この2面性を同時に捉えようとした。また母語獲得は経験に基づく各パラメータ値の設定であるとすることで、記述的妥当性（I-言語の正しい理論化）と説明的妥当性（UGの正しい理論化）の双方を達成できるとした。パラメータ的変動は、言語の共時的・通時的・発達的多様性のすべてに関わるものであり、類型論や対照言語学、比較言語学、言語獲得研究の各方面に多大な影響を及ぼした。とりわけ、それまでは英語など少数の言語だけが分析の対象であったが、今や日本語を含む世界の多数の言語について、それらの細部に渡る多様性をパラメータ値の微弱な変動から演繹的に導出することが可能になった。その一方で、次々と明らかになる言語現象の多様さに対応するため、原理・パラメータ共に複雑さを増していき、これらすべてを生得的知識とすることの概念的不自然さや、遺伝的形質に関する生物学的理解との齟齬が生じることにもなった（→極小主義）。

【言語と認知のモジュール設計】言語は単一の機能ではなく、意味と音声を階層的統語構造を介して繋ぐというモジュール設計を持ち、またこの言語も人間の認知全体の中にあって1つのモジュールを形成している。生成文法では、人間言語の最大の特徴を離散無限性や回帰性という構造特性に見出し、これを可能にする統語演算能力（シンタクス）と意味・音声との関係を中心とした研究が推進されている。モジュール性は進化可能性を保証するものであり、言語や認知の起源・進化を理解する上でも重要な考え方である。

[文献] N. チョムスキー『生成文法の全て』（岩波書店 2011）　　　　　　　　　　　　［藤田耕司］

声調
せいちょう
tone

音声・音韻

　言語の中には、音節などの単位がいくつかの決まった高さのパターンのうちのどれか1つを伴って発音され、その違いによって意味を区別するものがある。たとえば、タイ語の[ma:]という音節は、高さのパターンの違いによって「馬」「犬」「来る」といった異なる語になる。このような現象を声調と呼ぶ。

【タイプによる分類】高い・低いといった高さの段階によるものを段位声調（register tone）という。上昇や下降のように高さが変化するものは曲線声調（contour tone）といわれる。

【担う単位による分類】音節が担う声調を音節声調という。[m̩][ŋ̍]といった子音1つだけの音節が声調を担う言語もある。語（やそれより上の単位）全体に一定の高さのパターンが覆い被さるものを語声調という。鹿児島方言が有名で、近畿方言の高起式・低起式といわれるものもその一種と見ることができる。

【機能】声調は語や形態素を区別する、すなわち語彙的な意味を区別するのが一般的であるが、完了・不完了といった文法的な意味を区別するのにも用いる言語がある。

【表記】縦の垂直の線で高さのレベルを示し、高さのパターンをその脇に視覚的に表す記号がある（˥ ˧ ˩ ˦ など）。それをアクセント記号で示す方法もある（a à ǎ など）。IPAではないが、開始点・終了点の高さを5段階の数値で表す方法（55、22、15など）は、分かりやすく、かつ扱いやすいのでよく使われる。

声調の発生（tonogenesis） 子音や母音の種類によってその音節の高さが異なる。何らかの要因で子音や母音の区別が失われた結果、元からある高さの違いが意味の区別に重要となって声調が発生するという現象がある。

[文献] 早田輝洋『音調のタイポロジー』（大修館書店 1999）、松森晶子ほか『日本語アクセント入門』（三省堂 2012）　　　　　　　　　　　　［斎藤純男］

声符・義符
せいふ・ぎふ
phonetic radical / semantic radical

【文字】

漢字は、伝統的に指事、象形、形声、会意、転注、仮借の6つに分類される(六書)。このうち形声に分類される漢字は、意味を義符(ないし意符)から取り、読みを声符(ないし音符)から取る。たとえば、「江」と「河」は同じ義符を持ち、それが「水に関係している」という意味的分類を示す。義符を除いた「工」と「可」の部分が声符で、それぞれが「江」と「河」の読み方を示している。

上の例では左が義符で右が声符であるが、ほかに右と左(「項」など)、上と下(「草」など)、下と上(「梨」など)、外側と内側(「園」など)、内側と外側(「問」など)など、さまざまな配置がある。

一般に文字は表音文字と表語文字に大別できるが、楔形文字やエジプト文字にはそのどちらにも属さない第三の文字が存在する。それは後続ないし先行する文字列がたとえば人なのか、木製品なのか、草なのかを分類するだけで、具体的な語や音をいっさい表さない文字で、限定符(determinative)と呼ばれる。

義符は限定符とよく似た役割を果たす。たとえば、人偏、木偏、草冠はそれを含む文字の意味的分類を示すだけで、具体的な語や音をいっさい表さない。ただし、限定符が独立した一個の文字であるのに対し、義符は一個の文字を構成する部品である点が異なる。

ある時期、漢字は仮借による表記を積極的に行い、表音文字に接近した。たとえば、「ゆったりした衣服」を表す「袁」を「とおい」や「サル」を表す同音異義語の表記に用いた。その際、表記の曖昧さを避けるためにつけられたのが義符である。当初、義符の使用は任意であったが、やがて固定化して「遠」「猿」などの形声文字が誕生した。この原理で新しい字を大量生産した結果、漢字は一語一字の表語文字へと転じていった。　　［池田潤］

精密コード・限定コード
せいみつコード・げんていコード
elaborated code / restricted code

【社会】

バーンスタイン(B. Bernstein)による言語コミュニケーションに関する概念。ここで言うコードはコミュニケーションの型を指す。限定コードは限られた語彙が繰り返し使われ、1つ1つの文が短い傾向があるのに対し、精密コードは抽象的な語彙が多く含まれ、展開が論理的であって、1つ1つの文も長くなる傾向がある。限定コードでは必要十分な情報提供ができない場合が多いのに対し、精密コードではそれが可能となる。

たとえば、部屋の片付けを子どもにさせる際、「どうして今片付けないといけないの」と質問された場合、限定コードで答える場合には「片付けろと言っているのだから、片付けなさい。親の言うことがわからないのか」のようになる。

一方、精密コードでは「今のままにしておいたら、誤っておもちゃにつまずいたり、踏んじゃったりするじゃない。あなたもきれいな部屋が好きでしょう」のようになる。

バーンスタインによれば、中産階級の子どもは日常生活で精密コードと限定コードを身につけるため、状況に応じて2つのコードを使い分けられるようになるが、労働者階級の子どもは、日常生活で限定コードのみを身につけるため、精密コードが用いられる学校教育では授業についていけなくなってしまうという。

学童期に入る子ども達がこの2つのコードをどのように習得しているかを把握するためには、特定の子どもを対象とした調査を一定期間実施することが必要である。ただし、2つのコードの言語学的特徴を明確に区分することは実際には困難だという指摘もある。

［文献］B. バーンスタイン『言語社会化論』(明治図書出版 1981)、D. マツモト『文化と心理学―比較文化心理学入門』(北大路書房 2001)　　［朝日祥之］

接近可能性の階層
せっきんかのうせいのかいそう
Accessibility Hierarchy

文法

　接近可能性の階層はキーナン（E. Keenan）とコムリー（B. Comrie）（以下KC）が提案した関係節に関する通言語的制約のことである。

【関係節の定義】 KCは二段階で集合を特定する構文を関係節構文と呼ぶ。すなわち、ある大きな集合を特定した上で、その中で制限節が真となるような部分集合（か個体）をさらに特定するような構文である。たとえば、英語でthe book which John boughtと言えば、主要部名詞句（head NP）で指示された「本」のうち、「ジョンが購入した」ということが真であるような「本」を特定している。

　この意味での関係節は日本語にもある。「野田さんが捨てた自転車」と言うと「自転車」のうち「野田さんが捨てた」が真であるような自転車を特定しているのである。

　関係節では、主要部名詞と制限節内の空所は同一指示の関係にある。たとえば、英語の例では、主要部名詞句the bookは、制限節which John bought __ の空所と同じ指示対象を持っている。このとき制限節内で空所は目的語に相当するため、目的語について関係節化している（relativize on）と言う。

【接近可能性の階層】 KCは約50の言語を調査し、関係節化可能な文法関係について世界の言語は大きく違うことを発見した。しかし、その違いがまったくランダムなものではなく、規則性を持っていることも同時に発見した。それが接近可能性の階層（以下AH）である：主語 > 直接目的語 > 間接目的語 > 斜格語 > 属格 > 比較の対象。ここで >は「より接近可能な」という意味であり、たとえば、主語は直接目的語よりも関係節化しやすいということを示している。

　KCはこの階層に基づいて、世界の言語の関係節構文について3つの普遍性を提案した。(1) 世界のどの言語も主語は関係節化できる。(2) いかなる関係節構文もAHの連続した部分に適用される。たとえば、主語から間接目的語まで関係節化できるような構文はあるが、目的語を飛ばして主語と斜格語だけを関係節化できる構文はない。(3) AHのある層を関係節化できる構文が、それより低い層を関係節化できないことはある。

【AHとprimary strategy】 KCはそれぞれの言語で主語を関係節化できる構文をprimary strategy（以下PS）と呼んだ。このPSが世界の言語でどのような文法関係を関係節化するか調べたところ、以下の表のようになった（以下の表ではAH上の文法関係は略号で示す。比較の対象は省略。「OK」は関係節化可能を、「*」は不可をそれぞれ表す）。

	SBJ	DO	IO	OBL	GEN
Malagasy	OK	*	*	*	*
Welsh	OK	OK	*	*	*
Basque	OK	OK	OK	*	*
English	OK	OK	OK	OK	OK

　まず、マダガスカル語は主語しか関係節化できない。たとえば、「学生は女性を見た」から「その女性を見た学生」（主語を関係節化）とは言えても、「その学生が見た女性」（目的語を関係節化）とは言えない。

　一方で、英語はAHのすべての段階が関係節化できる珍しい言語の1つである。主語や目的語だけでなく、the girl whose car the lady bought for her son（属格）, the girl who the boy is taller than（比較の対象）のように階層の低い文法関係まで関係節化できる。

　マダガスカル語と英語を両極端とすると、その間に、ウェールズ語のような主語と直接目的語しか関係節化できない言語や、バスク語のように主語と直接目的語、間接目的語の3つを関係節化できる言語がある。

　このように、PSに注目した場合、AHについて「ある言語がAHのある文法関係について関係節化できる時、それより高い文法関係についても関係節化できる」という含意的普遍性が観察できるのである。　　　　　［長屋尚典］

接語
せつご
clitic
【文法】

　接語とは、統語論上では単独の語として扱われるものの、音韻論的には他の語(これをホストと呼ぶ)に依存している拘束形態素のことである。倚辞とも訳される。先行するホストに依存する接語は前接語(enclitic；後倚辞とも)と呼ばれ、後続するホストに依存する接語は後接語(proclitic；前倚辞とも)と呼ばれる。言い換えると、前接語はホストに後続し、後接語はホストに先行する。

　英語を例にとると、所有の's は前接語であり、定冠詞 the は後接語である。統語論的には、's は John's car のように2つの名詞を1つの句にする働きを持っており、the は the dog, the big dog, the two big dogs のように多様な名詞句の定性を表現する。一方で、音韻論的側面に目を向けると、's や the は単独で文中に現れることはなく、他の語とひとまとまりで発音され、隣接する語によって発音が変化する。たとえば、the は直後に母音始まりの語が現れれば[ðɪ]、子音始まりの語が現れれば[ðə]と発音される。

【接辞と接語】接辞と接語はともに拘束形態素であるが、以下の基準で区別される。第一に、接語はさまざまな語類をホストにとることができる。上記の例で the は名詞にも形容詞にも数詞にも先行している。接辞は語基を自由に選ばない。第二に、ともに拘束形態素であるものの、接語は接辞に比して独立度が高い。たとえば、接語の中には一定の条件で節内を移動するものも存在する。ただし、接語は語とも接辞とも言えない言語形式のことを指すため、多様なものを含んでおり、接辞と接語の区別が難しい場合もある。

【接語と文法化】文法化は独立した内容語が文法的接辞へと歴史的に変化する言語現象のことであるが、その中間段階として文法的機能を持つ接語が生じることがある。　　［長屋尚典］

接辞
せつじ
affix
【文法】

　接辞とは、複数の形態素から構成される語において文法的機能を担っている形態素のことを指す。これに対して、語彙的な内容を表現する形態素は語基(base)と呼ばれる。たとえば、英語の un-install-er では「インストールする」という具体的意味を表す部分 install が語基であり、否定や動作主名詞化という文法的機能を担う un- と -er が接辞に相当する。一般に、形態素はそれ自身で語となりうる自由形態素とそうでない拘束形態素に分けられるが、語基が自由形態素でも拘束形態素でもありうるのに対し、接辞は常に拘束形態素である。慣習的に、屈折接辞のつく語基のことを特に語幹(stem)と呼び、それ以上分析不可能な語基のことを語根(root)と呼ぶ。

【接辞の種類】接辞は、語の中での語基に対する位置の観点から、いくつかの種類に分類される。接頭辞(prefix)は語基の前に出現し、接尾辞(suffix)は語基の後に現れる。接中辞(infix)は語基の中に挿入される。接周辞(circumfix；共接辞とも)は語基を前後から挟み込むように添付される。それぞれの例をタガログ語から以下に挙げる：名詞から動詞を派生する接頭辞 mag-(例：kape「コーヒー」→ mag-kape「コーヒーを飲む」、taxi「タクシー」→ mag-taxi「タクシーに乗る」)、場所名詞を派生する接尾辞 -an(例：kain「食べる」→ kain-an「レストラン」、sakay「乗る」→ sakay-an「乗り場」)、動作が実現されたことを表現する接中辞 \<in\>(例：ibigay「与える」→ ib\<in\>igay「与えた」、hugasan「洗う」→ h\<in\>ugasan「洗った」)、抽象名詞を形成する接周辞 ka- -an(例：dilim「暗い」→ ka-dilim-an「暗さ」、lusug「健康だ」→ ka-lusug-an「健康」)。

　なお、日本語などの膠着的性質を持つ言語においては接辞が接辞連続の途中に観察されることがあるが、これは接中辞ではない。

たとえば、tabe-sase-rare-taは複数の接尾辞が連続して出現しているだけであって、-saseや-rareは接中辞ではなく接尾辞である。

このほかにも以下のようなものが接辞に含められることがある。貫通接辞（transfix）はアフロ・アジア語族セム語派のみに見られる非連続的な接辞である。たとえば、エジプト・アラビア語では、非連続的な貫通接辞が子音のみからなる語根k-t-bについて複雑なパターンをなす（例：katab「彼は書いた」、jiktib「彼は書くだろう」）。超分節接辞（suprafix; かぶせ接辞とも）とは英語のímport「輸入（名詞）」とimpórt「輸入する（動詞）」のように強勢の位置で品詞を区別する現象である。接合辞（interfix; 中間接辞とも）はharu-s-ame「春雨」のように複合語形成の際に挿入される要素のことである。

【接辞の種類と地域・語族・言語類型】 このように接辞にはいくつかの種類があるが、すべての言語においてすべての種類の接辞が存在するわけではない。接頭辞および接尾辞はほとんどの言語で見られるが、接中辞は比較的珍しく台湾やフィリピンのオーストロネシア諸語において頻繁に観察され、貫通接辞はアフロ・アジア語族セム語派においてよく観察される。また、ある言語がどのような種類の接辞をもつかはその言語の基本語順ともある程度相関する。日本語のように基本語順がSOV型の言語は接頭辞よりも接尾辞を用いる傾向にあるが、英語などSVO型の言語は接頭辞と接尾辞の両方を用いる傾向がある。

【類似する概念】 接辞に類似するが区別されるべき概念として接語と重複がある。接語は、形式的には特定の形態素に従属するものの、句レベルの統語論的振る舞いを見せる語のことである。重複は語の一部または全部を繰り返すことによって意味を付け加えたり語類を転換したりする形態論的プロセスである。

【接辞の機能】 接辞の機能には新しい語形をつくる屈折と新しい語彙素をつくる派生の二種類がある。

［長屋尚典］

接触言語
せっしょくげんご
contact language

（社会）

複数の言語が接触する時、借用をはじめ、言語の取替え、言語の死といった現象が起こりうる。だが言語接触が生じた時の究極の結果としては、新しい言語の形成が指摘できる。語彙のレベルや音声、形態・統語のレベルにおける借用の段階では言語構造に変化は生じていても、それは新しい言語の誕生ではない。日本語の中に英語の語彙が日々増えようと、日本語あるいは英語とは別に第三の言語が形成されるわけではない。

【ピジンとは何か】 だが、2つ以上の言語集団が商取引などの理由で接触した時、限られた数の語彙しか持たず、音声面でも文法面でも単純化されたことばを使って緊急避難的に意思疎通を図ろうとすることがある。英語の単語を用いて「ユー・ノー・カム・イエスタデー」（昨日あなたは来なかった）というような文を作りコミュニケーションを行うのである。このようなことばを一般的にピジン（pidgin）と呼ぶ。ピジンが形成される状況で重要なのは、他者の言語を習得することではなく、互いにとって有効なコミュニケーション手段を生み出すことである。ピジンと総称されることばは現在も数多く存在するが、利用価値がなくなればすぐに消滅してしまうため、地球上の各地で記録に残されないまま消えてしまったピジンの数は限りないだろう。

【クレオールの誕生】 ピジンは用途がなくなれば同時に消滅してしまう。だが、ピジンの形成を促した理由以外に有用性が生じた場合、共同体を形成し、世代を超えて生き残ることもある。一般的な定義によれば、ピジンがある共同体の母語となる時、それはクレオール（creole）と変わるのである。

クレオールはある集団の母語であり、生活の必要を満たす言語である。アイデンティティの拠り所ともなる。その意味で英語や日

クレオールは語彙の大半をある言語に依存する。その言語を語彙提供言語（lexifier language）と呼ぶ。現存するクレオールの多くは語彙の提供を英語、フランス語、ポルトガル語などから受けている（たとえば、英語を語彙提供語とするスラナン語で「私は歩いた」はmi ben wakaと言う）。語彙提供言語と並存するうちにクレオールはそこから影響を受け、次第に同じ特徴を共有するようになる。そうなるとクレオール内部が複数の変種に分かれ、それぞれの境界線があいまいとなるクレオール後連続体（post-creole continuum）を形成する。その中で、語彙提供言語に最も近い変種を上層方言（acrolect）、逆に遠い変種を基層方言（basilect）、両方言の中間を中層方言（mesolect）と言う。語彙提供言語との接触が深まるにつれ、互いに構造的に類似すると、クレオールは独自の特徴を失い、最後には消滅してしまう。このプロセスは脱クレオール化（decreolization）と呼ばれる。

【もう1つの接触言語＝混合言語】言語接触から生まれる言語として混合言語（mixed language）もある。混合言語とピジンの違いは、前者の話者は接触している二言語双方の流暢な話者であることである。また、混合言語では語彙提供言語と文法のベースとなった言語を同定できるのに比べ、クレオールの場合は語彙提供言語以外の言語に関しては数も多く、形成に関与した言語すべての特定は困難である。さらに、クレオールの文法面は単純化されているが、混合言語では関与した言語の構造がほぼ維持されていることが多い。

[文献] M. セバ『接触言語 ピジン語とクレオール語』（きこ書房 2013）　　　　　　　　　　[市之瀬敦]

節連結
せつれんけつ
clause linkage
文法

【概観】広義の節連結は複合的構造、すなわち1つの文が複数の述語的要素を含む構造全般を指す。これは通常の節の連結に加えて、複合述語、動詞連続構文、コントロール構造、繰り上げ構文、その他不定詞による構文を含む広い概念である。狭義には、節連結という用語は独自に述語と項を備えた節同士の結合に限って使われる。研究によってはclause linkingやclause combiningの呼称も使われている。

広義の節連結（すなわち複合的構造）についての理論的に整備された枠組みはRRGにおいて提唱されている。この理論では接続は2つの観点から定義される。1つは接続が起きる構造上の単位、もう1つは接続の依存関係である。以下、主としてこの理論に基づいて節連結の分析枠組みを見ていく。

【連結の単位】まず、節の基本構造は、内核（nucleus）、中核（core）、節（clause）の3つの層に分けられる。内核とは述語そのものである。中核は述語＋義務的な項からなる。節は中核＋随意的な付加部からなる。これらは包含関係にあり、内心構造をなす。すなわち、複合的構造は内核、中核、節の3つの層で成り立つ。内核連接とは、複数の述語が結合して「投げ捨てる」のような複合動詞になったり、「通帳をしまっておいた」のような補助動詞となるような例を指す。この場合、主語・目的語ともに2つの述語によって共有され、項構造の一体化が起きているとみなすことが可能である。中核連接とは、述語の融合は起きていないが文の核をなす項の1つが共有されている場合を指す。「ドアを開けて部屋を出た」のような文は、主語にあたる項（この文ではゼロ表示）が共有されており、「ドアを開け」と「部屋を出（た）」という2つの中核が結合している。また、I told him to leaveのような文では、I told himとhim to leaveの2つ

の中核が him を中継点として共有しつつ結合している。いわゆる動詞連続構文も中核連接にあたる。内核、および中核の連接は通常は「複文」の範疇には入らないが、構文の比較や歴史的変化を考えた場合、統一的な枠組みで接続構造を捉えることは有意義である。

これらに対し、項構造が独自に満たされた単位どうしの接続が節レベルでの連接であり、すなわち狭義の節結合にあたる。「図書館で課題図書を探していたら、友達がメールでリザーブ場所を教えてくれた」という文では、1つ目の単位「図書館で課題図書を探してい」と2つ目の単位「友達がメールでリザーブ場所を教えてくれた」はどちらも独自に項構造を満たし、独立した付加句を持った(厳密な意味での)節である。なお、「節」と「文」は峻別する必要がある。限られた例外を別にすれば、文の節点は統語構造の最上位にだけ存在し、その下位の構造はすべて節またはそれより小さい中核、内核などの単位である(したがって、「埋め込み『文』」という言い方はしない)。

このような層状構造の表示とは別に、操作子の表示が存在する。操作子は層状構造に対応して三種類に分かれる。内核を作用域内におさめる操作子はアスペクト、方向辞(参加者を参照しない)、中核を作用域内におさめる操作子は根源的モダリティ、通常の否定、方向辞(参加者を参照する)、節を作用域内におさめる操作子はテンス、認識的モダリティ、否定(「〜ということはない」のような形をとる)、証拠性、発話内行為である。このうち、発話内行為(叙述、疑問、命令など)は最も外側の操作子であり、同時に潜在的な焦点の範囲を規定する。「遅くまで起きていられなかったようだ」という文については、アスペクト+根源的モダリティ+否定+テンス+認識的モダリティ+発話内行為、といった分析が可能である。ただし、理論上重要なのは各層の包含関係とそれぞれについての操作子の対応であり、線的順序は副次的である。

【依存関係】次に、接続の依存関係から接続構造を分類する。以下では節レベルの連結に限って例示する。伝統的には、接続のタイプ分けは等位接続(coordination;「連文」、「重文」に該当)と従位接続(subordination; 狭義の「複文」に該当)という二分法によって行われてきた。等位接続は構造上の依存関係を持たず、従位接続は構造上の依存関係を持つ。伝統的な枠組みでは、後者は主節に対する従属節の文法機能という観点から分けられる。従属節が統語的に形容詞に相当する位置に現れる時は、関係節あるいは形容詞節/名詞修飾節と呼ばれる(例:「形容詞[面白い]番組」-「関係節[来年2ndシーズンをやる]番組」)。従属節が名詞句と同じ統語位置に現れる時は、補文節と言う。文献によっては補充節という用語も用いられる(例:「名詞句[その曲]を知っている」-「補文節[その曲でビンテージのメロトロンが使われていること]を知っている」)。従属節が副詞句と同じ統語上の現れ方をしている時は副詞節と言う(例:「副詞句[クレームで]すぐに打ち切りになった」-「副詞節[視聴者からのクレームが続いたので]すぐに打ち切りになった」)。

だがこれに加えて、世界の少なからぬ言語で、等位接続と分類することには難があると同時に、埋め込み的な従属構造を想定することも容易ではないケースがある。日本語におけるテ形による接続はその1例である。「日本に着いてすぐに打ち合わせに向かった」という文は、意味面を考えれば2つの出来事を並列的に述べているので、等位接続に見えるかもしれない。しかしテ形の部分はテンスの標示がされておらず、2つ目の単位に依存している(すなわち相対テンスとなっている)。この点で、等位接続とは見なしにくい。だが同時に、埋め込み構造を想定することは難しく、仮に副詞節として分析する場合でも理論的に新しい道具立てを導入する必要がある。このように、一部の文法特徴が標示されずに主節に依存している(=従位的)一方で、構造

的には埋め込みを想定する根拠の少ない（＝等位的）接続を連位接続（cosubordination）と呼ぶ。連位接続の一例としては、テンスやモダリティなどの節レベルの操作子が主節に依存した節が幾つも連なった節連鎖（clause chain）がある。節の連鎖が長大な文を作るケースは、日本語のほかにも動詞末尾型で膠着性の強い言語でしばしば見られる。また、何らかの操作子の表示に欠ける節が主として副詞節的に使われる場合は副動詞（converb）と呼ばれることもある。この意味では英語の分詞構文も副動詞的な連位接続である。

接続の構造的レベルと依存関係のそれぞれについて、節の統合性という観点から階層が設定される。すなわち前者の観点からは内核＞中核＞節の順に結合が強く、後者の観点からは連位≧従位（項位置）＞従位（非項位置）＞等位の順に結合が強い。接続関係以外でも、連結の統合性の強い構文ではヴォイスの選択や参与者の同一性に制約が加わることが知られている。また、節の統合性の階層は意味面での結びつきの強さとも対応するという主張がある。たとえば時間について見ると、近接性・継起性が強いのは構造的な統合性の強い接続であり、継起性の弱い、あるいは行為の因果性の弱い出来事は統合性の弱い接続で表される傾向がある。

以上の枠組みは汎用的なカテゴリーの規定であり、個別言語における個々の現象について論じる際には、より具体的な構文を立てつつ、各接続カテゴリーに課せられた制約の中でそれぞれの特徴を解明することになる。この点で、日本語学における南不二男の階層モデルは、接続構造の類型化と構文研究の両面を持った1つの先駆と言える。

[文献] 大堀壽夫「従属句の階層を再考する—南モデルの概念的基盤」益岡隆志ほか編『日本語複文構文の研究』（ひつじ書房 2014）　　　　　　[大堀壽夫]

創造性
そうぞうせい
creativity

（一般）

人間の言語の特徴の1つ。動物の叫び声などは二重分節や線状性が認められないため、記号の組み合わせにより、内容を自由に表現することができない。一方で、人間の場合、上記の記号の持つ諸特徴により、限られた数の音を組み合わせることで語を構成し、また語と語を組み合わせ、順序を入れ替えることなどで無限の文を生み出すことができる。一般言語学ではこの性質を「創造性」と呼ぶ。

また、この性質は生成文法でも大きく着目されてきた。生成文法ではすべての人間が生得的に持つ普遍文法の存在を前提とする。普遍文法には言語の持つ階層構造の下で同一規則を回帰的に（繰り返し）適用することにより（理論上）無限個の言語表現を産出できる性質がある。これにより誰もが常に他の誰も発したことのない文を作ることができる。

【新語創造（neologism）】語彙的な問題として新語の創造を挙げる。文明の発達などにより、どの言語も常に新しい概念や文物の導入にさらされている。たとえば、携帯電話は日本語の口語ではすでに「ケータイ」のみでこの語を指すのが一般的である。他方、従来型の電話に対して「固定」の要素を加え、「固定電話」の語を生み出した。そして若い世代では自宅の固定電話を「イエデン」と呼んでいる。このような新語自体は時代の急速な流れにより耐用年数が短い。なお、語形成の点で注意すべきは、サピア（E. Sapir）も指摘するように、語形成のパターン自体を創造することはまれである。一般的にあくまでも既存のパターンの援用により新語を創造する。

また創造性は隠喩などの語義の問題にも関与する。日本語の/atama/は字義通りには「頭」を指示するが、同時に「列の先頭」「組織の頂点」「頭脳」などの意味を創造している。

[文献] E. サピア『言語』（岩波書店 1998）　　[林範彦]

相対的年代
そうたいてきねんだい
relative chronology
歴史

　一般的に言語に生じる個々の変化は、ある特定の時期にだけ生じる。それぞれの変化が生じた絶対的年代は特定できないものの、時間的な後先を判断することができる場合がある。この時間的順序を相対的年代とよぶ。しばしば、複数の変化の相対的年代を決定することを可能にする証拠が、実証される形に残されている。

　その例として、インド・イラン語派の口蓋化（palatalization）と母音の合流を見てみよう。インド・イラン語派では、kが前舌母音の前で口蓋化を起こしてc [tʃ]に変化し、その後e, o, aがaに合流するという変化が起こった。たとえば、サンスクリット語の動詞kr̥「作る」の完了形の語幹であるca-kar-は、口蓋化と合流の2つの変化を以下の順序で受けることにより生じる。

```
                              *ke-kor-  「作る」
(口蓋化)   k > c /_i, e       ce-kor-
(合流)     e, a, o > a         ca-kar-
```

ここで口蓋化と合流の順番が逆だと、実際にサンスクリット語に見られる形（ca-kar-）とは異なった形（ka-kar）を予測してしまう。

```
                              *ke-kor-  「作る」
(合流)     e, a, o > a         ka-kar-
(口蓋化)   k > c /_i, e       ka-kar-
```

したがって、口蓋化は、母音の合流よりも前に起こった音変化であると考えなければならない。すなわち、相対的年代は、口蓋化→合流の順序であると考えられる。

[文献] L. Campbell. *Historical Linguistics: An Introduction*. The MIT Press, 2013., T. Crowley & C. Bowern. *An Introduction to Historical Linguistics*. Oxford Univ. Press, 2010.
　　　　　　　　　　　　　　　　　　　　[児玉茂昭]

俗語
ぞくご
slang
社会

　公的場面で使用される標準的なことばには属さない表現を指す。国語辞典等には掲載されないことが多い。俗語には、特定の社会集団のメンバーの間における秘密情報を保持させたり、集団メンバー間の連帯感を強化させたりするなどの機能があり、潜在的威信をもつことがある。

　俗語は、(1) 隠語、(2) 新語・流行語、(3) 卑語、(4) 差別語に分類できる。

(1) 隠語は、反社会集団や接客業などにおいて、外部集団に情報が伝わらないようにする効果がある。たとえば、「学校」を意味する「動物園」や「お手洗いに（行く）」を意味する「遠方に」などである。

(2) 新語・流行語は、特定の時期に特定の社会集団、または特定の年齢層の間で主に使われるものである。中には、他の社会集団または年齢層に広まるようなものもある。たとえば、「デニる」（「ファミリーレストランのデニーズで食事をする」の意）は、このレストランを頻繁に利用する社会集団の間で使用される。それに対しKY（「空気が読めない」の意）などは複数の年齢層に広まったものである。

(3) 卑語と(4) 差別語は、いずれも公的な場や人前で使用するのを控えるべきものとされ、放送やインターネットで使用禁止とされるものである。(3) 卑語は、排泄物や性に関することばに多くみられ、(4) 差別語は特定の集団（国籍、人種、宗教などによる）に対し悪意を持って差別するのに用いられるものである。卑語が書かれる場合には、アステリスク（*）や○、×などを伏せ字として使用することがある（例「○んこ」など）。

[文献] 渡辺友左『隠語の世界―集団語へのいざない』（南雲堂 1981）、米川明彦『日本俗語大辞典』（東京堂出版 2003）
　　　　　　　　　　　　　　　　　　　　[朝日祥之]

側置詞
そくちし
adposition
文法

　側置詞は、名詞の隣に現れて、その名詞の意味役割や空間関係などを表す語類のことである。名詞に先行する前置詞（preposition）と後続する後置詞（postposition）からなる。接置詞とも呼ばれる。英語ならin, on, atなどがあり、日本語なら「から」「まで」などがある。音韻的には比較的短い単純な語であることが多いが、英語のinto, withoutのように複合語もある。側置詞によって導かれる句は付加詞であることが多い。

　ある言語が前置詞を持つか後置詞を持つかは基本語順と強い相関がある。英語やインドネシア語のようなSVO型言語は前置詞を持ち、日本語やヒンディー語のようなSOV型言語は後置詞を持つ傾向にある。

【側置詞の多義性】通言語的に側置詞は極めて多義的である。たとえば、英語の前置詞onは、a book on the tableのように「（表面に接して）〜の上に（の）」という意味をそのプロトタイプとして持つが、これ以外にもさまざまな意味を持つ。たとえば、「〜に接して」（例：a fly on the ceiling）、「（日）に」（例：on his birthday）、「〜するとすぐ」（例：on his arrival）、「〜について」（例：a book on linguistics）、「〜に基づいて」（例：families on low incomes）、「〜という手段で」（例：on foot）、「〜という状態で」（例：on sale）、「〜で支えて」（例：stand on tiptoe）などである。このような前置詞の多義性の研究は認知言語学などの諸文法理論の重要な課題の1つである。

【側置詞と文法化】側置詞には名詞や動詞から文法化したものがたくさんある。たとえば、英語の前置詞(a)round「〜のまわりに」は名詞round「円」に由来し、日本語の複合後置詞「〜について」は「就く」という動詞から文法化したものである。　　　　　[長屋尚典]

束縛
そくばく
binding
文法

　束縛（binding）とは、直観的に述べれば文中における2つの名詞句間の同一指示解釈を保証する関係である。たとえば（1a）において、Tomとhimselfという2つの名詞句は義務的に同一の人物を指すのに対し、（1b）においてTomとhimは義務的に別の人物を指す。

(1) a. Tom trusts himself
　　b. Tom trusts him

このような場合、（1a）のTomはhimselfを束縛すると言い、（1b）のTomはhimを束縛しない、またはhimは自由（free）であると言う。

　形式的には、ある要素αが別の要素βをc統御（c-command）し、αとβが同一の指標（index）を受ける時、αはβを束縛すると言う。なおc統御とは構成素間の構造関係を指す。句構造上、ある構成素αは、それとともに直接構成素をなす要素β、ならびにβが支配する構成素すべてをc統御する。

　伝統的な束縛理論（binding theory）では名詞句を、その解釈上の特質から①self形やeach otherなどの照応形（anaphor）、②代名詞類（pronoun）、③固有名詞やthe boy、three studentsなどの指示表現（referential expression; R-expression）の3つに分類する。それぞれの名詞句は、概略（2）のような解釈上の特質を持つ。

(2) 原理A：照応形は、それを含む局所領域
　　　　　（local domain）内で束縛される。
　　原理B：代名詞は、それを含む局所領域
　　　　　内で自由である。
　　原理C：R表現は、常に自由である。

　便宜上、ここで局所領域を節（clause）と定義すると、（2）の諸原理から（3-4）の各文における名詞句の解釈の差異が導かれる。

(3) a. 　Tom$_i$ trusts himself$_i$
　　b. *Tom$_i$ trusts himself$_j$
　　c. *Tom$_i$ trusts him$_i$

d. Tom$_i$ trusts him$_j$
(4) a. *Bill$_j$ says that Tom$_i$ trusts himself$_j$
   b. Bill$_j$ says that Tom$_i$ trusts him$_j$

さらに冒頭で述べたc統御の条件に立ち返ると、(5)の違いが説明される。

(5) a. *Tom$_i$ loves him$_i$
   b. Tom's$_i$ mother loves him$_i$
   c. His$_i$ mother loves Tom$_i$

(5a)ではTomがhimをc統御し、かつ同一指標が与えられているため原理B違反となり、(同一指示解釈のもとでは)非文となる。対して(5b, 5c)では、Tomとhim、hisとTomの間にc統御関係が成り立たず、したがって束縛関係も成立しないため、同一指示が許容される。樹形図で表示すると(6)のようになる。

(6)

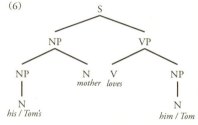

このように、束縛理論は文中における名詞句の分布と解釈について説明を提供し、特に原理Aと原理Bにより照応形と代名詞類が相補分布を示すことが統一的に捉えられる。一方で、事実を詳細に観察すると(7)のような例も見出される。

(7) a. Tom$_i$ read an article about him$_i$/himself$_i$
   b. A picture of himself$_i$ upset Tom$_i$

このような例の分析を通して、局所性や基底の句構造、統語と意味のインターフェイスに関わる理論研究が大きく進展した。

[文献] 有元將剛・村杉恵子『束縛と削除』(研究社 2005)、D. Büring. *Binding Theory*. Cambridge Univ. Press, 2005., N. チョムスキー『統率・束縛理論』(研究社出版 1986)
[猪熊作巳]

側面開放・鼻腔開放
そくめんかいほう・びこうかいほう
lateral release / nasal release

音声・音韻

【開放の有無】閉鎖音にはその閉鎖が開放されるもの(破裂音)と閉鎖の状態のまま終わる無開放のものがある。たとえば、朝鮮語のpap「ごはん」は、単独の発音では、最初の子音は閉鎖が開放される[p]であるが、音節末の子音は唇が閉じたまま終わる閉鎖の開放のない[p˺]である。英語ではpap「パンがゆ」の最初の子音は開放があるが、終わりの子音は[p]の場合も[p˺]の場合もある。

【開放の種類】閉鎖音の閉鎖の開放は、その閉鎖そのものを解くことによって行われるが、直後に同じ調音位置の側面接近音が続く場合は、閉鎖全体ではなくその一部が開放される。英語のsadでは[d]の閉鎖全体を開放させるが、sadlyの場合は、[d]も[l]も舌端を歯茎に接触させるところは共通で、違いは気流を完全に遮断するか([d])脇から通すか([l])だけなので、舌端を歯茎に接触させたまま舌の脇の部分を開けて[d]から[l]に移ることができる。閉鎖のそのような開放のしかたを側面開放という。IPAでは[dˡ]のように表す(英語 sadly [sædˡli])(ロシア語 [nadˡlom]「折り目」)。[t]と[l]の連続でも同様である(英語 cattle [kʰætˡl])(ロシア語 [atˡləs]「地図集」)。

sudden /sʌdn/の場合は、[d]も[n]も口腔内での閉鎖の場所は同じで、違いは口蓋帆が上がっていて鼻腔への通路を塞いでいるか([d])、下がっていて鼻腔に気流が抜けるか([n])だけであるので、口腔内の閉鎖はそのままにして口蓋帆を下げて[d]から[n]に移ることができる。このような開放のしかたを鼻腔開放と呼ぶ。IPAでは[dⁿ]のように表す([sʌdⁿn])。[b]+[m]、[p]+[m]、[g]+[ŋ]、[k]+[ŋ]などの連続でも現れる(英語 submit [səbⁿmɪt])(ロシア語 [abⁿman]「欺瞞」)。

[文献] 竹林滋『英語音声学』(研究社 1996)

[斎藤純男]

祖語
そご
proto-language

【歴史】

　実証される言語の理論的祖先として、比較法に基づいて設定される言語を祖語と言う。ある語族に属するすべての言語の祖先(たとえば印欧祖語)だけではなく、それに属する下位の言語群の祖先も祖語と呼ばれる(たとえばゲルマン祖語)。祖語を再建することを系統の証明と捉える考え方もあるが、系統関係は比較法適用の前提であり、祖語は言語の過去の姿に関する仮説と捉えるべきである。祖語の性格として以下のような点が指摘される。

【祖語の不完全性】祖語は実証されるデータに残っている変異に基づいて再建されるので、もし対象となるすべての言語において過去の状態が失われていれば、その部分は永久に復元不可能になる。たとえば、ある言語群において、祖語の時代には唇、歯茎、軟口蓋、口蓋垂において破裂音が存在したが(*p, *t, *k, *q)、すべての子孫言語で軟口蓋音と口蓋垂音が合流して軟口蓋音になったとすると(*q>k)、祖語における*qは再建できない。したがって、祖語はデータに見られる対応のセットを集約したものなのであり、過去に実在した祖先言語の全体を再現したものと安易に考えることはできない。

【祖語の現実性】祖語に再建される音韻単位の音声実態(音価と言う)の推定については、2つの立場がある。祖語に推定される音韻単位は対応の集約以上の意味はないという立場と、音価の推定を行うべきであるとする立場である。多くの言語学者は後者の立場をとっている。祖語の再建作業においては、祖語から子孫言語への音変化についての考察や、祖語が現実の言語として可能な体系かどうかの考察が行われるが、これらは言語実質を考慮せずには行えないものである。

[文献]吉田和彦『言葉を復元する―比較言語学の世界』(三省堂 1996) 　　　　　　　　　　　[田口善久]

素性階層理論
そせいかいそうりろん
Feature Geometry Theory

音声・音韻・理論

　弁別素性の集合を、SPE理論のような二次元行列でなく、三次元的な階層構造で表示した理論。80年代のクレメンツ(N. Clements)やセイジー(E. Sagey)らの研究に端を発する。

　提唱者により意見の相違はあるが、X-節点が喉頭節点と上喉頭節点に枝分かれし、上喉頭節点が調音位置節点を支配することは共通する。[n]の階層構造は(1)のように表示される。

(1)
```
           n
           |
           X
           |
         [+共鳴]
         /     \
      喉頭    上喉頭
       |      /    \
    [+共鳴] [+鼻音] 口腔
                   /   \
             [-継続]  位置
                      /    \
                 [+舌頂] [+先行]
```

　素性が階層構造をなす根拠は、特定の素性どうしが構成素(節点)をなす点にある。英語のin+possible→impossible, in+sane→insaneの鼻音同化は、後続する子音の調音位置が鼻音に連結される部分同化で、(1)の位置節点の根拠となる。日本語の鼻音同化では、syun+patu→syumpatu「瞬発」の鼻音は[p]と同様に[−継続](閉鎖を含む唇音)だが、syun+satu→syuNsatu「瞬殺」の鼻音は[s]と同様に[+継続](閉鎖のない舌頂音)なので、口腔節点を連結する部分同化となる。また、in+yen→innen「因縁」やten+wou→tennou「天皇」は、[n]の調音位置や[−継続]や[+鼻音]がわたり音にまとめて連結される、上喉頭の部分同化である([+鼻音]は[+有声]と[+共鳴]を含意するので、Xの全体同化とも言える)。

[田中伸一]

存在文
そんざいぶん
existential sentence

文法

「(Lに) Aがある／いる／存在する」(Lは場所辞) のように、存在を述べる文のこと。英語のthere構文のように、言語によっては特別な構文で表現される。また、英語のように、存在を述べるのにコピュラ (be動詞) が用いられる言語もある (→コピュラ文)。

【場所存在文と絶対存在文】 存在文は、(1) しかじかの場所に、ある対象が存在することを述べる存在文 (例:机の上に本がある) と、(2) 命題関数の変項を埋める値が存在することを述べる存在文 (例:洋子が教えることのできない科目がある)、の少なくとも2つのタイプに大別することができる。西山 (2003, 2013) は前者を「場所存在文」、後者を「絶対存在文」と呼んだ。場所存在文「LにAがある」において、Aは指示的名詞句 (→指示対象) であり、場所辞Lは意味上必須である。一方、絶対存在文「Aがある」において、Aは命題関数を表す非指示的名詞句であり、場所辞は無縁である。

【その他の存在文】 上に挙げた存在文とは別に、(3) (文脈的に想定される) 命題関数の変項を埋める値を挙げる「リスト存在文」(例:君には僕がいるじゃないか)、(4) ある対象が実在する (または実在しない) ものであると述べる「実在文」(例:シャーロック・ホームズは存在する)、(5) ある集合に属する対象が存在することを述べる「帰属存在文」(例:図書館に太郎が読みたい本がすべてある)、(6) 絶対存在文の変種としての「所有文」(例:太郎には欠点がある)、が挙げられる。

[文献] 金水敏『日本語存在表現の歴史』(ひつじ書房 2006)、西山佑司『日本語名詞句の意味論と語用論』(ひつじ書房 2003)、西山佑司「名詞句の意味機能から見た存在文の多様性」西山佑司編『名詞句の世界』(ひつじ書房 2013)

[西川賢哉]

ダイクシス
deixis

意味論・文法・語用論

ある種の語彙的あるいは文法的な形式を発話の中で適切に用いるために、その発話の行われる状況（コンテクスト）の諸特徴（発話の参与者、場所、時間など）を参照する必要があること。直示とも。また、こうした表現をダイクシス表現（deictic expression, deictic）と言う。言語のコンテクスト依存性を示す典型的な現象である。

【コンテクスト依存性】 学生の西村さんが「私は学生だ」と言えば適切だが、学生でない斎藤さんが「私は学生だ」と言えば事実に反する。しかし、ふたりは同じ表現を発話しているので、言語表現からどちらが適切かは判断できない。西村さんの発話のコンテクスト（西村さんは話し手で、かつ学生だ）と、斎藤さんの発話のコンテクスト（斎藤さんは話し手で、かつ学生でない）が認識できて、はじめて判断が可能となる。ただし、「私」に意味がないわけではない。それが話し手を表すことは、すべてのコンテクストに共通している。

【主なダイクシス表現】 人称代名詞（人称ダイクシス）、指示詞や移動動詞（空間ダイクシス）、時制標識（→テンス）や時の副詞（時間ダイクシス）などがある。人称ダイクシスは、コンテクストを形成する参与者（話し手や聞き手）が言語表現に反映する現象で、「私」や「あなた」などの使い分けに関係する。空間ダイクシスは、コンテクストにある対象の、話し手や聞き手を基準とした空間配置が言語表現に反映する現象で、「これ」「あれ」「それ」や「いく」「くる」などの使い分けに関係する。時間ダイクシスは、表現される事柄の生起が、主に発話時を基準として、同時か、以前か、以後かが言語表現に反映する現象で、現在形、過去形などの時制表現や、「いま」「あした」「さっき」などの副詞の使い分けに関係する。

【コンテクストにおける指標】 コンテクストには発話の参与者が容易に参照できる対象、位置、方向、時間、様態などの指標が含まれている。その中には、すべての発話に共通に認められる指標もある。話し手自身、話し手の位置、話し手が発話した瞬間である。対話の場合、聞き手自身、聞き手の位置、聞き手が発話を認識した瞬間も利用できる。

ダイクシス表現には「私」「あなた」のように、指標自体に対応するものがある一方で、指標を基準点として、それを含む一定の範囲（にある対象）、あるいはそれを含まない一定の範囲（にある対象）を表すものもある。たとえば「ここ」は、話し手が基準点となり、それを含む一定の空間的範囲を表す。「私たち」も話し手が基準点となり、それを含む一定の範囲に含まれる対象を表す。「一定の範囲」はコンテクストごとに変化する。「ここはいい町だ」という場合の「ここ」は広い範囲を表すが、「こことここをしっかり持て」という場合の指示対象は、かなり狭い範囲に限定される。

【コンテクストとの結びつき】 非ダイクシス表現も、発話レベルではコンテクストに依存する。しかし、ダイクシス表現にしか見られない特徴もある。たとえば、ダイクシス表現は、「これかこれ」「あなたとあなた」のように、同一発話内で異なる指示対象を表せる場合がある。一方、非ダイクシス表現は、2つの異なるりんごがあっても、「りんごかりんご」のように使うことがむずかしい。ダイクシス表現とコンテクストとの間には、非ダイクシス表現には見られない強い結びつきがあることがうかがわれる。

[文献] 金水敏・田窪行則編『指示詞』（ひつじ書房 1992）、S. C. Levinson. *Pragmatics*. Cambridge Univ. Press, 1983.

[林徹]

ダイグロシア(二言語使い分け)
ダイグロシア(にげんごつかいわけ)
diglossia
社会

　ある言語社会において、2つ以上の言語・変種が異なる社会的領域でそれぞれ使われること。ファーガソン(C. A. Ferguson)によって提唱された。典型的には、2つの言語・変種が、高位変種(H変種、high variety)と低位変種(L変種、low variety)と見なされる場合を指す。前者は、宗教、政治、教育、新聞、ニュースなどの領域と結びついた言語、後者は、同僚や家族、友人との日常的な会話、大衆芸能、民俗文化などの領域と結びついた言語である。たとえばアラビア語圏の多くの地域では、高位変種として正則アラビア語(フスハー)、低位変種として地域変種(アーンミーヤ)を使う。こうした社会での高位変種は、生まれてすぐ習得し始める言語ではなく、親しい関係における会話では使用されない。ダイグロシアは、必ずしも二言語とは限らない。たとえばアラビア語圏では、正則アラビア語のほかに、外交や教育、技術系の専門的な場面で英語またはフランス語といった複数の高位変種があったり、アラビア語の地域変種のほかにアラビア語以外の民族語が低位変種としてあったりするケースも珍しくない。

　日本でダイグロシアを説明するのに、標準語と地域変種との関係を例にすることがよくある。しかし、これは厳密にはダイグロシアではなく、社会的な二言語使用(societal bilingualism)である。それぞれの変種を使う領域が上述の例ほど明確に分けられていないことが多いからである。

［文献］L. J. カルヴェ『社会言語学』(白水社 2002)、S. ロメイン『社会の中の言語―現代社会言語学入門』(三省堂 1997)、山本雅代編『バイリンガリズム入門』(大修館書店 2014)　　　　　　　　　　　　　　　　［山下里香］

対照言語学
たいしょうげんごがく
contrastive linguistics
分野名

　2つ以上の言語ないし方言の間に見られる、特定の構造の相違点・類似点を研究する言語学の分野の1つ。主に外国語教育の視点から導入され始めた(誤用の研究など、言語教育や第二言語習得研究との関連性が強かった)。研究の方法として、個別言語ごとに議論すべき概念(「主語」や「態」など)を分析対象の言語に無批判にあてはめて対照分析が行われる場合もある。近年では、各言語で互いに類する言語事象の共通性や個別性を基に、既存の概念や用語にとらわれず、各事象が諸言語でどのように構造化されるかといった、言語の根本を見すえた対照分析が行われることが多い。加えて、一般言語学、言語類型論、個別の言語理論を視野に入れた研究方法も多くなっている。その研究対象は、音韻論、形態統語論に限らず、意味、談話なども範囲に含められる。対象となる言語の1つは分析者の母語である場合が多い。

【比較言語学、言語類型論、対照言語学】2つ以上の言語を「比べる」という点では、比較言語学(comparative linguistics)や言語類型論(linguistic typology)と同様だが、これらの分野とは、研究目的、立脚点、対象言語等が異なる。一般に、比較言語学は、諸言語の通時的側面を解明するために、言語変化の諸原理に依拠して、同系統の諸言語を「比べる」分野である。言語類型論は、言語の普遍性を解明するために、個別言語の構造的特徴に焦点を当て、根本的には系統・地域に関係なく多数の諸言語を「比べる」分野である。他方、対照言語学は、個別言語の特徴を解明するために、言語類型論の成果や母語話者による深い洞察に立脚し、少数の任意の言語を「比べる」分野である。

［文献］生越直樹編『対照言語学』(東京大学出版会 2002)　　　　　　　　　　　　　　　　　　　［稲垣和也］

第二言語習得
だいにげんごしゅうとく
second language acquisition

【社会】

　第二言語を習得するプロセスのこと。「第二言語」は、一般的に第一言語（母語）の次に習得する言語という意味で用いられることが多いが、能力や使用頻度の面からも捉えられることから多義性を含む用語である。第二言語習得研究の目的の1つは、習得の発達過程を明らかにすることである。最終的には第二言語が身に付くまでの一連の習得プロセスを説明できる習得理論の構築を目指す。なかでも第二言語習得に影響を与える要因を探る研究は、第二言語習得プロセスを明らかにするための1つの手掛かりとなっている。

【第二言語習得に影響する諸要因】

(1) **第一言語の役割**　第一言語と第二言語の言語的な差異を明らかにすることで学習者の言語問題を予測する手法に「対照分析（contrastive analysis）」がある。それによると、第一言語と第二言語が構造的に異なる場合、学習者の第一言語の知識は第二言語習得の障害となりやすく、反対に第一言語と第二言語が類似している時は、第一言語は第二言語学習の促進に繋がると言う。前者は誤用を生み出す「負の転移」と呼ばれ、後者は「正の転移」と呼ばれる。しかし、その後の「誤用分析（error analysis）」研究により、第二言語学習者の大半の誤りは第一言語との類似に関係なく現れていることが明らかになり、第二言語習得において第一言語の役割は後退していく。

(2) **インプットの役割**　ここで言うインプットは母語話者または第二言語学習者が、他の第二言語学習者に向けて発することばを指す。第二言語習得はこうしたインプットから始まる。たとえば、母語話者や外国語教師の話し方が第二言語学習者の習得に影響を与えることはよく知られている。またインプットは自然な環境で起こる場合と、教室環境で起こる場合があるが、インプットの環境が異なることにより習得の内容や発達過程にも違いが見られる。一方、インプットを実際の習得につなげていくためには、ただ第二言語に接することだけでは不十分で、相手との相互行為からなる談話作りやコミュニケーションに積極的に関わることが重要であると言えよう。

(3) **学習者の個人差**　年齢、動機づけ、態度、ニーズ、性格、適性などは、第二言語習得を左右する学習者個人の要因として挙げられる。なかでも第二言語学習者の動機づけと態度は、学習者の目標言語の達成度に影響を与える要因として注目される。しかし、個人差による影響を測定する方法に関しては未だに曖昧なことが多く、習得と学習者の個人的要因との関係はまだ明らかにされていない。

(4) **学習者の学習プロセス**　第二言語習得にあたり、学習者は学習者自身の独自の方略を使い、インプットの処理にあたるとされる。つまり、学習者による認知的な学習プロセスが習得に影響を与えるということを意味する。イレイン・タロン（E. Tarone）は、学習者の言語学習における方略の使用を指摘する中で、そこには新しい第二言語知識を学習するための「学習方略（learning strategy）」と、すでに習得した第二言語知識を活用する手段としての「表出方略（production strategy）」、意味伝達のための知識が欠けている時の伝達を補う「伝達方略（communicative strategy）」があることを指摘している。たとえば、第二言語学習者は、ある表現を覚える際に、その表現を文の形にして覚える「記憶ストラテジー」を使用することがあるが、これは学習方略の1つである。また、学習した表現をうまく使えない場合は、言い直しや他の言語への切り替えといった伝達方略を使って問題を調整することもある。伝達方略は第二言語学習者の言語使用の問題と直接関わっているだけに、その使用の成否はその後の習得過程にも大きく影響すると言えよう。

[文献] R. エリス『第2言語習得の基礎』(NCI 1988)

[高民定]

代名詞
だいめいし
pronoun

文法

語類の1つ。1語で名詞句のように機能し、事物を指示する語類で、閉じた類を成す。

指示対象を話し手と聞き手の間で共有する際、通常の名詞句による指示では、名詞やその修飾語によって表現される対象のタイプ（どんな種類の事物であるか）が大きな手がかりとなる。それに対して、代名詞による指示では指示対象のタイプはほとんど明示されず、話し手や聞き手を含む談話の場や文脈との関係を通して対象を指定する。代名詞の指示機能は、直示（談話の場にあるものを指す）と照応（他の言語表現が指示するものを指す）に分けられる。

なお、英語のthe red oneにおけるoneのように、名詞の代わりになる語のことも代名詞と呼ぶことがある。

【分類】代名詞には人称代名詞、再帰代名詞、相互代名詞、指示代名詞、疑問代名詞、関係代名詞などの区別がある。

【人称代名詞】人称代名詞は、英語のI/you/he/sheなど、話し手、聞き手、談話の中で話題になっているその他の対象を指示する代名詞である。人称代名詞は、特に接語である場合などは、通常の名詞句と異なる語順を示すことがある。たとえばフランス語の直接目的語は、通常の名詞句であれば動詞の後に、人称代名詞であれば前に置かれる。人称代名詞は有生性階層で上位に位置し、通常の名詞句は能格型、人称代名詞は対格型の格システムをそれぞれ持つ言語もある。

人称代名詞と同等の機能は、動詞に付加されて項の人称や数を標示する接辞や、何も言い表さないこと（ゼロ）によって果たされることもある。たとえば日本語では多くの場合英語の人称代名詞に当たる語を明示しない。また、配慮や敬意の表現として人称代名詞の使用を避け、別の名詞句を用いる言語もある。

【再帰代名詞と相互代名詞】再帰代名詞は、同じ文または節の中の別の項（通常は主語）と指示対象が同じであると解釈される代名詞である。たとえば英語のJohn killed himselfにおけるhimselfのように、自分自身に働きかける行為を表現する時に、目的語として用いられる。また多くの言語で、再帰代名詞は「他でなく自分自身で」という強意用法を持つことがある（He himself said so）。フランス語のように、三人称にのみ再帰代名詞と人称代名詞の区別がある言語もある。再帰代名詞は「頭／体」といった名詞に由来していることがよくある。再帰代名詞を持たず、動詞の接辞が再帰の意味を表す言語もある。

相互代名詞は、再帰代名詞と同様に主語と指示対象が同じである時に用いられる代名詞だが、英語のThey love each otherのeach otherのように「お互い〜しあう」という意味を表す時に使う点が異なる。

人称代名詞と再帰・相互代名詞は、先行詞になりうる名詞句がある程度の相補分布を見せることから、よく対比される（→束縛）。たとえばJohn loves himのhimはJohn以外の人でなければならず、John loves himselfのhimselfはJohn以外の人であってはならない。

【指示代名詞】指示代名詞は「これ、それ、あれ」のような話し手や聞き手との関係で対象を指定する機能を持つ代名詞で、指示詞の一種である。指示代名詞が三人称代名詞として機能する言語もある。

【疑問代名詞】疑問代名詞は、英語のwho/whatのように、疑問の焦点になっている発話者にとって未知の部分を表す代名詞で、疑問詞の一種である。

【関係代名詞】関係代名詞は関係節を作るのに用いられる代名詞で、ある節が関係節であることを表す接続詞の機能と、先行詞が関係節の中で果たす主語や目的語といった文法関係を示す代名詞の機能を持っている。関係代名詞による関係節は主にヨーロッパの言語に見られる。

[石塚政行]

多義性
たぎせい
polysemy
意味論

自然言語では、およそどの語彙項目においても、複数の互いに関連しあった意味を持つという性質、すなわち多義性が見られる。

【意味変化と多義】 多義は、意味変化という通時的な現象の結果として存在する共時的な現象である（→共時態・通時態）。たとえば現代英語の名詞eyeには①「目」、②「視線」、③「針の穴」などの意味がある。この多義性は、①から②へのメトニミー的拡張、①から③へのメタファー的拡張といった意味変化の結果として存在している。

このため、多義語の意味間には考えてみれば関連性が感じられることが多い。しかし、話者がすべての意味間に強い関連性を感じているわけではないことが、実験に基づく研究により示されている。また、意味間の関連性は言語使用の現場でも認識されているものなのか、そうだとしてそれは言語使用を可能にしている要素なのか、という問題については未だ十分な議論がなされていない。

【多義性と同音異義性】 ある形式（発音、綴り、ジェスチャーなど）に複数の意味が結びついている時、その意味間に何らかの関係が感じられる場合や同一の語源に遡ることが可能である場合には、その形式は多義性を持つとされる（例：eye）。一方、意味間の繋がりが感じられない場合や語源が違う場合には、同音異義性を持つとされる（例：「銀行」のbank₁と「土手」のbank₂）。

しかし、意味間に関連が感じられるかは話者によって違う。たとえば「銀行＝金の流れの氾濫を抑えるもの」、「土手＝水流の氾濫を抑えるもの」と捉えている話者にとって、bankは多義語である。また、語源を知っている話者もいればそうでない話者もいる。さらに、意味関連性基準と語源基準が食い違うことがある。たとえば英語のportは、「港」の意味と「ポルトガル産の赤ワイン」というかけ離れた意味を持つため、意味関連性基準からすると同音異義語ということになる。しかし語源基準からすると多義語である。ワインの方の意味はポルトガルのOportoという街の名前から来ており、このOportoは港の意味のportの関連語なのである。

【多義と中心義】 多義語の意味のうち（a）他の多くの意味と関わりを持ち、（b）歴史が古く、（c）頻度が高い意味は、中心義（意味のプロトタイプ）と呼ばれる（ただし（a）-（c）以外の基準が持ちだされることもある）。たとえば英語の前置詞overの中心義は空間的な「上」と関連する意味だということで研究者の意見は大方一致している。しかし（a）-（c）の基準は互いに矛盾し得るため、どの基準を重視するかによって、どれを中心義として認定するかが変わる場合も多い。たとえば英語の前置詞byの中心義は（b）の基準からすれば「…のそばに」だが、（c）の基準からすると受け身と結びつく「…によって」である。こうして、1つの単語を巡って各研究者オリジナルの中心義がさまざまに乱立することがよくある。中心義なるものは本当に人間の心に存在するのかという根本的な問題に正面から取り組む研究は少ない。

【多義と習得】 多義語の習得過程もまだ十分に研究されていないが、中心義から習得されるという単純な図式を否定する証拠が見つかっていることは特筆に値する。英語話者の子どもはoverをfall over「倒れる」やover there「あそこ」といった熟語から使い始める傾向があるのである。こうした表現におけるoverの意味は中心義とは程遠い。それどころか、そもそもover単体が何らかの意味を担っているとは言えない可能性がある。このような習得のあり方がどの程度一般的なものなのか、今後の研究で明らかにされる必要があるだろう。

［平沢慎也］

多言語使用
たげんごしよう
multilingualism
社会

【マクロレベルの多言語使用】多言語使用とは、ある社会において複数の言語（変種、方言）が使用されることで、単一言語使用・単一言語主義（どちらもmonolingualism）と対立する概念である。なお、二言語使用・バイリンガリズム（bilingualism）という表現で、多言語使用を指すこともある。世界の人口の圧倒的多数は、多言語使用者である。近年では、グローバル化により、さまざまな言語に接触する機会は飛躍的に増えた。多くの国・地域では、複数の国語・地域語や公用語が定められている。多言語主義（multilingualism）とは、特定の社会集団や自治体や家庭において、それぞれ異なる言語の使用を保証するものである。一方で、欧州評議会で推進されてきた複言語主義（plurilingualism）とは、第一言語や居住国の国語・公用語に加えた、他の言語の学習を推進することで、多文化共生の理念を追求するものである。

【さまざまな「バイリンガル」】日本で「バイリンガル」話者というと、次の2タイプが想定されがちである。2つの言語において同等の能力を持つ均衡バイリンガル（balanced bilingual）、そして両言語でフォーマルなスピーチを行い、洗練された文章を書けるエリートバイリンガルである。

習得過程の違いに着目すると、両方の言語を幼少時から同時に習得した同時バイリンガル（simultaneous -）、一方の言語を習得した後にもう一方の言語を習得した後続（継続）バイリンガル（sequential -）がある。言語運用能力に着目する関連の術語には、一方の言語の能力の方が高い支配的バイリンガル（dominant -）、特定の領域に限り一方の言語が使用できる部分的バイリンガル（partial -）、どちらか一方のみでしか知的操作や複雑な表現ができない限定的バイリンガル（limited -）、どちらの言語でも年齢相応に使えないセミリンガル（semilingual）といったものがある。

【二重モノリンガル規範に対する批判】上述の言語運用能力に関する術語は全て、バイリンガル話者1人がそれぞれの言語のモノリンガル話者2人分と同程度に両言語を操れることを前提にしている。しかし、そのような「完全な」バイリンガル話者は現実には皆無である。全く同一の環境で同程度に複数言語を身につけ使い続ける集団や個人はいない。また、教育・政治・文化・宗教・日常生活といった全ての領域において二言語を同程度使用する集団もない（→ダイグロシア）。そのため、モノリンガルの言語使用を基準にした観点は、二重モノリンガル規範（double monolingualism norm）と呼ばれ、批判されている。なぜならば、「完全な」二言語話者は存在しないことに加えて、学校教育で求められる言語使用（→精密コード）や、スピーチや批判的論文の作成といった教室で評価の対象となる言語実践（→リテラシー）は言語・文化的に普遍的ではないからである。学業に支障を感じていないモノリンガル児童を基準として言語的少数者を「劣っている」「不十分」と見なすことが、単一言語主義に陥った見方であると批判されているのである。一方、先述の複言語主義は、学習者全員が到達「すべき」レベルを特に設けないことで、従来の二言語主義に関するこのような見方からの脱却を図っている。

【言語景観の研究】身近な多言語使用は、対人コミュニケーションに限らない。看板や案内放送など、公的な空間において視覚的・聴覚的に感知される言語表現を言語景観（linguistic landscape）と言うが、言語景観における多言語使用も研究されている。

［文献］L. J. カルヴェ『言語政策とは何か』（白水社 2000）、山本雅代編『バイリンガリズム入門』（大修館書店 2014）

［山下里香］

他動性
たどうせい
transitivity
文法

　他動詞節と自動詞節という2つの節タイプは、統語的にも意味的にも異なる特徴を持ち、ほぼすべての言語で区別されると考えられている。基本的に、両者は節に含まれる項の数と種類によって分けられる。他動詞節は項となる名詞句を2つ含み、自動詞節は1つだけ含む。また、それに対応して、他動詞節は参与者が2つ関わる事態を、自動詞節は1つだけ関わる事態を表す。項の数と種類は多くの場合述語によって決まるので、他動詞節の述語動詞を他動詞、自動詞節の述語動詞を自動詞と呼んで区別できる。

　しかし、両者の間にはっきりと境界線を引くことは難しい。統語的・意味的に両者の中間的特徴を持つ節が存在するからである。たとえば、英語のI look at himという節は、「見られる対象」を表す項を前置詞で標示しており、直接項となっている名詞句はIだけである。I hit himが2つの名詞句を直接項としているのに比べると、自動詞節に近い。一方、表されている事態の参与者が2つであるところは他動詞節に近い。したがって、両者の区別は程度問題であり、他動詞節と自動詞節の2つは連続しているという考え方が広く受け入れられている。このような考え方では、他動詞節と自動詞節の区別は「他動詞節らしさ」に基づいて捉えられる。非常に他動詞節らしい他動詞節と、まったく他動詞節らしくない節(=自動詞節)があり、その間には、ある程度他動詞節らしいさまざまな節タイプが存在する。他動詞節らしいことを「他動性が高い」、そうでないことを「他動性が低い」と言う。

【統語的他動性と意味的他動性】統語的な他動詞節らしさ(統語的他動性)は、言語ごとに異なる。多くの言語に見られる特徴は、(1)文法上重要な役割の名詞句が2つの項となる、(2)2つの項名詞句の一方が他動詞節特有の格で標示される、(3)他動詞節であることが述語動詞に標示される、などである。

　一方、各言語の他動詞節が表す事態の意味的特徴に目を向けると、他動詞節らしい他動詞節の表す事態は、どの言語でも似通っている。このような事態は、意味的他動性が高いといえる。意味的他動性の高い事態の特に重要な特徴は、(1)個として前景化している参与者が2つ関わっていること、(2)一方の参与者(動作主)が意図的に事態を引き起こしていること、(3)もう一方の参与者(被動者)がその事態によって変化を被っていること、(4)動作主と被動者の特徴が重ならないこと(動作主は事態によって変化を被らず、被動者は事態を意図的に引き起こさない)、などである。

　これらの意味的特徴を持つか持たないか(意味的他動性の高低)と、他動詞節らしい統語的特徴を持つかどうか(統語的他動性の高低)は、多くの言語で相関している。たとえば、日本語の「触る」は、行為の対象がヲ格ではなくニ格の名詞句で表され、統語的他動性が低い。これは、「触られる対象」がそのことによって変化を被らない、という意味的他動性の低さと相関している。このような相関がなぜ見られるのかについては一致した見解がないが、たとえば、他動性の高い事態では2つの参与者をはっきりと識別できるのに対して、他動性の低い事態では2つの参与者が識別しにくくなるためである、という説明が提案されている。

【他動性と態】他動性と態は密接に関連している。たとえば、受動態のある言語では、普通、他動性が高い事態ほど受動態で表現しやすい。また、態の変更は統語的他動性を変えることがある。受動態、逆受動態、中動態、再帰態、相互態、ゼロ目的語、目的語抱合などは、他動性の低い節を作り、適用態、使役態などは他動性の高い節を派生する。

[文献] 角田太作『世界の言語と日本語―言語類型論から見た日本語 改訂版』(くろしお出版 2009)　　[石塚政行]

タブー
taboo
社会

　ポリネシア地域の言語で「聖なる」を意味する tapu, tabu が語源。社会的に禁止されている特定の行為、触れたり口に出してはならないとされる物やことばを指す。言語に関しては、禁句、禁忌語(きんきご)、忌み詞(ことば)、忌言葉(いみことば)とも言う。どのような語句をタブーとみなすかは、集団や文化、時代によって異なる。言語に関わるタブーの主要な例には、死に関する語(英語で die を pass away、日本語で「死ぬ」を「他界する、永眠する、息をひきとる」とするなどの言い換えがある)、排泄に関する語(便所を「お手洗い」「洗面所」)、身体に関する語(特に、下半身部分の名)、性に関する語が見られる。特定集団にみられるタブー語には、伊勢の斎宮で穢れや仏教に関することばが禁じられる例がある。特定場面(結婚式で「切る、終わる」を「(ナイフを)入れる、お開きにする」と言い換える)や、特定期間(受験期間は「落ちる、すべる」を避ける)に関わるタブーもある。タブー語を別の語で言い換えることは、一種の婉曲語法である。言語の中でも姓名は、多くの地域で人物の人格と結びついていると考えられていたため、特に目上の人物を実名で呼ぶことは避けられた(実名敬避俗)。現代日本の職場でも、上司は部下を姓名で呼ぶが、部下は上司を職名で呼ぶことが多い。また神や悪魔のような存在の名は口に出さない文化が多い。タブー語は、言語が現象や関係を引き起こしたり、人物そのものとみなされる場合があることを示している。言語はしばしば外界の事物を指し示す記号だと言われるが、このような言語観とは別に、言語を不吉な現象の先触れや、事物や人物と同一視する言語観も共存しているのである。

[文献] 穂積陳重『忌み名の研究』(講談社 1992)

[中村桃子]

wh句の移動
wh くのいどう
wh-*movement*
文法

　英語の疑問詞疑問文(content question)では、必ず文頭に疑問詞の wh 句が表れる。

(1) What did you buy?
(2) Who do you think bought what?

上例(1)は1つ、(2)は2つの wh 句を含み、いずれの wh 句についても答えを要求する。また、wh 句が2つある(2)では、1つが文頭に、もう1つが「元の位置」に表れるという英語の wh 疑問文形成に関わる制約が見て取れる。また、wh 句 what は、いずれの場合でも動詞 buy が目的語に付与する意味役割を担うことが意図されている。よって、wh 疑問文(1)を産出する際の統語演算は、以下のように構造的に図示することができるだろう(四角括弧は、囲んだ要素群が統語的まとまり(構成素)をなすことを表す。また、A移動はここでは捨象する。)(→名詞句の移動)

(3) [*what* did you [buy *what*]]

wh 句 what の疑問詞としての役割と目的語としての役割を同時に表した構造(3)において、表出するのは最上部の what だけである。

(4) [*what* did you [buy ~~what~~]]

このような「元の位置」と文頭の wh 句の依存関係を、生成文法では「wh 句の移動／wh 移動」(あるいは、A移動と区別して「A'(Aバー)移動」)と呼ぶ。wh 移動には、以下のような長距離のものも観察される。

(5) What do you think that John believes that Mary bought?
(6) [*what* do you think that John believes that Mary [bought ~~what~~]]

　一方で、この「元の位置」が特別な環境にある場合に、距離に関係なく wh 句が文頭へ「移動」することができなくなる。この環境を「島」と呼び、(7)の複合名詞句の島や(8)の付加部の島等が報告されている(便宜的に構成素に「島」と付す)。移動の可否を決定す

る要因が単なる構造の複雑さや距離でないことは、構造(6)と比べても明らかであろう。
(7) *Who did you hear the rumor that John likes?
　　[*who* did you hear [₍島₎ the rumor that John [likes ~~who~~]]]
(8) *Who was John worried because Mary disliked?
　　[*who* was John worried [₍島₎ because Mary [disliked ~~who~~]]]

もちろん、母語話者はこうした文を産出しない。したがって自然状態では(なぜか)「島」からの移動を含まない発話しか観察されない。上例のように「島」環境をあえて作り、「移動」実験をして初めて(アルミホイルで植物を覆って光合成の仕組みを確かめるように)、統語的「島」の効果が観察できるのである。

このようにして観察されるwh疑問文形成の不自由さは、とりもなおさず、頭の中の演算に何らかの抽象的な制約・条件が課されていて、話したり考えたりする時に無意識にそれに従っていることを意味する。

こうした「wh移動」現象は、英語以外にも多くの言語で観察されている。また、島の制約も、一見すると「wh移動」がないように見える言語でも観察することができる。こうした発見は、人間の認知能力の正体を探る上での重要な手掛かりである。どうしてこのような「移動」現象や制約が言語に存在するのか、母語話者は、言語学者に教えられたわけでもないのにどうしてこのような制約に従うのか、そこまで視野に入れた言語理論の構築も、言語学の課題の1つである(→生成文法、極小主義)。

[文献] N. Chomsky. On Wh-movement. P. Culicover, T. Wasow & A. Akmajian eds. *Formal Syntax*. Academic Press, 1977., J. R. Ross. *Infinite Syntax*. Ablex, 1986., 中島平三・池内正幸『明日に架ける生成文法』(開拓社 2005)　　　　　　　　　　　　　　　　[稲田俊一郎]

談話
だんわ
discourse
語用論

談話とは、複数の文や発話から構成される言語使用の単位であり、典型的には単一の主題に関するまとまりを指す。単一の話者による独話や不特定多数の聞き手を対象とした言語使用を含み、この点で会話(conversation)や対話と区別される。また、広義には音声、書記言語以外の手段による手話やジェスチャーなどのコミュニケーションも分析の対象とされる。

談話分析(discourse analysis)は文や発話より大きな単位を扱う言語分析一般を指し、社会学、社会心理学のアプローチをとる狭義の会話分析と区別される。日本では、1960年代に林四郎らによって大規模な談話データに基づく文法分析が開始された。一般言語学における談話の概念は、マイケル・ハリデー(M. A. K. Halliday)の選択体系機能言語学(Systemic Functional Linguistics)によって確立された。ハリデーは文の統語構造を主な分析対象にするノーム・チョムスキー(N. Chomsky)の生成文法とは対照的に、語のネットワークや範列的な関係性を主な分析の対象とし、言語を意味構造の表象として捉えることを提唱した。語や文構造は対立する複数の候補の中から談話の目的に応じて選択され、その対比関係こそが言語の意味を構築するとされた。

その後談話の概念は、言語の構造をその使用と機能の点から分析する機能言語学(functional linguistics)に取り入れられ、ウォレス・チェイフ(W. Chafe)らによって意識の流れ(flow of consciousness)と情報梱包(information packaging)の観点から理論化された。特に、同一の指示対象がTom、the boy、himのように異なった指示表現で言及されることに注目し、言語使用者がどのように談話の結束性(coherence)と結束構造(cohesion)

を作り出しているのかが分析の対象となった。また、談話構造に関する多言語の比較研究や、言語発達及び文法化との関わりについても多くの研究がなされている。

現在言語学における談話の分析は、大きく分けてコーパス言語学の一部としてのテキスト分析、機能主義的文法分析、語用論的分析、社会言語学的言語使用分析の4つの流れに分けられる。多量の言語データを扱うコーパス言語学では、語の出現頻度や使用傾向から談話の構成や主題の構造を割り出すことが主眼となる。機能主義的文法分析では、特定の語の出現頻度と形態、及び文の構造のパターン（例：能動態 vs. 受動態）を文の情報構造や話題継続性の観点から説明する。語用論的な分析では、文の情報構造が先行文脈とかかわり合ってどのような語用論的推論を導くかが分析の焦点となる。社会言語学的な分析においては、言語要素の使用パターンや複数の話者の談話への参与形態を分析することにより、言語によって表される社会構造や話者の思想を割り出すことが主な目的とされる。政治的言説、医療や教育場面における談話など、特定の分野に焦点を当てた研究がなされることが多い。特に、社会的な権力関係が談話によって表現、再生産される構造を分析する方法は批判的談話分析（critical discourse analysis）として確立されている。多くの場合これらの方法論は相互排他的なものでなく、言語分析の中で組み合わせて用いられる。

[文献] G. Brown & G. Yule. *Discourse Analysis*. Cambridge Univ. Press, 1983., M. A. K. Halliday & R. Hasan. *Language, Context and Text: Aspects of Language in a Social Semiotic Perspective*. Deakin Univ. Press, 1985., W. Chafe. *Discourse, Consciousness, and Time: The Flow and Displacement of Conscious Experience in Speaking and Writing*. The Univ. of Chicago Press, 1994., N. Fairclough. *Critical Discourse Analysis: The Critical Study of Language*. Longman, 1995.

[車田千種]

談話管理理論
だんわかんりりろん
Discourse Management Theory

🔵理論

対話において話し手と聞き手が行う心的な情報操作のプロセスとの関わりから、ある種の言語形式の意味を記述する理論的枠組み。田窪行則、金水敏（きんすいさとし）が提唱した。フォコニエ（G. Fauconnier）のメンタル・スペース理論を複数の言語主体による対話に応用することを目指した。

談話管理理論では、対話開始時にすでに得られている知識が格納されるD領域と、対話の過程で推論や伝聞で得られ、未検証の知識が格納されるI領域という二種類の領域を仮定する。また、言語形式はD領域の要素にアクセスするか、I領域の要素にアクセスするかが指定されていると仮定する。たとえば日本語の名詞句による指示において、話し手は、対話の過程で聞き手が導入した、自身の知らない人物を「山田さん」とは言えず、「山田さんという人」のように引用形を用いなければならない。「山田さん」は、D領域の要素にアクセスする言語形式であるため、話し手は自身のD領域にない要素に使用できない。一方、I領域の要素にアクセスするための言語形式である引用形は使用可能である。

対話における情報の処理を考える際は聞き手の知識へのアクセスが問題となる。聞き手の知識へのアクセスは、聞き手の有する知識の予測を前提とするが、その予測される知識の中には、「聞き手が想定する話し手自身の知識」も含まれる。この知識も含めた聞き手の知識の予測は情報処理上の負荷が過大となり、自然な対話のモデルとして想定し難い。このことから、談話管理理論では、聞き手の知識へのアクセスは、言語形式自体の意味からは排除するという原則をとる。

[文献] 田窪行則・金水敏「複数の心的領域による談話管理」『認知科学』3-3（日本認知科学学会 1996）

[児倉徳和]

談話の結束構造・結束性
だんわのけっそくこうぞう・けっそくせい
cohesion / coherence
【文法・語用論】

　談話理解の過程で、文を次々に解釈しつつ統一感のある意味世界を築いてゆく際、文や発話の間に相互の関連性を表す言語的な要素があると関係が把握しやすい。結束構造とは、こうした言語的手段を使って示された言語のつながりを指す。Halliday & Hasan (1976)は結束構造を表す文法的手段として、①指示「電話の横にペンがあるよね？　<u>それ</u>取って。」、②代用「紐がほしい。もっと長い<u>の</u>ある？」、③省略「飼猫が行方不明だ。(∅<u>は</u>)十日も戻らない。」、④接続「兄は浪費家。<u>一方</u>、弟はしまり屋。」を挙げている。また、語彙的手段として⑤再叙「ペットを飼う人が多い。<u>ペット</u>は人に元気をくれる。」、⑥コロケーション「平日の営業は20時まで。<u>土日祝日は18時で閉店</u>。」を挙げている(例は筆者)。

　一方、談話の意味レベルのまとまりを結束性（または、整合性）と言い、自然で全体が調和した、まとまりを持つ意味レベルの関連性がある場合、当該の談話は結束性が高いと言う。結束性は、背景知識、常識、推論、連想等の非言語的要素も含む。たとえば、⑦「雷が鳴り雹も降ってきた」という文に「だから、急いで外へ洗濯物を取り込みに出た」のような常識や自然に導出される推論に合致する文が続く場合、結束性が高い。逆に、「だから、急いで外へジョギングをしに出た」のように特殊な前提が必要な文が続く場合は、結束性が低い。また、⑦の後に「外へジョギングをしに出た」が続く文章は結束性が低いが、後続文の冒頭に「だけど」があると結束性が高まる。これは結束構造を表す接続詞により推論が自然に規定されるからである。このように、結束構造は結束性に資するものと位置付けられる。

[文献] M.A.K.ハリディ&R.ハサン『テクストはどのように構成されるか』(ひつじ書房1997)　　[加藤陽子]

地域基準
ちいききじゅん
le norme "areali" o "spaziali" (伊), *areal or spatial norms*
【地理】

　イタリアのM.バルトーリが立てた地理分布に基づき新旧を判断するための基準。
(1) 孤立した地域の基準（のちにコミュニケーションの網目のそとにおかれた地域の基準と改称）：交通の不便な地方、たとえば本土よりも島、平地よりも山地などの孤立した地域に分布する語の方がふつう古い。
(2) 周辺地域の基準：たとえばロマンス語の西端のスペインと東端のルーマニアの方が中央部のフランスとイタリアよりも古いことが多い。ただし中央部が孤立地域の場合を除く。
(3) 広い地域の基準：広い地域に分布する語の方がふつう古い。ただし狭い地域の方が交通の不便な所であったり、辺地の場合を除く。
(4) あとから伝播した地域の基準：古い語はふつうあとから新しく伝播した地域に残る。ロマンス語の場合、ローマ帝国に占領された地域の語形の方がローマ帝国の後継地のイタリアよりも古い。
(5) 消滅段階の基準：2つの段階に属する語のうち、一方が衰えるか絶滅し、他方が生き残る場合、消えた語の方がふつう古い。

　こうした基準は語彙のみならず、音韻・文法にも適応されるという。

　コセリウ著の訳注には、(4)の例としてブラジルの日本語の方が日本の日本語よりも古風だという例が追加されている。だが、たとえば北海道の語彙・音韻・文法が一般的に本土や南西諸島方言よりも古い、と主張する人がいたとしたら、どうであろうか。(2)を除く他の4つの基準は、該当する例も実在するものの、公理のようにして適用することはできず、むしろ実例に基いて検証すべき対象となる。

[文献] M.バルトーリ「新言語学派と新文法学派」小林英夫編訳『20世紀言語学論集』(みすず書房2000)、E.コセリウ『言語地理学入門』(三修社1981)　　[遠藤光暁]

中間言語
ちゅうかんげんご
interlanguage
「社会」

　中間言語の概念はラリー・セリンカー(L. Selinker)によって提唱されたもので、第二言語の習得段階において、学習者によって構築された独自の言語体系を指す。学習者の母語とも目標言語とも異なり、習得の途中に現れていることから「中間言語」と名付けられた。「中間言語」は「誤用分析」の結果から生まれているが、そこでは、第二言語学習者の言語使用においては学習者の母語を問わず、共通した誤用が見られるとしている。たとえば、日本語の学習者の否定表現の発達段階においては、次の例のように否定したい語句の後に「じゃない」を付加することで否定表現を表すことが、学習者の母語を問わず見られていることを指摘している（例：①「毎日、国に電話をかける？」②「毎日？　そんなかけるじゃないよ。1か月に1ぐらいかな」）。また、日本語学習者の「に」と「で」の使い方においては、前の名詞の種類による使い分けが指摘されている。具体的には次の例のように位置を表す名詞の後には「に」（例：「門の前に話をしました」）を、地名や建物を表す名詞には「で」（例：「東京で住んでいます」）を使用することである。またこうした中間言語を生み出す要因については、第二言語を習得する際に学習者の母語が何らかの影響を与える「言語転移（language transfer）」をはじめ、学習者が目標言語の規則を本来の適用範囲をこえて使用してしまう「過剰一般化（overgeneralization）」や、教室での教師の指導や訓練が学習者の習得を阻害する「訓練の転移（transfer of training）」、第二言語学習者が自身の言語能力の不足による問題を処理するために使う「伝達方略」の不適切な使用などが挙げられる（→第二言語習得）。

［文献］迫田久美子『日本語教育に生かす第二言語習得研究』（アルク 2002）　　　　　　　　　［髙民定］

調音
ちょうおん
articulation
「音声・音韻」

　喉頭より上の舌や唇などの器官を動かしてさまざまな音を作ることを調音という。
【子音の調音】舌や唇によって気流に対する妨害が作られ、その位置と方法の違いによってさまざまな子音が出される。妨害は上下に向かい合った器官の間で行われるのが基本で、「位置」による子音の類は、動かない上側の器官の名前を使って「歯茎音」「軟口蓋音」のように呼ぶが、向かい合っていない器官どうしの場合は「唇歯音」のように上下の器官名を合せたり、「そり舌音」のように舌の形状で名付けたりし、また左右に並んだ声帯どうしの「声門音」もある。調音方法によるものは、妨害の度合いの強い「破裂音」から弱い「接近音」まであるが、完全な閉鎖が作られることのない「摩擦音」と「接近音」については、気流が通る隙間が口腔の中央にあるか脇にあるかによる違いがある。（→付録「子音」）

　肺気流の子音のうち声門音では、他の音においては発声器官である喉頭が調音器官としてはたらいている。IPAの肺気流の子音表では各セルの中の左右で無声と有声を示しており、声門音の記号もそのように配置されているが、声門音とそれ以外とではその「有声・無声」の意味が異なる。「無声子音」は、声門音以外の場合は声帯が大きく離れているが、声門破裂音では固く閉じ、声門摩擦音ではかなり近づく。有声の声門摩擦音の調音は息もれ声の発声と同じである。なお、軟口蓋気流の吸着音そのもの、声門気流の放出音なども発声のない調音のみの子音である。

【母音の調音】気流への妨害が起こらない範囲で舌や唇を動かして声道の形状を変えると、それによって声帯の振動で生じた音が変化して、さまざまな種類の母音が作られる。

［文献］斎藤純男『日本語音声学入門 改訂版』（三省堂 2006）　　　　　　　　　　　　　　　［斎藤純男］

重複
ちょうふく（じゅうふく）
reduplication
【文法】

　重複は語基の全体または一部を繰り返す形態論的プロセスである。日本語でも「人々」「山々」など複数名詞形成に用いられるが、新しい語彙素や語形を形成する手段として世界の言語にも広く見られる。

【完全重複と部分重複】重複のうち語基の全体をそのまま繰り返すものを完全重複（full reduplication）と呼ぶ。インドネシア語の例：anak「子ども」→anak-anak「子どもたち」、orang「人」→orang-orang「人々」、jalan「道」→jalan-jalan「道（複数）、散歩する」。なお、言語データを提示する際、重複には-という記号が用いられる。

　一方で、語基の一部だけを繰り返す操作も存在し、部分重複（partial reduplication）と呼ぶ。たとえば、タガログ語には語基の第一音節の子音と母音を繰り返す重複がある：bigyan「与える」→bi-bigyan「与えるだろう」、gawin「する」→ga-gawin「するだろう」。さらにこの言語には語基の最初の二音節だけを繰り返す重複もある：ma-ganda「美しい」→ma-ganda-ganda「ちょっと美しい」、ma-talino「頭がよい」→ma-tali-talino「ちょっと頭がよい」。

　一般に、部分重複は完全重複よりも珍しく、部分重複を持っている言語なら全体重複も持っていることが多い。部分重複を持っている言語には、タガログ語のように複数の部分重複のパターンを持つものもある。

【重複の位置】以上の例では、重複した要素が接頭辞のように語基の前に出現していた。しかし、接尾辞のように語基の後ろに出現することもある。Mangap-Mbula語の例：kuk「吠える」→kuk-uk「吠えている」、kan「食べる」→kan-an「食べている」。さらには接中辞のように語基の中に割り込むこともある。イロカノ語の例：babai「女の子」→ba<b>-bai「女の子たち」、anak「子ども」→a<n>-nak「子どもたち」。

【重複の意味】通言語的に重複は類像的な表現であることが多い（→類像性）。すなわち、事物の複数性、動作の繰り返し、程度の強調などの意味を頻繁に表現する。この点で他の形態論的プロセスと大きく異なっている。たとえば、通言語的に接頭辞によく観察される意味などは存在しない。

　ただし、重複のすべてが類像的であるわけではない。抽象的・文法的な意味も表現する。タガログ語では、上記のように未来や弱化（「ちょっと」）の意味を表現することもある。また他の接辞と結びつくことで偽物を表現したり（例：bahay「家」→bahay-bahay-an「おもちゃの家」）、形容詞・副詞の形成の際に義務的に重複が使用されたりする（例：dahan-dahan「ゆっくり」、dahan単独では使われない）。ことば遊びやリズムの調整のためだけに重複される場合もある。上記の例から分かるように、重複は、屈折にも派生にも用いられ、接辞化と同じくらい重要な形態論的プロセスである。

【語彙化した重複】通言語的にオノマトペ、親族名称や愛称、身体部位、タブー表現などには重複した形式が頻繁に観察される。たとえば、日本語のオノマトペには「ワンワン」「パチパチ」「トントン」などがあり、英語にはding-dong（鐘の音）、tick-tock（時計の音）などがある。

【重複と反復】重複と似ているが区別されるべきものとして反復（repetition）がある。反復は語よりも大きな単位を繰り返す統語操作のことであり、たとえば、John ran and ran and ran and ran「ジョンは走りに走った」のようにranという語形をandを介して繰り返す構文などがそれにあたる。同じ語形が繰り返し用いられ、意味も複数性や強調を表現し類像的であるが、単語境界を越えて繰り返している点で統語現象である。重複はあくまで語の内部構造を問題とする形態論的現象である。

[長屋尚典]

地理言語学
ちりげんごがく
geolinguistics

【地理】

　言語地理学（linguistic geography）・方言地理学（dialect geography）とほぼ同義だが、社会言語学的側面を加味した都市方言学や人文地理学との連携も含む意味合いで使われることもある。社会言語学について、かつて「言語社会学」という呼称も併存していたが、言語学の分野なので結局は社会言語学の名が定着したのと同様の理由で、「地理言語学」という呼称が多く使われるようになりつつある。

　更に古くは word geography という呼称もあったが、これはこの学問分野の性質をよく物語る。つまりたとえば日本語の「ゼ」という音は多くの変種があるが、地理言語学では音韻を単位とすることもあるものの、それをむしろたとえば「風」という語の第二音節に着目して地理分布を描くことによって跡づけようとするのである。

　「すべての語にはおのおのの歴史がある」というのが地理言語学のスローガンであり、比較言語学における音韻法則の無例外性という原則へのアンチテーゼともなっている（→比較法）。

　言語地図の嚆矢はヴェンカー（G. Wenker）らの『ドイツ言語地図集』（1888-1923）であったが、当初の予想と異なり、音韻の境界線は語ごとにかなり違うものであった。

　『フランス言語地図集』（1902-1920）の主編者J.ジリエロンは地理言語学の開祖とされるが、W.グロータースに従うとこの地図集は資料を提供するに留まり、学問分野としては『ミツバチを意味する単語の系譜』（1918）などの地図の解釈を待って始めて確立した（なお、ミツバチ abeille はアルファベット順に排列された同地図集の一枚目の地図にあたる）。

　その意味は、この学問を「地図を使った言語研究分野」と定義するだけでは不十分であり、解釈がなければ地理言語学と称することはできない、ということである。

　柴田武は「言語地理学は言語史の方法の一つである。」「言語要素の地理的分布は歴史の投影である。その地理的分布には秩序がある。したがって、地理的分布から秩序ある歴史を構成することができる」と述べる。

　地理言語学が再構する歴史は、一語ごとに数十・数百・数千地点において数十年のタイムスパンで一歩一歩追跡していくものであり、文献言語史研究や比較言語学よりもずっときめ細やかなプロセスを求める。

　また、言語変化において一人ひとりの人間が果たす役割も重視し、民衆語源・同音衝突・類音牽引といったメカニズムで変容していく様相を跡づける。ことばの表す事物、交通・流通経路・通商圏・文化圏などとの関係、移住・移民などの社会的要因を重視する点も地理言語学の顕著な特徴である。

　こうした研究方法を中心としつつも、更にさまざまな観点・手法が実践されている。文献言語史との連携はよく行われており、また比較言語学と地理言語学は対立するものではなく、相補うものである。たとえば徳川宗賢の日本語アクセント語類の合流タイプの地理分布とその系譜を求めた研究は名高い。

　一語ごとの歴史を重視しつつも、構造主義的観点に基づく「構造方言学」もあり、音韻・語彙に関して具体的な研究がある。E.アストラハーンが中国語方言に関して固形物・液体・気体を口から摂取する動作という「小さな意義の場 semantic micro field」を単位として描いた言語地図は啓発される点が多い。

　グロットグラムは調査地点を線状に設定し時間軸を加味した2次元において変異を追い、更に2次元空間と時間軸という3次元で変化を跡づける時系列言語地図もある。

　類型論的地図やマクロな地域での多言語言語地図は今後大きな発展を遂げるであろう。

［文献］柴田武『言語地理学の方法』（筑摩書房 1969）、W.グロータース『日本の方言地理学のために』（平凡社 1976）

［遠藤光暁］

DOM（示差的目的語標示）
DOM（しさてきもくてきごひょうじ）
differential object marking (DOM)

文法

目的語の定性、特定性、有生性などの意味特徴や、主題、焦点などの情報構造に関わる特徴に応じて、目的語が異なる格標示を受ける、もしくは異なる一致標識を動詞に引き起こす現象。

【具体例】 ロシア語では、単数男性名詞は通常対格標識を取らないが、その指示対象が人間や動物などの有生物である場合に限って、(1)のように明示的な対格標示を受ける。

(1) Ja videl(a)
    私   見る.PST.SG
    mal'čik-**a**/begemot-**a**/stol
    男の子-ACC/カバ-ACC/テーブル
    「私は男の子/カバ/テーブルを見た」

一方、ポーランド語では、男性複数名詞が有生物の中でも特に人間である場合にのみ、(2)のように対格標示を受ける。

(2) Widziałem
    見る.PST.1SG
    chłopc-**ów**/psy/stoły
    男の子.PL-ACC/犬.PL/テーブル.PL
    「私は男の子達/犬達/テーブルを見た」

トルコ語では定性が目的語に現れる格標識の選択に影響を及ぼす。(3)のように、直接目的語が不定の場合には格標示がゼロである一方、定の場合には対格標示が義務的となる。

(3) Hasan öküz-ü /bir öküz aldï
    ハサン 雄牛-ACC/INDF 雄牛 買った
    「ハサンは雄牛を買った」

スペイン語の前置詞aは人間を指す目的語のみを導くが、その指示対象が特定である場合にのみ使用され、不特定である場合には(4)のように使用されない。

(4) El director busca el carro/
    DEF 経営者 探している DEF 車/
    al empleado /a un empleado/
    a+DEF 店員 /a INDF 店員（特定）
    un empleado.
    INDF 店員（不特定）
    「その経営者はその車/その店員/ある店員/（不特定な）店員を探している」

最後に、オスチャーク語（ウラル語）における目的語の一致標識の有無は、情報構造に関わる要因によって決まる。目的語が話題となる（(5)に対して答える）場合には一致標識が要求されるが(6)、焦点となる（(7)に対して答える）場合には一致標識をつけられない(8)。

(5) 彼はこのトナカイに何をしたの？
(6) tam kalaŋ we:l-s-**əlli** /*we:l-əs
    この トナカイ 殺す-PST-OBJ.3SG.SBJ
    「彼はこのトナカイを殺したの」
(7) 彼はどっちのトナカイを殺したの？
(8) tam kalaŋ we:l-əs /*we:l-s-**əlli**
    この トナカイ 殺す-PST.3SG.SBJ
    「彼はこのトナカイを殺したの」

【DOMの動機付け】 コムリー(B. Comrie)は、目的語の格標示や一致標示が変容するこの現象の機能的な動機を、他動詞文において主語と目的語を区別することに求める。他動詞文における主語のプロトタイプは有生性階層の上位に位置し、かつ定、特定、そして主題である名詞句である。主語と目的語を明確に区別するのが最も容易なのに、両者が最大限異なる場合である。よって、目的語のプロトタイプは、有生性階層の下位に位置する、不定、不特定、焦点である名詞句となる。このように主語と目的語が有生性、定性、特定性、主題/焦点といった意味的、語用論的属性に関して十分に異なる場合には、格標識や一致標識がなくとも、他動詞文における名詞句の文法関係について曖昧性が生じる可能性は少ない。ところが、目的語が典型的な主語と同様に有生性階層の上位に位置する、定、特定、主題だった場合、どちらが主語でどちらが目的語なのかを判断するのが困難となる。このような場合、目的語に形態統語的に有標な標識が現れるのである。

［古賀裕章］

定形性
ていけいせい
finiteness

文法

　述語的要素、特に動詞が単文の主動詞として使われる場合、she walks/walked on the waterのように一定の屈折形態をとる。これは定形動詞である。一方、I saw her walk on the waterのような環境では屈折形態はとらない。これを不定形動詞と呼ぶ。ただし、言語ごとに形態論は大きく異なるため、特定の文法カテゴリーを基準にして一般的な定義を与えることは困難である。ここでは当該言語における義務的な形態論的標示がすべて与えられて文の主動詞となりうる形、という相対的な定義を導入する。たとえばラテン語 scribo「私は書く」は人称、数、法、時制、態が標示されている。日本語の場合には人称と数の標示がないので、最小限の義務的標示として時制に着目すると、「書く」と「書いた」が基本的な定形動詞となる。一方、「書き」は時制の標示を欠いているため、定形ではない。

　不定形は上記のwalkのように無変化の形態で現れる場合もあれば、to walkのように不定形を義務的にとる補文化標識を伴う場合、walkingのようにいわゆる動名詞化の派生接辞をとる場合がある。

　機能的類型論における複合的構造の理論では、定形性は節の自立性を規定する特徴の1つをなす。補文の動詞が定形をとる時は、不定形をとる時に比べて自立性が高い。定形性のほかに、節の自立性のパラメータとしては述語による格付与や助動詞類の生起の有無がある。意味的な観点からは、定形性はメンタル・スペースにおける命題の独立した位置づけと対応する。従属節の自立性が低い時には概念的にも主節の一部となって、時間的な自立性が低下し、近接性や因果関係の直接性が高まる傾向がある。

[文献] T. Givon. *Syntax: An Introduction*. Vol. 2. John Benjamins, 2001.

[大堀壽夫]

定性
ていせい
definiteness

意味論

　定性は、名詞句の指示対象が同定可能かどうかによって名詞句を区別する概念であり、聞き手が指示対象を同定できると話し手が想定している名詞句は定（definite）であり、同定できないと想定している名詞句は不定（indefinite）である。

　たとえば、英語には「定」を標示することを主な機能とする定冠詞theがあり、「the＋名詞」は定名詞句であるが、「指示詞（thisなど）＋名詞」、「所有表現（my, Mary'sなど）＋名詞」、固有名詞、人称代名詞なども定名詞句に分類される。不定名詞句についても、「不定冠詞 a (an)＋単数形の可算名詞」だけでなく、定冠詞や指示詞などがつかない複数形の可算名詞や不可算名詞も不定名詞句に分類される。

　中国語には、英語の冠詞に相当する定性標識はないが、「指示詞＋類別詞＋名詞」（「這台電脳」（このパソコン））、「所有表現＋名詞」（「我的電脳」（私のパソコン））、固有名詞、人称代名詞は定名詞句であり、「一＋類別詞＋名詞」（「一台電脳」（一台のパソコン））は不定名詞句である。何もつかない名詞（「電脳」（パソコン））の場合は、主語位置で定の解釈になりやすいなど、その名詞句が現れる位置が定・不定の解釈に影響を与えるものの、文中の位置と定・不定の解釈に一対一の対応関係があるわけではない。

　定性と関連する用語に「特定性（specificity）」があるが、こちらは話し手が特定の事物を想定しているか否かに関わる概念である。I want to see a doctor（私は（ある）医者に診てもらいたい）の a doctor は不定であるが、特定（specific）の医者が想定されている場合とどの医者かは不問の場合がある。

[相原まり子]

テクスト言語学
テクストげんごがく
text linguistics

【文法】

　言語化された情報のまとまりとしてのテクストを対象とする研究分野。テクストは単なる文の羅列ではなく、意味的・内容的なまとまりを持つ。長さは問わない。方法論は（1）テクストの文法的・意味的特徴や規則性を記述する、（2）テクストが生産・受容されるプロセスに注目し、語用論の立場から分析する、（3）認知科学的な側面を積極的に取り入れる、の大きく3つに区分できる。音声言語・文字言語ともに分析対象となるが、談話分析と区別して文字言語に限定する場合もある。

【1960年代からの流れ：テクスト文法】テクスト文法は、文のレベルでは捉えきれない現象を説明するため、文文法をテクスト文法に拡張することから生まれた。超文文法として、文連鎖の仕組みの統語的、語彙的分析が研究の中心で、ドイツで盛んであった。前方照応、後方照応を含む照応（代名詞化、冠詞など）・反復・省略・接続などが分析対象の例である。

【1970年代からの流れ：テクスト性】テクストとは単に構造上の単位ではなく、まとまりを持つ言語単位の連鎖だと考えるようになる。ロベール・アラン・ド・ボウグランドとヴォルフガング・U.ドレスラー（Robert-Alain de Beaugrande, Wolfgang U. Dressler）によれば、テクストはコミュニケーションのための出来事であり、テクスト性の7つの基準を満たす。7つの基準は、テクスト中心の概念と、使用者（生産者・受容者）中心の概念に大別できる。前者には、「結束構造（cohesion、表層テクストを構成する文法的依存の様相）」と「結束性（coherence、表層テクストの背後にある概念と関係）」が、後者には「意図性」「容認性」「情報性」「場面性」「テクスト間相互関連性」（「間テクスト性」とも言う）が含まれる。テクスト内に提示された知識に加え、受容者が自己の知識を持ち込むことによって、テクストの意味は形成される。テクスト使用者がテクストを処理する認知過程が関与するわけである。テクスト性を作り出す英語の手段としては、M.A.K.ハリデイとルカイヤ・ハサン（M.A.K. Halliday, Ruquaiya Hassan）が、文法的結束構造（grammatical cohesion）と語彙的結束構造（lexical cohesion）を挙げている。前者には、人称詞や指示詞、比較語による「指示」、名詞や動詞、節による「代用」「省略」「接続」が含まれる。後者は、同一語や近似語、上位語などによる「繰り返し」「コロケーション」などである。結束性もテクスト成立に不可欠なマクロレベルの要素とされる。なお、日本語の用語の「結束性」はその意味するところが研究者により異なるので注意が必要である。

【広がるテクスト言語学の分析対象】語彙的、統語的な手段のほかにテクスト全体を視野に入れた語用論的、認知科学的な分析方法もある。ハラルト・ヴァインリヒ（Harald Weinrich）は、ドイツ語の時制の使用域を発話態度から捉え、「話し合いの時制」と「語りの時制」に区分する。クラウス・ブリンカー（Klaus Brinker）はテクストの基本的機能として情報・接触・訴求・義務的・宣言の5機能を提案する。プラーグ学派のフランチシェク・ダネシュ（František Daneš）は、機能主義の立場から、テクストを既知情報（テーマ）と新情報（レーマ）の連鎖と捉え、テーマ展開のパターンを示している。また、T. A. ファン・ダイク（Teun A. van Dijk）は、情報の「削除」「選択」「一般化」「統合」という操作を経て意味的マクロ構造を抽出する。その他、スキーマ理論やスクリプト理論、さらには実験的手法を用いてテクスト理解のプロセスを解明しようとする流れもある。

［文献］R. de ボウグランド、W. ドレスラー『テクスト言語学入門』(紀伊國屋書店 1984)、M.A.K. ハリディ・R. ハサン『テクストはどのように構成されるか』(ひつじ書房 1997)、K. アダムツィク『テクスト言語学序説』(同学社 2005)

［林明子］

手続き的意味
てつづきてきいみ
procedural meaning

「語用論」

関連性理論では、語彙項目が意味論的に担う情報には、概念的意味と手続き的意味の2種類のタイプがあると考える。前者は、「りんご」、「食べる」、「おいしい」など一般に多くの語彙項目が担っている意味で、発話解釈の過程で構築される概念表示の構成要素となる。後者は、概念表示をどのように構築し操作するかに関する指示や制約を与えており、英語のbut, after all, soなどの談話連結詞が担う意味を説明する際にダイアン・ブレイクモア（Diane Blakemore）によって導入された。John is rich, but he is unhappyと言えば、John is rich, and he is unhappyとは異なり、「逆接」の意味がつけ加わるが、問題はこれをbutのはたらきとどう結びつけるかである。ブレイクモアによれば、butは、それに後続する部分が前半部分から導かれる命題を却下するための証拠を提供していることを示すはたらきをしている。つまり、「ジョンは金持ちである」から「ジョンは幸せである」を一般に導くことができそうだが、これを「彼は不幸である」によって却下する。この一連の推論過程を聞き手がたどるように、butは指示を与えていると考えられる。手続き的意味は、当初、発話の非真理条件的側面を説明する際に導入されたが、現在では語用論的推論を一般に制約するものであると考えられている。代名詞のheやsheは可能な指示対象の中から聞き手が適切な指示対象を選択する際の制約を与えていると考えることができ、これは表意を制約している。また、疑問のイントネーションや日本語の「よ」などの文末助詞は話し手の命題態度を示すはたらきをしており、メタレベルの表意、すなわち高次表意を制約している。

[文献] D. Blakemore. *Understanding Utterances: An Introduction to Pragmatics*. Blackwell, 1992.

[梶浦恭平]

転写・翻字
てんしゃ・ほんじ
transcription / transliteration

「文字」

発音を表音文字に変換する作業ないしその結果を転写と呼ぶ。たとえば日本語や英語の発音を音声記号やローマ字で表記するのが転写である。転写は正書法に則った表記とは異なる。たとえばrightとwriteは綴りが異なるが、発音が同じなので、転写上は同一となる。

ある文字体系で書かれた文字列を転写するには、まずその文字列を発音に変換した上で、その発音を表音文字に変換する必要がある。従って、同一の文字列であっても、発音が異なれば転写も異なる。たとえば、oftenのtを発音するかしないかで転写は変わってくる。また、「たもつ」と読むか「やすし」と読むかが分からないと、「保」は転写できない。

発音には無限のバリエーションがあるのに対し、文字の数は有限である。そのため、転写の際には必ず何らかの情報が捨象される。捨象の度合いにより、転写は音声転写と音素転写に大別される。捨象するものをできるだけ少なくして異音を含めた発音を可能な限り忠実に書き取ることを目指すのが前者で、できるだけ簡略な表記を目指すのが後者である。

ある文字体系の文字列を、発音を介さず直接別の文字体系の文字列に置き換える作業ないしその結果を翻字と呼ぶ。狭義の翻字はある文字を別の文字に一対一に置き換えるため、翻字から元の文字列を復元することができる。

たとえば「リンゴの木」という文字列をローマ字で転写すると、ringonokiとなる。この転写から元の文字列を正確に復元することはできないが、もし漢字を大文字、カタカナを斜体字で翻字すると決め、KIという読みを持つ漢字すべてに予め固有の番号を振り（仮に「木」をKI_6とする）、文字境界にハイフンを入れると、元の文字列を正確に復元できる狭義の翻字*ri-n-go-no*-KI_6となる。

[池田潤]

テンス¹（時制）
テンス¹（じせい）
tense

文法・意味論

節の表す事態がいつのことなのかを示す文法範疇。時制は、通常、基準となる時点（基準時）との前後関係に基づいて区別される。多くの場合、動詞の語形変化や、動詞とともに現れる助動詞などの語によって表されるが、オーストラリアのワルピリ語のように、節と結びつく不変化詞によって表される言語もある。中国語やタイ語など、時制を持たない言語も存在する。

【絶対時制】発話時（→ダイクシス）を基準とする区別を言う。発話時との前後関係によって、過去・現在・未来の3つが区別できる。発話時よりも前に成立していた事態を表すのが過去時制、発話時と同時に成立している事態を表すのが現在時制、発話時よりも後に成立する事態を表すのが未来時制である。

このように理論的には3つの時制を区別することができるが、実際には、基本的な時制の区別を二通りしか持たない言語が多い。たとえばフィンランド語では、現在のことも未来のことも同じ形式で表すことができるが、それに対して過去のことは特別の形式で表現する。つまり、フィンランド語は過去と非過去の2つを区別している。日本語も、基本的に、「する」などのいわゆるル形は現在または未来のことを、「した」などのいわゆるタ形は過去のことを表す。また、ニューギニアのフア語では未来と非未来を区別する。現在と非現在の2つを区別する言語は知られていない。

現在時制は、発話時を含む一定の期間において成立している事態を表すのに用いられるのが普通である。たとえば「東京タワーは港区にある」が表す事態は、発話時においても確かに成立しているが、それよりも前や後に成立していないというわけではない。発話時と厳密に同時に成立している事態を現在時制が表す例は遂行動詞（→発話行為）など限られた場合にのみ見られる。また、現在時制は「三郎は毎日正午に起きる」のように、習慣を表すのに用いられることも多い。

【相対時制】発話時を必ずしも基準とせず、それ以外の時点との前後関係に基づく区別を言う。たとえば「太郎は読む本を持って来た」において、「読む」は、現在や未来に成立する事態を表しているわけではなく、「持って来た」時点を基準として、それよりも後に「本を読む」という事態が位置するということを表している。一方「太郎は読んだ本を持って来る」の場合は、タ形を用いることで「持って来る」時点よりも前に「本を読む」ことが成立していたことが表されている。つまり、これらの例では、ル形とタ形の対立は相対時制の区別を標示している。

英語の過去完了や未来完了は、過去や未来のある時点を基準として、それよりも前に成立している事態を表すものであるから、絶対時制と相対時制の組み合わせとして捉えることができる。

【基準時からの距離】基準となる時点との前後関係に加えて、そこからの距離によって時制を区別する言語も存在する。たとえばペルーのアンカシュ・ケチュア語では、aiwarquu「今日私は行った」と aiwarqaa「昨日以前に私は行った」のように、今日のことか、昨日以前のことかによって2つの過去形を使い分ける。

また、タンザニアのハヤ語では、tu-laa-gy-á「近いうちに私たちは行く」とtu-li-gy-á「遠い未来に私たちは行く」のように、近い未来と遠い未来で語形の区別がある。

【時制の一致】従属節の時制が、主節の時制によって変わること。たとえばスペイン語の、dije que Juan se fuese「フアンに行くように言った」と diré que Juan se vaya「フアンに行くように言う」をくらべると、主節の動詞が過去形 (dije) の前者は従属節も接続法過去形 (fuese) に、主節の動詞が未来形 (diré) の後者は従属節が接続法現在形 (vaya) になっている。

［石塚政行］

テンス² ・ラックス
tense / lax

【音声・音韻】

　音声器官の筋肉の緊張の度合いが強い音をテンス（緊張）、弱い音をラックス（弛緩）という。これを母音について使い、子音についてはフォルティス（fortis 硬音）・レーニス（lenis 軟音）を用いるのが伝統的だが、どちらにもテンス・ラックスを使うこともある。

　音声学的な実体を厳密に特定しにくく、また、そうせずに曖昧に使われることも多く、問題のある用語ではあるが、音韻的に区別される音のカテゴリーを特定の1つの音声的特徴で区別できない場合などによく使われる。たとえば、英語のpeas /piz/は語末の子音/z/が声帯振動を伴わず無声で発せられることがよくあるが、それはその語がpeace /pis/と同じに発音されたというわけではない。/s/と/z/は筋肉の緊張の度合いが異なり、持続時間や呼気の強さなどにおいて違いがあるので、両者の区別は保たれている。/s/をテンス、/z/をラックスとし、有声性を後者に現れる特徴の1つと考えれば、それが失われた場合も他の特徴により両者は区別されている、と言える。

　IPAの「無声化」と「有声化」の記号の例に[d̥]や[t̬]があるが、無声化した有声音（[d̥]）や有声化した無声音（[t̬]）をそれぞれ無声音（[t]）・有声音（[d]）と等しいとしないのは、両者の間に筋肉の緊張などの違いがあるからである。同じ無声でも[t]はテンス、[d̥]はラックス、有声の場合も[t̬]はテンス、[d]はラックスである。上の英語の例はpeas [pʰiz̥]、peace [pʰis]と音声表記することができる。

　母音については、英語などで[i]や[u]はテンスで[ɪ]や[ʊ]はラックスだと言われるが、筋肉の緊張度の違いは確認されていない。前者は後者に比べて、長い、咽頭腔が広いなどの特徴を持つと言われるが、言語や方言によっても異なり、音声的な実体は不明瞭である。

［文献］P. Ladefoged & I. Maddieson. *The Sounds of the World's Languages*. Blackwell, 1996.　　［斎藤純男］

伝達能力
でんたつのうりょく
communicative competence

【社会】

　ハイムズ（D. Hymes）により提唱された用語で、効果的なコミュニケーションに必要な言語知識とそれに基づく言語使用能力を指す。ハイムズはチョムスキー（N. Chomsky）のいう「言語能力」（社会的・文化的コンテクストを排除した概念）だけでは言語使用に関する多くのことが説明できないという問題意識から、実際の言語使用場面における能力を捉えるための概念として「伝達能力」を提唱した。これには文法に関する知識や適切な使用に関する知識などが含まれる。伝達能力を備えた話し手と聞き手こそが特定の文化の中で言語を生成することができ、対話の相手や場面を考慮した適切な言語運用ができるとしている。

　伝達能力という概念は社会言語学や言語教育において広く支持され、カナールとスウェイン（Canal and Swain）はハイムズの伝達能力を再検討し、次の4つの伝達能力（コミュニケーション能力）を提示している。①文法能力（grammatical competence）：音韻、形態、文法・語彙などの言語体系についての能力、②社会言語的能力（sociolinguistic competence）：状況に応じた適当なことば遣いに関する能力、たとえば、第二言語での挨拶が相手や場面に応じてどのような機能を果たすかを理解し、運用できる能力。③談話能力（discourse competence）：状況や文のコンテクストに応じて談話を構成する能力、④方略的能力（strategic competence）：コミュニケーションがうまく行かない時に問題を処理する能力。たとえば、パラフレーズや言い直しなどによって、言語問題を調整する能力のこと。伝達能力はコミュニカティブ・アプローチを中心とする第二言語教育研究において広く使われている。

［高民定］

同音衝突・類音牽引
どうおんしょうとつ・るいおんけんいん
homonymic clash / paronymic attraction

地理

　同音衝突とは別々の単語が同じ発音となり、意思疎通に困難をもたらすこと。その古典的な例は南フランスの「雄鶏」であり、「猫」cattusがgatとなり、「雄鶏」gallusも音韻変化によりひとたびはgatとなったので、さまざまな別の語に置き換えられている（→語の病気・語の治療）。この場合、小動物という同じ意味領域なので同音異義語は回避せねばならないが、たとえば日本語の「海苔」と「糊」なら現れる場面が違うので同音の「のり」であっても共存しうる。

　類音牽引とは音形が類似した語に引かれて他方の語の語形が変化することを指す。ドーザ（A. Dauzat）が挙げる典型例としては、フランス語のcourtepointe「かけぶとんの一種、キルト、綿入れ」がある。この語はラテン語culcita puncta「クッション〈名詞〉＋刺縫いした〈修飾語〉」に由来するが、coute-pointeという語形を経て、前部が類似音のcourte「短い」に取って代わられた。

　ドーザは使用頻度が高く包括語彙数の多い単語家族に支えられた強い方の語が弱い語を牽引し、また2語の音形の相違が1音のみであるときに生ずるとしている。ラテン語の段階でのculcitaとcurta「短い」は音形が十分離れていたが、音韻変化によってculcitaがcoute、curtaがcourteになった段階で1音のみの違いとなり、類音牽引が生ずる下地ができた。その一方、取って代わられたcoute-pointeの側で、couteのみならずpointeがpoindre「刺縫いする」の過去分詞であるという語源も忘れ去られ、「針」という名詞に再解釈されたので、本来は名詞のcouteが形容詞のcourteに置き換えられたという背景もある（courteは名詞に前置することも可能な形容詞）。

[文献] A.ドーザ『フランス言語地理学』（大学書林1958）　　　　　　　　　　　　[遠藤光暁]

同化・異化
どうか・いか
assimilation / dissimilation

歴史

【同化】ある音が、別の音と似通う方向に変化することを同化（assimilation）と言う。音連続上の前後関係で、先行する音が後続の音の影響で変化することを逆行同化と言い、先行する音の影響で後続の音が変化することを順行同化と言う。逆行同化の方が一般に観察される頻度は高い。また、変化する音が、影響を与える音と同一になる場合を完全同化、影響を与える音の特徴を部分的に持つ方向に変化する場合を部分同化と言う。ラテン語octō＞イタリア語otto「8」の変化は、無声軟口蓋破裂音c [k]が後続の無声歯茎破裂音tの影響で調音位置を同一にする変化が生じたもので、逆行完全同化と言える。英語の否定の接頭辞in-は、軟口蓋音で始まる語につく時に鼻音が[n]のほかに[ŋ]で実現することがあり（例：incredible [ɪnˈkredəbl]～[ɪŋ-]）、後者は有声鼻音の特徴を保ちながら後続子音の調音位置に同化する逆行部分同化と言える。古ノルド語の男性強変化名詞の単数主格語尾 -rは（例：dagr「日」）、語幹がnで終わる語につく時、これに同化し（例：steinn「石」（＜ *stein-r））、これは順行完全同化と言える。古典ギリシア語のpénte [pente]「5」は現代ギリシア語で[pende]と発音されるようになり、nの有声の特徴に直後のtが同化し有声音化を生じており、これは順行部分同化と言える。上の例はいずれも前後に直接隣接する音で生じた変化であり、この点で隣接同化と言える。

【ウムラウト（umlaut）】ゲルマン諸語（ゴート語を除く）に見られるウムラウトと呼ばれる母音の変音現象も逆行同化の一種である。ウムラウトの原因となった音が残存することもあれば消失することもある。古ノルド語のspakr「賢い」という形容詞（男性単数主格形）の語幹のaは、男性単数与格形でspǫkumとなるように、uの音を含む語尾が

つく時にǫ [ɔ]に変音する。後続するuの影響で、語幹の母音が円唇の特徴を帯びるとともに舌の位置が高くなる逆行同化である。この例ではウムラウトの原因となった音が保たれているが、同じ形容詞の女性単数主格形はspǫkであり、これは本来 *spǫk-uであったと推定され、*-uの語尾が語幹母音にウムラウトを生じた後、脱落したものである。ウムラウトの現象は、後続する離れた音への同化であり、この点で遠隔同化と言える。

【異化】同化とは逆に、同一の特徴を持つ2つの音の一方が、類似を減らす方向に変化する現象を異化（dissimilation）と言う。ラテン語arbor > スペイン語árbol「木」で生じたr...r > r...l の変化は順行異化である。英語のFebruaryに見られる発音の変種['februəri]〜['febjuəri]のうち、後者は r...r > j...r という逆行異化によって生じた形である。これは先行するrの脱落（重音脱落）と見ることもできる。なお、重音脱落（haplology）は異化による音消失と考えることができ、英語のprobably['prɒbəbli]の変種として聞かれる['prɒbli]では、bを含む音節が1つ消失している。異化の有名な例として、印欧語族の中でギリシア語とインド語派に生じたグラースマンの法則と呼ばれる有気音の変化がある。古典ギリシア語では動詞の完了形を形成する際、語頭の子音に母音eを添えて繰り返すことを特徴とし、たとえば現在形のgráphō「書く」（1人称単数）に対し、現在完了形はgégrapha「書いた」となる。しかし、pheúgō「逃げる」のように現在形が有気破裂音で始まる語では、現在完了形は *phépheugaではなくpépheuga「逃げた」となる。すなわち ph...ph > p...ph という異化によって生じた語形である。これはギリシア語で、同一語根中に有気音が2つ以上生じるのを避ける現象が生じたことによるもので、この例のように通常、先行する音がその有気音性を失う逆行異化である。

[文献] L. Campbell. *Historical Linguistics* 3rd ed. Edinburgh Univ. Press, 2013. ［入江浩司］

統合
とうごう
synthesis
一般

統合（総合とも言う）とは、語形成法に関する特徴の1つであり、語が複数の形態素から作られることを言う。また、統合的な語形成がある言語の特徴と見なされる場合、その言語を統合的言語（synthetic language）と呼ぶ（総合的言語とも言う）。統合は、融合と並んで、形態的類型論における孤立語・膠着語、屈折語・融合的言語、複統合合語の4分類の研究の中で発達してきた概念である（→形態的類型論）。

理想的な孤立語は、語と形態素の間に1対1の対応が成り立つため、統合的な語形成の例を持たない。たとえば、ほぼ理想的な孤立語と言えるベトナム語の次の文では、bắt đầu「始める」を除けば、すべての語がそれぞれ1つずつの形態素からできている。

(1) Khi tôi đến nhà bạn tôi, chúng tôi
    時 私 来る 家 友人 私 PL 私
    bắt đầu làm bài
    始める する レッスン
    「私が私の友人の家に来た時、私たちはレッスンを始めた」

それに対して、膠着語であるトルコ語も、融合的言語であるロシア語も、adam-lar-ï（男-PL-ACC）「男（複数）を」（トルコ語）、stol-ov（机-PL.GEN）「机（複数）の」（ロシア語）などの例に見るように、統合的な語形成の例を持つ。つまり、トルコ語は膠着語であると同時に統合的言語、ロシア語は融合的言語であると同時に統合的言語であると言える。

複統合合語（polysynthetic language、多総合的言語、輯合語とも）とは、非常に多くの形態素を結びつけて語を作り、語がしばしば文相当の内容を持つような言語を言う。たとえば、次のエスキモー語の例（2）は、名詞語基 angya「ボート」に接尾辞が4つついた1つの語である。

(2) angya-ghlla-ng-yug-tuq
ボート-AUG-獲得する-DES-3SG.SBJ
「彼は大きなボートを欲しがっている」
ひとくちに複統合語と言っても、語形成にもっぱら接辞化を用いる言語もあれば、接辞化に加えて、複合を用いる言語もある。複合の中でも、動詞語基にそれと統語的な関係を持つ名詞語基や副詞語基を合体させて1つの動詞を作るプロセスを抱合 (incorporation) と呼び (→名詞抱合)、抱合を生産的に行う言語を抱合語 (incorporating language) と呼ぶ。抱合語であるチュクチ語の例 (3) では、動詞語基 payt「痛む」に名詞語基 levt「頭」と副詞語基 meyŋ「ひどく」が抱合され、さらに接頭辞と接尾辞が1つずつついて1語が作られている。

(3) tə-meyŋə-levtə-pəyt-ərkən
1SG.SBJ-ひどい-頭-痛む-IPRF
「私はひどい頭痛がする」

統合的な語形成を用いた表現とは対照的に、語彙的概念だけでなく文法の概念も独立した語によって表す表現がある。このような表現を分析的 (analytic) と呼び、また、分析的表現を多用する言語を分析的言語 (analytic language) と呼ぶ。孤立語は分析的言語としての性質を強く持つ。先のベトナム語の例 (1) の chúng tôi「私たち」において、複数性という文法的概念が、独立した語 chúng によって示されていることに注目されたい。

孤立語 (あるいは分析的言語) と複統合語は、語がいくつの形態素から作られるかというパラメーター上の両極に位置している。そして統合的言語はその中間に位置すると言える。各言語はこのパラメーターのどこかに段階的に位置づけられる。たとえば、英語は、統合的な語形成を行う一方で、文法的概念を前置詞や助動詞によって示した分析的表現を多用する言語でもある。つまり、統合の度合いは1つの言語の中でもさまざまに現れる。

[文献] B. コムリー『言語普遍性と言語類型論――統語論と形態論』(ひつじ書房 1992) ［長崎郁］

統合的関係・系列的関係
とうごうてきかんけい・けいれつてきかんけい
syntagmatic relation / paradigmatic relation

（一般）

まず、「昨日私はテレビを見た」という文を考えよう。これは一般的に「昨日」「私」「は」「テレビ」「を」「見」「た」という各要素から成り立っていると理解できる。この時の各要素は「昨日私はテレビを見た」という一文を構成する上で、「統合的関係」(「連辞関係」とも) があると言う。ここでやや注意しなければならないのは各要素がフラットにつながっているのではないことである。「私」は「昨日」とつながっているのではなく、「は」とつながっている。「テレビ」は「を」とつながっている。この時、「私」と「は」、「テレビ」と「を」も「統合的関係」にあると言える。

ここでもう一文導入する。A:「昨日私はテレビを見た」とB:「今日彼はビデオを見た」を比べよう。両者は「昨日」と「今日」、「私」と「彼」、「テレビ」と「ビデオ」の部分で異なっている。この時「昨日」と「今日」、「私」と「彼」、「テレビ」と「ビデオ」の間には「系列的関係」(「範列関係」とも言う) があると言う。「昨日」と「今日」は全く同じ位置で交換できるわけだが、このように系列的関係にある二者は同じ品詞である場合が普通である。ヨーロッパの諸言語においては動詞が主語の人称によって形態を替えるが、これも系列的関係の一種である。たとえば、英語で I *like* him と He *likes* me を比べれば、like (動詞) の部分が主語の人称により交替している。これは動詞の系列と見なせる。

上記は主に統語論上の問題に着目したが、統合的関係も系列的関係も共にいかなるレベルにも見られる。たとえば、音のレベルで日本語の /m/ は「網」/a-m-i/ において他の音素と統合的関係に立ち、一方、同じ /m/ は「網」/ami/ と「兄」/ani/ において、/n/ と系列的関係に立っている。

［林範彦］

動詞
どうし
verb

文法

　動詞は名詞・形容詞と並んで主要な語類の1つである。典型的には動作を表現し、以下のような形態統語論的特徴を持つ。

【形態論的特徴】動詞は、時制、相、法、極性、(主語についての)一致に関する接辞を持っていることが多い。また、名詞や形容詞と異なり、使役や受身などの項の増減に関わる接辞を伴うことができる。日本語でも「働かせられなかった」のように使役や受身、時制の接尾辞を取るのは動詞である。

　なお、動詞特有の屈折のことを特に活用（conjugation）と言うことがある。

【統語論的特徴】動詞は、そのままで文の述語としてはたらくことができる。もちろん名詞も形容詞も述語となることはできるが、その場合はコピュラと呼ばれる特別な動詞を必要とすることが多い。たとえば、英語でI runとは言えても、I beautifulとは言えない。I am beautifulのようにコピュラが必要である。

　さらに動詞は項をとることができる。名詞述語や形容詞述語は一般に項を1つしか取らないが、動詞は項を複数持つことができる。

【動詞の下位範疇】動詞は取る項の数によって、自動詞、他動詞、複他動詞などのように分類される。また、その意味によってさまざまに分類することができる。移動様態動詞、移動経路動詞、直示動詞などである。語彙的アスペクトの点から状態動詞、活動動詞、達成動詞、到達動詞などに分けることもできる。

【分詞】動詞の形態のうち、形容詞のように状態を表現したり名詞を修飾したりするために用いられるものを特に分詞（participle）と呼ぶ。動詞と形容詞の機能を併せ持った形態である。「詞」の名を持つが独立した語類ではない。英語の場合、現在分詞（ing形）や過去分詞（ed形）が存在する。それぞれ進行形と受動態に用いられる。

［長屋尚典］

動詞化
どうしか
verbalization

文法

　動詞化とは、本来は動詞ではない語を動詞にする、あるいは、動詞として用いることを指す。名詞ではない要素から名詞的要素を派生する名詞化と対照的である。

　動詞化の最も一般的な方法は動詞派生接辞を用いることである。たとえば、インドネシア語にはber-という動詞派生接頭辞があり、これを利用してisteri「妻」→ber-isteri「妻を持つ」、topi「帽子」→ber-topi「帽子をかぶる」のように名詞から動詞を形成する。

　言語によっては、自動詞をつくる動詞化接辞と他動詞を作る動詞化接辞が明確に分かれている場合もある。たとえば、オーストラリアのYidiɲ語には動詞化接辞が2つある。-daga-nと-ŋa-lである。前者は状態変化を表す自動詞を形成し、後者は使役状態変化を表す他動詞を形成する。

　言語によっては動詞を形成する際に接辞を伴わない場合がある。たとえば、英語では強勢の位置の違いで名詞と動詞を区別することができる。具体的には、récord「記録（名詞）」とrecórd「記録する（動詞）」、présent「贈り物（名詞）」とpresént「贈呈する（動詞）」などである。さらに、英語では名詞にも動詞にも同じ形が使われることがある。たとえば、stay「滞在（名詞）」「滞在する（動詞）」、hammer「ハンマー（名詞）」「ハンマーで打つ（動詞）」などである。

　動詞はさまざまな語類から派生することができる。たとえば、英語の動詞派生接辞en-は、shrine「聖堂」→en-shrine「安置する」のように名詞から動詞を派生することも、large「大きい」→en-large「大きくする」のように形容詞から動詞を派生することもある。さらに動詞から動詞を派生することもよくある。たとえば、write「書く」→re-write「書き直す」などである。

［長屋尚典］

動詞連続構文
どうしれんぞくこうぶん
serial verb construction

文法

【概観】動詞連続構文は文献によって定義に揺れがある。ここでは動詞を含む単位の連続が以下の特徴を持ったものを動詞連続構文と呼ぶ。(1) 明示的な接続表現がない、(2) 項、典型的には主語を共有する、(3) テンスやモダリティなどの要素を共有する、(4) 間に生起する要素が限られている、(5) それぞれが連続または近接した行為を表す、(6) 音声的に1つのフレーズをなす。西アフリカの諸言語、東南アジアの孤立型言語、及び中国語諸方言の例が早くから知られているが、他の地域・語族からも報告されている。このほか、上記の特徴のいずれかを欠く境界例も動詞連続構文の名で呼ばれることがある。(1) については、日本語の連用形やテ形を接続形式でなく一種の不定形とみなし、これらの手段による動詞句の連鎖を動詞連続構文の範疇に入れることもある。(2) と (3) については、別々の主語やモダリティを持った「節」と呼ぶべき単位の結合が「動詞連続構文」と呼ばれることもあるが、この用法は本項では除くことにする。

【構造と機能】動詞連続構文の例をAikhenvald & Dixon (2006) のIntroductionから見る(斜字体が動詞)。まず、主語を共有するVPの連続である場合(Tetun Dili語:abo *lori* tudik ko'a paun [祖父 取る ナイフ 切る パン]「おじいさんがナイフでパンを切った」)は、上記 (1)-(3) の特徴から、通常の等位構造とは異なる面を持つ。次に、1つ目の構造単位の目的語が2つ目の構造単位の主語となっている場合(Taba語:*n=babas* welik *n-mot* do [3SG =噛む 豚 3SG=死ぬ REAL]「それが豚をかみ殺した [豚が死んだ]」) は、等位構造でなく、階層性を想定する分析が提案されている。また、主語だけでなく目的語の共有があって、2つ目の構造単位の目的語が省略される場合(Anyi-Sanvi語:cua *ci* ako *di* [犬 捕まえる + HAB 鶏 食べる]「犬は鶏を捕まえて食べる」)は、VPの等位構造とする分析には難点がある。vp[vp[V OBJ$_i$] + vp[V Ø$_i$]] という構造からは、目的語の同一指示関係の義務性が予測できないからである。

動詞連続構文はさまざまな機能を持ち、歴史的には文法化と関わる。以下にその幾つかの例を挙げる。

第1に、使役の機能を持つ動詞連続によって自動詞の他動化を行う場合や、行為の作用する対象を付け加える動詞連続によって受益者を項として導入する場合など、項構造の拡張機能は広く見られる。また、場所や手段などの副詞的な語句を動詞連続で表す場合、そこで使われる動詞の意味が希薄化し、抽象的な関係を表す側置詞として定着する傾向がある。日本語では、VP1+VP2の連続においてVP1が「〜にそって」、「〜について」のように、抽象的な関係を表す例がある。日本語では斜格の助詞が少数であるため、「に」や「で」で表しきれない意味が、このような動詞連続構文由来の複合形後置詞で表される。

第2に、連続する動詞の結びつきが強く、一方の動詞が実質的な動作の意味をなくし、アスペクトやモダリティを表すケースがしばしば見られる。このような場合、1つの行為を主動詞と補助動詞によって表す一種の複合述語に近づく。英語のgo+Vやcome+Vはそうした1例と見ることが可能である。日本語では(やや広義の)アスペクト表現として「〜まくる」、「〜きる」、「〜ぬく」、「〜てしまう」、「〜いく/くる」などが用いられる。補助動詞として定着したものは、「眠ってしまう (自動詞+他動詞)」のように表面的には結合価が不一致な動詞の組み合わせが可能となることがある。

[文献] A. Y. Aikhenvald & R. M. W. Dixon eds. *Serial Verb Constructions: A Cross-linguistic Typology*. Oxford Univ. Press, 2006.　　　　　　　　　　[大堀壽夫]

統率音韻論
とうそつおんいんろん
Government Phonology

音声・音韻

音韻表示の適格性を「原理とパラメータ」により律し、音韻現象はすべて表示の適格性を満たすべく生じるとする非線形音韻論の1つ。ケイ(J. Kaye)、チャレット(M. Charette)、ハリス (J. Harris)らが80年代半ばに確立した。認可理論とエレメント理論を擁する。

構成素間の認可や統率の原理を持ち、(1)は、主要部(認可子)が依存部(被認可子)を一定の方向性で隣接・認可した適格表示を示す(O, R, Nは頭子音、ライム、核母音)。
(1)

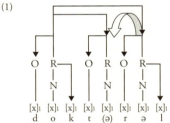

適格表示の末端は音声解釈を受けるが、要素間で適正統率の関係にある⌒の場合、被統率子の音声解釈が随意的/義務的に抑止されるパラメータを持つ。英語は前者の例で、doctoral (<doctor), humorous (<humor)のように、音声解釈を受けて[ə]になるか抑止されて空になるかの選択肢がある。ただし、actress (<actor), central (<center)のように常に削除される例もある。

なお、末端の分節音の内容は、弁別素性ではなく、定められたエレメントの組み合わせの数・種類・認可関係により決まる。母音のエレメントには前舌性I、開口性A、円唇性Uなどがあり、i |I|, e |I A|, ɛ |I A|, a |A|, o |U A|, ɔ |U A|, u |U|などと弁別される(下線は認可子たる主要部)。子音も同様に、極めて少数のエレメントにより多様な目録が可能となる。

[田中伸一]

トートロジー
tautology

意味論

言語学では、トートロジーという用語は次の(1)と(2)の2つの意味で用いられる。(1)論理学における恒真文。(2)論理学における恒真文と類似した形式をもつ日常言語の文。同語反復文。以下、それぞれについて説明する。(1)文のはたらきの1つは事態を記述することである。そうした記述は正しい(真である)こともあればまちがっている(偽である)こともある。たとえば「フランスの首都はパリだ」という文は真であるが、「織田信長は江戸幕府を開いた」という文は偽である。一般に、文の真偽(真理値)を決定するためには、事態のあり方を調べなければならない。そのため、日本史のことを何も知らない人は「織田信長は江戸幕府を開いた」の真偽判断を行うことができない。ところが、事態のあり方をいっさい調べなくても真偽判断ができてしまうタイプの文が存在する。たとえば「pであるかpでないかだ」「pならばpだ」「x = x」といった文はpやxに何を代入しようとも常に真になるので、恒真文と呼ばれる。恒真文は自明のことを述べているだけであり、そこから新たに学べることはない。それゆえ、無意味であるとされる。(2)恒真文が無意味であるにも関わらず、日常言語では恒真文に似た形式を持つ文が用いられることがある。たとえば「勝つか負けるか2つに1つ」(「pであるかpでないかだ」に類似)、「信長だってやるときはやるよ」(「pならばpだ」に類似)、「やっぱり織田信長は織田信長だ」(「x = x」に類似)などは特に無意味な文であるとは感じられない。そこで、「無意味であるはずの文が実際の言語使用において意味を持つのはなぜか」が問われる。この問いを探究するのが言語学におけるトートロジー研究である。
[文献] 酒井智宏『トートロジーの意味を構築する―「意味」のない日常言語の意味論』(くろしお出版 2012)

[酒井智宏]

時枝文法
ときえだぶんぽう

理論

　時枝誠記(1900-1967)が提唱し、体系化した日本語文法を時枝文法と呼ぶ。習慣的に学者名を冠して呼ばれる文法としては、ほかに山田文法、松下文法、橋本文法が有名であり、これらを四大文法と呼ぶことがある。いずれもその後に多大な影響を与えたが、影響のあり方はそれぞれ異なる。時枝の場合、「言語過程説」と呼ばれる独自の言語観に基づく文法論を展開し、それがソシュール(Ferdinand de Saussure)の言語学説に対する批判的代案として提示されたため、時枝によるソシュール批判の妥当性や言語過程説の意義をめぐり、国語学分野を超える範囲にまで論議が拡大した(服部四郎との論争は特に有名)。現在『一般言語学講義』として知られるソシュールの書物は、当初『言語学原論』として邦訳され、時枝が参照したのはこの旧訳の方であったが、ソシュール批判から説き起こした主著『国語学原論』(岩波書店)の書名は、『言語学原論』を意識したものであろう。

　時枝は近世以前からの伝統的国語研究に基礎を置きつつ、自らの分析を山田文法や橋本文法などと対比的に論じ、その後の日本文法研究における重要な争点を作り出した。時枝は語を、事物や事柄を概念化した客体的表現である「詞」と、話者の立場の直接的表現である「辞」に大別するが、この根本的な詞・辞論からは、用言の本質をその陳述性に求める山田文法との違いが生じ、陳述の機能はもっぱら辞が担うとされる。辞としての助動詞が特定の判断(たとえば推量判断)を表す様子は、入子型と呼ばれる 犬が 走る だろう のような分析で示され、単純な肯定判断の場合、犬が 走る ∅ のように零記号 ∅ の辞を想定する。時枝はまた、橋本文法の「形容動詞」という品詞を認めず、「静かだ」は「体言(静か)+助動詞(だ)」と分析するが、これも時枝流の詞・辞の反映である。　　　［斉木美知世］

ToBI
トビ
Tones and Break Indices (ToBI)

音声・音韻

　ToBIは言語の韻律的特徴、特にイントネーションのアノテーション方式である。IPAとは違ってToBIでは言語ごとに異なる体系が考案される。最初のToBIシステムは1992年に英語のために考案された。その後、日本語、朝鮮語、ドイツ語、ギリシア語、バスク語、ハンガリー語などのToBIが提案されているが、これらはJ_ToBI(日本語)、K_ToBI(朝鮮語)、G_ToBI(ドイツ語)のように区別される。

　ToBIの理論的背景は、AM理論(Autosegmental-Metrical theory)と呼ばれるイントネーション理論である。この理論では、発話のイントネーションをトーン(tone)の連鎖とその補間によって記述する。ここでトーンとは音韻論的な高さの指定の意味であって、声調言語における語彙的トーン(=声調)の意味ではない。

　トーンは日本語や英語では、H(igh)、L(ow)の2段階だけが指定されるが、後述するダウンステップなどの現象によってトーンを実現するための音声学的な尺度自体が拡大・縮小されるので、表層的には音声学的に中間の高さが出現することになる。また、日本語や英語の場合、トーンはすべての音節に指定されるわけではなく、アクセント句と呼ばれる韻律単位の両端やアクセント核を有する音節など、発話の一部分に限って指定される。

　図にJ_ToBIの拡張版であるX-JToBIによる東京方言のアノテーションの例を示した。アノテーション情報は、声の高さを表すF0曲線の下に、上から順に単語層、BI層、トーン層のラベルが示されており、最下段は発話されたテキストである。この図では省略されているが、X-JToBIではほかにトーン層要素の変異を表現するプロミネンス層、分節特徴を表す分節音層なども定義されている。なおF0曲線上の円はトーンの位置と高さを模式化し

て示したもので、ToBIの表記の一部をなすものではない。

BI層のラベルはbreak indicesと呼ばれ、種々の韻律単位の境界に付与されて、その深さを表現する。J_ToBIでは、1が語境界、2がアクセント句境界、3がイントネーション句境界に該当する。BIが2以下の場合、アクセント核によるピッチレンジの狭窄現象であるダウンステップの影響が後続アクセント句に及ぶが、BIが3の境界では、その影響がリセットされる。図では「このような」に含まれるアクセント核が顕著なダウンステップを引き起こしており、「基準を元に」のH- toneは前後のLとほとんど同一の高さにまで縮約されているが、その後「七段階で」の冒頭でリセットが生じている。

トーン層ラベルのうち、%Lはアクセント句頭に生じる低トーン、H-は句頭の上昇の頂点に該当する高トーン、Aは東京方言のアクセント核、L%はアクセント句末の低トーンを表している。またH%はL%の直後に生起して、上昇調句末イントネーションの頂点を形成するトーンである。L%とともに句末イントネーションを構成するトーンには、他にHL%（上昇下降調）、LH%（いわゆる反問の上昇調）、HLH%（上昇下降上昇調）などがある。

以上のラベルを用いれば、句末が低く終わる中高型有核アクセント句のトーン構造は「%L H- A L%」となり、句末に上昇調イントネーションをともなう無核アクセント句のトーン構造は「%L H- L% H%」となる。

ToBIは、音声コーパスに韻律特徴情報を付与することを目的に開発されたので（→コーパス言語学）、作業の実行可能性を確保するために、イントネーション理論としての厳密さには欠けるところがある。一方、多言語のToBIシステムが開発されたことによって、従来言語ごとに全く異なる方式で記述されてきた音声の韻律特徴が、相互に比較可能な形で記述できるようになった点は、言語研究に対するToBIの大きな貢献である。

[文献] P. Ladefoged & K. Johnson. *A Course in Phonetics*. 6th ed. Cengage Learning, 2010., D.R. Ladd. *Intonational Phonology*. 2nd ed. Cambridge Univ. Press, 2008., 国立国語研究所『日本語話し言葉コーパスの構築法』（国立国語研究所報告書124 2006）　［前川喜久雄］

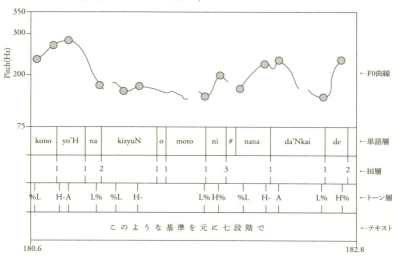

ドリフト
drift

理論

　言語の通時的変化に関わる重要概念。米国の言語学者エドワード・サピア（Edward Sapir）が*Language*（1921）などで論じて以来、その解釈、意義、妥当性をめぐって、肯定的あるいは否定的に、さまざまな観点から考察が加えられてきた。「漂流」「駆流」「偏流」「定向変化」などの訳語がある。

　言語は時が経てば変化する。音韻、形態、文法、語彙など、変化はさまざまなレベルで生じる。言語が変化する要因として、他言語との接触による「外部」からの影響が考えられるが、重要な要因はむしろ「内部」にあり、特定の方向に変化する傾向を言語自体が内包するとサピアは強調した。このような傾向をサピアはドリフトと呼び、個別言語には一定の方向に向かう固有のドリフトがあると言う。英語については、主格と目的格の水平化、語順の重視、語形の不変化へと向かう3つの大きなドリフトが指摘されている。多様な個人的変異のうち、あるものだけが集積して方言形成に寄与するのは、その言語の大きなドリフトが決める方向性のゆえであると考えるのであるが、祖語から諸方言が生じ、独立の諸言語に分岐したあとになってから、祖語が内包していた変化の可能性が姉妹語で独立に発現することもある。英語のfoot/feetとドイツ語のFuss/Füsseに並行して見られる母音変異（ウムラウト）は、両言語の分岐後に独自に発達したものであるが、サピアはこれもドリフトの観点から論じている。

　なお、サピアは個別言語の根本的性格をgeniusと表現するが、このgeniusという概念を通時的に捉えたのがdriftである、という解釈も提案されている。

［文献］斉木美知世・鷲尾龍一「言語の"Genius"と「國語の本性」」『国語学史の近代と現代』（開拓社 2014）

［斉木美知世］

内心的・外心的
ないしんてき・がいしんてき
endocentric / exocentric

　構造主義言語学において、言語の構造体のタイプを表す。あるひとまとまりの語句全体が、それを構成する要素（直接構成素；immediate constituent, IC）の1つと同じ統語的機能を持っている場合、そのまとまりは内心的であると言い、どれとも同じ統語的機能を持たない場合、外心的であると言う。この分類は、初期の生成文法における句構造規則にも取り入れられた。

　たとえば、「にぎやかな街」という構造体は、「にぎやかな」と「街」というICからなる。この構造体全体は、統語的に、「街」という要素と同じようにふるまう。つまり、「ここは__だ」の下線部のような、同じ言語的環境に同じように入ることができる。したがって、「にぎやかな街」は内心的である。また、このように、主要部「街」と限定部（主要部以外の部分）「にぎやかな」からなる内心的構造を、従属的内心構造と言う。内心的な構造には、このほかに、「ネコとネズミ」のような等位的内心構造がある。

　一方、「紙に」という構造体は、「紙」と「に」というICからなるが、そのいずれとも統語的振る舞いが異なる。たとえば、「私は紙に書いた」とは言えるが、「*私は紙書いた」「*私はに書いた」はいずれも容認されない。したがって、「紙に」は外心的である。このように側置詞をICとする構造や、if he comes のように接続詞をICとする構造を、指向的外心構造と言う。外心的な構造には、このほかに、「〜だ」や is 〜 のような連結詞をICとする、連結的構造（例：「教師だ」／ is quiet）、ICがトピックとコメントからなる叙述の構造（例：「彼はフランスへ行った」／ John walked）があるとされる。

［文献］L. ブルームフィールド『言語』（大修館書店 1987）
［白井聡子］

内省
ないせい
introspection

　言語学において研究対象となる一次的言語資料を得るための手段の1つとして、研究者自身が例を作ったり正誤を判断したりすることを言う。効率よく言語資料を収集できる一方で、資料の偏りや判断の一般性などに留意する必要がある。

　内省は、言語資料を収集する人が自分の母語を対象として行う場合のみ有効な手段である。言語資料の収集方法としては、内省のほかに、インタビュー調査、アンケート調査、文献調査、コーパスの活用などがある。いずれの方法をとるにしても、対象とする言語のネイティブ・スピーカーによる実例を手に入れる必要がある。

　内省が他の資料収集方法と最も異なっているのは、研究者個人の直観に頼る点である。したがって、偏りのない言語感覚や、客観的に言語事実を捉える能力を身につけておく必要がある。特に、非文や逸脱文の作成およびその判断については、客観性に十分な留意が必要である。このほか、内省では、頻度など数量的なアプローチをすることができない。

　一方で、内省ならではの利点もある。特に、例の質を調整できることは重要である。たとえば、他の方法では、たまたま実例が見つからなかったために、本来文法的には可能である形式がもれてしまう場合がある。また、逆に、小説家個人の独特な表現など、特異な例文が混入することもある。内省を注意深く活用すれば、研究目的に適う独自の例文で記述のもれを防いだり、対象言語に代表的でない例をはじめから除外したりでき、効率よく研究を展開することが期待できる。

［文献］大島デイヴィッド義和「内省に基づく意味の研究」藤村逸子ほか編『言語研究の技法』（ひつじ書房 2011）
［白井聡子］

内的再建法
ないてきさいけんほう
internal reconstruction

歴史

　系統上の祖先として仮定される言語を復元することを再建(reconstruction; 再構とも)と言う。再建の方法としては、複数の言語のデータがある場合には*比較法が用いられる。比較法以外の再建法として、内的再建法がある。内的再建法とは、単一の言語内部における変異に基づいて、以前の変異のない姿を復元する方法である。たとえば、日本語の連濁においては、「かね/kane/」(鐘)と「つりがね/turi-gane/」(釣鐘)のように、子音の有声無声の交替(/k/-/g/)が起こる。ここで、「はし/hasi/」(橋)と「つりばし/turi-basi/」(吊り橋)をこれと並行的に捉えると、/b/と有声無声の関係に立つ子音は/p/なので、/hasi/は、かつては*pasiという形式だったのではないかという推定を行う。この例では、他言語との比較ではなく、日本語という単一言語の内部の交替現象に見られる不規則性に着目して規則的パタンを示すものをより古い時代の姿と考えている。内的再建法は、研究対象とする言語に比較するべき同系言語がない場合、あるいは比較法によって再建された祖語からさらに以前の姿を再建しようという場合にしばしば適用される。ソシュールの研究に基づく喉音仮説は、後者の例として名高い。しかし、一言語の変異だけから一般化を導く内的再建法は非常に強力な方法であるために、適用は慎重であるべきであり、その痕跡が何らかの形で実証されることが望ましい(喉音仮説については、後のヒッタイト語の発見を通して実証されたと考えられている)。内的再建法により再建される言語を、比較法で再建される祖語と区別して史前言語(pre-language)と呼ぶことがある。実際の言語名は、「前ラテン語(Pre-Latin)」のように、「前〜」をつけて表す。

[文献] 吉田和彦『言葉を復元する―比較言語学の世界』(三省堂 1996)　　　　　　　　[田口善久]

内包・外延
ないほう・がいえん
intension / extension

意味論

　ことばの意味について体系的に語ろうとする時、さまざまな種類の「意味」を区別することが役に立つ。たとえば、
(1) 彼は四国で最も人口の多い都市の出身だ
という文を耳にする時、この下線部がどの都市のことを指しているのか(松山なのか高松なのか)理解できないとしても、日本語の使い手であれば、ある意味で、この下線部のことばの意味を知っていると言える。それはつまり、この下線部の表現が指しているのはどのような対象であるのかについての知識である。この「四国で最も人口の多い都市」という表現が指定する条件、つまり、その記述内容のことを、この表現の内包と言う。一方、この表現が指示している対象(松山という都市)のことを、この表現の外延と言う(→指示対象)。この種の「意味」の区別は、少なくともフレーゲ(G. Frege)に遡ることができる。内包はフレーゲの用語では「意義(Sinn(独), sense(英))」に、外延は「意味(Bedeutung(独), reference(英))」に対応する。

　異なる内包を持つ表現が同じ外延を持つということがありうる。たとえば、「四国で最も人口の多い都市」と「道後温泉で有名な城下町」という2つの表現は、同じ外延(指示対象)を持つが、その内包(記述内容)は異なる。この2つの表現は、松山という都市を別の仕方で提示していると言える。フレーゲの用語を使えば、内包とは、「対象を提示する仕方」のことである。

　(1)が述べていることが真であるのか偽であるのかは、下線部を同じ指示対象(外延)を持つ別の表現に置き換えても変化しない。(1)が述べていることが真であれば、次の文が述べていることもやはり真である。
(2) 彼は道後温泉で有名な城下町の出身だ
一般に、ある表現Eが現れる文脈において、

E をそれと同じ外延を持つ表現 E' に置き換えても文全体の真偽が変化しない時、その文脈のことを外延的文脈あるいは透明な文脈と言う。(1) において下線部の表現は外延的文脈に出現していると言える。外延的でない文脈のことを内包的文脈あるいは不透明な文脈と言う。「―と思っている」「―を望んでいる」「―と期待している」のような心的状態や態度を表す述語は、内包的文脈を形成する。

(3) 彼女は、彼が<u>道後温泉で有名な城下町</u>の出身だと思っている

(4) 彼女は、彼が<u>四国で最も人口の多い都市</u>の出身だと思っている

(3) は真であるが、(4) が偽となる状況を想像するのは容易であろう。

内包的文脈を扱う意味論をどのように組み立てるべきかについては、現在でもさまざまな見解がある。言語学において現在広く採用されている見解によれば、内包は可能世界や状況といった概念を使って形式化される。(1) の下線部は指示表現の例であるが、述語や文についても、その内包と外延を定義することができる。たとえば、文の外延を真理値と見なすなら、文の内包とは可能世界から真理値への関数と見なすことができる(この関数は文を真とする可能世界の集合に対応付けることができる)。つまり、文の記述内容(すなわち真理条件)が異なれば、世界や状況に応じて真偽が変化するという考え方である。しかし、この考え方によると、必然的に真である文、たとえば「1+1=2」と「5+7=12」は、一方を真とし他方を偽とする世界が存在しないため、同じ内包を持つことになってしまう。十分にきめの細かい内包の概念を形式化することは、いまなお論争の続く理論的課題である。

[文献] 飯田隆『言語哲学大全 III』(勁草書房 1995)、松阪陽一編『言語哲学重要論文集』(春秋社 2013)

[峯島宏次]

二重調音・二次的調音
にじゅうちょうおん・にじてきちょうおん
double articulation / secondary articulation

音声・音韻

喉頭より上の2箇所で気流に影響を与える子音がある。その2箇所における妨げが同程度のものを二重調音といい、一方が他方より弱い場合、弱い方を強い主たる調音に対して二次的調音という。

【二重調音】IPAで特別な記号が用意されているものとそうでないものがある。後者は子音の記号2つを結合記号で結んで表す。(1) 閉鎖が2箇所の子音。[k͡p] [ɡ͡b] [ŋ͡m] など(エウェ語 [eɡ͡be]「草」)(ベトナム語 tóc [tɔk͡p]「髪」、ông [oŋ͡m]「祖父」)。(2) 摩擦を生じる狭めが2箇所の子音。[ʍ] [= [ɸ] + [x]](スコットランド英語 when [ʍɛn])、[ɧ] [= [ʃ] + [x]](スウェーデン語 sju [ɧuː]「7」)。(3) 接近音程度の狭めが2箇所の子音。[w] [両唇+軟口蓋](英語 wash [wɒʃ])、[ɥ] [両唇+硬口蓋](フランス語 huit [ɥit]「8」)。

【二次的調音】IPAでは、主たる調音の記号の右肩に補助記号をつけて表す。主たる調音に (1) 唇の丸めが伴う円唇化(朝鮮語 [saɡʷa]「りんご」)、(2) 前舌が硬口蓋に向かって高まる(硬)口蓋化(日本語 [kʲaku]「客」)、(3) 後舌が軟口蓋に向かって高まる軟口蓋化(英語 fill [fɪˠl])、(4) 舌根が咽頭壁に向かって引かれる咽頭化(アラビア語 [tˤɒmɑːtˤim]「トマト」)がある。なお、軟口蓋化と咽頭化は、それらの間で語の意味を区別する言語はないと考えられるので、区別せずに同じ記号「~」で示されることがある(英語 [fɪ̴l]、アラビア語 [t̴ɒmɑːt̴im])。

ko「子」においてkが直後のoの影響で円唇性を持つ [kʷ] となるように隣接する音の調音が重なる現象を同時調音(coarticulation)というが、広く捉えれば二重調音と二次的調音も同時調音の一種である。

[文献] 斎藤純男『日本語音声学入門 改訂版』(三省堂 2006)

[斎藤純男]

二重分節
にじゅうぶんせつ
double articulation

一般

マルティネ（A. Martinet）の用語。動物の鳴き声は何らかの意味を担っている可能性があるが、いくつかの記号を組み合わせて発せられてはいない。一方、人間の言語は記号を線状的に組み合わせて構成される。たとえば、日本語でsoretabetai（それ食べたい）という音列が発せられたとする。聞き手は即座に少なくともsore, tabe, taiの3要素に分け、その組み合わせにより先の発話があったことを理解する。この分けることを「分節」（articulation）と呼ぶ。上の3要素を意味をもった「語」と見なすと、この分節は語の分節であると言える。このような意味による分節を「第一次分節」（first articulation）と呼ぶ。さらに各語はより小さな単位、つまり音のレベルへと分節できる。たとえば、soreは/s//o//r//e/の4個の「意味」を持たない単位（「音」）に分節できる。これを「第二次分節」（second articulation）と呼ぶ。このように言語は第一次と第二次の二重に分節される。

重要なのは各分節があくまでも他の要素との関係性を意識した上で分析される点である。たとえば、第一次分節において上の例でのsoreはkeeki（ケーキ）やgohan（ごはん）などに置換できる。第二次分節でのsoreはkore（これ）やsori（そり）などとの関係から/s//o//r//e/の4単位の継起性や各単位の特徴が取り出せる。特に第二次分節は言語の経済性と強く関係する。有限個の音素の組み合わせによりおよそ無限の語を産出できる。

なお、マルティネは声調やイントネーションを二重分節の対象外とする。たとえば、日本語の質問文「明日来る?」の文末の上昇調は「明日来るか」の「か」と異なり、音素で分節されず、生理的なものとして処理される。

［文献］A.マルティネ『共時言語学』（白水社 2003）

［林範彦］

人称
にんしょう
person

文法

発話行為に参加する話し手と聞き手、そしてそれ以外の第三者（人や事物）を、それぞれ区別する文法カテゴリー。話し手を指す形式を一人称、聞き手を指す形式を二人称、それ以外を指す形式を三人称と呼ぶ。

【人称の表現形式】話し手、聞き手、それ以外という談話上の役割を特定する形式の最たるものとして人称代名詞が挙げられる。多くの言語において、人称代名詞は人称以外の文法的区別も表現する。その中でも人称と最も関連の深い文法カテゴリーは、数、性、格の3つである。たとえば、英語の三人称代名詞sheは単数、女性、主格、himは単数、男性、対格という情報を含んでいる。一方、日本語の代名詞は格については中立的である。日本語の代名詞の特徴は、「わたし、わたくし、僕、俺」といった一人称代名詞、「あなた、君、お前、貴様」といった二人称代名詞が豊富に存在し、話し手や話の対象、丁寧さの違いに応じて適切な形式が選択される点にある。

人称が動詞の一致によって表される言語も多くある。たとえば、グマワナ語（オセアニア）では（1）のように、人称代名詞や固有名詞と人称の一致を表す接頭辞が併用される。

(1) a. Yua   a-mwela   「私は登った」
       私   1SG-登る

　　b. Komu   ku-mwe.a 「あなたは登った」
       あなた   2SG-登る

　　c. Kalitoni i-paisewa 「カリトニは登った」
       カリトニ 3SG-登る

ほかにも接語や、まれに声調によって人称の区別がなされる言語もある。

【一、二人称と三人称】発話参与者（speech act participant）である一、二人称と三人称の間には重要な違いがある。たとえば、一、二人称は通常人称表現によって指されるが、三人称はどのような語彙表現によってでも指示可

能である。よって、三人称を指す人称表現を持たない言語が数多く存在する（バスク語など）。また、数の区別は三人称では中和されることが多い。逆に、性の文法的区別は一、二人称の場合には無視されることが圧倒的に多い。このような相違は、一、二人称は本質的に直示表現（→ダイクシス）であり、その解釈が言語外的な発話の状況に依存するという特徴を持つ一方で、三人称は本質的に照応表現であり、先行文脈で言語的に指示対象が確立されることが多いという違いに起因する。

【人称と数】単数名詞はその名詞が表す人、事物の単一の事例を指し、複数名詞は複数の事例を指す。しかし、人称表現における数の区別はそれほど単純ではない。それはweや「私たち」という一人称複数表現が、複数の話し手を指すのではなく、話し手と他の誰かを指すことが圧倒的に多いことから明らかである。この「他の誰か」が二人称である聞き手なのか、それ以外なのかに応じて、一人称複数形を区別する言語がある。前者を包括形（inclusive）、後者を除外形（exclusive）と呼ぶ。たとえば、ソ語（ウガンダ）は、iniaという一人称複数包括形代名詞とisiaという一人称複数除外形代名詞を有する。

包括形、除外形という文法的区別は、一人称に限定される。またそれ以外の数に関する区別も一人称、二人称、三人称の順に観察される頻度が落ちる傾向が見られる。これらの観察から、(2)のような人称階層が提案されている（→有生性）。

(2) 一人称 ＞ 二人称 ＞ 三人称

ただし、一、二人称の序列は言語ごとに異なる。たとえば、平原クリー語では事象参与者が一、二人称の場合、二人称が文法関係に関わらず一貫して動詞の一致を引き起こすことから、二人称が上位に位置づけられる（→行為の方向性）。また、多くの言語では一、二人称の間に序列が見られず、同等に扱われる。

[文献] 鈴木孝夫『ことばと文化』（岩波書店 1973）

[古賀裕章]

認知言語学
にんちげんごがく
cognitive linguistics

🟥 理論

1980年代後半に生成文法と対立するいくつかの枠組みがゆるやかに合流して成立し、現在では生成文法と並ぶ一大潮流となっている理論。ラネカー（R. W. Langacker）の認知文法、レイコフ（G. Lakoff）らのメタファー理論、フォコニエ（G. Fauconnier）のメンタル・スペース理論、フィルモア（C. Fillmore）、ゴールドバーグ（A. Goldberg）らの構文文法などが含まれる。

【生成文法との共通点】認知言語学は言語使用を可能にする（大部分暗黙の）知識とは何かを明らかにするという目標を生成文法と共有している。この目標には、言語知識の習得（→母語の獲得、心理言語学）および近年では言語知識の（出現を含む）進化（→進化言語学）の仕組みの解明も含まれている。

【認知言語学の特徴】その出自からも予想がつくように、認知言語学の特徴は（とりわけ1980年代の）生成文法との対立点に見て取ることができる。

「認知言語学」という名称は、人間の心の仕組み全般との関連で言語知識をどのように位置づけるかをめぐって、この理論が生成文法と決定的に異なる立場を表明していることに由来する。生成文法が「言語知識は（現実の言語使用に関わる）より一般的な認知能力から自律したモジュール―心的器官（mental organ）―を構成する」という言語観を旗印とするのに対して、認知言語学を特徴づけるのは「言語知識は（ヒトをヒトたらしめているものも含めた、言語使用という目的に特化されない）一般的な認知能力と不可分であり、前者の本質は後者との関連を考慮してはじめて十分に解明されうる」という言語観である。

こうした言語観を反映して、認知言語学は、カテゴリー化、アフォーダンス、知覚における図と地の分化、共同注意、参照点能力、百

科事典的知識（→百科事典的意味論）などの一般的な認知能力（についての隣接諸分野由来の知見）を説明原理として多様な言語現象を分析する。

認知言語学では、ヒトという種の成員のみに言語習得が可能であることや生物進化の過程でヒト種においてのみ言語知識が出現したことも、ヒト種に特有の一般的な能力（例：他者との協調のために他者の心的状態を推測する力）と関連づけて説明することが可能であると考えられている。

【認知言語学の文法観】認知言語学（とりわけ認知文法）は（狭義の）文法と意味の関係をめぐっても生成文法と対立している。文法を意味から自律した知識の領域と仮定する生成文法に対して、認知文法では、文法的知識は（語彙的知識と同じく）意味を担う単位のみから構成されると考えている。後者の文法観を可能にするのは、言語表現の意味にはその表現の指示対象に対する特定の（一般的な認知能力に根差した）捉え方（construal）が慣習的に組み込まれているという見方である。

たとえば対応する英語の能動文と受動文（例：John painted the door／The door was painted by John）は、客観的には同一の事態を記述している—真理条件的に等価である—場合でも、その事態に対して互いに異なる捉え方を適用しているがゆえに意味上対立し、それを反映して文法構造が異なると分析される。これは生成文法が（しばしば真理条件的な意味観を暗黙の前提として）同じ現象の本質を意味から自律した純粋に形式的な原理に求めてきたのと対照的である。認知文法は、さらに、能動文とは異なる受動文の文法上の諸特徴（異なる主語、be動詞、過去分詞形態素）がそれぞれ受動文特有の意味の一端を担うと考える点でも生成文法と対立している。

[文献] 西村義樹・野矢茂樹『言語学の教室』（中央公論新社 2013）、本多啓『知覚と行為の認知言語学』（開拓社 2013）　　　　　　　　　　　［西村義樹］

能格性
のうかくせい
ergativity
文法

文法上、自動詞節の単一項Sと他動詞節（→他動性）のPが同じように扱われ、他動詞節のAから区別されること（S, P, Aはアラインメント参照）。このような性質を示す文法現象や言語のことを「能格的」「能格型」と言う。一方、SとAが同じように扱われ、Pが区別されることを「対格性」と言う。能格型は対格型と並ぶ主要なアラインメントである。

能格性は、格や動詞の標示に見られる形態的能格性と、複数の節間の名詞句の扱いに見られる統語的能格性に分けられる。形態的能格性を持つ言語は世界の言語の4分の1程度、統語的能格性を持つ言語は形態的能格性を持つ言語のうちのほんの一部である。

【形態的能格性】格を持つ言語の多くでは、他動詞節の2つの項AとPのうち、どちらか一方にSと同じ格を、もう一方にSとは別の格を付与する。

たとえば日本語では(1)のように、SとAを同じ格助詞がで、Pはヲを標示して区別する。このような格標示体系では、S/Aの格を主格、Pの格を対格と言う。

(1) 太郎（S）が歩いている
　　太郎（A）が犬（P）を連れている

一方バスク語では(2)のように、SとPには何もつけず（ゼロ標示）、Aはkで標示して区別する。このような格標示体系では、S/Pの格を絶対格、Aの格を能格と言う。

(2) Taro-∅（S）dabil
　　Taro-k（A）zakurra-∅（P）darama
　　（意味は(1)と同じ）

それぞれのタイプで1つだけ区別される格の名称が、対格性・能格性という呼び方の由来になっている。

また、動詞にその主語や目的語の人称・数・性などが標示される場合にも能格性が見られることがある。たとえば、バスク語では

定形の動詞に主語と目的語の人称と数が標示されるが、SとPは接頭辞で、Aは接尾辞で標示され、能格性を示す。二人称単数を例とすると、z-oaz「あなたが行く」やz-aramatza「彼があなたを連れて行く」のように、SとPはz-で、darama-zu「あなたが彼を連れて行く」のように、Aは-zuで標示される。

【統語的能格性】英語では、(3)のように、複数の節を等位接続する際にそれぞれの節のS/A(主語)が同一指示であれば、後続する節の主語を省略できる。

(3) [Mother saw father] and [∅ returned]

(3)では、2つ目の節のSが省略されている。この場合、帰って来たのは1つ目の節のA (mother)であって、P(father)ではありえない。したがって、(3)の意味は「母(A)が父(P)を見た、そして母(S)が帰って来た」となる。つまり、英語では等位接続された2つの節のSとAが同様に扱われていると言える。

一方、オーストラリアのジルバル語では、節を等位接続するためには、それぞれの節のS/Pが同一指示でなければならず、後続する節のS/Pは通常省略される。

(4) [ŋuma yabu-ŋgu buran][∅ banaganyu]
　　父.ABS 母-ERG 見た 　帰った

(4)でも、(3)と同様に2つ目の節のSが省略されている。しかし、ジルバル語では2つの節のS/Pが同一指示でなければならないので、(4)は「母(A)が父(P)を見た、そして父(S)が帰って来た」という意味になる。つまり、ジルバル語は英語と違い、2つの節のSとPを同じように扱っていることになる。これが統語的能格性である。

このほかに、ジルバル語の統語的能格性は関係節にも見られる。ジルバル語では、SまたはPしか関係節化することができない。つまり、「父(S)が帰って来た」から「帰って来た父」を作ったり、「男が木(P)を切った」から「男が切った木」を作ることはできるが、「男(A)が木を切った」から「木を切った男」を作ることはできない。

【逆受動態】逆受動態(→ヴォイス)は、能動態のAをSに変える。たとえば(5)のジルバル語の例では、yabu-ŋgu(母)はAであり、能格で標示されている。

(5) ŋuma　　yabu-ŋgu buran
　　父.ABS　母-ERG　見た
　　「母が父を見た」

これを逆受動態にすると、(6)のようになる。yabuは絶対格で標示されており、Sになっていることが分かる。

(6) yabu　　bural-ŋa-nʸu　　ŋuma-gu
　　母.ABS　見る-ANTIP-PST　父-DAT
　　「母が父を見た」

上で述べたように、ジルバル語では節を等位接続するためには、それぞれの節のS/Pが同一指示でなければならない。そのため、「母(A)が父(P)を見た、そして母(S)が帰って来た」という意味を表す際に、単純に2つの節を繋げることはできない。それぞれの節でS/Pが同一指示になっていないからである。

ところが、(6)のように逆受動態にしてやると、もとのA(母)はSに変わる。すると、それぞれの節のSが同一指示となるので、等位接続することができるようになる(7)。

(7) [yabu　　bural-ŋa-nʸu　　ŋuma-gu]
　　母.ABS　見る-ANTIP-PST　父-DAT
　　[∅ banaganyu]
　　　帰った

このように、統語的能格性を示す言語では、AをSに変える操作が重要な役割を果たす。「男(A)が木を切った」から「木を切った男」を作る際にも、逆受動態にしてAをSに変えることで、関係節化が可能になる。

【分裂能格性 (split ergativity)】1つの言語の中で、条件によって能格型と対格型の標示が併存することである。主な分裂の要因としては以下の2つがある。

(a) 時制(→テンス)・相(→アスペクト)による:過去時制や完結相では能格型、それ以外では対格型で標示される。たとえばヒンディー語では、完了相ではAに能格標識のne

がつき、それ以外ではつかない。

（b）名詞句の種類による：有生性階層で高位の名詞句は対格型の標示を、低位の名詞句は能格型の標示を受ける。たとえばジルバル語では、一・二人称代名詞は対格型、それ以外の名詞句は能格型の格標示となる。

このような分裂では、対格標示と能格標示で別の条件に従うことがしばしばある。その場合、階層中位の名詞句でAとOの両方が特別の格を持つ三立型のアラインメントが見られる。たとえば、南米先住民語のカシナワ語では、Oが三人称の場合対格で標示され、Aが代名詞の場合能格で標示される。このため三人称代名詞では、AとOの両方が有標となる。このような言語の能格や対格は、それぞれ典型的でないAやOの標識と言える。

ある言語が分裂能格性を示す場合、これらの要因のうちのどちらか一方だけが関わっていることが多い。しかし、たとえばイランのバローチ語のように、三人称でかつ完結相のときにだけAが能格で標示される、複数の要因が関わる言語もある。

【分裂自動詞性】自動詞が、SをAと同じように標示するものと、Pと同じように標示するものに分かれること。おおむね、前者は意図的な行為を、後者は意図しない出来事・状態を表す傾向がある。どちらの標示になるかが動詞ごとに固定されている分裂Sと、選択可能な流動Sの2種類がある。活格型とも。

たとえば北米先住民語のコアサティ語では、動詞にS/A/Pの人称と数が標示される。Aは接尾辞、Pは接頭辞で表されるが、Sは「歌う」のような動詞ではAと同様の接尾辞、「溺れる」のような動詞ではPと同様の接頭辞となる。

【言語変化】能格性は、言語変化によって発生したり消滅したりする。たとえばイラン諸語のいくつかの言語は、能格性をかつて獲得し後に失った。形態的能格性の起源としては、具格の無生物名詞句、有標主格、受動態などが提案されている。

［石塚政行］

橋本文法
はしもとぶんぽう
理論

　橋本進吉（1882 – 1945）が提唱し、体系化した日本語文法を橋本文法と呼ぶ。習慣的に学者名を冠して呼ばれる文法としては、ほかに山田文法、松下文法、時枝文法が有名であり、これらを四大文法と呼ぶことがある。いずれもその後に多大な影響を与えたが、影響のあり方はそれぞれ異なる。橋本文法の場合、1940年代の国定文法教科書の編纂を橋本が指導したという事情があり、日本の学校文法には橋本の考えが色濃く反映されることになった。文の構成要素として「文節」という単位が導入され、単語は単独で文節を構成できるか否かにより自立語と付属語に分けられ、自立語には名詞・動詞・形容詞・形容動詞・連体詞・副詞・接続詞・感動詞が含まれ、付属語には助動詞・助詞が含まれる、という学校文法の方式は上の国定教科書以来のものであり、大体において橋本の「国語法要説」の分析を反映している。橋本は「文」について、1つのまとまった完全な思想を表すと述べる一方で、それは音の連続であり、その前後に必ず音の切れ目があり、その終りには特殊な音調が加わると述べ、文節についても、一続きに発音され、その前後に音の切れ目を置くことができ、アクセントが定まっている、などの特徴を挙げる。意味に基づく考察だけでなく、このように形式を重視している点が、橋本文法の大きな特徴となっているが、橋本文法の重要概念は必ずしも橋本独自のものではない。有名な「文節」にしても、松下大三郎らが同じ概念を用いていたことは橋本自身が述べており、自立語・付属語の区別も伝統的な「詞・辞」の区別に相当する（橋本も「要説」では詞・辞の名称を用いている）。連体詞に相当する品詞も松下文法に見られる。橋本文法の内容は『橋本進吉博士著作集』（岩波書店）の第一巻や第二巻から知ることができる。

［斉木美知世］

派生
はせい
derivation
文法

　ある言語形式（語や文、またはその構造表記）から別の言語形式を生じること。

　形態論の用語では、語形成において、語根（root）に派生接辞（接頭辞や接尾辞）を付加することで意味を異にする別の語を生成する過程を言う（例：寒い→寒さ、drive → driver）。品詞の変換を伴う場合も多い。屈折や複合などと並ぶ、語形成の主要な過程の1つ（→屈折・派生）。

　統語論の用語では、文生成において、深層構造と呼ばれる句構造標識から、変形規則を用い（ときには複数の中間的な構造を経て）表層構造を生成する過程を言う（例：平叙文→疑問文）。派生に基づく生成文法理論は総称として変形文法と呼ばれることもあり、例として原理・パラメータ理論（→生成文法）がある。対して、変形規則を排し、一層のみの句構造標識にさまざまな制約を適用することで文を生成する非派生文法があり、主辞駆動句構造文法はその例。

　音韻論の用語では、語の音韻表記に音韻規則を用い（中間表記を経て）音声表記を生成する過程を言う（例：/no/+/kiku/→[nogiku]「野菊」、/in/+/pɑsəbəl/→[impʰasəbəl] impossible）。派生に基づく音韻論の例にSPE理論がある。対して、音韻規則を排した最適性理論においては、競合する制約の相互作用によって実際に観察される音声形式を生成する。

[文献] V. Fromkin, R. Rodman, & N. Hyams. *An Introduction to Language*. 10th ed. Wadsworth, 2014., 影山太郎『文法と語形成』（ひつじ書房 1993）

［中澤恒子］

発声
はっせい
phonation

音声・音韻

　喉頭には声帯と呼ばれる並んだ2本の筋肉があり、それらの間の隙間を声門という。声帯は互いに接触したり離れたりすることができ、声門は固く閉じられた状態から広く開いた状態までさまざまな段階がある。肺からの気流が喉頭を通過するとき、声門はその状態によって気流に対して異なった影響を与える。それを発声という。声門がゆるく閉じていれば、声帯が振動して音（＝声）が出る。声門が開いていれば肺からの気流はそのまま音を伴わずに喉頭を通過する。声帯振動があるものを有声（voiced）、それがないものを無声（voiceless）と言う。[b][d][g][v][z][a][u]などは有声、[p][t][k][f][s]などは無声である。

【有声の種類】有声にはいろいろな種類が認められ、声帯振動が滑らかに行われる声（modal voice）、声帯がわずかに離れたまま振動する息もれ声（breathy voice; murmur）、声帯の一部分のみがゆっくりと振動するきしみ声（creaky voice; laryngealization）などがある。

【発声の違いによる意味の弁別】日本語などでは有声と無声は区別されるが、有声であればすべて同じで、声の種類は語の意味の区別に関係しない。しかし、ヒンディー語では有声音は息もれ声かそうでないかで語が区別される（[bal]「毛」、[ba̤l]（[b̤ʱal]）「ひたい」）。マサテコ語では有声に3種類区別があり、母音に現れる（[tʰæ]「種」、[ndæ]「馬」、[nd̤æ]「尻」）。このような特徴は隣接する音にも影響することがある。息もれ声の子音の場合、その特徴は直後の母音の出だしにも及び、有声有気音と呼ばれることがある。ささやき声や裏声なども発声の一種であるが、それらは言語において語や形態素を区別するわけではない。

[文献] P. ラディフォギッド『音声学概説』（大修館書店 1999）、J. C. キャットフォード『実践音声学入門』（大修館書店 2006）　　　　　　　　　　[斎藤純男]

発話行為（言語行為）
はつわこうい（げんごこうい）
speech act

語用論

　発話行為とは、ことばを発することにより遂行される行為を指す。言語活動の参与者を分析の射程に入れる語用論の概念である。オースティン（J. L. Austin）が提唱した考え方で *How to Do Things with Words* (Harvard Univ. Press, 1962) にまとめられている。

　適切な状況で発話すること自体が「宣言」「約束」などの行為を遂行することになる文を遂行文（performative sentence）（例：I now pronounce you man and wife／I promise that I will love you forever）、その述語動詞を遂行動詞（performative verb）という。一方、事実を単に記述し、真理条件を持つ文は事実確認文（constative）と呼ばれ、遂行文と区別されていたが、その後、このような文を適切な状況で発話することも「断定」などの行為であると分析されるようになった。この考え方を推し進めて、たとえば、教師による発話 We'll have a test next week を I (hereby) announce to you that we'll have a test next week などと同義であるとする遂行分析もかつて行われた。

　サール（J. R. Searle）は *Expression and Meaning: Studies in the Theory of Speech Acts* (Cambridge Univ. Press, 1979) で、発話と現実世界の関係を基に発話行為を5つに分類した。それらは、命題内容の真偽を述べ発話を現実世界と適合させる断定型（assertives［例：断定など］）、発話が発話者の行為に影響を与える行為拘束型（commissives［例：約束など］）、発話が聞き手の行為に影響する行為指示型（directives［例：命令など］）、発話によって発話者の感情や考えを表明する感情表現型（expressives［例：感謝や謝罪など］）、発話によって現実世界に影響を与える宣言型（declarations［例：宣言や判決など］）である。

【発話行為の階層】発話行為には（1）発語行為（locutionary act）、（2）発語内行為（illocutionary act)、(3) 発話媒介行為（perlocutionary act）の3つの階層がある。(1) は、発話者がことばを発する行為を指す。この時、発話は音声的・統語的・意味的に適正なものでなくてはならない。(2) は、発話行為によって遂行される「宣言」「約束」などの行為を指す。その際、発話は「宣言」「約束」などの発話内の力（illocutionary force）を持つという。(3) は、発話が聞き手側に及ぼす効果である。前述の例では、(1) We'll have a test next week という文を適正に発することで、(2) 発話者がテストを行うということを宣言し、(3) その結果、聞き手がテストに向けて勉強するなどの効果を発話者が得る、と分析できる。

【適切性条件（felicity conditions）】発話行為が意図された通りに成立するための条件を、適切性条件と呼ぶ。この条件には、発話の命題内容の適切性に関する (1) 命題内容条件（propositional content condition）、(2) 会話の参与者の資質や状況などについて規定する事前条件（preparatory condition）、(3) 発話者の誠実さに関する誠実性条件（sincerity condition）、(4) 発話の質的な側面を規定する本質条件（essential condition）がある。たとえば、「約束」という発話行為が適切に達成されるためには、(1) 発話内容は未来のことであること、(2) 発話者は約束を遂行する能力があり約束によって達成されることが相手の利益になると発話者が考えていること、(3) 発話者が誠実に約束を達成しようと思っていること、(4) 発話によって発話者に約束を果たす義務が生じることが条件となる。

【間接発話行為（indirect speech act）】字義通りには能力の有無を尋ねる Can you open the window? という疑問文を用いることによって、窓を開けるよう依頼することがあるが、このように、直接的な表現を用いることなく発話内の力を達成することを間接発話行為と呼ぶ。それに対して、約束をするのに I promise to be here on time と言うのは直接発話行為（direct speech act）である。　　　　　　　［内田諭］

場面
ばめん
situation
（社会）

コミュニケーション活動の単位となるもの。あるコミュニケーション行為を捉えるにはその行為が行われる「場面」について理解する必要がある。「場面」については研究者によりさまざまな捉え方があるが、なかでも「ことばの民族誌」（ethnography of speaking）を提唱したデル・ハイムズ（D. Hymes）の研究が重要である。ハイムズは、コミュニケーション活動を捉える大きな枠として、発話状況（speech situation）、発話事象（speech event）、発話行為（speech act）の3つのレベルを区別している。これらはハイムズの例で言うと、それぞれ、パーティー（発話状況）と、その中の会話（発話事象）、その会話の中の冗談（発話行為）にあたる。この中の発話事象は、さらに以下のような8つの構成要素からなるとする。①状況(setting and scene)：日時や場所など、②参加者(participants)：話し手や聞き手、③目当て(ends)：目的と結果、④行為の連鎖(act sequence)：メッセージの形式と順序、⑤調子(key)：話し方や書き方、⑥媒体（instrumentalities）：言語か非言語、⑦規範(norm)：コミュニケーションにおける行動規範と解釈規範、⑧ジャンル(genre)：テクストの種類。ハイムズの枠組みは、これらの8つの構成要素の頭文字をとって「S-P-E-A-K-I-N-Gモデル」と呼ばれており、コミュニケーション場面を理解し分析する上で有効な枠組みとなっている。一方、接触場面研究では場面の分類として「文化内（intracultural）」と「文化間（intercultural）」という視点を挙げており、前者を「母語場面」、後者を「接触場面」と呼んでいる。

［文献］D. ハイムズ『ことばの民族誌』（紀伊國屋書店1979）
　　　　　　　　　　　　　　　　　　［高民定］

ハングル
Hangeul

文字

　朝鮮の世宗大王らが1443年に制定、1446年に公布した文字。正式名称は「訓民正音」であり、旧時には正式の文字である漢字に対する俗字であるとして「諺文(オンモン)」とも呼んだ。

【継承性】 音素文字から構成されつつも音節単位を基本として立体的に綴る性質(例: ㅎh、ㅏa、ㄴn=한han)はパスパ文字を介してインド系文字から受け継ぎ、ㄱ (g)、ㄷ (d)、ㄹ (r/l)、ㅁ (m)、ㅅ (s)はパスパ文字の ꡂ (g)、ꡊ (d)、ꡙ (l)、ꡏ (m)か ꡎ (b)、ꡛ (s)とも類似する。また唇音のㅂ (b)は漢字の篆書の「口」、ㅅ (s)は漢字「齒」の歯を表す部分の「ᄉ」の形であり、「字は古篆に倣った」とされるゆえんである。ほか、鄭樵『六書略』『起一成文図』にはハングルの基本文字ㄱㄴㅅㅁㅇㅡㅣ・がすべて現れる。

【独創性】 一方、文字の構成理論においては一大飛躍を成し遂げた。『訓民正音解例』が明快に解説する通り、・ー丨は天地人の象形であり(・は天が円いことを象る)、母音文字はその組み合わせで生成され、母音調和を整然と反映する。また「加画」の原理により弁別特徴のレベルも表し、たとえばㄱg ㄷd ㅈj ㅂb ㆆʔ [−気音]対ㅋkh ㅌth ㅊch ㅍph ㅎh [+気音]は横棒を加えることにより有気性を示し、それがより「厲(はげ)」しい音を表すという記述からして「有標性」に相当する認識も既にあった。朝鮮語では同一形態素がかなり音韻交替を示すが、その具体的な音声実現ではなく、形態音素の方で書き表すという形態音素文字としての性質もある。たとえば、꽃(花)は単独だとk'otと発音されるが母音が後続する꽃이(花が)k'otʃʰiとなるので、終声をㄷではなくㅊと綴る。また陰陽五行説による意味づけも行われており、宋学の哲理による体系化も見逃せない。

[文献] 姜信沆『ハングルの成立と歴史』(大修館書店1993)　　　　　　　　　　　　　[遠藤光暁]

比較構文
ひかくこうぶん
comparative construction

文法

　太郎と花子の背の高さを比べて「太郎は花子より大きい」または「花子は太郎より小さい」のように述べる時、太郎と花子の二人を「背の高さ(低さ)」という尺度に照らして比べ、一方が他方より上位であることが表されている。このような意味を表す構文を比較構文と言う。比較構文は2つの名詞句(太郎／花子)と尺度を表す述語(大きい／小さい)で構成される。日本語で「より」がつく名詞句にあたるものを比較基準と言う。世界の言語の比較構文は、4タイプに分けられる。(1)比較基準が「〜を超える」を意味する動詞の目的語になるタイプ、(2)比較基準が起点、位置、着点などの場所表現と同じように標示されるタイプ、(3)2つの節の等位接続によるタイプ、(4)比較基準が専用の不変化詞で標示されるタイプ、である。それぞれ下例を参照。

(1) Chi anh　đẹp　hơn　cô ấy đấy
　　姉 あなた 美しい 超える 彼女 よ
(あなたのお姉さんは彼女より美人ですよ: ベトナム語。cô ấyがhơnの目的語)

(2) 太郎は花子より大きい
(cf. 一行は横浜港より船出した)

(3) jo i　　　ben　jo eu　　nag
　　家 これ 大きい 家 あれ 小さい
(この家はあの家より大きい: アメレ語。「この家は大きい」「あの家は小さい」という2つの節の等位接続)

(4) John is taller than Mary
(Maryが比較基準であることを than が標示)

　比較級の接辞(例: 英語-er、ハンガリー語-bb、バスク語-ago)や副詞(例: 英語more、フランス語plus)を用いて比較構文の述語であることを表す言語はほぼヨーロッパにしか見られない。他の地域のほとんどの言語は比較構文の述語かどうかを特に区別しない。

[石塚政行]

比較法
ひかくほう
comparative method

歴史

　比較法とは、複数の言語のデータ間に見られる変異に基づいて、その変異が生じたプロセスとともに、複数のデータの歴史的祖先である形式を復元していく方法である。比較法によって再建される言語を祖語と言う。再建された個々の音韻形式または語形はアステリスク(*)を当該形式の左肩につけて表す。言語の比較法を主要な方法とすることから、再建を行う分野を比較言語学（comparative linguistics）と呼ぶ。比較法は、祖語という仮説を構築するための方法であり、同じデータであれば誰が適用しても同じ結果が得られるような計算法ではない。比較法のおおよその手順を以下に示す。

【音対応の発見】 まず言語間に音対応（sound correspondence）を発見する。音対応とは、複数の言語の語彙の間に成立する、子音や母音などの音韻単位間の規則的な対応関係である。そこで、まずそれぞれの言語で祖語の同一語源に由来する語（同源語 cognate）を探し、そこに見られる音の対応を調べることになる。たとえば、ある言語Aの語が両唇破音pで始まっている場合に、別のある言語Bでは常に唇歯摩擦音fが見られるというような対応関係（A : p = B : f）が音対応である。音対応は、当該の語の意味や所属する語類にかかわらず成立することが期待されるものである。また、音声的類似が重要なのではなく、一定の条件下で規則的・反復的に対応が生じることが重要である。以上のような手順により複数の同源語のセットを発見し、そこに見られる個々の音対応を確立していく。なお、借用語は後に加わった要素であるので、再建作業の対象から排除する必要がある。

【再建作業】 次の段階として、音対応に基づいて祖語の音韻単位を復元する。個々の音対応と祖語の音韻単位が一対一に対応している場合は問題ないが、変化の途上で合流や分裂が起こることがあり、それについての検討が必要である（→合流、分裂）。たとえば、祖語の子音*pが、言語Aではpとなるが、言語Bでは円唇母音の前でf、それ以外でpというように分裂を起こしたとする。この場合、音対応は2種類（A : p = B : f と A : p = B : p）であるが、祖語では1つの子音を再建しなければならない。この場合には、分裂の条件を探索することが鍵となる。次に、具体的な音声実質の再建を行うが、この作業では一般的に発生しやすいとされる音変化を仮定して説明できる形式を復元する。たとえば、pとfの音対応であれば、pからfへの変化（*p > fと書く）の方が、その逆よりもよく見られるので、祖語の形式としては*pが優先的に考慮される。最後に、再建された音韻単位は、全体として1つの共時体系をなすので、それが人類言語として自然な体系なのかどうかについて検討が行われる。以上のような考慮のもとに各音韻単位について再建作業を繰り返し、祖語の音韻体系を再建するとともに、それに基づいて語彙の再建を行う。

【文法の比較】 歴史言語学の生みの親であるインド・ヨーロッパ諸語の比較言語学においては、語彙の再建とともに、屈折接辞、派生接辞の再建を含む、形態論の再建という作業が重要であった。それは、語の形態論こそが最も安定した特徴であり、言語系統の確かな証左として考えられたからである。現在でもその重要性は変わっていない。一方、再建は、祖語をあらゆるレベルで明らかにすることを究極の目標としており、したがって統語論や語用論も比較の対象となる。しかし、このレベルの研究においては、一方向的な変化傾向の解明が不十分であるなど難しい問題が多い。

[文献] 吉田和彦『言葉を復元する―比較言語学の世界』（三省堂 1996）、A. Fox. *Linguistic Reconstruction: An Introduction to Theory and Method*. Oxford Univ. Press, 1995.　　　　　　　　　　　　　　　　［田口善久］

非規範的語順
ひきはんてきごじゅん
non-canonical word order
【文法】

　節を構成する句が現れる順序（語順）には言語ごとにさまざまな強さの規範・標準があるが、各句の意味的文法的役割を保ったままで規範とは異なるが容認される語順、すなわち非規範的語順になることもある。

　規範的な語順から2つの句の位置が入れ替わっていることを倒置（inversion）と言う。主語と述語動詞が入れ替わる英語の疑問文（例：Is she a sniper?）や接続詞を使わない条件節（例：Were I a sniper, ...）はその例である。これらの例ほど明確な意味的文法的機能を担わない倒置もある。主格補語と主語が入れ替わっている On the corner is a statue of Apollo や More important is the fact that ... のような文の倒置は真理条件には影響を与えない。

　非規範的な語順が用いられる主な理由として、文の情報構造が規範的な語順の文が通常持つものとは異なっていること（特に、主語が主題でないこと）がある。主題が占めることが好まれる位置（典型的には文頭）に、規範的にはその位置には現れないがその文では主題である要素を置くことを主題化（topicalization）と言う（例：That guy I saw when I was in your home）。

　非規範的語順のバリエーションとして、節内の要素を代名詞に置き換え、置き換えられた要素を節の前か後に置いたものもある。前か後の位置が節の境界内であるものを外置（extraposition）と言う（例：It is difficult for me to wake up early.／I found it difficult to understand his comments）。一方、その位置が節境界の外であるものを転位（dislocation）と言い、節の前に置くものを左方転位（left-dislocation）（例：The girl, I've seen her before）、節の後に置くものを右方転位（right-dislocation, 例：I've watched it, the action movie）と言う。

［山泉実］

非言語伝達
ひげんごでんたつ
non-verbal communication
【一般】

　言語にあらざるコミュニケーションのこと。話し相手に意志を伝達する時、ある服装で、ある位置から、ある姿勢をとり、ある表情をうかべ、ある身振りや仕草を使う。その際の服装、位置、姿勢、表情、身振りなどは、ことばでは直に表されないような、喜怒哀楽、関心の度合い、その他の特定の感情・態度を、主に相手の視覚を通して伝える場合がある。ことばを介し聴覚を通して人間は意思伝達する、と捉えられがちだが、これら非言語も意思伝達の媒体となる。

　人間のコミュニケーションは、自分と相手が互いに共有していると想定する言語／非言語的知識に基づく。知識共有の度合いの違いから、言語と非言語ではその伝達効果に差が出ることもある。しかし、一方がより基本的というわけではなく、両者の間に必ずしも主従関係があるわけではない。

　非言語伝達では2つの観点が特に注目される。1つ目は、言語と非言語の中間とも言えるパラ言語である。たとえば、声の高低、音量、テンポ（手話でも）、口調などのパラ言語により、敬意、服従、嘲りなどの態度が聴覚によってアクセスされる。2つ目は、デル・ハイムズの造語の「コミュニケーションの民族誌」という文化的文脈における意思伝達の様式である。パラ言語、話者間の距離、表情、姿勢、アイ・コンタクト、呼称、会話開始のルールなど多岐にわたり、主に聴覚や視覚、さらには他の感覚によってアクセスされる。

　非言語伝達の多くは文化に依存しており、文化的背景が違う者同士のコミュニケーションにおいては、気づかないうちに意図しないことを伝えてしまう場合がある。

［文献］M. L. パターソン『非言語コミュニケーションの基礎理論』（誠信書房 1995）

［稲垣和也］

非線形音韻論
ひせんけいおんいんろん
Non-linear Phonology
音声・音韻・理論

SPE理論（→生成音韻論）の二次元的音韻表示に基づく分節音韻論、つまり線形音韻論の限界を超えるために、70年代中葉から80年代後半にかけて開発された枠組みで、非線状音韻論とも言う。

この理論の最大の特徴は、X-スロット（個々の分節音に対応する抽象的な位置スロット）を軸にして、韻律平面、音調平面、分節平面などが統合された三次元的表示を持つ点にあり、韻律音韻論、韻律形態論、音律音韻論は韻律平面、自律分節音韻論は音調平面、素性階層理論、不完全指定理論は分節平面をそれぞれ担当しつつ、これらを包含する枠組みとなる。

(1)

a. 韻律・音調平面

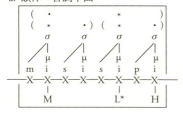

b. 分節平面（[s]のみ表示）

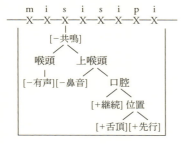

c. 三次元表示

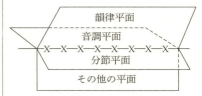

たとえば、Mississippi?「ミシシッピーだって？」という発話は（1a, b）のような平面から成る（*と・は強／弱、σとμは音節／モーラ、MとLとHは中音調／低音調／高音調を示す）。それぞれの平面は独立しつつ、X-スロットを媒介に（1c）の三次元表示に統合される。X-スロットの軸はちょうど本の背に当たるもので、そこを中心にいろいろな平面に当たるページに情報が書き込まれ、綴じられているイメージである。なお、(1)の文は疑問文なので、Mississippiの主強勢のある音調（L*）よりも無強勢の音調（H）の方が高くなっている点に注意する。

SPE理論の問題解決のため、音韻表示を豊かにすることで、音韻・音調・分節音の分野でさまざまな理論が開発されたが、その諸理論を統合したのが非線形音韻論である。その意味では音韻理論史の中で重要な役割を果たしたことは間違いない。しかし、90年代に最適性理論が開発されるに至ってからは、音韻表示の重要性が薄れたため、その精神は受け継がれつつも役割を終えた。　　〔田中伸一〕

非対格
ひたいかく
unaccusative

文法

自動詞の下位分類に関わる、現代言語学における重要概念の1つ。米国の言語学者デイヴィッド・パールマター（David Perlmutter）らが提案して以来、さまざまな研究成果が蓄積されている。

動詞を他動詞と自動詞に分ける一般的な分類によれば、たとえばdestroy（破壊する）は主語と目的語を要求する他動詞であり、動作主 x と動作の対象 y が揃ってはじめて《xガyヲ破壊スル》という意味が完結する。これに対して、play（遊ぶ）やfall（落ちる、倒れる）は目的語を取らず、主語だけを要求する自動詞である。しかし、同じ自動詞であっても、playとfallにはいくつかの重要な違いがある。たとえば、英語では動詞の過去分詞を形容詞のように用いてa destroyed city（破壊された都市）と言うことができるが、danceのような自動詞はこの用法を許さず、*a danced child（踊った子供）などの表現は成り立たない。しかし、fallのような自動詞は、a fallen tree（倒れた木）のように過去分詞の形容詞用法を許す。このdanceとfallの違いがどこから来るのかを考えてみると、実は他動詞の場合にも、過去分詞によって修飾できるのは、意味上の目的語 y の方だけであり、意味上の主語 x を修飾して *a destroyed terrorist（破壊したテロリスト）などと言うことはできない、という制限がある。この観点からすれば、*a danced childが不適格なのは、*a destroyed terroristが不適格なのと同じ理由によると考えるのが自然であるが、そうであるなら、a fallen treeが可能であるという事実は、A tree fell（木が倒れた）のような文の主語が、他動詞の目的語に近い性質を帯びていることを示唆する。上のa fallen treeが可能であるのは、a destroyed cityが可能であるのと同じ理由によると考えられるからである。意味的に考えても、danceの主語が《動作主》であるのに対し、fallの主語は《変化の対象》である。そしてA terrorist destroyed the city（テロリストが都市を破壊した）のような他動詞文においては、主語のterroristは《動作主》であり、目的語のthe cityは《変化の対象》であるから、fallの主語は、意味的にも他動詞の目的語に近いと言える。このfallに代表される動詞類（arrive, grow, riseなどを含む）は「非対格動詞」（unaccusative verb）と呼ばれ、danceに代表される動詞類（play, work, laughなど多数）は「非能格動詞」（unergative verb）と呼ばれるが、非対格と非能格の区別は、さまざまな言語で重要な役割を果たしている。オランダ語などには「非人称受動」と呼ばれる構文があり、これは自動詞から受動文を作ることができるが、この種の受動文を許すのは非能格動詞に限られ、一般に非対格動詞を用いることはできない。また、英語の完了構文は「have＋過去分詞」という構成であるが、イタリア語やドイツ語では、完了の助動詞としてHAVEのほかにBEも用い、それらを動詞の種類によって使い分ける。その原則は、他動詞と非能格動詞にはHAVEを用い、非対格動詞にはBEを用いる、というものである。日本語も古くはツ・ヌという2つの助動詞を使い分けて完了を表現していたが、上代語資料と西洋諸語の比較から、ツ・ヌの使い分けが西洋諸語のHAVE/BE選択と同じ現象であると指摘した重要な研究が出ている。日本語についてはほかにもさまざまな研究があるが、事実認定などに複雑な問題を残している。なお、「所動詞」という動詞類を設定した三上章を、非対格仮説の先駆者と位置づけた学史的研究もある。

[文献] 松本曜「日本語の語彙的複合動詞における動詞の組み合わせ」『言語研究』114（日本言語学会 1998）、鷲尾龍一「三上章と主語昇格排斥性の法則」『言語文化論集』32（筑波大学 1990）、R. Washio. Auxiliary Selection in the East. *Journal of East Asian Linguistics*, 13. 2004.

［斉木美知世］

否定

ひてい
negation

文法

【否定という命題態度と極性】否定とはある事柄を念頭に、それが成り立つことを打ち消すことである。否定は物理的世界そのものにあるのではなく、物事を言語で捉える時にしか生じない。

否定は命題態度の一種と言える。たとえば、Taro is not a student は対応する Taro is a student が表す事柄〈太郎は学生である〉を念頭に、それが成り立っていることを打ち消すという態度を表明する。他の命題態度と否定が大きく異なる点の1つは、否定が肯定と対になって極性（polarity）という文法範疇を構成することである。上記の打ち消しを述べる文で、しかも極性が否定である文を否定文という。否定文は肯定文に対して有標である。このことは、否定文が否定辞などを含んで肯定文よりも形式的に複雑であることや、英語の感嘆文のように肯定文に対応する否定文がないことがあることに反映されている。

【否定の表し方】否定はさまざまな要素で表され得る。上の例では not という否定辞が述語につくことで表されている。一方、I have no money では、名詞句に否定の標識がつくことで I have money を打ち消している。また、That is impossible では否定の接頭辞がついた形容詞を用いることで、That is possible を打ち消している。さらに、英語の No のように何らかの否定文の代わりとなる表現もある。たとえば、John is not smart と聞いた人が発する No は、John is not smart ということを表す。なお、日本語の「いいえ」は上の No の代わりとならないことから分かるように、否定文ではなく相手への不同意を表す。また、英語話者の首を横に振るジェスチャーも No に対応し、否定文の代用表現となる。一方、日本語話者の首を横に振るジェスチャーは「いいえ」と同様にそうではない。

【否定の作用域と焦点】否定文で打ち消されている事象を表す部分を否定の作用域という。たとえば、「太郎は賢くない」では、「太郎は賢く」が否定の「ない」の作用域である。一方、英語の I don't think John is smart では、否定の作用域は、I think ... を含む全体であることもあり得るし、John is smart だけであることもある。後者の場合、否定語の not が作用域よりも統語的に上位の主節に現れている。このような現象を否定辞繰り上げ（negative raising）という。

否定文を発する主体は、世界で成り立っていることと全く関係ない事象の打ち消しを主張することはない。たとえば、「ソクラテスは宇宙船でコーラを飲まなかった」という否定文は理解可能であるものの、世界との関係が薄く、そのような主張がされるような状況を思い浮かべ難い。特に、肯定文「ソクラテスが宇宙船でコーラを飲んだ」で表される事柄が念頭にあるような状況が想像し難い。ある事柄を否定する時には、否定された事柄と関係ある真の命題が念頭にあることが多い。否定命題の構成要素で、適切に入れ替えれば念頭にある真の命題になるような部分を否定の焦点という。たとえば、「太郎が昨日食べたのはカレーではない、ラーメンだ」では、「カレー」が否定の焦点であり、「太郎はカレーを昨日食べたのではない」では通常「昨日」が否定の焦点である。

【否定極性表現】単純な肯定文に現れず、否定の作用域にしか現れない表現を否定極性表現という。英語の any や yet はその例である。（例：I have not read this book yet.／*I have read this book yet）もっとも、疑問節、条件節などにも否定極性表現は現れ得る（例：Have you read this book yet?／If any of you have read this book ...）。なお、「必ず」のような肯定極性表現もある。（例：「彼は必ず遅刻する」／「*彼は時間通りに必ず来ない」）

[文献] 野矢茂樹『入門！論理学』（中央公論新社 2006）

[山泉実]

百科事典的意味論
ひゃっかじてんてきいみろん
encyclopedic semantics

意味論

言語表現を用いることによって伝達されるメッセージは(生成文法が研究の対象にする)狭義の言語知識に属すると想定される部分(＝言語的意味)とそれ以外の部分(＝言語外的知識)とに区別できるとする伝統的な考え方と対立する、認知言語学に特徴的な意味観。言語的意味と言語外的知識の間には厳密な境界線が引けないばかりか、多くの場合、前者は後者を度外視しては十分に特徴づけることができない―前者は後者という基盤があって初めて成立する―という立場を指す。「百科事典的意味論」という名称は言語的意味と言語外的知識をそれぞれ比喩的に「辞書」的意味と「百科事典」的知識と呼ぶ習慣に基づくもの(現実の辞書と百科事典がそのような役割分担をしていると考えているわけではないことに注意する必要がある)。この2つの意味観の対立は、言語使用に関わる知識や能力の中から狭義の言語知識をモジュール(＝自律的な下位システム)として取り出せるか否かをめぐる対立の具体的な現れと見ることができる。

【意味論と語用論の区別との関係】 辞書的意味と百科事典的知識の区別はコンテクスト中立的な意味を対象とする意味論とコンテクスト依存的な情報を扱う語用論の区別にほぼ対応する。後者の区別におけるコンテクストには発話の理解に関わる、通例言語外的とされる(例えば言語表現の指示対象についての一般的な)知識が含まれ、また前者の区別における百科事典的知識には特定の発話の場についての話し手と聞き手の共有知識が含まれるからである。したがって、認知言語学では、意味論と語用論を厳密に区別される別個の知識の領域であるとも考えていないことになる。

【語彙項目の意味の本質】 語彙項目に一定不変の意味が内在していると考える従来の多くの理論とは異なり、認知言語学では、語彙項目の機能はその指示対象についての(しばしば広範な)知識の構造に特定の(使用場面に応じた柔軟な)仕方でアクセスすることを促す―そのような知識構造の特定の要素を活性化する―ことであると考えている。ある語彙項目を介してアクセスされる可能性のある知識構造の要素の中には、その語彙項目が使われる時にはほぼ確実に活性化される中心的なものもあれば、きわめて特殊な使用場面でしか喚起されない周辺的なものもあるが、それらの要素を辞書的/意味論的なものと百科事典的/語用論的なものとに截然と二分することは理論的にも実証的にも不可能であると同時に現実の言語使用の説明にも有効ではないと考えられる。

【フレーム、認知領域、理想認知モデル】 認知言語学では、言語表現の意味の成立に関与する(多くの場合)百科事典的な知識のまとまりをフレーム(frame)、認知領域(cognitive domain)、理想認知モデル(idealized cognitive model)などと呼んでいる。こうした知識を想定することによって多くの言語現象が無理なく説明できるようになる。たとえば英語のbachelorを(日本語の「未婚男性」に相当する意味で)ローマ法王やターザンについて用いるのが不自然なのは、この用法のbachelorが結婚に関する伝統的(あるいは因習的)な通念に基づく《《一定の年齢を過ぎた成人男性は普通結婚している》》というようなフレームと慣習的に結びついており、ローマ法王やターザンはそのようなフレームが適用される世界には所属していないからであると考えられる。さらに、この用法のbachelorにおいて〈男性〉、〈成人〉、〈未婚〉という意味要素が組み合わされていること自体がこのようなフレームの存在に動機づけられていることも重要である。

[文献] 野矢茂樹『語りえぬものを語る』(講談社 2011)

[西村義樹]

表音文字・表語文字・表意文字
ひょうおんもじ・ひょうごもじ・ひょういもじ
phonogram / logogram / ideogram

文字

文字素は、その言語的機能に基づいて表音文字・表語文字・表意文字に分類することができる。言語の二重分節における第一次分節（形態素）ないしその組み合わせを表記するのが表語文字で、第二次分節（音素）ないしその組み合わせを表記するのが表音文字である。言い換えれば、表語文字は音素列（記号表現）と概念（記号内容）が結合した記号を表記し、表音文字は音素列という記号の一側面のみを概念と切り離して表記する。それに対し、概念という記号の一側面のみを音素列と切り離して表記するのが表意文字である。

【表音文字】表音文字は音節文字、単音文字、子音文字等に下位区分される。一般に仮名は音節文字とされるが、その中には厳密に言うと音節以外の要素を表記する文字もある。たとえば、「ほんとう」「ちょっと」の「ん」「う」「っ」「ょ」は音節を表記していない。「ん」「う」「っ」はモーラを表記しているとも言えるが、「ょ」はモーラにも音節にも相当しない。従って、音節文字の「音節」はゆるやかな概念と見なすべきである。

単音文字と子音文字はしばしば「アルファベット」と総称される。単音文字は、ローマ字やギリシア文字のように子音も母音も表記できる狭義のアルファベットである。ヘブライ文字やアラビア文字に代表される子音文字は母音字を欠くアルファベットと言われるが、母音を特定しない音節文字、一種の形態素表記という説もあり、文字素論的な位置づけに関して議論の余地がある。

なお、上の記述には、まず音声言語が存在して、文字がそれを二次的に表記するという前提があるが、表音文字に関しては両者の関係が逆転する場合もある。たとえば、oftenのtは元来発音されていたが、18世紀以降tを発音しなくなり、〈often〉という文字列は/ɔːfən/という音声言語を視覚化したものとなった。ところが、綴り字発音の影響により近年/ɔftən/とtを発音する母語話者が増えた。これは、文字表記に基づいて音声の方が二次的に形成された例と見ることができる。

【表語文字】漢字のように、音素列と概念を併せ持つ言語的要素を表記する文字を表語文字と呼ぶ。楔形文字やエジプト文字にも数多くの表語文字が存在する。

仮名やローマ字のような表音文字でも「そら」やskyと書けば、語を表記することができるが、「そ」やs自体に表語性があるわけではない。文字列レベルではすべての文字が表語を行うが、ある文字素が単独で表語を行う場合に限って表語文字と呼ばれる。

【表意文字】楔形文字やエジプト文字の限定符は読みを持たない。音素列と切り離して類概念を表記するため、限定符は表意文字と見なすことができる。

中国の文献に出てくる漢字は、読み方が分からなくても意味が分かる場合がある。そのため、漢字は音素列とは無関係に概念のみを表記する表意文字に見えなくもない。しかし、これはあくまで通言語的に見た場合のことであって、表音文字・表語文字・表意文字という文字素論的な区別は、個別言語的に論じる必要がある。個別言語的に見れば、漢字は音素列と概念が結合した記号を表記する表語文字であって、明らかに表意文字ではない。

見知らぬ言語の文献に出てくるアラビア数字も、読み方が分からなくても意味が分かる。これもあくまで通言語的に見た場合のことであって、個別言語的に見れば、数字は音素列と概念が結合した記号を表記する表語文字だと言えよう。ただし〈1〉はoneを表記するとは限らない。〈11〉と書けば、〈1〉はoneだけでなくtenも表す。すなわち、十進法と位取り記数法を前提として数字は特定の語に対応しない抽象的な数概念を表記しており、その点では表意文字と呼ぶことができる。

[池田潤]

標準語
ひょうじゅんご
standard language
【社会】

　標準語は、しばしば共通語と同じ意味で使われ、同義であるという考え方もあるが、標準語の場合、共通語の最も重要な特徴である通用性のみならず、発音・語彙・文法・正書法などが統一されていることを含む。その意味で、共通語よりも強い規範性を持つ概念である。通常、書き言葉に裏打ちされた威信のある変種と言える。言語教育の基準ともされる。

　標準語は、予め言語に備わっているものではなく、標準化（standardization）と呼ばれる過程を経て形成されてきた。その過程は、近代的な国民国家の成立と密接に関わっているが、必ずしも政府主導とは限らない。実際には、言語学者、文学者、翻訳者、マスコミ関係者、教育者などの多方面の働きによって整備・普及が進むことが多い。少数言語にしばしば見られるように、明確な中心地や主導的な勢力がない場合、統一的な標準化は困難である。標準化は、近代社会における言語使用の円滑化という実際的な要請を背景に持つが、標準語への過度の権威づけは、ひるがえってそれ以外の言語（の話し手）の軽視や蔑視として現れやすい。標準語のみが「正しい言語」とされ、それ以外の変種を撲滅しようとする考えが見られることもある。

　国際的なレベルでも標準語は議論されている。たとえば英語のなかでもアメリカやイギリスなどの英語が国際的な標準語として認識されている。それ以外の英語は外国語教育の対象とはならず、教育の現場から排除されることすらある。これは国内での標準語志向がそのまま国際化されたものと言える。

　一方、標準語を、1つの言語や国に1つとして捉えるのではなく、領域や地域ごとに標準的とされる言語があるという発想もある。

［文献］真田信治『脱・標準語の時代』（小学館 2000）

［木村護郎クリストフ］

フィリピン・タイプ
Philippine-type
【文法】

　タガログ語、セブアノ語、イロカノ語などフィリピン共和国で話されているオーストロネシア諸語が持つ言語類型論的特徴のこと。特に、そのヴォイス体系を指す。

【フィリピン・タイプのヴォイス体系】 フィリピン・タイプのヴォイス体系は大きく2つの特徴を持つ。第一に、4つのヴォイス形式が対立する。たとえば、タガログ語では、語根kain「食べる」についてk<um>ain, kain-in, kain-an, i-kainの4つの形式がある。それぞれ動作主、被動者、場所、受益者を主格にとる。英語や日本語は能動態・受動態の2つのヴォイス形式しかないが、タガログ語は4つであり、場所や受益者、道具など周縁的な意味役割の項さえも主格となることができる。どのヴォイス形式を選択するかは動詞の意味、参与者の定性、情報構造などによって決まる。

　第二に、ヴォイス形式の間に形態論的複雑さについて違いがない。上記kainの例からも分かるようにすべてのヴォイス形式が語根と接辞1つから成立している。一方で能動態と受動態の対立はこうではない。受動態の方が能動態より形態論的に複雑である（例：日本語の能動態 nagur-uと受動態 nagur-are-ru）。

　なお、このヴォイス体系はフォーカス・システムと呼ばれることもある。

【類型論的意義】 フィリピン・タイプの言語は、上記のように能動態・受動態とは異なる特異なヴォイス体系を持つ。それに関連して、これらの言語は既存の言語類型論的枠組みからはみ出す言語特徴を他にも持っている。第一に、対格型や能格型というアラインメント類型にあてはまらない特殊な格標示パターンを持っている。第二に、主語が認定しづらい。意味的に際立っている動作主と文法的に優越する主格のどちらが主語か決めがたい。第三に名詞と動詞の区別がしにくい。これらもフィリピン・タイプの特徴である。　［長屋尚典］

フォリナートーク
foreigner talk
【社会】

　母語話者による非母語話者に対する「言語調整」または「会話調整」を指す用語。ファーガソン(C. A. Ferguson)は英語、フランス語、ドイツ語、フィンランド語の母語話者が、非母語話者に話しかける際に、自分のことばを非文法的な文に切り換えて使用したことを報告し、このタイプの話しことばを「フォリナートーク」と名付けた。フォリナートークは文法的な要素を脱落、拡張させることで非文法的な文を産出するいわゆる「言語調整」と、話題の選択や突然の話題の切り換えなどの「会話調整」に分けられる。英語の言語調整の例としては、話のスピードを下げたり、強勢とポーズをより多く使用したりする音韻調整をはじめ、発話を短くしたり、複雑な文を少なくしたりする統語に関する調整が挙げられる。たとえば、英語の「wh-疑問文」の代わりに「or-選択」の疑問文を多用し、質問に対する「答え」を提示することにより、非母語話者の会話の参加を容易にする。会話調整の例としては、発話量を調整したり、できるだけ具体的な内容を多くしたりするといった調整が挙げられる。一方、フォリナートークは言語によって異なる特徴が見られるとされるが、スクータリデスは日本語のフォリナートークを調べ、言語的、機能的特徴があることを指摘している。言語的特徴としては、助詞や助動詞の強調、外来語や具体語の頻用などがあり、機能的特徴としては相手の理解を確認するための発話、まとめの多用などがある。

[文献] A. スクータリデス「日本語におけるフォリナートーク」『日本語教育』45(日本語教育学会 1981)

[高民定]

不完全指定理論
ふかんぜんしていりろん
Underspecification Theory
【音声・音韻・理論】

　分節音を特徴付ける弁別素性の設定について、予測できる素性値は未指定にして、音韻プロセス適用後に設定する方略に関する理論。80年代初期にある種の音韻プロセスを受けない不透明な現象を説明するために、アーカンジェリ(D. Archangeli)やステリアーデ(D. Steriade)らを中心に開発された。

　素性値を未指定にするのは、それが余剰性やデフォールト性を持つ場合である。たとえば、共鳴音は有声/無声の対立がないので[+有声]は余剰値(未指定)となるが、阻害音はその対立があるので指定の必要がある。ただし、有声音だけ[+有声]を指定すれば、[−有声]はデフォールト値として導かれる。

　実例として、日英語の過去形の有声同化について、日本語の共鳴音が(1a)のように同化を起こさないのは、[+有声]が未指定だからである。一方、有声阻害音(1b)と無声阻害音(1c)で同化の有無があるのは、前者のみ[+有声]が指定されているからである。

(1) a. kaw-[ta]「買った」tor-[ta]「取った」
　　 oki-[ta]「起きた」
　　 borrow-[d]　　　score-[d]
　　 tie-[d]
　b. tob-[da]「飛んだ」kag-[da]「嗅いだ」
　　 describe-[d]　　hug-[d]
　c. kas-[ta]「貸した」kak-[ta]「書いた」
　　 kiss-[t]　　　　kick-[t]

　英語では不完全指定がない(余剰値やデフォールト値の指定後に同化が起こる)ので、共鳴音も有声阻害音も有声同化を引き起こす。

　ステリアーデはデフォールト値に基づく不完全指定を認めず、対立する素性値は両方とも指定すべきだとした。ただし、(1b, c)に関する限り、[−有声]を最初から指定してもデフォールト値としてあとから指定しても結果は同じく説明できる。

[田中伸一]

複合
ふくごう
compounding

文法

複合とは、派生や屈折と並ぶ語を形成する方法の1つである。派生や屈折では語根や語基に接辞（拘束形態素）が添加されて語が形成されるのに対し、複合では語根と語根、或いは語基と語基（すなわち、多くの場合自立形態素同士）を合成することによって語が形成される。たとえば、「甘さ」は語根（「甘」）と接尾辞（「さ」）の合成であるため派生であるが、「甘辛い」は語根同士（「甘」と「辛」）の合成であるため複合であると言える。

【組み合わせの可能性】複合では、語類に関してさまざまな組み合わせが可能である。まず、同じ語類同士の複合としては、名詞＋名詞（「山男」、「風車」）、動詞＋動詞、（「飛び上がる」、「売り払う」）、形容詞＋形容詞（「甘辛い」）などがある。異なる語類同士の例としては、動詞＋名詞（「ゆで卵」）、名詞＋形容詞（「肌寒い」）、動詞＋形容詞（「蒸し暑い」）などが可能である。さらに、アイヌ語や北米先住民語には名詞＋動詞の生産的な複合（名詞抱合）が存在する。たとえば、アイヌ語ではwakka「水」とta「汲む」を複合してku=wakka-ta（私＝水-汲む）「私が水を汲む、水汲みをする」のように言うことができる。複合語全体の品詞は、基本的にその複合語の中心要素の品詞が受け継がれる。たとえば、「蒸し暑い」は中心要素「暑い」が形容詞なので、全体としても形容詞である。

【内心複合語と外心複合語】複合語には、内心複合語と外心複合語が存在する。内心複合語とは、複合語の内部に中心的要素が認められるものである。たとえば、「山男」は「男」の一種である。これに対し、外心複合語は複合語の内部に中心要素を持たないものである。たとえば、「肩車」は「車」の一種ではなく、肩に誰かを乗せるという行為を指す。

【複合と語の並置の違い】複合は自立形態素同士を合成する語形成法であるため、単なる語の並置と区別があいまいな場合もある。たとえば、「山男」は「山」と「男」という二語を並置しただけなのだろうか、或いはこれ全体で1つの語であろうか。この判定にはさまざまな基準が存在する（Fabb 2001, Haspelmath & Sims 2010: Ch.9）。まず、音韻的な基準としては強勢やピッチアクセントによる判定がある。たとえば強勢言語である英語では語1つにつき（第一）強勢は1つという原則があり、góldfishは複合語であるため強勢は1つなのに対し、góld médalは2つの名詞の並置であるので強勢は2つである。日本語の場合では、名詞を単に並列した場合と複合語とではピッチアクセントが異なる。たとえば、「やま'」と「おとこ'」を複合すると「やまお'とこ」となる。また、名詞の被覆形や連濁も複合語内部にのみ適用される（かぜ＋くるま＞かざ-ぐるま）。

形態的な基準としては、複合の場合、語根同士の間にほかの要素（接辞や接語など）は挿入できないのに対し、語の並置の場合は可能である。たとえば、英語のsister-in-law「義理の姉」の複数形は一般に*sisters-in-lawではなくてsister-in-lawsである。屈折接辞などは後部要素のみに付加される。

最後に統語的な基準としては、並置された語からなる句、すなわち並置句の一部は照応代名詞で置き換えることができるのに対し、複合語の主要部はこれができない。たとえば英語のsilver watch「銀色の腕時計」は並置句でありMy aunt has one gold watch and three silver onesとwatchを照応代名詞oneで置き換え可能であるが、複合語のsilversmith「銀細工師」の場合は、*My aunt knows one goldsmith and three silver onesのようにsmithを照応代名詞で置き換えることはできない。

[文献] N. Fabb. Compounding. A. Spencer & A. Zwicky eds. *Handbook of Morphology*. Blackwell, 2001., M. Haspelmath & A. Sims. *Understanding Morphology*. 2nd ed. Hodder Education, 2010. ［内原洋人］

フット
foot

音声・音韻

　語内部の韻律範疇（prosodic category）で、音節より大きく語より小さな音韻単位。（→韻律音韻論）韻脚とも言う。通常は強弱（*・）または弱強（・*）の2音節からなり、言語によっては構成要素が2モーラの場合もある。

　フットの最大の機能は、諸言語のアクセントを表示することである。つまり、ある言語が特定の種類のフットを持つと考えることで、語のアクセント位置を正しく予測できる。たとえば、英語（1a）は強弱2音節、日本語（1b）は強弱2モーラのフットを持つ。

(1) a. (* ・) (* ・)
　　　Mìs.sis.síp.pi
　　b. (*・)(*・)(*・)
　　　mi.si. sí p. pi i
　　　L H H L　L L　（H＝高、L＝低）

上記のフットをもとに強さアクセント、高さアクセントが実現されるが、(1b)のフットと音調の関係は自律分節音韻論を参照のこと。

　また、フットには語形成の際の鋳型の機能もある（→韻律形態論）。日本語の2モーラフットは、se.ku.sya.ru+ha.ra.su.men.to→se.ku.ha.ra（セクハラ）、too.kyoo+dai.ga.ku→too.dai（東大）などの短縮複合語のほか、ta.ku.ya→ta.ku-tyan（タクちゃん）、taa-tyan（ターちゃん）、tat-tyan（タッちゃん）などの短縮呼称名にも用いられ、フットにはアクセント計算以外の存在根拠があると言える。

　なお、韻律詩（metrics）で言う韻脚は、これまで述べたフットとは全く異質な意味合いを持つ。チョーサーの『カンタベリー物語』は弱強5歩格だが、これは弱強フット5つからなる鋳型に合うようにあとから特定のアクセントを持つ語を並べた作詩であり、そもそものアクセントを予測するものではない。ここでは、1行が5フィートあるという定型に従っており、フットのもともとの意味である長さを測る単位としてはたらいている。　　　　［田中伸一］

プロファイル
profile

意味論

　認知文法（→認知言語学）の用語。伝統的な意味論において言語表現の指し示す対象を意味する「指示対象（referent）」に相当する。（原語のprofileは動詞としても用いられ、その場合には「…を指示する（refer to ...）」に対応し、日本語は「プロファイルする」を当てる。）プロファイルという用語を新たに採用したのは、言語表現が指示するのは（外界の事物そのものではなく）ベース（base）と呼ばれる、その表現の意味を特徴づけるのに必要な（多くの場合百科事典的（→百科事典的意味論）な）知識の総体の一部であることを強調するため。プロファイルとベースの関係は知覚の心理学における図と地の関係の一種である。

　たとえば、「斜辺」は直角三角形というベースの中の直角に対する辺をプロファイルし、「父」と「母」は、自己を中心とする親族関係を共通のベースとし、その中の異なる個人をプロファイルする。

　名詞（句）のみでなく、動詞、形容詞、前置詞、文などもプロファイルをもつことも重要である。たとえば「（木が）倒れている」は、「倒れる」がプロファイルする位置変化をベースとして、その変化の結果（発話時に）成立している状態をプロファイルする。

　なお、図と地の関係はプロファイルとベースの間だけではなく、プロファイルされた関係を結ぶ項の間にも見られる。「花子が太郎の右にいる」と「太郎が花子の左にいる」は、同一の位置関係をプロファイルするけれども、花子と太郎のうちのどちらの位置を定めることが主眼であるかにおいて意味上対立している。前者では花子が、後者では太郎が、それぞれ図であると考えられる。

［文献］R. W. Langacker. *Cognitive Grammar*. Cambridge Univ. Press, 2008.　　　　　　［西村義樹］

文献学
ぶんけんがく
philology
【歴史・分野名】

　文献学は、ヘレニズム時代に起源を持ち、当時はギリシアの古典、特にホメロスのテクストの本文の校訂とその内容の研究が主題であった。ホメロスのテクストが、最初に文字にされたのは紀元前6世紀頃である。その後、手作業による書写で複製される過程でテクストの乱れが生じ、その結果、ヘレニズム時代には多くの異なる写本を比較・校訂してオリジナルに近いテクストを再構成する校合（collation）という作業が必要となっていた。このような本文に対する研究を本文批判（text criticism）と言い、作業の結果再構成された、最も妥当な本文は定本と呼ばれる。

　ルネサンス期には、聖書やギリシア・ローマの古典などの定本が同様の作業を経て作り出された。定本を作成するためには、写本の材質や文体などの研究が必要であり、そのような研究分野は古文書学と呼ばれる。

　定本の作成だけでなく、内容の解明と解釈が文献学の中心的な問題である。内容の解釈には、本文の理解が不可欠なので、本文が書かれた言語の研究が必要となる。文献学の発達につれ、文法学の研究も進展し、その対象がヨーロッパの古典語以外の言語にも及ぶようになると、言語学として独り立ちすることになった。比較言語学の誕生もこの流れと無縁ではない。ヨーロッパ以外でも、古典を対象とした文献学的な研究は行われていた。中国では儒学などのテクストの研究が訓詁学として行われており、日本では古事記や日本書紀などの研究が行われ、江戸時代には国学として主要な学問的思潮の1つとなった。近年では、計算機を利用して文体の研究などを行う、計量文献学という分野も生まれている。

[文献] R. H. ロウビンズ『言語学史』（研究社出版 1992）

[児玉茂昭]

文語
ぶんご
written language, literary language
【一般】

　言語のスタイルないしレジスターの1つで、文字を媒体とするもの。人間の言語は、まず、口語（話しことば、spoken language）として発達した。口語の特徴は、音声による伝達であり、発するそばから消えてしまう。近代になって電話や録音の技術が生まれるまで、発話内容は声が直接届く範囲にしか伝達することができなかった。そこで、言語を目に見える形—文字に変換し、時間的、空間的に離れた相手にも伝達できるように発達したのが、文語である。文語の制定及び整備は、古代から近代に至るまで、ときに一大国家事業として行われてきた。日本の国語審議会による日本語整備事業なども、その例と言える。

　文語の特徴の1つは、文字によって目に見える形で固定されるため、口語に比べて変化しにくいことである。たとえば、古典日本語は平安期の口語を基盤とする文語で、大きな変化なく長期間使用されていたが、明治期までには、口語との間に大きな違いが生じていた。

　時代と共に、文語と口語の隔たりが大きくなり、一方で文語が広く一般の人々に用いられるようになると、両者の差異による弊害が目立ってくる。そこで、文語と口語を一致させた言文一致体を模索する力が発生する。日本で明治期に発生した言文一致運動は、当初、口語を文語に近づける、文語を口語に近づける、両方から近づける、という、3つの立場があった。議論の結果、言語学的観点から、話すとおりに書くことが正当と結論づけられた。しかし、完全に話すがままの文体というものは成立しない。言文一致体もまた、文語の一種である。現代日本語においても、「でも」（口語）と「しかし」（文語）のように、口語と文語の違いは見られる。

[文献] 大木一夫『ガイドブック 日本語史』（ひつじ書房 2013）

[白井聡子]

文章論
ぶんしょうろん
文法

文よりも大きな言語単位である文章の内部の構造原理を解明しようとする国語学・日本語学の研究分野。時枝誠記が1950年に『日本文法 口語篇』で提唱し、「文の説明原理とは別の原理を以て説明されなければならない」と述べた。接続詞と代名詞が、文章展開に最も重要な役割を果たすとする。時枝の論は、テクスト言語学の提唱に先立つ。

【文法論としての文章論】永野賢は、「文章論」という術語を、(1) 一般的文章研究としての文章論 (修辞学、文体論などを含む) と (2) 文法論の一領域としての文章論に大別し、語論・文論とならぶ文章論を「文法論的文章論」と名づけた。接続語句、助詞・助動詞などによって文脈展開をたどり (連接論)、文章における文の役割を考えて全体の結構を把握する (連鎖論)。そして、最終的に統一と完結を確認する (統括論)。助詞「は」と「が」の使い分けも文章という単位で分析が可能になる。文章を形成する成分として、市川孝は文段を重んじる。文段とは、文章内部で内容上のまとまりを持ち相対的に他と区別される文や文集合である。文段、中心文などの概念は、統括機能や要約の研究に応用されていった。談話という用語も使われるようになり、視点、授受動詞、態、省略、反復など研究の対象は多角的になった。さらに、テンス・アスペクトの分析、語り手と登場人物の視点、他言語との対照研究、大規模コーパスを活用した研究などますます多様化している。研究の進展に伴い、文字言語と音声言語を区別して、文章・談話と列挙する傾向にある。文章論は、早い時期から国語教育を視野に研究が進められてきたが、日本語教育にも貢献している。

[文献] 久野暲『談話の文法』(大修館書店 1978)、佐久間まゆみ編『文章・談話』(朝倉書店 2003)、永野賢『文章論総説』(朝倉書店 1986) [林明子]

分節音韻論
ぶんせつおんいんろん
segmental phonology
音声・音韻・理論

広い意味では、研究対象として韻律 (プロソディ) ではなく、母音や子音を含む分節音 (セグメント) を扱う音韻論を指す。

狭い意味では、SPE理論 (→生成音韻論) を始め、二次元的音韻表示に基づく研究を指す。音節や強勢などの韻律特徴をも分節音的な弁別素性に還元したからである。この場合は線形 (線状) 音韻論 (linear phonology) とも呼ばれ、非線形音韻論に対立する枠組みとなり、音韻表示の種類に基づく命名となる。

二次元的音韻表示とは、文法を定式化する際に用いる音韻表示において、素性の線形順序を示す「行」と、素性値の集合を示す「列」からなる行列のことである。この二次元行列 (two-dimensional matrix) により、たとえば、songという語は (1a) のように表示される。

(1) a.
$$\begin{pmatrix} s \\ -\text{有声} \\ -\text{共鳴} \\ +\text{継続} \\ -\text{鼻音} \\ -\text{音節} \\ -\text{強勢} \\ \vdots \end{pmatrix} \begin{pmatrix} \text{ɔ} \\ +\text{有声} \\ +\text{共鳴} \\ +\text{継続} \\ -\text{鼻音} \\ +\text{音節} \\ +\text{強勢} \\ \vdots \end{pmatrix} \begin{pmatrix} \text{ŋ} \\ +\text{有声} \\ +\text{共鳴} \\ -\text{継続} \\ +\text{鼻音} \\ -\text{音節} \\ -\text{強勢} \\ \vdots \end{pmatrix}$$

b.
$$[+\text{音節}] \rightarrow [+\text{鼻音}] / \_\_ \begin{pmatrix} +\text{鼻音} \\ -\text{音節} \end{pmatrix}$$

そして、sɔ́ŋのようにライム内で鼻母音化を引き起こす規則は、(1b) のように定式化される (読み方については「音韻プロセス・音韻規則」を参照)。SPE理論が線形音韻論と呼ばれるのは、数学でいう行列が線形代数 (linear algebra) で扱われることに由来する。

なお、素性階層理論や不完全指定理論は研究対象からすれば分節音韻論だが、音韻表示としては三次元的な非線形音韻論となる点に注意すべきである。 [田中伸一]

分節音・超分節音
ぶんせつおん・ちょうぶんせつおん
segment / suprasegmental

音声・音韻

【分節音】発話における音声を人間は時間軸に沿っていくつもの音が連続していると捉えているが、その1つ1つを分節音という。それは時間軸上で区切られた最小の単位で、音声の物理的特徴にのみ基づいて区切った場合は別として、一般には母音や子音に相当する。

【超分節音】分節音そのものの特徴はそれら1つ1つを観察することによって明らかにできる。たとえば、[a]や[s]の性質を知るには、他の音とは関係なくそれら自体を観察すればよい。それに対して、強勢（ストレス）、高さ（ピッチ）、長さ（量）といったものは、1つ1つの分節音ないし音節を見ていてもだめで、連続する複数の分節音や音節を比較しないと分からない。このようなものを超分節音と呼ぶ。これらを知覚させる物理的要素は分節音そのものにもともと備わっているものであるが、その程度の違いが超分節音としてはたらく。超分節音については、韻律（プロソディ）という呼び方もある。

【両者の関係】分節音と超分節音は関連し合っている。たとえば、強勢のおかれた音節では母音がはっきりと発音されるが、そうでない音節では弱化することがある。英語や中国語の例がよく知られている（英語 álly [ǽlai]「同盟国」、allý [əlái]「同盟する」）（中国語 [tuŋɕi:]「東西」、[tuŋɕi]「物」）。ロシア語やイタリア語では非強勢音節では強勢音節と比べて区別される母音の数が少ない。また、一般に母音や子音の種類によってその音節の高さが異なる。同じ条件で発音された場合、広母音の方が狭母音より低く、無声子音で始まる音節の方が有声子音で始まる音節より高い。朝鮮語では文頭の子音がどのカテゴリーの子音かによってその音節の高さが決まっている。

[文献] I. Lehiste. *Suprasegmentals*. The MIT Press, 1970. 　　　　　　　　　　　　[斎藤純男]

文のタイプ
ぶんのタイプ
types of sentences

文法

文は典型的には主語（主部）、述語（述部）からなるが、それらを欠いた文も存在する（例：水！／知ってた？）。文は、その形式的、意味（機能）的特徴からさまざまな分類がなされるが、以下では代表的な3つの分類の仕方を取り上げる。

【表現意図に基づく分類】（→ムード）

●平叙文（declarative sentence）　ある事態が成立していることを聞き手に伝達することを典型的な目的とする文のタイプ。聞き手にとっての新情報（→情報構造）を含むことが多い。

●疑問文（interrogative -）　自分の持っていない情報を聞き手に求めることを典型的な目的とする文のタイプ。単に疑問を発するだけの場合、クイズのように自分の知っている内容を相手に問う場合もある（例：どうしてこうなってしまったんだろう…／さあ、答えは何でしょうか？）。（→疑問文）

●命令文（imperative -）　ある行為の実現を聞き手に求めることを典型的な目的とする文のタイプ。英語の場合、動詞の原形から始まることが多いが、主語 you などを（強勢をかけて）入れることもできる（例：You be quiet!）。日本語の場合、命令形命令文のほか、命令の意を表す終止形（例：そこに座る）、「〜しなさい」、「〜してください」なども命令文に含めることがある。

●感嘆文（exclamatory -）　話し手が直面した事態に驚き、感動などを覚えた際に典型的に発せられる文のタイプ。英語ではhowとwhatから始まるものがその典型とされ、日本語では「なんて」で始まる文が対応する（例：What a naughty boy you are!／なんてきれいな花なんだろう）。そのほか、「まあ、きれいな花」なども似た機能を持つことから、感嘆文に数えられることもある。

● 祈願文（optative -） 英語には話し手がある事態の成立を祈願する際に使われる特別な文形式が存在する。助動詞 may を用いた「May+主語+動詞原形」（例：May she rest in peace「彼女が安らかに眠りますように」）、仮定法現在の「主語+動詞原形」およびその変形（例：God bless you「神のご加護を」／Long live the queen「女王陛下万歳：長生きしますように」）がある。

【肯定文と否定文（affirmative -, negative -）】ここまで見てきたものとは異なる分類の軸として、肯定・否定がある（たとえば、平叙文は肯定平叙文、否定平叙文、疑問文は肯定疑問文、否定疑問文に分けられる）。英語では not や never などの否定辞を含む文と含まない文の区別に対応する。「それは適切だ」（肯定文）の述語部分を否定にした「それは適切でない」は否定文であるが、「それは不適切だ」は通例否定文とは言わない。

【単文、重文、複文（simple -, compound -, complex -）】（→節連結） 一文の中に節（主語－述語からなる文的要素）がいくつ入っているかに注目した分類。単文は1つの節のみからなる文であり、重文および複文は複数の節からなる。重文では2つ以上の節が並列されている（等位接続）のに対し、複文では一方の節がもう一方に埋め込まれている関係（従位接続）になっている。
(1) 単文（例：I saw John yesterday）
(2) 重文（例：Joe likes whisky and he drinks it often）
(3) 複文（例：I don't think he's kind／I have two brothers who live in the U.S.／The train had already left before I arrived）

【その他の分類】 文を構成する語の数に着目した一語文（例：猫！）、二語文（例：ワンワン、来た）という分類や、述語の語類に着目した名詞（述語）文、形容詞（述語）文、動詞（述語）文などがある。　　　　［長谷川明香］

文法
ぶんぽう
grammar

【文法】
　広義では言語使用を可能にすると考えられる知識全般（についての理論）（→生成文法）を指すが、ここでは狭義の文法を扱う。

【語彙と文法】いかなる言語であっても、その通常の使用においては、個々に記憶に蓄えられている（単語、連語、熟語といった）語彙項目という表現単位を何らかのパターンに従っていくつか結合することによって適格な複合的表現（たとえば文）を産出し、そうした表現を理解することが必要である。（単一の語彙項目のみからなる発話や複数の語彙項目をいかなるパターンにも従わず場当たり的に組み合わせて構成した発話は言語使用として非典型的である。）このことから、任意の特定言語の知識は語彙項目の総体と語彙項目の組み合わせ方を規定するパターンの集合という相補的な領域から構成されると一般に考えられている。前者を「語彙」（または「辞書」）、後者を「（狭義の）「文法」と呼ぶ。この意味での文法の知識の単位は上記のようなパターン（構文またはそれを組み立てる規則や原理）とその構成要素（文法カテゴリー、機能語（→語類）、接辞など）であると考えられる。

【文法の特徴】語彙項目の数は有限であるが、それらを結合して組み立てられる複合的な表現の数には上限はないという意味で、文法は無限個の新規の表現の産出・理解というヒトという種にのみ可能と考えられている創造的な心的活動に深く関わる仕組みであると言える。この仕組みの特徴の1つは、複数の語彙項目を特定の仕方で結合して生じた複合的な構造体（句など）を今度は（同じようにして生じたものも含む）他の構造体と結合してより高次の構造体を構築し、そうして生じた構造体を複数結合してさらに高次の構造体を構築する、というようにして、原理的には任意の複雑度を持つ表現（典型的には新規の文）

の産出と理解を可能にすることである。このような階層構造を組み立てる能力がヒト（の言語）に特有のものか否か、その前駆体はあるのか、あるとしたら何か、そのような能力がヒトのコミュニケーションにおいて用いられるようになった経緯は何か、などは進化言語学の重要なテーマである。

【文法と意味】日常の言語使用において、文法的な知識を（ほとんどの場合、無意識的に）用いて複合的な表現を新規に組み立てるのは、そのような表現によってはじめて伝達できる意味が存在するからであると考えられる。（「さっき犬が猫を追いかけていたよ」という単純な文でさえ、それを用いて伝達されるメッセージを単一の語彙項目に担わせることは不可能に等しいことに注目されたい。）このことから、文法と（言語を用いて表現される）意味との間には密接な関係があることに異論の余地はないが、その関係が具体的にいかなるものであるかをめぐっては、現代の言語理論間に対立が見られる。文法的な知識の単位（たとえば、文法カテゴリー、文法関係、構文）がそれぞれ特定の意味を担っているか―意味に基盤を持つカテゴリーであるか―否かは、容易には答えの出せない問いであるばかりか、言語理論にとって根本的な問題の1つであると言ってよい。

「（統語論）自律性テーゼ」として知られる生成文法の基本的主張または仮説によれば、統語論（syntax; 狭義の文法にほぼ対応する）的な知識は、意味との間に規則的な対応関係はあるものの、それ自体としては意味に基づいて特徴づけることの不可能な要素や原理によって構成されている。

それに対して認知文法（→認知言語学）の根底にある文法観は、文法的な知識を構成する単位は、語彙項目と同様、いずれも一定の形式と一定の意味との組み合わせ（一種の記号）である―文法的な知識は、語彙的な知識と相補って、記号体系を構成する―というものである。

[西村義樹]

文法化
ぶんぽうか
grammaticalization, grammaticization

【文法】

具体的な意味を持つ開いた類に属する語彙的な要素（lexical item）が、抽象的な意味を持つ閉じた類に属する文法的な要素（grammatical item）に、またはすでに文法的な要素がさらに文法的性質の強い要素に変化する現象。反例が少数見つかっているものの、文法化は一方向的（unidirectional）であると言われる。つまり、文法的な要素が語彙的な要素に変化することは一般的にない。隠喩、換喩、推論といった認知方略が文法化の重要な原動力となっており、その共通性から文法化に見られる普遍的傾向が生じる。

【be going toの文法化】英語のgoは物理的な空間における移動を表す動詞としての用法（例：I am going to school）に加え、be going toという形式で意図や未来を表す助動詞としての用法（例：I am going to come）を持つ。助動詞としての用法は歴史的に新しく（17世紀以降）、動詞から文法化した形式である。その変化はI am going to visit Billのような、移動を表す動詞goの進行形に目的を表すto不定詞が伴う限られた文脈で始まる。変化が起こる意味的な要因は、目的から推論される意図性、未来性にある。ある主体が「ビルを訪れる」という明確な目的を持って移動しているというところから、「ビルを訪れるつもりだ」という意図が、そしてその意図、目的が未来において実現されることが語用論的に推論されるのである。この推論は、近接性に基づいて移動の着点からそこで行われる行為に焦点が移っているという点で換喩的であり、場所句が表現されないような、談話において移動が前提とされる文脈で特に前景化される。このように特定の限定された文脈で生じる語用論的意味が、談話において繰り返し生じることを語用論的強化（pragmatic strengthening）と言う。goの文法化における意味変化は、語

用論的強化により未来の意味がbe going toという形式のコード化された意味(coded meaning)として再解釈されることで完了する。

この意味変化に引きずられる形で形式的変化も起こる。まず、動詞としての元来の用法では、[I am going [to visit Bill]]という動詞の進行形＋目的節という構成素構造(constituent structure)だったものが、[I [am going to] visit Bill]という助動詞＋動詞の原型という構成素構造に再分析(reanalysis)される。文法化が進み、「意図」からより抽象的な「未来」という時間的意味を獲得すると、主語の選択制限(selectional restriction)、つまり意図性に関する制約が解除されI am going to fallやIt is going to rainのように非意図的な事態を表す動詞と共起可能となると同時に、非意図的な主語を取ることが可能となり、be going toの使用される文脈が一層拡張する(19世紀)。さらに、助動詞としての用法が談話における頻度、義務性を増すに伴い、音韻的縮約(phonological reduction)が起こり「be gonna」という形式が生まれる(20世紀)。この縮約形からは元の移動の解釈は完全に排除される（例：*I'm gonna school）。

be going toの文法化における意味的変化に注目すると、物理的な移動や方向の意味が失われ、意味が希薄化(semantic bleaching)している。また、この意味変化は空間というより具体的な概念を利用して、より抽象的な時間的概念を理解しているという点で隠喩的と言える。さらに、命題に対する話者の主観的な信念、判断に関わる未来の意味への変化は、主観化(subjectification)の一例と考えられる。

【日本語の例】「寄る」、「付く」、「通す」などの動詞が「によって」、「について」、「を通して」といった複合後置詞に、また「来る」、「しまう」などの動詞が「てくる」（継続、開始）、「てしまう」（完了）という形式で、アスペクトを表す補助動詞に文法化している。

[文献] T. Ohori ed. *Studies in Japanese Grammaticalization*. Kuroshio, 1998. ［古賀裕章］

文法関係
ぶんぽうかんけい
grammatical relations

🔖 文法

文法関係は節を構成する名詞句が担う文法機能のことであり、具体的には主語、目的語、斜格語のことを指す。ある言語の形態統語論的現象を記述し理解するために設定され、意味役割、格、主題・焦点などとは区別される。統語機能あるいは文法機能とも呼ばれる。

文法関係は格標識、語順、一致の3つの方法で主に示される。たとえば、対格型言語では主語は主格で、目的語は対格で表示される。英語では動詞の前に現れるのが主語で後ろに現れるのが目的語である。ケチュア語の動詞は主語と目的語とそれぞれ一致する。

【主語】主語とは文法項のうち最も統語的に優位に立つものである（→主語）。

【目的語】目的語とは他動詞節の文法項のうち主語でないものである。典型的には意味役割は被動者で、対格をとることが多い。

言語によっては目的語に適用される統語現象が存在する。たとえば英語にはtough構文と呼ばれる現象がある。It is tough to solve this problemとThis problem is tough to solveのように、この構文でbe動詞の主語の位置に移動できるのは目的語（ここではsolveの目的語であるthis problem）である。

動作主、授受物、受取手の3つの項をとる複他動詞節の場合、目的語をさらに分類することができる。まずは、直接目的語（direct object）と間接目的語（indirect object）である。John read the bookとJohn gave the book to Maryのように、他動詞節の被動者と複他動詞節の授受物が同じように振る舞うとき、これを直接目的語と呼ぶ。前置詞を伴って現れる受取手は間接目的語である。

一方で、一次目的語（primary object）と二次目的語（secondary object）の区別を持つ言語も存在する。複他動詞節の受取手が他動詞節の被動者と同じように扱われている時、そ

れを一次目的語と呼ぶ。授受物は二次目的語となる。以下のヨルバ語の例では一次目的語は動詞の直後にそのまま出現し、二次目的語は前置詞niを伴っている。

(1) a. Mo ri baba e l'ana
　　　私 見る 父 あなたの 昨日
　　　「私は昨日あなたの父を見た」
　　b. Mo ya a ni owo
　　　私 貸す 彼 PREP お金
　　　「私は彼にお金を貸した」

【斜格語】 斜格語（oblique）とは節を構成する名詞句のうち、主語でも目的語でもないものの総称である。特に重要な文法的はたらきがないということである。

斜格語の特徴として、しばしば主語や目的語とは異なる一致や格標示が見られる。たとえば、英語ではJohn kicked the ball to Mary in the gardenのように主語や目的語は動詞の前後にそのまま出現することができるが、斜格語は必ず前置詞を伴って現れる。

【文法関係とヴォイス】 文法関係と密接に関係する文法現象にヴォイスがある。異なるヴォイスを利用することで文法関係と意味役割の異なる組み合わせを実現できる。たとえば、受動態は主語ではなかった参与者を主語にするヴォイスであり、適用態は目的語ではなかった参与者を目的語にする操作である。

【能格型言語と文法関係】 以上の記述は統語的対格性が見られる言語に話を限った。一方で、世界には統語的能格性を持つ言語もある。このような言語においてSとPを主語と呼ぶべきなのか、目的語は存在するのか、結論は出ていない。（→能格性、アラインメント）

【文法関係と言語理論】 文法関係という用語は言語理論によって意味することが大きく異なる。以上では一般言語学における用語法を紹介したが、生成文法においては主語や目的語は句構造上の位置の名前に過ぎない。一方、同じ理論言語学でも、関係文法や語彙機能文法においては文法関係は句構造と独立に存在し、理論上重要な役割を果たす。　[長屋尚典]

文法変化
ぶんぽうへんか
grammatical change

歴史

　文法構造の面で言語が変化すること。以下、形態変化と統語変化に分けて説明するが、両者の境界は必ずしも明確ではなく、音変化と関連した現象であることも多い。

【形態変化】 音変化の結果、異形態が新たに生じることがある。たとえば英語の過去形・過去分詞を作る接尾辞 -edは、-t, -d に終わる語幹につく場合は /ɪd/（wantedなど）で、それ以外の場合は母音を失い、語幹末の音が有声か無声かによって /d/（calledなど）と /t/（talkedなど）という異形態を生じることになった。類推のはたらきでは異形態の種類が減少する方向に変化することが多い。たとえば英語のstrive「奮闘する」の過去・過去分詞はそれぞれstrove, strivenであるが、話者によってはこれらにstrivedという形を使うことがある。これは/straɪv/, /stroʊv/, /strɪv/ という語幹の異形態が /straɪv/ 1つに平準化されたものである（→類推）。上述の例は英語の文法体系そのものに影響を与える変化ではないが、文法組織全体に影響が及ぶ変化もある。たとえば古英語の男性名詞stān「石」（現代英語stone）は単数形で主格・対格stān、与格stāne、属格stānesという格変化をしていたが、中英語後期には与格語尾の-eが消失し、属格以外の区別がなくなった。また属格の語尾は女性名詞burg「都市」の単数属格形がburgeであったように、古英語の時代には名詞のタイプによって異なる形が存在していたが近代英語では-'sに統一され、機能面でもthe man I met yesterday's wifeのように、語ではなく句全体につく接語としてのはたらきを持つようになった。

【統語変化】 古英語の時代には現代よりも語順の自由度が高く、SOVの語順が優勢ではあるがSVOやOVSの語順も並行して存在し、名詞そのものの格形や名詞に付随する指示詞や形容詞の格形によって主語・目的語などの統語

機能が識別されていた。しかし近代英語に近づくにつれ格変化が消失し、語順によって統語機能を区別する方向に変化した。現代ドイツ語では主節の語順は Er liebt sie「彼は彼女を愛している」（er「彼が」／liebt「愛している」／sie「彼女を」）のように、活用した動詞を二番目に置き、従属節では Ich weiß, dass er sie liebt「彼が彼女を愛していることを私は知っている」（ich「私が」／weiß「知っている」／dass「～こと」）のように動詞を末尾に置くのが原則である。ゲルマン語の歴史では動詞を節末尾に置くのが本来の基本語順であったと言われ、ドイツ語の従属節はその痕跡をとどめ、主節は動詞が前方に移動した語順が固定することで節の種類を明示する機能分化が生じている。

再分析が統語変化に果たす役割も大きい。たとえばドイツ語の＜um zu 不定詞＞「～するために」という句は次のようなプロセスで生じたと考えられている。(a) [er ging aus um Wasser] [zu holen]「彼は水のために出て行った、（それを）取りに行くために」（er「彼」／ging「行った」／aus「外へ」／um「のために」／Wasser「水」／zu「～しに」／holen「取りに行く」）＞(b) [er ging aus] [um Wasser zu holen]「彼は出て行った、水を取りに行くために」。つまり (a) の段階では前置詞umの目的語として機能していた名詞Wasserが、(b) では動詞holenの目的語として解釈されるようになったということである。日本語の「より高い」「より速く」など形容詞・副詞の前につく「より」は、本来「屋根より高い」のように比較の基準を表す名詞類に後続する助詞であったものが、欧文の形容詞・副詞の比較級を翻訳する必要性から、再分析により先行する名詞類がなくても使える副詞的用法が生じ、定着したものである（→再分析）。

[文献] A. C. Harris & L. Campbell. *Historical Syntax in Cross-Linguistic Perspective* Cambridge Univ. Press, 1995., L. Campbell, *Historical Linguistics* 3rd ed. Edinburgh Univ. Press, 2013. ［入江浩司］

分裂
ぶんれつ
split
歴史

分裂には、ある言語の1つの音素の異音が、ある条件の下で別の音素に合流する一次分裂（primary split）と、1つの音素の異音が、異音を生じる音環境の消失により複数の別の音素になる二次分裂（secondary split）がある。前者では、分裂した異音が既存の音素に合流するため音素の数は増えないが、後者では音素自体の数が増える。

一次分裂の例として、ラテン語で、祖語の*s が母音間という条件で別の音素のrに合流するロタシズム（rhotacism）がある。たとえば、es-「である」の未来形一人称単数形は、er-ō < *es-ōである。s が母音間にない環境では、現在形三人称単数形es-tに見られるように祖語の*sはsのまま保たれる。

二次分裂の例は、古英語の後舌の円唇高母音ūと前舌の円唇高母音ȳの分裂である。これらは、本来ūの二つの異音で、ȳは前舌母音iの前でūが前舌化したものである。たとえば、mūs「ネズミ」の複数形はmȳsであるが、これは *mūs-iz > *mȳs-iz > mȳs という過程を経たもので、本来の複数を表す接辞*-izのiの前で、ū > ȳという音変化が生じている。*-izが脱落し音変化の環境が失われると、単複の区別は、ū, ȳの対立でのみ表される。したがって、ū, ȳは、音環境の消失により、別の音素となったと考えられる。

二次分裂が外来語の影響で生じることがある。たとえば、古英語の[f]と[v]は/f/の異音であり、[v]は語頭には現れなかった。しかし、中英語で、語頭に[v]を持つ語がフランス語から借用されると、語頭に[v]と[f]の対立が生じ、両者は別の音素となった。

[文献] L. Campbell. *Historical Linguistics: An Introduction*. The MIT Press, 2013. ［児玉茂昭］

分裂文
ぶんれつぶん
cleft sentence
文法

　分裂文とは、情報構造的に際立った構成素（分裂句、cleft phrase）が節の他の部分（述語を含むこちらは分裂節、cleft clauseという）と分かれて現れながらも、コピュラなどで両者が1つの節として統語的に統合された節である（例：彼の猫が食べたのは私の魚（を）だ cf. 彼の猫が私の魚を食べた）。

　分裂文を作る方法は英語では1つではなく、その内の一種、[it コピュラ 分裂句 関係節]という構成のもの（*it*-cleft、俗に強調構文と言われる）を特に分裂文ということもある（例：It was my fish that his cat ate）。What his cat ate was my fishのような[自由関係節 コピュラ 分裂句]という構成のものを擬似分裂文（または*wh*-cleft）といい、こちらは主語を入れ替えた形（reverse *wh*-cleft）も可能である（My fish was what his cat ate）。

　分裂句は典型的には情報構造における焦点（あるいはその一部）である。たとえば上の3つの例はWhat did his cat eat?「彼の猫が何を食べたのか？」という質問の答えとして用いられる一方、「私の魚は彼の猫が食べた」の訳としては不適切である。

　分裂文はその特殊な統語構造・情報構造のため、統語論・意味論・語用論（特に情報構造）のいずれの領域でも興味深いトピックであり、決着していない議論が多い。統語論では、その統語構造・派生方法・真理条件的に等価な文との関係などが議論されている。意味論・語用論に関しては、分裂句、及び分裂節の情報構造的性質が議論されている。分裂句が名詞句の場合、分裂節が表す述語を満たすもの（上の例では彼の猫が食べたもの）の存在が常に前提とされるかどうか、及び、分裂句が表すもの（上の例では私の魚）がそれを常に挙げ尽くすか否かが論点の1つとなっている。

[山泉実]

変異理論
へんいりろん
variation theory
社会

　ラボフ（W. Labov）によって提唱された、進行中の言語変化のメカニズムを記述することを目的とした理論。分析には、言語内的制約条件（変異形の出現する言語構造的環境）及び言語外的制約条件（話者の性別、居住地、職業、場面など）が設定される。これらの条件が言語変化の過程に与える影響の程度について、定量的な検証がなされる。

　変異理論研究は、日常生活で使用することば遣い（日常語 vernacular）を研究の対象とし、分析対象を言語変数として設定する。当該言語変数の変異形についてデータ収集を行い、その使用実態を明らかにすることで、進行中の言語変化のダイナミズムに迫るものである。

　この枠組みは、日本語にも適用されており、東京方言におけるガ行子音（例：「カガミ」の「ガ」を[g]とするか[ŋ]とするか）、いわゆる「ラ抜きことば」と称される一段動詞の可能表現（例：「起きられる」を「起きれる」とすること）、格助詞「を」の脱落（たとえば「カレーライスを食べた」を「カレーライス食べた」とすること）などが研究対象とされている。

　このうち、格助詞「を」の脱落現象については、動詞との隣接性という言語内的制約条件が関わっていることが指摘された。たとえば「カレーライスを食べた」と「カレーライスを京都に旅行に行った時に食べた」と言う場合、前者では「を」が脱落することは許容されるが、後者では許容されにくい。また、言語外的制約条件としては場面の違いがあり、改まった場面では「を」が脱落しにくいことが実証されている。

[文献] 真田信治他『社会言語学』（おうふう 1992）、郡司隆男・西垣内泰介編『ことばの科学ハンドブック』（研究社 2004）、東照二『社会言語学入門 改訂版』（研究社 2009）

[朝日祥之]

変項
へんこう
variable
【意味論】

　変項とは、文や論理式のなかで、特定または任意の個体を表す記号である。形式意味論においては、通例、変項は代名詞の照応を記述するために用いられる。

　変項は、その出現する文の環境において、束縛変項（bound variable）と自由変項（free variable）に分けられる。束縛変項とは、変項がそれを束縛するなんらかの量化子（例：every girl）の作用域に現れた場合を指し、自由変項とは変項がそれ以外の環境に現れた場合を指す。前者の場合、変項は量化子の意味に従った任意の対象を表し、後者の場合、変項は特定の対象を表す。

　たとえば、Every girl did her homeworkにおいて、代名詞 herは、every girlに束縛される束縛変項として解釈（すなわち、「すべての女の子が自分の宿題をした」）されうる。一方、She is smartという文では、代名詞sheは何の量化子にも束縛されておらず、文脈上の特定の女性を表す自由変項である（→照応）。

　また、生成文法において句の移動を仮定する場合、移動の元となった位置にある痕跡（trace）またはコピーは、意味論的には移動する句によって束縛される変項として扱われる。例えば、every girl who John loved tにおいてlovedの目的語位置にある痕跡 tは、意味表示では、every girlによって束縛される変項となる。

　さらに、形式意味論における文の意味の記述においては、個体を指す変項以外にも、時間や可能世界（→可能世界意味論）の変項が用いられ、時制表現や様相表現がこの変項を束縛する量化子として扱われることがある。

[文献] I. Heim & A. Kratzer. *Semantics in Generative Grammar*. Blackwell, 1998., 戸次大介『数理論理学』（東京大学出版会 2012）　　　　　　[上垣渉]

弁別素性
べんべつそせい
distinctive feature
【音声・音韻】

　二項対立の値からなる分節音の音韻的・音声的特徴[±F]（Fは任意の素性）のことで、ヤーコブソン（R. Jakobson）やハレ（M. Halle）らにより精緻化された概念。音声学が音を連続的な音響実体のまま捉えるのに対し、音韻論は音を離散的（非連続的）な関係範疇により捉えることを受けて、分節音の中身は音韻の最小単位であるF（＋／－）により記述される。韻律特徴が、モーラ（自律／特殊）、音節（頭子音／核母音／尾子音）、フット（強／弱）などの関係範疇で記述されるのと同様である。

　主な弁別素性のリストとその機能は、以下の通りである。

（1）素性による音の弁別

a. 声帯

[±有声]（voice）：有声音と無声音

b. 口の開き（調音様式）

[±共鳴]（sonorant）：共鳴音（母音、わたり音、流音、鼻音）と阻害音（摩擦音、閉鎖音）

[±継続]（continuant）：摩擦音と閉鎖音

[±鼻音]（nasal）：鼻音と口音

[±高段]（high）：高母音と中・低母音

[±低段]（low）：低母音と中・高母音

c. 舌の前後位置（調音位置）

[±舌頂]（coronal）：舌頂音（歯茎音と歯茎硬口蓋音）と唇音・軟口蓋音

[±先行]（anterior）：唇音と軟口蓋音、歯茎音と歯茎硬口蓋音

[±後舌]（back）：後舌母音と前舌母音

　弁別素性について、重要な特徴が3つある。第1に、素性どうしの関係として、SPE理論（→分節音韻論）は素性集合が二次元的な行列をなすとみなしたが、素性階層理論以来、それは三次元的な枝分かれ構造を持つことが明らかになっている。

　第2に、素性値の関係として、ある素性値が

決まれば他の素性値が自動的に導かれるという含意関係（→含意法則）が成り立つものがある。たとえば、ある分節音に［＋共鳴］または［＋鼻音］を指定すれば必ず［＋有声］になるし、ある分節音に［＋有声］を指定すれば、その指定を受けない分節音は必ず［－有声］になる。つまり、素性値には予測可能な余剰性とデフォールト性があり、この性質を実際の言語現象の説明に利用したのが不完全指定理論である。

最後に、素性値により決まる分節音どうしの関係について、弁別素性は自然類（natural class）を捉えるのに役立つ。自然類とはある音韻プロセスを受ける分節音集合のことである。たとえば、母音連続を避けるためのわたり音挿入（→音韻プロセス・音韻規則）で、si-en→si-y-en「支援」、de-ai→de-y-ai「出会い」のように[i, e]が先行する場合はyが、gu-ai→gu-w-ai「具合」、so-en→so-w-en「疎遠」、ba-ai→ba-w-ai「場合」のように[u, o, a]が先行する場合はwが挿入されるのは、母音として同じプロセスを受けながらも、それぞれが異なる自然類を形成するからである。これを捉えるのが、［＋後舌］（[u, o, a]）と［－後舌］（[i, e]）の対立である。複数の素性値で自然類が規定される場合もある。[e, o]は外来語や漢語の語内部で後の母音とともに融合（→音韻プロセス・音韻規則）するが（teipu→teepu「テープ」、seisei→seesee「生成」、houpu→hoopu「ホープ」、toukyou→tookyoo「東京」）、これは［－高段，－低段］で捉えられる。ただし、補集合となる[i, u, a]を捉える素性値はない（［＋高段，＋低段］ではない！）。これは[i, u, a]が特定の音韻プロセスを受ける自然類ではないからである。このように、理論としては、自然類にならない分節音集合が作られないように素性体系を構築する必要がある。　　　［田中伸一］

母音
ぼいん
vowel

音声・音韻

喉頭より上の空間（声道）に妨害が作られずに出される音。すべて肺気流による。喉頭より上で音が作られないので、無声であったら息だけで音は聞こえない。したがって、母音はふつう有声である。声帯の振動で作られた音が声道の形状の違いによって変化してさまざまな母音となるので、母音の記述は声道という空間の形に基づけばよいわけだが、言語の記述においては、その空間の形を決定する舌と唇の形状によって行う。（→付録「母音」）

【基本母音（cardinal vowels）】母音は子音と違って特定の調音位置を指定することができないので、基準となる母音を定め、それらと照らし合わせることによって実際の言語の母音を記述する。その母音を基本母音と言う。IPAの母音記号はそれを基に作られている。

【発声による種類】母音の発声の違いが意味の区別に関係する言語がある（→発声）。

【舌根の位置の違い】舌根が前に出て咽頭腔を広くしているかどうか（+/- ATR）で区別される母音がある（アカン語 [si]「洗う」、[sɪ]「言う」）。

【二重母音】始まりと終わりで口の形状が異なる1つの母音（英語 cow [kʰaʊ]、中国語 [lai]「来る」）。日本語では丁寧に言うと二重母音ではなく2つの母音の連続になってしまう。

【長さの違い】短母音と長母音が区別される言語がある（日本語 [toɾʲi]「鳥」、[toːɾʲi]「通り」）。長さに3段階を区別する言語もある（エストニア語 sada [sada]「100」、saada [saːda]「送れ」、saada [saːːda]「得る」）。

【母音と母音状音】音そのものの音声学的な特徴から見た「母音状音」と音の機能から見た音韻的な「母音」を区別して呼ぶ立場がある（→子音）。

［文献］斎藤純男『日本語音声学入門 改訂版』（三省堂 2006）

［斎藤純男］

母音調和
ぼいんちょうわ
vowel harmony

(音声・音韻)

音韻プロセスの1つ。語などの単位内に出現しうる母音音素に制限がかかる現象で、トルコ語やモンゴル語などのアルタイ諸語、ハンガリー語やフィンランド語などのウラル諸語、アカン語やイボ語などのニジェール・コンゴ諸語など、広い地域に見られる。

トルコ語には表に示す8母音があるが、外来語や複合語を除いて［＋後舌性］の母音と［－後舌性］の母音は同一語内に共存しない。

後舌性	−		+	
円唇性	−	+	−	+
高舌性 +	i	ü	ï	u
高舌性 −	e	ö	a	o

また、接辞の母音も語幹の母音とその特徴を一致させる。たとえば、複数を表す接尾辞には［－円唇性、－高舌性］の母音を持つ-ler/-larの2形があるが、後舌性については語幹の母音と一致する(舌の調和)(例：kedi-ler「猫PL」、köpek-ler「犬PL」、balık-lar「魚PL」、okul-lar「学校PL」)。さらに、円唇性の有無による区別も関わる(唇の調和)。過去の語尾には［＋高舌性］の母音を持つ-di/-dü/-dï/-duの4形があるが、その語尾の母音が語幹末の母音と後舌性・円唇性において一致する(例：bin-di「乗った」、de-di「言った」、yürü-dü「歩いた」、gör-dü「見た」、sïz-dï「漏れた」、al-dï「取った」、duy-du「聞こえた」、boz-du「壊した」)。また、アカン語などの母音調和は、舌根が前に出ている(advanced tongue root; ATR)かどうか、すなわち咽頭腔の大きさの違いに基づく(咽頭の調和)。

モンゴル語では母音体系が大きく変わって舌の調和から咽頭の調和へと変化したと考えられる。標準ウズベク語は母音調和を失った。中期朝鮮語にも母音調和があったことが知られ、現代語でも一部にその痕跡を残している。日本語も古代においては類似の現象があったという説がある。

[斎藤純男]

方言
ほうげん
dialect

(社会)

ある特定の言語に属し、言語的・社会的理由により区別される言語変種のこと。地理的な分布を伴って生じる方言を「地域方言(regional dialect)」と言い、仲間内ことば(jargon)、男ことばと女ことば、幼児語、隠語など、社会集団において生じる方言を「社会方言(social dialect, sociolect)」と言う。後者は、集団語(または社会集団語)とも呼ばれる。

【地域方言】主に方言学の研究対象とされる。方言学では、方言のもつ言語的特徴から、その言語の歴史的な変化を考察する。考察にあたっては、「言語地図(linguistic map)」が作成されることが多い。

方言の記述を行う際に考慮されるべき事として、言語と方言の定義上の区別の問題がある。よく使用される基準としては、相互理解可能性(mutual intelligibility)がある。つまり、2つの変種の間に相互理解が成立するなら方言の関係にあるのに対し、成立しないなら言語の関係にあるというものである。

ただし実際には、関係する方言の使用される地域の政治、歴史、文化的な事情により、相互理解ができなくても方言とされる場合がある。たとえば、琉球諸島のことばがしばしば日本語の方言とされてきたことがあげられる。逆に、相互理解が成立しても言語として区別される場合もある。たとえば、カスティーリャ語(スペイン語)とカタロニア語、セルビア語とクロアチア語などは、言語的な距離は相互理解を妨げるほどではないが、両言語の使用者によって別の言語と見なされる。

ある地域に分布する複数の同系統の言語変種において、地理的に離れたものどうしは明確に異なっているのに、隣接するものどうしは相互理解が可能で、方言を区分する明確な境界線が引けない場合、それらの変種は方言連続体(dialect continuum)をなすという。

たとえば、西ゲルマン方言連続体を例にすると、標準オランダ語と標準ドイツ語はほとんど相互理解ができないのに対して、オランダとドイツの国境域のオランダ語方言とドイツ語方言はきわめて類似している。このような連続性は日本語方言にも確認できる。

【社会方言】主に社会言語学の研究対象とされる。「地域方言」が地理的分布を伴うものとして規定されるのに対し、「社会方言」は、特定の社会集団との関わりで規定される。この際、社会集団を認定する方法はさまざまである。多くの場合、その集団を構成する話者の属性によって決められる。たとえば、年齢によって規定されるものとして、「幼児語」「若者言葉」「老人語」などが挙げられる。この他にも性別(「男ことば」「女ことば」など)、職業(漁師ことばなど)、階層(中級階層方言、労働者階級方言など)によるものがある。また、コミュニケーションを行う上で、情報の与え手と受け手との間にギャップがある場合に使われる言葉遣いなども社会方言として認定できる。たとえば、親が乳幼児に向けて話す幼児語(ベビートーク)や学校の教師が生徒に向けて話すティーチャートーク、(ある言語の)母語話者が非母語話者に向けて話すフォリナートークなどがこれに該当する。この他には、その集団に属する者の間で用いられる仲間内ことばや、他集団に理解されにくくするために発達した隠語が挙げられる。

職場語や法廷のことばなど、特定の集団や場面に関わる言語変種をレジスター(register)と呼ぶこともある。レジスターにおいては、話し手の属性よりも、相手や目的などによって発音、語彙、文法が使い分けられることが注目される。若者ことばや女ことばなどは、必ずしも若者や女性が常に使うものではなく、実際には状況によって用いられるレジスターとしての側面を多分に持っている。

[文献] 柴田武『日本の方言』(岩波書店 1958)、徳川宗賢ほか『新・方言学を学ぶ人のために』(世界思想社 1991)

[朝日祥之]

方言接触
ほうげんせっしょく
dialect contact
社会

方言接触とは2つ(以上)の方言が接触する状況を指す。方言接触が生じると、その接触に関わる話者が相手の話し方に対して自らの話し方を調整する行為が生じる。これをアコモデーション(accommodation)という。アコモデーションには、相手の話し方に近づく方向に調整する場合と、相手との違いを強調する方向に調整する場合がある。また短期間観察されるものから長期間観察されるものまである。特にアコモデーションが長期間にわたる場合、言語体系レベルでの再編成が行われることがある。

この再編成には(1)取替え(例:方言形が標準語形に置き換わる)、(2)棲み分け(例:場面によって形式が使い分けられる)、(3)混交(例:接触している方言の形式をもとに新たな形式を作る)、(4)第三の形式の導入(例:接触している方言のいずれにも属さない形式を持ち込む)、(5)維持(例:接触が生じても言語変化が起こらない)がある。

このうち、(3)混交については、日本語社会において、地域方言と標準語との接触によって生じる現象が観察されている。そのうち、地域方言の語形と標準語の語形とが接触して誕生した語形を用いる新しい言語コードをネオ方言という。一方若者を中心に使用が観察され、従来の方言形式には見られないが、話者自身が方言とみなすものを新方言という。

ネオ方言の例としては、動詞「来る」の否定形式「コーヘン」がある。これは関西中央部の方言形式である「ケーヘン」の否定辞「ヘン」と標準語形「コナイ」の語幹「コ」が混交した形である。新方言の例としては、「うざい」や「なにげに」などがある。

[文献] 真田信治『方言は絶滅するのか―自分のことばを失った日本人』(PHP研究所 2001)、井上史雄『日本語ウォッチング』(岩波書店 1998)

[朝日祥之]

母語の獲得
ぼごのかくとく
first language acquisition

【一般】

　人間は、ある言語を用いる共同体に生まれ育つと、それが何語であれ、成長するにつれて短期間でその言語を母語として獲得できる。いつの間にか立って歩いたり、器用に指を動かし始めたりするように、あるいは、鳥が囀るように、蜜蜂のダンスのように、自然界の1つの現象として、おのずと人間は母語を獲得する。どんなものをどのようにして獲得するのかという問いを解明するのが言語獲得研究の大きな目的である。

【言語と環境】いくら人間に生まれついても適切な環境におかれ刺激が与えられなければ、言語を獲得することはできない。1970年、生後20か月から13歳まで自宅の部屋に閉じ込められていた少女ジーニー(Genie)が発見、救出された。この少女は、言語に一切触れることなく育ったために全く話せなかった。その後、訓練を受け、英語をかなり話せるようになったものの、完全に習得(獲得)するにはいたらなかったという。このように、母語を獲得するには年齢的な限界(臨界期 critical period)があると考えられている。

【種固有の能力】言語を獲得するのは人間だけである。つまり、言語とは、人類進化のある段階で獲得(系統発生)した種特有の能力(を用いたもの)であり、個々の人間はこの能力を生後短い期間に獲得(個体発生)すると考えられる。他の動物が、幼児期の人間の言語と同程度の複雑さを備えたと思しき「鳴き声」などを用いたコミュニケーションを行うことがあるが、それをもって言語を獲得しているとは言えない。これは、人間が訓練を重ねた末に幼児期のチーターと同じ速さで走れるようになったとして、「人間にはチーターのように走る能力がある」と考えないのと同じである。一見すると程度の差に見えるが、訓練では乗り越えられない種の差がある。

【プラトンの問題】乏しい経験から人間はどうやって豊かな知識を得るのかという、知識の源についてプラトンが発した疑問。これは知識一般に関するものであるが、言語獲得にもあてはまる。幼児がさらされる言語経験は、周囲の大人の断片的な発話や言い間違いを含み、不完全で限定的である。ある言語に属する文の数は無限に等しいが、そのすべてを体験することはできない。このように刺激が貧困であるにもかかわらず、どうして豊かな言語能力を獲得することができるのだろうか。

【生成文法の考え方】人間は言語経験にさらされるとどんな言語でも獲得する能力(普遍文法)を生得的に備えていると仮定し、その能力の解明を試みる(→生成文法、極小主義)。

・説明的妥当性　妥当な言語理論が満たす条件として「記述的妥当性」と「説明的妥当性」がある。前者は、実際に獲得された個別言語の体系がどうであるかを正確に記述することを要求する。後者は、個別言語の体系がなぜそうなっているのか、なぜ獲得できるのかを説明することを要求する。言語能力自体の詳細な研究に加え、その発生の謎の究明によって妥当な言語理論が構築される。

・原理・パラメータのアプローチ　人間の言語能力は、最低限の数の原理と、パラメータ(とその取りうる値)という可変部からなると仮定する研究プログラム。母語の獲得とは、言語経験を通してこのパラメータの値が定まることだと説明できる。「多種多様な言語が存在し、しかしそのどれでも獲得できる」という人間に生得的な言語能力の正体を明らかにしようという試みである。

[文献] 大津由紀雄ほか編『言語研究入門―生成文法を学ぶ人のために』(研究社 2002)、大津由紀雄編『はじめて学ぶ言語学―ことばの世界をさぐる17章』(ミネルヴァ書房 2009)、N. チョムスキー『言語と知識―マナグア講義録(言語学編)』(産業図書 1989)　　[稲田俊一郎]

ポライトネス理論
ポライトネスりろん
politeness theory

語用論・理論

言語使用における対人配慮に関する理論のうち、最も重要なものの1つにブラウン＆レヴィンソン（P. Brown & S.C. Levinson）のポライトネス理論がある。この理論では、人は基本的な欲求としてポジティブフェイス（他者から評価されたい、受容されたいという欲求）とネガティブフェイス（自分の領域に踏み込まれたくない、自分の行動を邪魔されたくないという欲求）を持っているとされ、聞き手のポジティブフェイスへの配慮はポジティブポライトネス（以下、PosP）、聞き手のネガティブフェイスへの配慮はネガティブポライトネス（以下、NegP）と呼ばれる。PosPの方略には、「相手の興味や要求に注意を向ける」、「仲間であることを示す標識を使う」、「不一致を避ける」、「冗談を言う」、「申し出や約束をする」、「理由を話したり尋ねたりする」、「相互依存を想定または断言する」などがある。NegPの方略には「慣習に基づいて間接的に言う」、「質問する」、「敬意を払う」、「悲観的になる」、「謝る」、「脱個人化」、「自分が借りを負うことを明言する」などがあり、体系化した敬語は、NegP方略によって生み出された言語表現が固まったものであると見なされている。フェイスを侵害する行為を行う際に取り得る方略は、(1) そのまま言う、(2) PosP、(3) NegP、(4) ほのめかす、(5) その行為をしない、の五つに分けられ、話し手は「聞き手との社会的距離」、「聞き手との力関係」、「その文化における当該行為の負担度の位置づけ」を勘案してフェイス侵害度を見積もり、侵害度が高いほど、(1) から (5) のうちのより大きい番号の方略を選ぶ、と想定されている。

［文献］P. ブラウン・S. C. レヴィンソン『ポライトネス―言語使用における、ある普遍現象』（研究社 2011）

［相原まり子］

松下文法
まつしたぶんぽう
理論

　松下大三郎（1878-1935）が提唱し、体系化した日本語文法を松下文法と呼ぶ。習慣的に学者名を冠して呼ばれる文法としては、ほかに山田文法、橋本文法、時枝文法が有名であり、これらを四大文法と呼ぶことがある。いずれもその後に多大な影響を与えたが、影響のあり方はそれぞれ異なる。松下文法は同時代の学者からは全く評価されず、後に少数の学者が再評価したことでその真価が徐々に理解されるようになり、現在では、日本語学はもとより生成文法の研究者からも高い評価を得ている。松下は「一般理論文法学」という独自の普遍文法論を想定し、その枠組みにおいて日本文法論を展開したのであるが、当時としてはきわめて独創的であったこの言語論には、生成文法を含む西洋の普遍文法論との親和性を認めることができる。

　松下文法は用語の難解さで知られる。たとえば文の成分として「詞」が設定され、「詞」の材料として「原辞」があり、「原辞」は「完辞」と「不完辞」に分類されるが、「原辞」はアメリカ構造主義で設定された morpheme（形態素）と同じ概念であり、「完辞」は free form（自立形式）、「不完辞」は bound form（結合形式）に対応するなど、後に一般化する構造主義の重要概念を松下は先取りしていたことになる。松下の「詞」という概念も、後に橋本文法によって一般化する「文節」の概念にほかならず、難解と言われる松下の文法論（主著は『改撰標準日本文法』）を読み解いてゆくと、随所に独創性と先見性を見出すことができる。松下文法が評価されなかった理由を、当時の学界に存在していた「反普遍文法」の流れに求めた学史的研究もある。

［文献］斉木美知世・鷲尾龍一『日本文法の系譜学―国語学史と言語学史の接点』（開拓社 2012）、森岡健二「松下文法とは」『言語』10-1（大修館書店 1981）

［斉木美知世］

民衆語源
みんしゅうごげん
folk etymology
地理

　民間語源・語源俗解とも呼ぶ。学問的な研究を経た「学者語源」ではない、民衆の直感的な「こじつけ」による語源として貶められることもあるが、ジリエロン（J. Gilliéron）は新語形が実際に生み出されるメカニズムとして重視した。

　グロータース（W. Grootaers）の論じた中国山西省大同市の中国語における「こうもり」がその一例となる。大同では「夜蝙蝠」je⁴ pjɛ¹ fər³、「院蝙蝠」jyɛ⁴ pjɛ¹ fər³、「月蝙蝠」jyɛ⁴ pjɛ¹ fər³の3つの語形があり、「夜蝙蝠」が本来の形であると見なされる。標準語では単に「蝙蝠」だけで「コウモリ」の意だが、この方言では「アリ」を「螞蝙蝠」と言い、それと区別するために夜に活動するものということで「夜」がついた。

　それが「院蝙蝠」となったのは「中庭を飛ぶ動物」という民衆語源が働き、「月蝙蝠」となったのは「月夜に飛ぶ動物」という民衆語源が働いたためである。

　大同では"ラバの夜目"にも「夜眼」のほかに「月眼」と言う地点がある。話者の報告によると、「あたかも月が出ているように夜目が利く」ためと理解されていて、平行例となる。

　また、大同から遠くない熱河では第一音節はyen、旧チャハル省の長城以北では[jɛ]と発音され、「塩」と理解されており、これは台所に貯蔵されている塩漬けの野菜（鹽菜yan cai）を食べたネズミが、夜になるとコウモリに変身するという民間の俗信仰に基づく。

　なお、民衆語源を「混交contamination」ということもある。「類音牽引」とも似た点があるが、類音牽引は音形の類似だけで語形が変わるタイプであるのに対して、民衆語源は音形のほかに意味も関与する点で異なっている。

［文献］W. グロータース『中国の方言地理学のために』（好文出版 1994）

［遠藤光暁］

ムード（法）
ムード（ほう）
mood

文法・意味論

ある事態に言及するとき、その事態が事実、確実である、すなわち「現実」（realis）のコトとして述べる場合と、仮想的、あるいは不確実である、すなわち「非現実」（irrealis）のコトとして述べる場合とがある。ムードとは、このような現実、非現実の意味的区別を、形態統語的に動詞の屈折などに義務的に反映させる文法範疇のことを言う。たとえばアラペシュ語族のブキイプ語では、現実・非現実の区別が、接頭辞の選択によってなされる。「私たちは戦っている」もしくは「戦った」のように事態の実現を断言する場合には、m-a-lpok（1PL-REAL-戦う）のように接頭辞a-を使用し、「私たちは（これから）戦う」のように事態が未実現であることを述べる場合は、m-ú-lpok（1PL-IRR-戦う）のように接頭辞ú-を使う。

【印欧諸語におけるムード】印欧諸語における主要なムードには、直説法（indicative）と接続法（subjunctive）がある。直説法は現実の事態を、接続法は非現実の事態を述べる主要な手段である。たとえばスペイン語では、「学ぶ」を意味する三人称現在形の直説法は aprende（学ぶ.3SG.PRS.IND）、接続法は aprenda（学ぶ.3SG.PRS.SBJV）である。話し手が「彼が学んでいる」ことを断定する場合には直説法を用いて、Sostengo que aprende と表し、そのことに疑いを持つ場合には接続法を用い、Sostengo que aprenda と言う。

直説法と接続法以外に、話し手の願望を表す希求法（optative）や、聞き手の行為を促す命令法（imperative）が挙げられる。希求法は、以前は形態的にその他のムードと区別されていたが（例：古代ギリシア語）、現代ではアルバニア語などわずかな言語に残されているのみで、ほとんどが接続法に吸収されている。命令法は主に二人称に対して用いられるムードである。しかし、「〜しよう」という誘い掛けで用いる一人称複数の命令形を勧奨法（hortative）、「彼に〜させて」のように三人称に対する命令を指令法（jussive）と呼び区別する場合もある。また、「〜するな」といった否定命令（＝禁止）の特別な形態を禁止法（prohibitive）と呼ぶこともある。命令法独自の形態を持たない言語においては、通常接続法が使用されるが、スペイン語のように二人称単数に対する肯定形の命令には直説法現在三人称単数と同形を用い、それ以外は接続法現在を用いるといった複雑な体系を持つ言語もある。

【ムードを表すさまざまな方法】事態の現実性（reality）を区別するための明示的な形態変化や標識を持たない言語では、その区別をその他の文法要素が二次的に担う。たとえば英語には、印欧諸語の接続法に部分的に対応する、つまり反事実の領域のみの表現を担う仮定法が存在するが（例：If I were you, I wouldn't do that）、可能性、意志、命令といったその他の非現実概念は、法助動詞を用いて表す（例：He can come／You should go）。一方、現実の事態には、動作の完了を表すアスペクト形式［have＋過去分詞］やテンス形式 -ed が用いられる（例：I learned Chinese last year）。中国語も英語同様、法助動詞やアスペクト助詞が現実・非現実の区別に関係するが、それ以外に構文の違いが事態の未実現と既実現の違いを反映することがある。たとえば、［動詞＋個＋形容詞句］（例：玩個痛快（遊ぶ＋CL＋思いきり）「思い切り遊ぶ」）は未実現の事態によく用いられ、［動詞＋得＋形容詞句］（例：玩得痛快（遊ぶ＋PART＋思いきり）「思い切り遊ぶ」）は既実現の事態を表す傾向にある。日本語は、動詞活用が非現実ムードと関連している（例：「行こう」（意志・勧誘）、「行け」（命令）、「行くな」（禁止）、「行けば」（仮定））。

[文献] F. R. Palmer. *Mood and Modality.* 2nd ed. Cambridge Univ. Press, 2001.

［小嶋美由紀］

名詞
めいし
noun

文法

名詞は語類の1つで、典型的には人やモノ、コトを指示する。動詞とともに世界の言語に普遍的に観察されると考えられている。

【形態論的特徴】 形態論的には、名詞は数、格、所有者、あるいは定性に関する接辞をとることが多い。なお、名詞の屈折のことを特に曲用（declension）と呼ぶ。

【統語論的特徴】 統語論的には、名詞は指示詞や定性の標識と共起する傾向にある。たとえば、英語で名詞は指示詞や冠詞と共起できるが、動詞はできない。（例：the dog/this dogと*the eat/*this give）

また、そのままで述語の項として現れることができる。たとえば、名詞をそのまま項として用いたA high-salt diet causes cancerは文法的だが、動詞と形容詞をそのまま項として用いた*Smoke causes illは非文法的である（smokeが「喫煙する」という意味の時）。名詞化接尾辞-ingや-nessを付加してSmok-ing causes ill-nessとする必要がある。

さらに、言語によっては、名詞はいくつかの名詞クラスに分かれており、クラスごとに異なる振る舞いを見せる。

【名詞の下位範疇】 名詞にはさまざまな形式的・意味的下位範疇が存在する。まず、名詞の指示対象が数えられる個体であるかどうかについて可算名詞と不可算名詞（質量名詞とも）の区別が存在する。英語ではこの区別は形態論にも反映され、不可算名詞では複数形を形成できない。次に、固有名詞と普通名詞の区別もある。特定の個人や事物の名前である固有名詞を特別な言語形式で区別する言語も存在する。たとえば、タガログ語の主格標識は、普通名詞がangであるのに対して、固有人名はsiである。名詞にはこのほかにも指示する対象によって集合名詞、抽象名詞、場所名詞などの下位範疇がある。　　　　［長屋尚典］

名詞化
めいしか
nominalization

文法

名詞化は、名詞ではないものから名詞的要素を派生すること、およびその結果できる要素を指す。名詞化を明示的に標示する接辞や語は名詞化標識（nominalizer）と呼ばれる。

【語彙的名詞化と文法的名詞化】 名詞化には語彙的名詞化と文法的名詞化の2つがある。語彙的名詞化は辞書に登録される新しい名詞を作り出す。たとえば、英語の-erは語彙的名詞化標識の代表で、動詞から名詞を派生する（例：teach→teach-er, burn→burn-er）。タガログ語には場所に関する名詞化接辞-anが存在する（例：kain「食べる」→kain-an「食堂」）。いずれも辞書に登録されるような新しい名詞が派生される。

一方で、文法的名詞化は表現上の必要にしたがって臨時的に名詞的表現をつくりだす。新しい名詞として辞書に登録はされない。たとえば、インドネシア語のyangによる文法的名詞化（1）の場合、節がまるごと名詞化され、疑問文や名詞修飾などの目的に使われる。

(1) yang　　makan daging babi kemarin
　　NMLZ　食べる　肉　　豚　　昨日
　　「昨日豚肉を食べた（人）」

【項名詞化と事態名詞化】 名詞化は表す意味によって項名詞化（argument nominalization）と事態名詞化（event nominalization）に分類することができる。項名詞化とは事態の参与者を意味する名詞化のことで、事態名詞化は事態そのものを表す名詞化のことである。たとえば、英語の語彙的名詞化を考えると、-erは動作主名詞を形成する名詞化接辞であり、-eeは被動者名詞を形成する。一方で、-mentはenjoy「楽しむ」→enjoy-ment「楽しむこと」のように「〜すること」つまり事態そのものを表す名詞を形成する。

同様の区別は文法的名詞化でも行うことができる。たとえば、タガログ語の場合、事態

名詞化には接頭辞pag-を用いるが、項名詞化の場合は項の意味役割ごとに-um-, -inなどの接辞を利用する。なお、英文法で言う動名詞（gerund）とは文法的な事態名詞化のことであり、-ingはその名詞化標識である。

【名詞化されるもの】名詞化されるものはさまざまである。語彙的名詞の場合、ふつう動詞や形容詞が名詞化される（例：speak「話す」→speak-er「話者、スピーカー」, kind「優しい」→kind-ness「優しさ」）。

文法的名詞化で名詞化されるものは多様である。動詞句や前置詞句、さらには節全体などである。たとえば、英語でThat John died last night surprised meで下線部は主語として機能する名詞化表現だが、これは節がまるごと名詞化されていると考えてよい。

【名詞化の用法】名詞化にはさまざまな用法がある。たとえば、タガログ語の文法的名詞化には指示用法と修飾用法がある。動詞文（2）で使われている動詞句kumakain ng durian「ドリアンを食べている」は、（3）では「ドリアンを食べている（人）」という意味の名詞化として使われている。一方、（4）では当該の名詞化はリンカー（名詞と修飾要素を繋ぐ）を介して名詞lalaki「男」を修飾している。いわゆる関係節に相当する用法である。

(2) Kumakain ng durian ang lalaki.
　　 食べている ART ドリアン ART 男
　　「その男は<u>ドリアンを食べている</u>。」
(3) Gwapo ang kumakain ng durian.
　　 ハンサム ART 食べている ART ドリアン
　　「<u>ドリアンを食べている（人）</u>はハンサム。」
(4) lalaki na kumakain ng durian
　　 男　　 LIN 食べている ART ドリアン
　　「<u>ドリアンを食べている</u>男」

このように名詞化には指示用法や修飾用法がある。名詞化が文法化して文副詞や感嘆表現として用いられる言語もある。また、そのような言語では名詞化標識がヴォイス、定・不定の標識へと変化していることもある。

［長屋尚典］

名詞句の移動
めいしくのいどう
NP-movement

文法

私たちがことばを話したり書いたりするとき、頭の中ではことばを産出するための演算が瞬時に行われている。その演算の過程で、文が表す出来事の中で特定の意味役割を担う参与者を指示する名詞句が、統語的派生を経て主語になったり目的語になったりする現象のことを、生成文法では「名詞句の移動」（または、項（argument）になることから「A移動」）と呼ぶ（→wh句の移動）。（1）の例を見てみよう。

(1) The boy is unlikely to win the medal

動詞winによって表される出来事において動作主という意味役割を担う名詞句the boyが、この文の主語という文法関係も担っている。この派生の結果は、（2）のように図示することができる。[ ]で囲んだ要素群は統語的まとまり（構成素）を成す。

(2) [[*the boy*] is unlikely to [[*the boy*] win the medal]]

私たちは、このように構成素が折り重なった階層構造（2）が保証する意味を伴って、つまり、the boyをwinの動作主として文（1）を産出・理解する。一方で、構造（2）内で表出しているのは最上部のthe boyだけである。

(3) [[*the boy*] is unlikely to [[~~*the boy*~~] win the medal]]

名詞句the boyの「元の位置」は、the boyがその場に留まる条件が整っている以下のような例からも間接的に見て取れる（→格）。

(4) It is unlikely that the boy will win the medal

ある要素がどんな意味役割を担うかと、それがどんな文法関係を担うかとは、独立であり、動作主なので主語になる、というわけではない。いわゆる受け身文（5）では、動作主ではなく被動者の役割の名詞句the vaseが「移動」して文の主語となっている。

(5) The vase was broken
(6) [[*the vase*] was [broken [*the vase*]]]
また、非対格構文の主語の役割も被動者である。

(7) The boy will arrive at noon
(8) [[*the boy*] will [arrive [*the boy*]] at noon]

このように、「名詞句の移動」とは、動詞が表す出来事の参与者を指示対象とし、動詞によって要求されて文に生じる名詞句が、文の主語のような抽象的な（ときには談話の中で特定の機能を果たす）役割をも同時に担うことを言い表したものである。

何らかの意味役割を担う主語の「元の位置」は動詞句の中にあるという考え方を「動詞句内主語仮説」という。たとえば (9) では、動詞 break の表す出来事における動作主 the boy が「移動」して文の主語になっている（時制に関わる統語・形態論は、ここでは捨象している）。

(9) The boy broke the vase
(10) [[*the boy*] [*the boy*] broke the vase]]

この仮説は、英語の母語話者が自然な英語として次のような文を産出することを説明することができる。

(11) The students will all be present

全称量化子 all は the students を量化しており、統語演算においても両者の関係が緊密であることが期待される。しかし、何らかの要請により主語になる構成素が the students のみだった場合には、その派生は (12) のようになる。

(12) [[*the students*] will [[all [*the students*]] be present]]

このようにそれぞれの文はそれぞれの統語演算を経て産出される。例 (1) と (4) や、(5) と (9) などは、お互い関連付けが可能かもしれないが、文から文が変形によって派生するとは考えない。

[文献] 中島平三・池内正幸『明日に架ける生成文法』(開拓社 2005)、渡辺明『生成文法』(東京大学出版会 2009)
　　　　　　　　　　　　　　　　　　　　　　[稲田俊一郎]

名詞クラス
めいしクラス
noun class

文法

　名詞クラスとは、名詞をいくつかの範疇に分類する文法システムであり、特にアフリカに分布するバントゥー諸語などのものがよく知られている。たとえばバントゥー諸語に属するスワヒリ語では名詞は 14 の名詞クラスに分類され、それらの名詞クラスはそれぞれ特有の接辞辞によって標示される。たとえば「人」は第一類で m-tu (m- が名詞クラスを標示する接頭辞)、「石」は第五類で ji-we などである。名詞クラスへの分類は基本的に名詞の意味に基づく（たとえば第一類は「人」に関する名詞、第三類は「木」に関する名詞、などとされる）が、「人」に関するクラスである第一類に「虫」や「動物」が入るなど、分類には恣意的な側面もあり、完全に意味のみから名詞クラスの予測はできないとされる。

　名詞クラスは当該名詞と関わる形容詞や動詞と一致を行う。たとえば、「1つの大きなかごが落ちた」は

ki-kapu ku-kubwa ki-moja ki-lianguka
[ki-かご ki-大きな ki-1つ ki-落ちた]

となり、「かご」の名詞クラス標識 ki- がそれを修飾する形容詞（「大きい」）や数詞（「1つの」）、更には動詞（「落ちた」）にも付加される。

　名詞クラスのシステムは他の大陸の言語にも見られる。たとえばオーストラリア先住民語のジルバル語は 4 つの名詞クラスを有し、第一類は人間の男性と非人間の有生物、第二類は人間女性と水、火、危険物、第三類は肉以外の食べ物、第四類はその他のものである。ジルバル語の名詞分類は一見恣意的だが、その分類はジルバル土着の神話に基づくものだと言う (Dixon 2002: 464-467)。名詞クラスのシステムはほかにもユーラシアではカフカス諸語の一部などにも見られる。たとえば、北東カフカス諸語のラック語では有情男性、

有情女性、その他の有生物（但し一部の人間女性と無生物を含む）、そのほかの4クラスに分類される（Corbett 1991: 24-25）。

【性（gender）との違い】一見、「名詞クラス」はスペイン語やドイツ語を含めた印欧語族などに広く見られる「文法的性（gender）」とはかなり異なる印象を持たれるかも知れない（→ジェンダー）。印欧語族の場合「性」の数は2つ（男性、女性）あるいは3つ（男性、女性、中性）であり、バントゥー諸語と比べて数が格段に少ない。しかしながら、名詞クラスも性もいずれも名詞を（言語によって差はあれ）恣意的に分類する点、また名詞のクラスや性がそれに関わる形容詞や動詞と一致を行うという点で、名詞クラスと性は本質的には同じ現象であるとする見方もある（Corbett 1991など）。事実、カフカス諸語の一部には名詞クラスと性の中間的な特徴を有する言語も見られ、単純な線引きは困難であるとされる。

【類別詞との違い】さらに、名詞クラスと似た別の現象として、類別詞（classifier）が挙げられる。たとえば、日本語の助数詞（一本、一匹、一冊など）などは名詞をいくつかの範疇（「細長いもの」、「生物」など）に分類し、それに応じて適当な助数詞を用いるという点で名詞クラスに通ずるものがある。しかし、類別詞は一般的に言って名詞クラス・性のシステムと比べて分類が流動的であり文法化の度合いが低く、また当該名詞に関わる形容詞や動詞との一致を行わない点で名詞クラスや性とは異なるとされる（Corbett 1991、Aikhenvald 2000）。

[文献] A. Y. Aikhenvald. *Classifiers: A Typology of Noun Categorization Devices*. Oxford Univ. Press, 2000., G. Corbett. *Gender*. Cambridge Univ. Press, 1991., R. M. W. Dixon. *Australian Languages: Their Nature and Development*. Cambridge Univ. Press, 2002.　　　　　[内原洋人]

名詞修飾節
めいししゅうしょくせつ
noun-modifying clause

文法

名詞を修飾する節のことであり、名詞を修飾する形容詞との機能的類似性から形容詞節とも言う。被修飾名詞を主要部とする名詞句に名詞修飾節が含まれる場合には、名詞修飾節と言って被修飾名詞を含むこともある。

【名詞修飾節の類型】被修飾名詞が修飾節において項や付加詞の役割を果たすもの（例：①the book which I bought、②女君のいと美しげなる生まれ給へり）とそうでないもの（例：太郎が逮捕されたという事実／中央線が止まった原因）に分けられる。前者は関係節とも言い、被修飾名詞が修飾節を含む構造の主要部のもの①とそうでないもの②に分けられる。②のタイプでは主要部の標識が主要部名詞につくことがある。なお、あらゆる文法関係の名詞句を関係節の主要部にできるわけではなく、接近可能性の階層と言われる含意的普遍性が通言語的に観察される。

【名詞修飾節の構成要素】名詞修飾節と被修飾名詞に加えて、両者を接続する要素（例：the rumor that John married Mary／太郎と花子が結婚したという噂）、名詞修飾節内で被修飾名詞の代わりを務める要素があることがある（例：モーツァルトが彼女の姉を好きになった女性）。両者の機能を併せ持つ要素を関係詞と言う（例：the woman whose sister Mozart fell in love with）。

名詞修飾節は機能によって制限的なものと非制限的なものに分かれる（それ以外のものもある）。制限的修飾節は、被修飾名詞の表すものが同定されやすくなるために前提とされる情報を提供する（例：目の前の本立ての一番右にある本）。非制限的なものは被修飾名詞だけで同定可能なものについて新情報を提供する（例：カレーが好きな私は毎日…）。

[文献] B. コムリー『言語普遍性と言語類型論』（ひつじ書房 1992）
　　　　　　　　　　　　　　　　　　　[山泉実]

名詞抱合
めいしほうごう
noun incorporation
文法

　名詞抱合とは、動詞の項となる名詞を動詞内部に表現する手法である。たとえば、北米先住民語であるイロコイ語族のモホーク語では動詞wa'-k-hnínu-'［PST-1SG-買う-PNC］「私は買った」に名詞語根-nákta-「ベッド」を抱合してwa'-ke-nakta-hnínu-'［PST-1SG-ベッド-買う-PNC］「私はベッドを買った」と表現できる。名詞抱合は（動詞）語根と（名詞）語根を合体させると言う意味で、複合の一種である。

　上記の例は日本語に訳するとあたかも1つの文に相当する意味となるが、モホーク語ではこれ全体で1語である。この事実はまず、wa'-ke-nakta-hnínu-'にアクセントが1つ(-hní-)しかないことから明らかである。モホーク語には1語1アクセントの原則が存在し、もしこの表現が2語であるとしたら、アクセントも2つあるはずである。また、形態的にもこれが一語であることは明らかである。まず、名詞語根-nakta-「ベッド」が動詞接頭辞wa'-ke-［PST-1SG］と動詞語根-hninu-「買う」に挟まれていることに注目されたい。また、「ベッド」は抱合されない独立した名詞としても存在しうるが、その際は名詞接頭辞と接尾辞を伴った形で現れる（ka-nákt-a'）。

　名詞抱合は主にアメリカ先住民語及びオーストラリア先住民語などに見られるが、身近なところではアイヌ語(ku=wakka-ta［私が=水-汲む］「私が水を汲む、水汲みをする」)、更には上代日本語にも見られる（たとえば、「あがく」（<足+掻く））。類似表現として、現代語日本語の「皿洗い」、英語のbaby-sittingなども名詞抱合に近いと考えられよう。ただし、全体が名詞句としてしか存在できない（1つの動詞としての「*皿洗う」は不可）という点で、厳密な意味での名詞抱合とは言えない。

【分析的表現との違い】 モホーク語のように名詞抱合が可能な言語でも、名詞は常に抱合された形で現れる訳ではない。上記の例「ベッドを買う」は抱合をしない分析的な表現も可能である：wa'-k-hnínu-' ne ka-nákt-a'［1SG-買った-PNC その ベッド］「私はそのベッドを買った」。これは名詞を抱合した形と意味はほぼ同じであるが、談話における機能が異なるとされる（Mithun 1984）。すなわち、抱合された名詞は談話の中で「背景化」されているとされる。さらに、名詞は独立した形と抱合された形で形態がやや異なることもある。

【抱合名詞の制限】 名詞抱合が可能な言語であっても、あらゆる名詞句が抱合可能なわけではない。まず、「ベッドを買った」の「ベッド」のような他動詞目的語が一番抱合されやすいとされる。次に、自動詞主語の抱合も見られる（モホーク語：r-ukwe't-í:yo［3SG-人-いい］「彼はいい人だ」）。また、道具や様態を表す名詞や副詞も抱合されやすいとされる。これに対し、他動詞主語の抱合は不可とされる（Baker 1996）。

【抱合の生産性】 上記モホーク語のように名詞抱合がかなり生産的で、英語からの借用語まで抱合できる言語も存在する（ruwati-**jobtsher**-awíhne［3SG>3PL-仕事(job)-与えた］「彼は彼らに仕事(job)を与えた」）。しかし、多くの言語では必ずしもあらゆる名詞を抱合できるわけではなく、一部の名詞に限られることも多い。たとえば、同じくイロコイ語族のチェロキー語では主に身体部位を表す名詞のみ抱合が可能である。チェロキー語の例を取ると、ga-lv́:n-hih-a［3SG-殴る-PRS-IND］「彼は殴る」に対しà:-hu:-lv́:n-ih-a［3SG-口-殴る-PRS-IND］「彼は口を殴る」などといった言い方が可能であるが、この動詞は身体名詞以外は抱合できず、また身体名詞を抱合した形も語彙化していると言えよう。

［文献］M. Baker. *The Polysynthesis Parameter*. Oxford Univ. Press, 1996., M. Mithun. The Evolution of Noun Incorporation. *Language*. 60. 1984.　　　［内原洋人］

命題
めいだい
proposition

意味論

「ガリレオは地球は丸いと主張した」「ガリレオは地球は丸いと信じていた」と言う時、この下線部は、単にガリレオが発したことばではなく、ガリレオが主張し、信じていた内容を指している。ここで主張されたり、信じられたりするものを命題と言う。同様に、「ガリレオが言ったことは正しい」と言ったり、「ガリレオが信じていることはすべて間違っている」と言ったりする時、この下線部が表しているのは普通、ガリレオが発言した内容や信じている事柄であり、したがって、命題である。

ここから命題の2つの重要な特性を引き出すことができる。1つは、命題とは、「正しい(真である)」とか「間違っている(偽である)」という評価を受ける対象、すなわち、真偽の担い手である。もう1つは、命題とは、「─と主張した」「─と信じている」といった述語の空所「─」を埋めるもの、つまり、言語行為や心的態度の内容を表すものである。真であったり偽であったりするもの、主張されたり提案されたり仮定されたりするもの、信じられたり疑われたり期待されたりするものを共通の名前で呼ぶことは、言語について体系的に語る上でしばしば有用であり、そのために「命題」という用語が使われるわけである。「─が─を含意する」や「─と─は矛盾している」のような論理的関係を担うもの、「─かもしれない」「─にちがいない」といった様相(モダリティ)を表す述語が帰される対象もまた命題である。

以上の整理から、命題とは、「地球は丸い」という日本語の文(言語表現)やその発話とも、この文を使ってなされる報告や陳述のような言語行為とも、さらには、この内容が関わる判断や想起のような心的行為や心的態度とも区別されることに注意しておきたい。

命題が真であるのか偽であるのかは、世界がどのような状態にあるのかによって決まる。「命題が真であるために、世界の側で成り立っていなければならない条件」のことをその命題の真理条件(truth condition)と言う。

文と命題を概念的に区別することのポイントは明らかであろうが、文の意味と命題とは同一視できるだろうか。「彼の本は面白い」という文を考えよう。この文には、発話の文脈とは独立に、この文の構造と単語の意味に基づいて合成されるある一定の言語的意味が結びついていると考えるのが普通である。しかし、この言語的意味を命題と同一視するのは難しい。「彼」が誰のことを指しているのか、また、その人物が書いた本なのか、所有している本なのか、あるいは、編集を担当した本なのかを文脈から特定しない限り、真偽を問いうるもの、すなわち、この文を使って表現される命題を特定したことにはならないからである。

命題の本性については哲学者のあいだでさまざまな見解がある。フレーゲ(G. Frege)以来の1つの支配的な考え方は、命題を心的態度や心的状態から独立なある種の抽象的対象と見なす立場である。また、(1)命題をある種の構造物と見なすか、あるいは(2)構造を持たないものと見なすかによって見解が分かれる。(1)の見解はさらに、「高尾山は美しい山である」という命題の構成要素に高尾山という山そのもの(個体)が関与するという考え方(いわゆるラッセル的命題)と、命題の構成要素は個体ではありえず、概念や意味(フレーゲのいう意義)に限られるという考え方(いわゆるフレーゲ的命題)の2つがある。(2)の見解は、命題をその命題が真となる可能世界の集合、あるいはより限定された状況や事態の集合と同一視する立場であり、自然言語の意味論において現在でも広く採用されている見解である(→内包・外延)。

[文献] W. G. ライカン『言語哲学─入門から中級まで』(勁草書房 2005) [峯島宏次]

命名論
めいめいろん
onomasiology

一般

意味論の一分野。この用語は20世紀初めにツァウナー（A. Zauner）によって言語学に広められた。よく対比される意味変化論（semasiology）は意味自体を取り扱い、多義性や意味変化を研究対象とするが、命名論は言語外的現実をどのように記号として取り込んでいるのかを研究する。前者がシニフィアンからシニフィエに向かって分析するのに対し、後者はシニフィエからシニフィアンに向かって分析する。たとえば日本語で、前者の場合、/te/「手」が「人間の体の上半身の一部」だけでなく、「方法や手段」「責任」までも指示することを研究するのに対し、後者の命名論では「方法」を記号化する際には/hōhō/のほかに /te/「手」、/miti/「道」、/syudan/「手段」などのシニフィアンの存在があることを見ようとする。

研究史としてはクワドリ（B. Quadri）やハリグ（R. Hallig）、ヴァルトブルク（W. von Wartburg）、バルディンガー（K. Baldinger）らがおり、コセリウ（E. Coseriu）らが命名論に批判的な分析を行っている。またプラーグ学派のマテジウス（V. Mathesius）は機能主義的分析を行っている。マテジウスは言語集団の慣習によって命名がなされるとし、命名の単位の中に意味的な核心、連想から生まれる諸概念、情動的色彩の3要素を認識することを重視した。また近年では語形成論や統語論などとの相関性に関する研究や、認知言語学的・社会言語学的な分析も行われている。

注意すべきは、類似の分野として固有名詞学（onomastics）や地名学（toponymy）がある。こちらは人名・地名を中心とした名称研究である。

［文献］田中克彦『名前と人間』（岩波書店 1996）

［林範彦］

メタ言語
メタげんご
metalanguage

一般

言語について述べるための言語。論理学や言語学等の学問領域は個別の言語や言語一般について述べる分野であるため、対象言語（object language：述べられる側の言語）とメタ言語（述べる側の言語）が区別される必要がある。「冠詞には a と the がある」という記述では、対象になっている言語は英語、メタ言語は日本語である。「形式名詞に『こと』『の』『ところ』がある」では、対象言語もメタ言語も日本語である。「冠詞」や「形式名詞」などは、言語について述べるための術語であり、メタ言語のレベルに属している。そのため、「『冠詞』は3モーラから成る名詞である」という記述は、メタ・メタ言語のレベルの記述と言える。

辞書では、同義語や言い換えなど、メタ言語レベルの記述で各語彙項目の定義や意味が提示される。「めだか」という語彙項目は、「メダカ科の動物」と自然言語で述べられる。一方、意味論では、$\forall x[M(x) \leftrightarrow \lambda[A(y) \land O(y)](x)]$ と形式的なメタ言語で述べられる。この記述は「めだか（Medaka）であるものは皆、動物（Animal）かつメダカ科（Oryziatidae）である個体の集合のメンバーである」と自然言語に翻訳できる。形式的なメタ言語には、より自然言語に近いNSM（自然意味論メタ言語：Natural Semantic Metalanguage）のようなものもある。NSM は、言語学以外にも、人類学や文化心理学において重要視されている。形式的なメタ言語を用いる利点は、意味原素に明確な定義があり、（インフォーマルなメタ言語を用いる際に無視されがちな）厳密さと正確さの基準が守られると同時に、誤った仮説や推論の回避に役立つという点である。

［文献］R.ヤコブソン『言語とメタ言語』（勁草書房 1984）

［稲垣和也］

メタファー（隠喩）
メタファー（いんゆ）
metaphor

意味論

　「夜の底が白くなった」のようなメタファーを含む比喩（figures of speech）は、それらを効果的説得術または芸術的表現法の一環として扱った古典修辞学の影響もあり、言語学では、主な研究対象である日常的な言語現象と対立する非日常的な（なくても日常的な言語生活に支障のない）ことば遣いに分類され、近年まで一般に軽視されてきた。メタファー（および比喩一般）は1980年頃を境に重要な現象として言語学で脚光を浴びるようになったが、その契機となったのは、佐藤信夫の『レトリック感覚』『レトリック認識』などの一連の著作および認知言語学の源流の1つであるレイコフとジョンソン（G. Lakoff & M. Johnson）の共著 *Metaphors We Live By* である。

　レイコフとジョンソンによると、メタファーの本質はある種の物事を別の種の物事に基づいて理解し経験することである。これは佐藤が複数のメタファーからなる物語としての諷喩（allegory）を「世界の一部分、一側面に、人間に理解しうるようなかたちの組織を反映させてみるいとなみ」であると考えたことと見事に呼応している。メタファーを、（あるものをそれに類似する別種のものの名前で呼ぶという）単なることばの綾の問題ではなく、自らの経験を意味づけるという、人間にとって根本的な生の営みの現われとして捉え直したことの意義は大きい（→意味論）。

　さらに、レイコフとジョンソンは、メタファーは日常言語に遍在する現象（例：I've never won an argument with him）であり、これは人間の思考過程の多くがそうした現象を生み出す概念としてのメタファー（例：ARGUMENT IS WAR（議論は戦争だ））を基盤として成立することの反映であると考える。

［文献］野矢茂樹『語りえぬものを語る』（講談社 2011）

[西村義樹]

メトニミー（換喩）
メトニミー（かんゆ）
metonymy

意味論

　伝統的な修辞学では、メトニミーは「ある言語表現がその通常の指示対象Xと近接の関係にある対象Yを指示するのに用いられる比喩」と定義される。メトニミーの典型例としてよく挙げられる「赤ずきん」の場合、Xが赤いずきん、Yが赤いずきんを着用した女の子にそれぞれ相当する。この場合XとYの間には（空間的な）近接性が明らかに成立しているが、同じく典型的なメトニミーの例とされる「村上春樹を読む」の下線部のXとYの関係などにも適用できるようにするには、近接性を（類似性を除く）密接な関連性のような相当広い意味に解する必要がある。

【認知言語学におけるメトニミー】認知言語学では、このような典型的なメトニミーにおけるX（たとえば村上春樹本人）とY（たとえば村上春樹の作品）はそれぞれ参照点（reference point; R）とその標的（target; T）であると考えている。RとTの間には、前者を介して後者がアクセスされるという点で、密接な関連性が成立していなければならない（Tの探索に適切な領域（dominion; D）がRによって立ち上げられる必要がある）が、この密接な関連性（D内でTがRと共在すること）こそが伝統的な修辞学でメトニミーの特徴とされてきた近接性の本質であろう。

　「村上春樹を読む」の下線部のDは、話し手と聞き手の共有する［村上春樹］に関する知識であると言える。ある言語表現の意味の成立に関わる知識のまとまりをフレーム（→百科事典的意味論）と呼ぶことにすると、ある表現の典型的なメトニミー用法におけるDはその表現の通常または臨時的な使用と結びついたフレームであると考えられる。

　ある対象の全体を介してその対象の一部分にアクセスするのは自然であるから、「自転車をこぐ」、「電球が切れる」などを（自転車、

電球などをR、ペダル、フィラメントなどをTとする）メトニミーとする分析は自然であると言えるが、これらがメトニミーであるならば、「電話が鳴る」と「電話を取る」と「電話が切れる」、「ビデオを見る」と「ビデオが切れる」と「ビデオを朝8時にセットする」などのそれぞれの組の下線部の用法間の関係をメトニミー的であると考えていけない理由はないであろう。典型的なメトニミーとの違いは、いずれの用法の指示対象がRであるかを決めがたいという点である。こうした現象をも視野に入れるならば、メトニミーを〈ある言語表現の複数の用法が、単一の共有フレームを喚起しつつ、そのフレーム内の互いに異なる局面を焦点化する現象〉として特徴づけることができる。

【メトニミーと文法現象】次のような例は、このように特徴づけられたメトニミーが名詞以外の文法カテゴリーに属する表現をめぐっても生じうることとメトニミーが文法と深く関わることを示す点で重要である。

　a. パイプにゴミが詰まっている
　b. パイプが詰まっている

「詰まる」は、a と b のいずれの用法でも、〈流体などを通す管を移動中のものが移動しなくなった結果、管が流体などを通しにくくなる〉というフレームを喚起するが、このフレームの中で、a では〈ものの移動停止〉の局面が、b では〈管の機能不全〉の局面が、それぞれ意味の焦点になっている―「詰まる」の2つの用法間にはメトニミー的な関係が成立している―と考えられる。また、〈（ゴミの）移動停止〉を意味の焦点とする a では「ゴミ」が、〈（パイプの）機能不全〉を意味の中心に据える b では「パイプ」が、それぞれ主語になっていることから、このような例における同じ動詞による異なる主語の選択がその動詞のメトニミー的な多義と連動していることが明らかになる。

[文献] 西村義樹・野矢茂樹『言語学の教室』（中央公論新社 2013）　　　　　　　　　　　　　　[西村義樹]

メンタル・スペース理論
メンタル・スペースりろん
Mental Spaces Theory

【意味論・理論】

　フォコニエ（G. Fauconnier）が始めた、談話で意味がどのように作られるかを研究する意味論。メンタル・スペースとは、談話処理が作り出す部分的・局所的情報領域で、我々は話したり、聞いたり、考えたりする際にメンタル・スペースを作る。言語表現はメンタル・スペースに対する操作指令で、メンタル・スペースを作ったり、そこに情報を書き込んだりする。メンタル・スペースでは、言語表現が与える不完全な情報に対して、一般的知識、先行談話、推論などによる詳細化が起こり、最終的な解釈が作られていく。

【概念ネットワークモデル】メンタル・スペース理論は概念統合ネットワークモデルに発展した。このモデルは、最小の構成で4つのメンタル・スペースからなる。
(1) 入力スペース$_1$と入力スペース$_2$
(2) 総称スペース
(3) 融合スペース

【多領域メタファー理論】古典的な2領域概念メタファー理論は、メタファーとは既存の知識で新しい事態を解釈する認知プロセスであるとした。ところが、「銀のスプーンをくわえて生まれてきた子ども」のようなメタファーでは、この説明はうまくいかない。銀のスプーンをくわえて生まれてくる子どもはいないので、そもそも既存の知識としてのソース領域は存在しない。子どもにとっては、銀のスプーンをくわえて生まれてくるのは、呼吸の邪魔になるだけで、幸運であるどころか、不運でさえある。ソースの解釈図式でターゲットを解釈すれば、これは生まれながらの不幸を背負った子どものメタファーになってしまう。一方、概念統合ネットワークモデルによる多領域メタファー理論は、融合という概念でこうしたメタファーも整然と処理できる。

[坂原茂]

モーラ
mora
【音声・音韻】

　語内部の韻律範疇で、音節より小さくその内部に含まれる音韻単位（→音律音韻論）。拍とも呼ばれ、音節のライム内の要素を指す。

　リズムの観点から見ると、(1)のように、英語は音節を単位として強弱（○と・）が交替するリズムにより、日本語はモーラを単位として高低（HとL）が繰り返されるリズムにより、発声や知覚が処理される。

(1) a.　Mìs.sis.síp.pi　Ken.túc.ky　Tó.kyo
　　　　○・・○　　　○・・　　　○・
　　b.　mi.si.síp.pii　ken.ták.kii　too.kyoo
　　　　L H HL LL　　LH HL LL　　LH HH

つまり、(1a)は4音節、3音節、2音節で処理されるところ、(1b)は6モーラ、6モーラ、4モーラで処理される。英語の発音や聞き取りが、日本人は速すぎて困難に感じられるのは、カウント数が多くなるためである。

　また、(1b)のように、長音「ー」、促音「っ」、撥音「ん」にあたる部分もモーラになれる。これらは特殊モーラと呼ばれ、通常の核母音にあたる自立モーラに付属する。特殊モーラがなくとも自立モーラさえあれば音節を形成できる点で、名は体を表している。

　このように、モーラの機能は主に長さを測ることにある。発声や知覚の処理では、長さの分配のために、リズムの単位として、等時性（isochronism）を測る単位としてはたらく。また、重音節と軽音節が対立する言語では、長さの弁別のために、モーラは音節量（syllable quantity）（→音節）を測る単位としてはたらく。さらには、語を省略する際には、最低限の長さの確保のために、フットとともにモーラは語形成の鋳型の単位としてはたらく。「セクシャルハラスメント」→「セクハラ」などの短縮複合語や、「拓哉」→「タクちゃん」「ターちゃん」「タッちゃん」などの短縮呼称名で用いられる2モーラフットは、その典型例である（→フット、韻律形態論）。[田中伸一]

文字論・文字素論
もじろん・もじそろん
graphemics
【文字】

　20世紀の言語学が音声重視を標榜し、文字に対して冷ややかだったこともあり、文字の研究分野や専門用語はまだ確立されていない。しかし、音声の研究になぞらえて、音韻論（phonology）・音素論（phonemics）に相当する文字研究として文字論（graphology）・文字素論（graphemics）を、音声学（phonetics）に相当する文字研究として文字学（graphetics）を想定することができる。前者は文字素の言語的機能を研究する分野、後者は文字の物理的形状を研究する分野である。

【名称と英訳】音韻論と音素論の関係と同じく、文字論と文字素論の間に本質的な違いはない。どちらかと言えば文字論の方をよく目にするが、この名称にはどうしても言語論に似た響きがある。語弊を避けて言語学の一分野であることを強調する意味では、文字素論という名称に一日の長がある。そこで、ここでは文字素論という名称を用いる。

　上では、文字論にgraphologyという英訳をあてたが、『学術用語集：言語学編』（文部科学省）ではむしろ文字学がgraphologyと訳される。graphologyは筆跡学と混同されるおそれもあり、誤解を招きやすい用語である。英語圏では、文字の言語的機能を扱う研究分野をgrammatologyと呼んだ研究者もいるが、この呼称は言語学では定着せず、graphemicsという用語が浸透している。

【文字素と異文字】音について音素（phoneme）と異音（allophone）が区別できるのと同様に、文字については文字素（grapheme）と異文字（allograph）を区別することができる。物理的な文字は、1つ1つ異なっている。手書きの文字は言うまでもなく、印刷された文字でも字体、サイズ、インク、紙等の違いがあり、物理的に同一の文字は存在しない。そうした物理的な違いを捨象すると、「ふ」や

「ふ」を包摂し「い」や「か」と対立する文字観念〈ふ〉が得られる。この観念を文字素と呼ぶ。特定の文字素が包摂するあらゆる物理的な形状（上の例では「ふ」や「ふ」）を異字と呼ぶ。

【文字素論】 文字学は異文字から積極的に情報を引き出して文字の系統を論じたり（→付録「文字の系統図」）、古文書の年代を決定したりする。それに対し、文字素論は異文字の差異を捨象して文字素を同定した上で、文字素間の系列関係と統合関係を記述することにより、文字素の言語的機能を究明する。

文字素の言語的機能とは、音素、異音、モーラ、音節、形態素、語、語境界等の言語的要素の表示である。これに基づいて文字素を表音文字・表語文字・表意文字に分類したり、表音文字を音節文字、単音文字、子音文字等に下位区分することが可能となる。多くの文字体系で文字素と言語的要素は一対一に対応せず、一対多（多音性）、多対一（同音異字）、多対多という多様な対応を見せる。こうした側面も文字素論の重要な研究対象である。

英語のph /f/ やドイツ語 sch /ʃ/ のように複数の文字素が1つの音素に対応する場合もある。このような文字素列は「表記要素」と呼ばれる。表記要素が表すのは音素だけではない。たとえば、仮名の「きゃ」は/kija/ではなく2文字素で/kja/という1モーラを表す表記要素である。また、漢字の熟語（「新聞」など）は2文字素で1語を表す表記要素である。さらに、英語におけるnightとknightのような書き分けも表語的な表記要素と見なすことができる。

特定の文字素の持つ言語的機能は言語によって異なる場合が少なくない。たとえば文字素〈j〉はスペイン語で/x/、フランス語で/ʒ/、ドイツ語で/j/という音素を表示する。従って、文字素論は原則として個別言語的に研究すべき分野だと言える。

[文献] 河野六郎ほか『岩波講座日本語8 文字』（岩波書店 1977） ［池田潤］

モダリティ
modality

文法・意味論

法性、様相とも言う。ムードが文法範疇であるのとは対照的に、モダリティは意味論的範疇である。モダリティを、命題（客体化された事柄や出来事）に対する話し手の判断や主観的態度を表すものとする考えがあるが、命題とモダリティとの間に明確な境界が存在しないため、疑問や否定、テンスなどをモダリティに含めるかなどについて、研究者によって必ずしも見解が一致しない。一方、モダリティを、事態が非現実（非事実）であることを表す文法形式（モダリティ要素）からもたらされる意味として捉える立場もある。すなわち、英語のmayやmustといった法助動詞やmaybeといった法副詞、日本語の「おそらく」、「だろう」、「べきだ」などはモダリティ要素であり、それらが表す「可能性」、「義務」、「許可」といった意味をモダリティと言う。

【根源的モダリティと認識的モダリティ】 モダリティには、「根源的モダリティ」(root modality)と「認識的モダリティ」(epistemic modality)という2つの異なる中心的範疇がある。根源的モダリティとは、文の主語（行為者）が持つ内的能力、意志、義務、主語に対する話し手からの許可などの意味を表す。このうち、内的能力と意志を特に動的モダリティ (dynamic modality)、その他の義務と許可は、主語に課する拘束や拘束からの免除を表すという意味で、拘束的モダリティ (deontic modality)と呼び区別する立場もある。他方、認識的モダリティは、事態に対する話し手の判断に関連し、可能性や必然性を意味する。

根源的意味と認識的意味を同形式で表す言語もある。たとえば、英語の法助動詞mayは「～してもよい」という「許可」（根源的）と「～かもしれない」という「可能性」（認識的）の意味を含む。中国語の法助動詞「應該」を含む文「他應該來」は、「彼は来るべきだ」と

いう「義務」(根源的)と「彼は来るはずだ」という「必然性」(認識的)の両方の意味を持つ。このような多義性の背景には、力動的に基づく共通した抽象的スキーマが関与している。たとえば、mayの根源的意味と認識的意味に共通するスキーマは、「事態の実現を阻む障害となるものが存在しない」である。John may comeのmayが根源的意味(許可)であれば、「ジョンが来ることを妨げる物理的・心理的障害物がない」、すなわち「来てもよい」という解釈につながる。認識的意味(可能性)であれば、「話し手が入手した証拠や前提による結論(ジョンが来る)を妨げる障害がない」、つまり「来るだろう」という解釈になる(Sweetser 2000)。また、「根源的」ということばからも分かるように、根源的意味は認識的意味発生の源であることを示唆する証拠がある。たとえば、幼児の言語習得や歴史的考察において、根源的用法が認識的用法に先駆けて出現することが観察されている。主語の内的能力や義務といった物理的で具体的な意味を持つ根源的用法から、主語ではなく話し手の判断に関わる可能性や必然性といった、より主観性の高い意味を持つ認識的用法への拡張は、文法化の一要因である主観化と見なされる。この過程において、根源的用法では動詞のみにかかる作用域(scope)が、認識的用法では、主語と述語を含んだ文全体に及ぶ。

その他、「〜のようだ」(推量)、「〜だそうだ」(伝聞)といった命題の事実性に関する証拠を示すものを「証拠性モダリティ」(evidential modality)として区別する場合もある。また、発話内の力(illocutionary force)を持つ命令や依頼、誘い掛けは、主語である聞き手をコントロール(拘束)するという点で拘束的モダリティに含まれると考えてよい。

[文献] 尾上圭介・坪井栄治郎「国語学と認知言語学の対話II—モダリティをめぐって」『言語』26-13 (大修館書店 1997)、E. E. Sweetser『認知意味論の展開—語源学から語用論まで』(研究社出版 2000)　　[小嶋美由紀]

モンタギュー文法
モンタギューぶんぽう
Montague Grammar
🔳理論

モンタギュー文法とは、論理学者・哲学者、リチャード・モンタギュー(Richard Montague)の一連の著作に基づく自然言語の合成的意味論の枠組みを指す。モンタギュー文法は、自然言語に対して合成的なモデル論的意味論を与えた初めての試みであり(→合成性)、それまでの論理学で当然とされてきた「自然言語は曖昧であり、論理学の形式言語におけるような合成的意味論は不可能である」という考えを覆す結果を生んだ。以下では、モンタギューの著作のうち最も影響力を持った論文"The Proper Treatment of Quantification in Ordinary English"(通称PTQ)における理論の特徴を記述する。

PTQでは、量化子(例:every)及び様相表現(例:necessarily)・心理述語(例:believe)などの内包的述語を含む英語の断片に対して明示的な統語論と意味論が与えられた。ここでは、範疇文法に基づく統語論によって文に統語構造が与えられ、この構造は内包論理(Intensional Logic; IL)と呼ばれる中間言語の文に翻訳される。ILの文は、個体・真理値および指標(index; 可能世界と時点の対)からなる型理論を持つモデルのもとで意味を与えられる。

PTQは、代名詞を変項とした量化の分析、量化子や内包表現の作用域の違いによる文の多義性の合成的分析を初めて可能とした。モンタギュー自身はPTQの出版直後に突然の死を遂げたが、彼の理論は、B. Parteeなどにより同時期に発展していた生成文法と融合され、現在の形式意味論の基礎となった。

[文献] R. Montague. The Proper Treatment of Quantification in Ordinary English. J. Hintikka, et al. eds. *Approaches to Natural Language*. Dordrecht, 1973.、白井賢一郎『形式意味論入門—言語・論理・認知の世界』(産業図書 1985)　　[上垣渉]

役割語
やくわりご
role language
語用論・社会

役割語とは、話者の人物像とステレオタイプ的に結びつけられた話し方（語彙、語法、言い回し、音声・音韻的特徴等）のパターンのことである。たとえば「おお、そうじゃ、わしが知っておるんじゃ。」なら老人が、また「あら、そうよ、わたくしが存じておりますわ。」だったら女性、特にお嬢様など、いい家庭の婦人が話しているという知識が社会的に共有されている時、その話し方を役割語と言うのである。

役割語は最初日本語の観察から研究が始まったが、さまざまな言語において役割語の存在を示す事例が報告されてきている。たとえば英語、ドイツ語、スペイン語、中国語、韓国語、タイ語などで存在が確認されている。おそらく、ポピュラーカルチャーが一定程度発達している言語であれば、役割語的な現象は多かれ少なかれ観察できると考えられる。ただしどのような言語的手段によって役割語を表現するか、またどのような人物像を役割語によって示すかといった点については各言語の言語的類型や社会構造、また言語運用の歴史によって違ってくる。たとえば日本語はここに挙げた言語の中で、語彙が役割語を特徴付ける度合いが大きいと言える。それは「わたし」「ぼく」「おれ」「わし」「あたし」「せっしゃ」など、一人称代名詞相当語が多数存在し、それらが話者の人物像と深く関与している点を見れば明らかである。

役割語の研究は、フィクションをより正確に読み解いたり、質のよい翻訳を産みだす助けとなったり、また外国語教育にも役立てられるなど、応用的な効果も次第に期待されるようになっている。

[文献] 金水敏『ヴァーチャル日本語 役割語の謎』（岩波書店 2003）、金水敏編『〈役割語〉小辞典』（研究社 2014）

［金水敏］

山田文法
やまだぶんぽう
理論

山田孝雄（やまだよしお）（1873-1958）が提唱し、体系化した日本語文法を山田文法と呼ぶ。習慣的に学者名を冠して呼ばれる文法としては、ほかに松下文法、橋本文法、時枝文法が有名であり、これらを四大文法と呼ぶことがある。いずれもその後に多大な影響を与えたが、影響のあり方はそれぞれ異なる。四大文法の中で最も早い山田の『日本文法論』は、他の三文法すべてが立論の基礎とした面があり、後の文法論に与えた直接間接の影響は計り知れない。現在の学校文法は橋本文法の流れを汲むものであるが、特に助詞や副詞の取り扱いなどには、山田文法の影響も見られる。

山田の時代、和洋の文法記述を巧みに取り込んだ「折衷文法」が行われていたが、それでは日本語の本質は捉えられないと山田は考え、「国語の本性」に適合した文法の枠組みを、語論と句論（文を扱う）を二本柱として追求した。語論では、単語を観念語と関係語（＝助詞）に大別し、観念語を自用語と副用語（＝副詞）に分け、自用語を概念語（＝体言）と陳述語（＝用言）に分ける品詞組織が示され、これにより「関係語は観念語の後に来る」など、日本語における要素配列の特徴が捉えられた。山田の分類は江戸時代の富士谷成章（ふじたになりあきら）の分類を精密化したものであり、山田には富士谷の学統を継ぐという意識があった。一方で、山田の分類は西洋に古くからある品詞分類（→語類）に酷似しているとの指摘もあり、山田の言う国語の本性とは何かを改めて問う必要もある。

山田文法はまた、「陳述」という概念を日本文法で論じた嚆矢であり、後に陳述論と呼ばれる研究の流れを作った。時枝文法の陳述論は、山田文法への批判的代案という面が強い。

[文献] 斉木美知世・鷲尾龍一『国語学史の近代と現代―研究史の空白を埋める試み』（開拓社 2014）

［斉木美知世］

融合[1]

ゆうごう

fusion

一般

　融合とは、語形成法に関する特徴の1つであり、形態的類型論における孤立語、膠着語、屈折語・融合的言語、複統合語の4分類の研究の中で発達してきた概念である。

　バーナード・コムリー（Bernard Comrie）は融合という現象を、語内部の種々の範疇が単一の分割不可能な形態に融合していることと定義している。これに対し、語に含まれる範疇が個々の形態素に明瞭に分割されることを膠着（agglutination）と言う。語形成上、融合が顕著な言語を融合的言語（fusional language）、膠着が顕著な言語を膠着語（agglutinating language）と呼ぶ。たとえば、融合的言語であるロシア語のstoly「テーブル（複数）が」、stolov「テーブル（複数）の」、stolam「テーブル（複数）へ」において接辞 -y、-ov、-am はそれぞれ複数・主格、複数・属格、複数・与格を表しており、これらを格の接辞と数の接辞とに分割することはできない。これは膠着語であるトルコ語の adam「男」、adamï「男を」、adamlar「男（複数）」、adamlarï「男（複数）を」において、対格 -ï、複数 -lar のそれぞれが容易に分割される様とは明らかに異なっている。

　融合的言語にはさらに、形態素の形が一定しないという特徴も見られる。ロシア語の先の例では接辞 -ov が複数・属格を表していたが、ほかの語、たとえば lip「ボダイジュ（複数）の」を見ると、複数・属格を表すのはゼロ接辞（明示的な形のない接辞）である。つまり、複数・属格の接辞は -ov として現れたり、ゼロとして現れたりし、どちらが現れるかを予測することはできない。一方、トルコ語は母音調和を有する言語で、たいていの接辞には母音を異にする交替形があるが、その選択は音韻規則、すなわち語幹の母音の種類により予測可能である（例：adam-lar「男（複数）」、ev-ler「家（複数）」。

　融合的言語の代わりに屈折語という呼び方がしばしば用いられる。しかしこの呼び名は誤解を招きかねない。なぜなら、融合的言語だけでなく膠着語や複統合語でも、つまり純粋な孤立語を除けば、どのようなタイプの言語でも、語は屈折（→屈折・派生）しうるからである。このような誤解を避けるために、屈折語でなく融合的言語を用いるべきであろう。

　融合性と膠着性は、語の分割可能性というパラメーター上の2つの極をなす概念であって、二者択一というよりは連続的である。トルコ語と並び典型的な膠着語として知られるハンガリー語からの例を挙げると、まず asztal「テーブル」、asztalt「テーブルを」、folyó「川」、folyót「川を」の比較から、-t が対格を表す接辞だということが分かる。ところが ház「家」に対する házat「家を」では、-t の前に現れた母音 a を語幹に含め háza-t とすべきか、接辞に含め ház-at とすべきか判然としない。つまり、2つの形態素の存在自体ははっきりしていても、それらを明瞭に分割できない場合もありうる。また、形態素境界を超えて適用される音素の脱落などは、結果として形態素境界を曖昧にするため、融合を生じることがある（例：日本語の「〜て＋しまう」→「〜ちゃう」、「〜て＋おく」→「〜とく」）。なお、このような形態音韻論的な過程そのものを指して、融合ということもある。

　語の分割可能性というパラメーターと、孤立語および複統合語との関わりについて言えば、語と形態素が1対1に対応する孤立語は、融合も膠着もない言語である。複統合語は語に極めて多くの形態素（または概念）が含まれる言語だが、語の分割可能性という観点から見ると、複統合語かつ融合的言語、複統合語かつ膠着語に分かれる。

[文献] B. コムリー『言語普遍性と言語類型論―統語論と形態論』（ひつじ書房 1992）　　　　　　　　[長崎郁]

融合²
ゆうごう
syncretism

歴史

　音変化などにより、特定の文法範疇（格、数、性など）に本来備わっていた（と想定される）形態的区分の数が減少すること。たとえば印欧祖語の名詞（単数形）に再建される主格・呼格・対格・属格・奪格・与格・具格・所格の8つの格のうち、古典ギリシア語では奪格が属格と融合し、具格・所格が与格と融合した結果、主格・呼格・対格・属格・与格の5つの格の体系になり、属格と与格がそれぞれ消失した格の用法を併せ持つこととなった。また、印欧祖語に再建される単数・双数・複数という名詞の3つの数の範疇のうち、古典ギリシア語では単数・複数の他に双数形も残ってはいるものの、実際に使われることはまれで、複数形がその領域もカバーし、数の範疇において双数が複数にほぼ融合している。なお、双数形は印欧祖語でも主格・呼格・対格および奪格・与格・具格にそれぞれ1つの語尾しか再建できず、古典ギリシア語では上記5つの格のうち主格・呼格・対格および属格・与格がそれぞれ1つに融合し、2つの語形しか持たない。英語の歴史では、古英語（8～11世紀）の名詞の単数形にあった主格・対格・与格・属格の4つの区別は、古英語ですでに主格・対格が多くの場合同じ形になっていたが、古英語末期から徐々に与格の語尾も消失し、中英語（12～15世紀）の後期には属格だけが区別される2つの格の体系となった。複数形でも同様に格の区別が消失していった。また古英語の時代にあった男性・女性・中性という名詞の性の区別も消失した。以上のように、英語では名詞の形態的区別が失われるのと並行して、語順を固定することで統語機能を示す傾向が強まっていった。

[文献] A. Malchukov & A. Spencer eds. *The Oxford Handbook of Case*. Oxford Univ. Press, 2009.

[入江浩司]

有生性
ゆうせいせい
animacy

意味論・文法

　狭義には、名詞の指示対象が有生（animate）であるか、無生（inanimate）であるかに関わる意味的区別。より広義には、人称や指示形式の違いを取り込んで有生物と無生物をより細分化した相対的な区別を指し、様々な通言語的文法現象の観察に基づいて（1）のような有生性階層（animacy hierarchy）、もしくは名詞句階層（nominal hierarchy）と呼ばれる序列が提案されている。

(1) 有生性階層
　一、二人称代名詞＞三人称代名詞＞固有名詞、親族名称＞人間有生一般名詞＞非人間有生一般名詞＞無生一般名詞

有生性階層の実在性を示す証拠として、たとえば文法的数について以下のような言語事実が挙げられる。①三人称代名詞や一般名詞には見られない単複の区別が一、二人称代名詞には見られる（例：グアラニー語）。②代名詞は、一般名詞には見られない単複の区別を持つ（例：ウサン語）。③人間を指示する代名詞や名詞には、人間以外の動物や物を指す一般名詞にはない単複の区別がみられる（例：ティウィ語）。④有生物を指す代名詞や名詞は、無生物を指す一般名詞にはない単複の区別を有する（例：カーリア語）。

【文法的数以外の例】 有生性階層はさまざまな文法現象に反映されている。たとえば、ルンミ語（セイリッシュ語族）では動作主が一、二人称であり、被動者が有生性階層で下位に位置する三人称である（2）のような事象は能動態でしか表現できない。一方、動作主が三人称で被動者が上位の一、二人称である場合、（3）のように受動態でしか表現できない。

(2) xči-t-sən　　　　 cə　swəyʔqəʔ
　　知る-TR-1SG.NOM　その　男
　　「私はその男を知っている」

(3) χči-t-ŋ-sən
　　知る-TR-PASS-1SG.NOM
　　ə　　cə　　swəy?qə?
　　によって　その　男
　　「私はその男に知られている」

　ナヴァホ語では、人間を指す一般名詞が動作主であり、人間以外の有生物、または無生物が被動者である場合には、(4) のように三人称目的語の一致標識yi-が動詞語幹に付加される。一方、行為の方向性が逆転した場合には、(5) が示すように、yi-ではなくbi-が義務的に使用される。

(4) hastiin łíí **yi**-ztał 「男が馬を蹴った」
　　男　　馬　　3OBJ-蹴る

(5) hastiin łíí **bi**-ztał 「馬が男を蹴った」

また、マラヤーラム語（ドラヴィダ語族）では、(6)(7) の対比からわかるように、直接目的語が有生である場合には対格標識、無生である場合には主格標識を受ける（→DOM）。

(6) awaḷ　　　awane　　　kaṇṭu
　　彼女.NOM　彼.ACC　　　見た
　　「彼女は彼を見た」

(7) awaḷ　　　pustakam　　kaṇṭu
　　彼女.NOM　本.NOM　　　見た
　　「彼女は本を見た」

　以上のように、有生性や有生性階層は、ヴォイスの選択や、文法関係に関わる一致や格標識の変容を理解する鍵として重要である。

【有生性階層における序列の動機】有生性階層の序列は、談話における指示対象の相対的な話題性（topicality）の度合いを反映している。談話を構築する際、話し手は通常自分自身と聞き手、つまり発話参与者に最も重きを置き、その視点から事態を語る。また、自らの意志で行動することが可能な人間や有生物は、感情や意志を持たない無生物よりも知覚的に際立った動作主になりやすく、談話の上で注目される話題的要素になる傾向が強い。

［文献］L. ウェイリー『言語類型論入門』（岩波書店 2006）
　　　　　　　　　　　　　　　　　　　　　　　［古賀裕章］

有標性
ゆうひょうせい
markedness

　プラーグ学派において提唱された概念。もともと音韻論の用語だが、それ以外の部門にも適用され、さまざまな意味を持つ。

【音韻的有標性】ある弁別素性の有無によって対立する音素のペアについて弁別素性を持つ方を有標（marked）と呼び、持たない方を無標（unmarked）と呼ぶ。たとえば有声音と無声音は声帯の振動の有無によって対立し、声帯の振動を伴う前者の方が有標である。

【形態的有標性】ある形態素の有無によって対立する語のペアについて、形態的な標示があることを指して有標であると言う。たとえば、英語の現在形playと過去形play-edでは、接尾辞-edのついている後者が有標で、前者が無標である。また、日本語の能動態と受動態を比べた場合、nagur-uとnagur-are-ruのように受動態の方が形態的に有標である。

【意味的有標性】意味的に対立する語のペアについて意味的に特定的な意味特徴を持つことを指して有標と呼ぶ。たとえば、ロシア語のosël「ロバ」とoslica「雌ロバ」では後者の方がより意味が特定的なので有標である。また、完了相と未完了相を比べた場合、事態が完結しているという特性のある前者の方が、その意味特性を欠く後者よりも有標である。

　これに関連して、百科事典的知識に照らして「普通でない」状況を指して有標であると言うこともある。有標な状況は有標な構文で表現されることが多い。たとえば、日本語の場合、行為の方向性が話者に向かうという有標な状況では、有標な逆行形式「てくる」が用いられることが知られている。

【頻度としての有標性】談話やコーパスに現れる頻度が低い語彙項目や構文を指して有標であると言う。たとえば、能動態に対して受動態は（形態的にも有標でもあるが）頻度が低いので有標な態である。

［長屋尚典］

幼児のことば
ようじのことば
infant speech
（一般）

幼児は、産声に続き、「反射的な」泣きやしゃっくり等を発し、生後1か月頃を境に成人言語の音声特徴を含む非反射的な産出を始める。4か月頃までにクーイング (cooing)、即ち、軟口蓋付近での子音的な狭窄と母音的な鼻腔共鳴音が混じった音声を発し、6か月頃までに唸りや喚きの産出を始める。10か月頃までに、1つの音節/モーラ、あるいはその繰返し ([baba]) や組合せによる喃語 (babbling) を産出し始め、目標言語の音声に近似するようになる。その際、子音としては閉鎖音・鼻音・わたり音 [p b t d k g h m n w j] が、音節としては開音節が典型的に現れる。喃語の豊かさ・早さは以後のことばの獲得の豊かさ・早さと相関する。18か月頃までに最初の語が産出され、それを過ぎると、分節音や音節/モーラのレパートリーが拡張されるため、語彙の量が急増する。24か月頃までに語彙数は200〜400となり、2語による発話（その50％は大人に解される）が始まる。

幼児は、6か月頃までに他言語と目標言語の音を聞き分けるとされる。それを過ぎると音声の違いには鈍感になるが、目標言語の音、分節、配列、韻律等に対する感受性が高まる。最初の語の産出の数か月前であっても、幼児は周囲のことばから幾つか語を認識でき、12か月頃までに約50語を何らかの形で記憶に留めている。

2語による発話以降の形態統語法の発達は、特に動詞の学習によって、意味役割のマッピングが促され、句構造が豊かになる。語の学習では、異形態が限られている、同音異義語が無い、といった条件が当該の語の獲得を容易にする。

[文献] 鈴木孝明・白畑知彦『ことばの習得』（くろしお出版 2012） ［稲垣和也］

用法基盤モデル
ようほうきばんモデル
usage-based model
（意味論・文法）

現実の言語使用とそれに関わる（言語使用という目的に特化されない）一般的な能力が言語の知識—母語話者の言語使用を可能にする仕組み—の成立の基盤にあるとする、認知言語学に特徴的な考え方。言語に特有の生得的な機構としての普遍文法 (UG) を想定し、言語の知識とその使用を峻別する、生成文法が提示するモデルと対立する。

【使用／用法の重視】用法基盤モデルでは、言語知識の単位はすべて現実の言語使用から抽出されたものであるとされる。そうした単位が成立するに際しては、抽象化（→スキーマ）、カテゴリー化、複数の構造を統合して複合的な構造を組み立てる能力、連想能力などの一般的な能力が作用し、使用頻度が重要な役割を担う（→コーパス言語学）。言語の知識はこうして成立した（一般性、複雑度、定着度などにおいてさまざまな）単位が互いにカテゴリー化やスキーマ化の関係を結ぶことによって構成される膨大なネットワークとして表象される。言語知識の（習得を含む）発達や変化に見られる可塑性や柔軟性を自然に扱えるのもこのモデルの強みである。

用法基盤モデルの際立った特徴の1つは、（生成文法における抽象的な原理や規則に対応する）適用範囲の広い一般的な単位（例：主語のスキーマ）とその具体例（例：特定構文の主語のスキーマ）がネットワークの節点として共存し、多くの場合、後者の方が前者より（実際に言語表現を産出または理解する際に活性化されやすいという意味で）重要とされることである。たとえば複数形でよく用いられる名詞（例：misgivings）は、その複数形名詞自体が知識の単位となって可算名詞一般の複数形という抽象度の高いスキーマと（前者に後者が内在するという関係を結んで）共存し、現実の言語使用ではその複数形名詞が

しばしば直接(可算名詞一般の複数形スキーマを介することなく)活性化されると考えられる。

【語彙と文法の連続性】用法基盤モデルによると、語彙的な知識(→語彙項目)と文法的な知識は、截然と区別される領域ではなく、可視スペクトルにおける青と緑のように連続体を構成している。さらに、認知文法では、この連続体全体が形式と意味の組み合せを単位として成立しており、それらの単位の大多数が語彙と文法の両方に同時に属すると考えられている(スペクトルの喩えを使うならば、青と緑の中間領域が言語知識の大部分を占めることになる)。

たとえば、英語の母語話者にとって、使用頻度のきわめて高い[主語 + make/let + 目的語 + 原形不定詞句]というパターン——当然のことながら、形式と意味の両面を持つスキーマ——が、分析的使役構文(→使役構文)という文法項目についての知識の一環であると同時に、語彙項目makeとletに関する知識にも属していると考えるのは自然であろう。

さらに、上記のパターンの適用例の中には、無生物(あるいは非意図的な人間)と人間がそれぞれ主語と目的語の指示対象であり、不定詞句の主要部にlook, think, want, wonderなどが生じるmake使役文(例:What makes you think so?／You make me want to be a better man)や、人間を指示対象とする主語とbother, fool, go, happenなどを主要部とする不定詞句を持つlet使役文(例:Don't let it bother you／Let it go)などのように、語彙と文法の領域に同時に属する単位として定着していると考えられるスキーマが多数ある。こうしたスキーマがそれぞれの不定詞句の主要部に生じる動詞に関する知識の一環でもあることはもはや言うまでもあるまい。

[文献] R. W. ラネカー「動的使用依拠モデル」坂原茂編『認知言語学の発展』(ひつじ書房 2000)、J. R. Taylor. *The Mental Corpus*. Oxford Univ. Press, 2012.

[西村義樹]

ラング・パロール
langue / parole（仏）

現代言語学の祖の一人であるフェルディナンド・ド・ソシュール（Ferdinand de Saussure）は言語的知識と個別の発話を区別した。前者をラング、後者をパロールと言い、この区別は現在の言語学でも重視されている。さらに、ラングとパロールを含めた言語活動の総体を、やはりソシュールの用語で、ランガージュ（langage）と言う。

たとえば、日本語を母語とする人々の間でことばによるコミュニケーションが成り立つのは、全員が日本語の発音、単語、文法といった知識を持っているからである。このように、母語話者に共有されている言語的知識の総体をラングと言う。「留学生が日本語を勉強する」と言う時、この「日本語」が指しているのはラングとしての日本語である。

これに対して、実際の場面で発話されたことばや、看板に書かれたことばなど、具体的な言語行動によるものをパロールと言う。「外国の町を歩いていたら、日本語が聞こえた」と言う時、「日本語」が指しているのはパロールとしての日本語である。

ラングとパロールの主な性質を対比すると、次のような点が挙げられる。(1) 言語の構造の解明にあたって、対象となるのはまずラングであり（根本的）、パロールはラングに従属するもの（副次的）として扱われる。(2) ラングはある社会においてその成員間に共有されているものである（社会的）。パロールは具体的な個人が産み出す現象である（個人的）。(3) 誰のどんな声で「ネコ」と言っても、ラングとしては同じ単語であり、抽象的意味と結びついている（心理的）。パロールとしては、それぞれが音声器官によって作り出された別の音である（物理的）。

[文献] 町田健『ソシュールと言語学―コトバはなぜ通じるのか』（講談社 2004） ［白井聡子］

力動性
りきどうせい
force dynamics

意味論

タルミー（Leonard Talmy）によって提案された意味範疇で、事象参与者間の力に関わる相互作用を指す。ある人やモノに力を及ぼしたり、その力に抵抗したり、抵抗を克服したり、力の表出を妨害したり、障壁を取り除いたり、といった相互作用が力動性のタイプとして挙げられる。力動性は物理的な相互作用にとどまらず、より抽象的な社会的、心理的な相互作用にも及ぶ。言語分析における力動性の有用性は、事象構造や文法関係の分析（→因果連鎖）、法助動詞の意味分析と文法化（→モダリティ）、そして使役表現の意味分析にとりわけ顕著に見られる。

【主動子と拮抗子】力動的な相互作用において、注意の焦点となる対象を主動子（agonist）、主動子と敵対する対象を拮抗子（antagonist）と呼ぶ。これらは空間関係や移動における図と地に相当する（→枠付け類型論）。対象は移動、もしくは静止に向けた内在的な力の傾向を持つ。力の競合の中で、より強い力を持つ対象が対立する対象の力を克服するなどしてその力の傾向を現出させる。

【具体例】The ball keeps rolling along the green という文には、力動性の違いに応じて次の2つの異なる解釈が可能である。①主動子であるボールは静止への力の傾向を持っているが、それに対してはたらきかける外的な力（たとえば風）である拮抗子によってそれが克服され、結果として移動が継続している。②主動子であるボールは移動への力の傾向を持っており、たとえば固い芝といったそれと対立する拮抗子の力を克服して、移動を継続させている。また、社会心理的な相互作用を表す He's got to go to the park と He finally got to go to the park といった文の違いも力動性によってうまく捉えられる。前者においては、力の傾向である主語の心理的欲求は公園に行くこ

とではない。しかし、彼が公園に行くことを望む、より強い力を有する外的な権威が静止への欲求の実現を阻むため、彼は公園に行かざるを得ない。後者の場合は、主語の欲求が公園に行くことであり、それを阻止することが可能なより強い力を持った外的状況が消失したか、または実現しなかったがために、主語の欲求である公園に行くことが可能となる。

【使役表現の分析】 The ball kept rolling because of the wind blowing on it／The wind kept the ball rolling という文は、静止への傾向を持つボールに対して、それを上回る力で風がボールに継続的にはたらきかけることによって移動を起こしているさまを表す。これを継続使役（extended causation）と呼ぶ。一方、The ball's hitting it made the lamp topple from the table／I made the lamp topple from the table という文は、静止の傾向を持つランプに、それに勝る力を有するボール、もしくは話者が瞬間的にはたらきかけることによってランプの移動の開始を引き起こすさまを表す。これを継続使役に対して開始使役（onset causation）と言う。このほかにも get, stop, prevent といった動詞は、より強い力を持った拮抗子が主動子に対して積極的に力を及ぼすタイプの使役事象（causing）を表す。一方、let という使役動詞は、継続使役としては I let him be there のように放任（彼の静止への傾向を、より強い力を有する話者が力を行使せずに容認する）を、そして開始使役としては I let him go のように障壁の除去（彼の移動への傾向を阻むより強い力を持った主語が、その力の行使を停止する）を表す。このように、let は拮抗子が主動子に力を及ぼさない、もしくは行使していた力を解除するタイプ（letting）の使役事象を表す。leave もこのタイプの使役事象を表すが（例：I left him (alone) in the room）、let とは異なり、放任の意味しか持たない。

このように、力動性はさまざまな使役表現を体系的に記述することを可能にするのに有効な概念であると言える。　　　　　　［古賀裕章］

リテラシー
literacy
【社会】

社会的に作られた記号の操作に関する技術のこと。本来は、文字を使用する読み書きの能力（識字）を指すが、記号（文字以外も含む）を通して情報を解釈したり発信したりする能力を指すのにも使われる（広義のリテラシー）。識字は学習に時間がかかることもあり、古くから社会的な特権や制度と結びつけられてきた。また、書かれた記号（文字）を音声的に正しく読み上げられることだけでなく、その文字列の意味や文脈を理解することも含まれる。広義のリテラシーには、メディア・リテラシーやITリテラシーといったものが挙げられる。これらは、情報処理の技術の発達や、社会参加に必要な知識の生産・再生産・消費のサイクルの変化を反映している。

近代以降の情報・知識社会の理念においてリテラシーは、すべての市民が利用できる技術であり、皆が平等にその習得の権利を持つものである。しかし現実には、インフラや社会制度の不備などのため、リテラシーの習得機会にさまざまな不公平が生じており、獲得できるリテラシーの水準に格差がある。こうした問題は、経済的社会的格差が激しくインフラの整備されていない発展途上の地域だけのものでない。より発展した地域でも、社会における支配層が制定し精通している識字の習得において、移民や特定の社会階層、言語マイノリティは不利であることが多い。また、広義のリテラシー教育の不備は、知識基盤社会にある現代では、個人の所得だけでなく、社会全体の経済にも影響する。リテラシー能力の向上と、リテラシー能力や習得機会の不平等の解消は、言語政策や応用言語学において重要な関心事である。

［文献］かどやひでのり・あべやすし編『識字の社会言語学』（生活書院 2010）、V. デイヴィド『マス・リテラシーの時代―近代ヨーロッパにおける読み書きの普及と教育』（新曜社 2011）　　　　　　［山下里香］

略語
りゃくご
abbreviation

（一般）

　長い語を短くすることで作られた語。

　略語を作る方法の1つは、短縮（clipping）である。たとえば、テレビジョン→テレビ、アルバイト→バイトのように、1つの語の一部分を残したり、リモート・コントロール→リモコンのように、複合語から2つの部分を切り取って組み合わせたりする。また、頭文字だけをつなぎ合わせて作られる略語もあり、頭字語（acronym）と呼ばれる。universal serial bus→USBのような一般名詞から、日本放送協会（Nippon Hoso Kyokai）→NHKのような固有名詞まで、非常に多くの例がある。日本語においては短縮語も頭字語もほとんどが名詞だが、サボタージュ→サボ→サボる、変態（hentai）→H→エッチな、のように、五段動詞やナ形容詞（形容動詞）が派生された例もある。このほか、略語と似た語形成として、混成語（blend）がある。カバン語（portmanteau word）とも呼ばれる。これは、smoke/fog→smog（スモッグ）、ゴリラ／クジラ→ゴジラのように、2つの語の一部ずつを組み合わせて新しい語を作るものである。

　略語の特徴として、音と意味の結びつきをいったん切り離し、音または文字だけを対象として短縮が起こるという点が挙げられる。たとえば、「リモコン」という略語において、「リモ」や「コン」という音の連続は、本来意味を持たない。日本語の音韻構造において切りのいいところで短縮しており、その際に意味のまとまりは考慮されないからである。そのため、特に短縮の過程は、その言語の音韻論的特徴を反映するものとして注目される。たとえば日本語では、構成要素から2モーラずつ結合する例が多く、モーラの重要性を示唆する現象と考えられる。

[文献] 窪薗晴夫『語形成と音韻構造』（くろしお出版 1995）　　　　　　　　　　　　［白井聡子］

類型地理論
るいけいちりろん
linguistic typography

（分野名）

　橋本萬太郎が提唱した、言語ないし言語の構造／体系を巨視的な観点から総合的に考察する方法論の1つ。この方法論の特徴は、ある構造や体系が地理的に分布する〈共時的なありさま〉と、言語が変化してきた〈通時的な過程〉を結びつけ、地域特徴の起源や、言語が変遷する原理を明らかにしようとする点にある。

【言語史を知るための方法論】言語の変遷を明らかにするために最も信頼できる方法は、印欧諸語を対象として発達した比較法であるとされてきた。その理由は、大まかに言って2つある：(1) 古い文献のある印欧諸語においては、文字資料という証拠を用いて言語の変遷を実証できた、(2) 印欧諸語の話し手は広大な地域に散らばって移住し、その後、それぞれの印欧諸語が大規模な言語接触を経ずに、単独で発展した（そのため、特定の言語形式は1つの起源に遡りやすい）。

　これに対し、東アジア地域は、特に上記(2)のような状況ではなく、多くの民族が入り混じった状態から、言語接触を経て、それぞれの諸言語がゆるやかに同化することによって変遷をとげた（そのため、特定の言語形式は1つの起源に遡りにくい）。このような状況では比較法を適用しにくい。よって、橋本は、東アジア諸言語が経た通時的過程を考察するには類型地理論が必要だと考えたのである。比較方法が音韻・形態を中心的な対象とするのに対し、類型地理論は、これらに限らず言語構造全般を対象とする。

【地域特徴の起源】地域特徴と言うと、たとえばインドの諸言語に見られるそり舌音、アフリカ南部の諸言語に見られる吸着音などがよく挙げられる。橋本は、このような地域特徴は、その存在を記述するだけでは不十分であるとし、それが存在する理由を類型地理論的

に説明しようとした。その1つに、ある言語が他の言語へと、音体系を除いて全体的に取り替えを行ったとする仮説がある。

琉球諸語の中には、破裂音に有声音・無声無気音・無声有気音の三項対立を持つものがある。これと同様の三項対立が、地理的に隣接する中国大陸の呉方言や閩方言にも見られる。このことから、橋本は、(ⅰ) 三項対立を持つ言語が過去に琉球で話されていた、(ⅱ) この言語を素地として日本語への取り替えが起こった、とする仮説を立てた。もとの文法や語彙は日本語化し、一方で子音の組織は日本語化せず、もとの言語のまま保持されたというわけである。

【東アジア地域を対象とした類型地理論】橋本は、東アジア地域では、北方に向かうにしたがって構造・体系が「アルタイ的」になっていき、南方に向かうにしたがって「タイ的」になっていくと特徴づけ、通時的変化とその共時・地理的推移との相関性を指摘した。語順を例にとると、右枝分かれ構造(動詞の修飾成分を右に重ねる構造)は、通時的には(a)古代の中国語で優勢、中世現代へと時代を下るにしたがって極めて劣勢、共時的には(b)現代の南方諸語で優勢、中部北部へと北に移るにしたがって極めて劣勢となる。逆に、左枝分かれ構造(動詞の修飾成分を左に重ねる構造)は、(c)古代中国語で劣勢、時代を下るにしたがって極めて優勢、(d)南方諸語で劣勢、北に移るにしたがって極めて優勢となる。このように、通時的変化(a, c)と共時・地理的推移(b, d)の2つの面の間に統語構造の見事な対応があることを示したのである。

[文献] 橋本萬太郎『現代博言学―言語研究の最前線』(大修館書店 1981)、橋本萬太郎『橋本萬太郎著作集 第一巻 言語類型地理論・文法』(内山書店 2000)

[稲垣和也]

類推
るいすい
analogy

歴史

形式と意味の関係を、より規則的で透明なものにしようとすること。類推により、ある形式が別の形式が示すパターンに合わせる方向へと変化することがある。

中英語(11から15世紀後半頃)では、名詞の複数形は、大きく分けて-(e)sで作るものと、-(e)nで作るものがあった。

　単数　king　　複数　kinges　「王」
　　　　name　　　　　namen　「名前」

しかし、現代英語では、-(e)nで複数形を作っていた名詞のほとんどが、-sで複数形を作る名詞のパターンに合わせるようになった。

　単数　name　　複数　names　「名前」

そのため、-(e)nで複数形を作る名詞は、oxなど僅かしか残っていない。このように、英語の複数形形成は、-(e)n付加が-(e)s付加に類推によって置き換えられる方向に変化した。

別の類推の過程にパラダイムの平準化(leveling)がある。これは1つのパラダイムの中の形態的な交替を完全に、もしくは部分的に取り除こうとする過程である。これは以下の英語動詞choose「選ぶ」のパラダイムに見られる。

　不定詞　choose　　過去分詞　chosen
　　　　　[tʃuːz]　　　　　　[tʃoʊzn]

以下の古英語の形式と比較されたい。

　不定詞　cēosan　　過去分詞　coren
　　　　　[tʃeːozan]　　　　　[koren]

古英語で見られた語頭の[tʃ~k]の交替および語中の[z~r]の交替は音変化の結果生じたものであるが、現代英語では不定詞に見られる[tʃ]と[z]に平準化されている。これは、ある語のパラダイムに現れる形式を統一して、形式と意味の関係をより規則的にしようとする類推の結果である。

音変化は規則的に作用するが文法的な不規則性を生み出し、類推は文法的には規則だ

が音変化の結果を乱すとされる。音変化は意味とは関係なく適用されるが、類推は意味と形式の対応関係を規則的に整えようとするからである。19世紀の青年文法学派は音変化と類推は、互いに影響を及ぼしあうがそれぞれ独立した言語変化の要因であると考えた。類推と音変化を明確に区別したことで、彼らは「音法則（音変化の法則）の規則性」という基本理念を築くことができたのである。

類推は音法則と異なり、それが生じる環境にあれば例外なく生じるというものではないが、J. クリウォーヴィチは、類推にも一般的な法則が存在するとして、それを6つの法則として定式化している。たとえば、第4法則「類推によらない形式と、類推による形式が両方使用される場合、前者は二次的な機能にとどまり、後者が基本的な機能を受け継ぐ」は以下の英語の例を説明する。英語melt（溶かす）の過去分詞は不規則なmoltenであったが、語尾に-edを付加する規則的な過去分詞からの類推によりmeltedという形が新しく作られた。このため、類推によらないmoltenという古い形式は「（硬いものが）溶けた」という意味の特殊化を起こして形容詞としてのみ用いられ、過去分詞としての基本的な機能はmoltenではなくmeltedが担っている。ただし、クリウォーヴィチの法則は、法則というよりも一般的な傾向と考えるべきである。

また、類推は上述のような歴史的過程としてだけでなく、共時的な現象としても観察される。たとえば、英語を母語として習得中の子供が、不規則動詞を規則動詞のように活用する（goの過去形をgoedと言うような）現象は、類推が共時的に作用していることを示している。このような共時的な類推が歴史変化の萌芽となるのである。

[文献] 吉田和彦『言葉を復元する―比較言語学の世界』（三省堂 1996）、L. Campbell. *Historical Linguistics: An Introduction*. The MIT Press, 2013. ［児玉茂昭］

類像性
るいぞうせい
iconicity
【文法】

【背景】記号論の用語で、記号表現と指示対象の間に類似性があるものを言う。チャールズ・S・パース（Charles S. Peirce）の記号論では非常に詳細な記号分類が行われる（その多くは三分法である）。表現と対象との関係に基づく分類では、類像のほかに隣接性による指示的関係を持った指標（index）、社会慣習によって表現と対象が結びついた象徴（symbol）がある。視覚的記号を例にとれば、写実的な絵画は類像、矢印で場所を示す道標は指標、ピースサインのように社会的な約束事によって理解されるものは象徴の範疇に入る。

【言語記号の類像性】言語記号については、フェルディナン・ド・ソシュール（Ferdinand de Saussure）以来の構造主義言語学では形と意味の関係は恣意的であるとする立場が支配的であった。これに対し、形と意味の間には何らかの予測可能な結びつきがあるとする立場がある。この立場を支持する議論は構造主義の時代にも散見されるが、認知言語学、及び言語類型論の中で意味論的・語用論的な側面に注目する研究が盛んになった1980年代以降に、ジョン・ヘイマン（John Haiman）の一連の著作によって広く関心を集めるようになった。

類像性という用語は、「形と意味のランダムではない結びつき」というように広くとった場合には動機づけの概念と一致する。しかし本来のパースの定義にならい、「類似性」の認識を含むものに限ると、言語における類像性には以下のような現象が含まれる。

【類像性の分類】第1に、オノマトペすなわち言語側の音声表現が事物の何らかの性質を模しているものが挙げられる。これは実際に人間・動物・物体が発する音（「ワンワン」のような鳴き声や物音など）から、動作の様態、

心理的な状態までさまざまに及ぶ。後者の場合、「ブラブラ」や「ワクワク」では物理的な音声そのものを模しているのではなく、共感覚のはたらきも介在する。パースによる類像の下位分類に従えば、これは単体的な類似性を示す映像（image）にあたる。

第2に、音声表現ではなく、語彙や文法における構造上の要素間の関係が、意味面における要素間の関係と対応する場合がある。パースの下位分類では関係的な類似性を示す図式（diagram）にあたる。これは形式面の関係から意味面の関係が（部分的に）予測可能である状態を指す、一種の同型性である。若干の例を以下に挙げる。(1) 形態論的有標性。主要品詞の典型的なメンバーが他の品詞に転換される時、たとえば属性の記述・修飾という機能を持つ形容詞cleanが名詞に派生されると、表現面では派生辞-nessが追加され、内容面では属性を抽象的な指示対象として概念化するエクストラの処理が加わる。(2) 線状的類像性。語句の発せられる線的順序は事象の継起関係としばしば対応する。また、世界の言語における基本語順を見ると、動作主が被動者よりも先に現れる傾向が強い。これは作用の起点から到達点への順序を反映しているからであると解釈できる。(3) 近接性。語句の文中における近さは概念上の直接性と対応する。I found that she was a nuisanceは伝聞や史実に基づく間接的な理解も表すが、I found her to be a nuisanceの使用は直接経験に限られる。このほかにも、表現面と意味面にわたって共通するスキーマ的構造が見出されるケースが少なからず見られる。なお、オノマトペについても、語のペア（コロコロ－ゴロゴロなど）の対比に注目すれば関係的な面を持つと言える。

第3に、パースの下位分類ではメタファーがある。これは概念構造間の類似に基づいた対応づけとして位置づけられる。

［文献］J. Haiman ed. *Iconicity in Syntax*. John Benjamins, 1985. ［大堀壽夫］

類別詞
るいべつし
classifier
文法

有生性、形状、機能などに基づき、名詞の指示対象を分類する文法範疇。たとえば、日本語では有生物の中でも人間を数える場合には「人」を、人間以外の動物を数える際には種類に応じて「匹」や「頭」などの類別詞を数詞に後続させる。一方、無生物については、毛髪のような一次元的なものには「本」を、紙などの二次元的なものには「枚」を、リンゴなどの三次元的なものには「個」「つ」をといったように、形状の違いに応じて異なる類別詞が選択される。このように事物の数量を明示する際に、数詞に義務的に付加される類別詞を特に数詞類別詞（numeral classifier）と呼ぶ。中国語では、名詞に指示詞を付加する場合にも数詞類別詞「本」（日本語の「冊」に相当）が要求される（例：這本書［この CL 本］／那本書［あの CL 本］）。数詞類別詞は東南アジアや東アジアの言語にとりわけ広く観察される。

所有構文においても類別詞の使用が義務的である言語が存在する。たとえばタリアナ語では、「私の犬」というとき、所有者である1人称単数代名詞nuに所有物「犬」が有生物であることを示す類別詞が接尾辞によって付加される（例：ʧinunu-ite［犬 1SG-CL: animate］）。この種の類別詞は所有物類別詞（possessed classifier）と呼ばれる。

動詞の項、特に自動詞の主語と他動詞の目的語の形状、有生性などに関する情報が動詞に表示される言語もある。たとえば「私にココナツをちょうだい」という意味のワリス語の例sa ka-m put-ra-ho-o［ココナツ 1SG-にCL-取る-BEN-IMP］では、動詞語幹raの前に移動体であるココナツの形状（丸い）を表すput-という類別詞が付加される。この種の類別詞は動詞類別詞と呼ばれ、パプア諸語やアサバスカ諸語に多く見られる。 ［古賀裕章］

歴史言語学
れきしげんごがく
historical linguistics
分野名

　言語を歴史的に研究する学問分野を歴史言語学と言う。言語を時間的に変化する主体と見なし、その過去の姿を推定する科学的研究であるという意味において、歴史科学の1つである。今日、言語学と呼ばれる学問は、歴史言語学に属する研究から始まったものである。

【学史】言語の歴史に関する研究は古来よりあるが、現代の歴史言語学に継承される学問研究の発端となったのは、1786年のイギリス人ウィリアム・ジョーンズ（W. Jones）による、インドの古典語サンスクリットとヨーロッパ古典語との系統関係の指摘である。その後、19世紀に入り、ラスムス・ラスク（R. Rask）、フランツ・ボップ（F. Bopp）、ヤーコプ・グリム（J. Grimm）らの研究が本格的な言語の歴史研究の始まりとなる。当初、研究対象は主としてインド・ヨーロッパの古典語であり、それゆえ文献学的な研究と不可分の関係にあった。19世紀半ばに活躍したアウグスト・シュライヒャー（A. Schleicher）以降、言語学は、言語を対象とする科学として文献学から明確に独立するようになる。19世紀の言語研究はドイツの学者が牽引者としての役割を果たし、1870年代には青年文法学派の活躍によって、音変化の規則性や類推のはたらきなど歴史言語学的方法の基礎となるアイディアが固められた。19世紀後半になると、研究の対象も文献から現存の諸言語・諸方言へと広がっていき、その結果言語地理学、方言学といった学問を生み出すことになる。20世紀に入るとフェルディナン・ド・ソシュール（Ferdinand de Saussure）による共時態と通時態の峻別を経て、歴史言語学は言語の通時面を扱う部門として継承されることになる（それゆえ通時言語学 diachronic linguistics と呼ばれることもある）。20世紀の半ば以降、社会言語学、ピジン・クレオール研究の勃興とともに、言語接触も重要な研究テーマとなっている。

【基本的な考え方】言語の歴史研究においては、他の歴史科学同様、実験を通して検証することが難しい。そこで可能性のある仮説を列挙して、その中のどれが最も蓋然性が高いかを考えるという方法をとる。そこでの重要な考え方の1つが斉一原理（uniformitarian principle）である。これは、過去の出来事も現在承認されている原理で理解・説明が可能であるとするものである。言語の再建において、よく知られた音変化を重視することや、再建された体系が現存の言語の中に確認されるかどうかという考慮がなされるのもその故である。また、最節約原理（maximum parsimony principle）は、歴史上の出来事を説明する場合、原因となる事柄をより少なく仮定する説明の方が優れているとするものである。これは、すべての科学的研究において適用されるものであるが、歴史言語学においても仮説間の優劣を決める際の基準となる。

【研究諸領域】歴史言語学に属する研究分野は多岐にわたる。共時言語学で扱う言語分析のレベルそれぞれに、その歴史研究を行う研究領域があると考えることが可能である。つまり、音韻変化、文法変化（形態変化、統語変化を含む）、意味変化、語彙変化、語用の変化等々を扱う研究領域がある。研究対象へのアプローチの仕方においては、実証されるデータに基づく過去の状態の復元や時間軸に沿った変化のプロセスの探求と、変化の地理的・社会的伝播の具体的プロセスを追求する研究に分けることができる。前者の代表が比較言語学である。後者は、方言学や社会言語学的な言語変化の研究に典型的な姿を見ることができる。

［文献］風間喜代三『言語学の誕生―比較言語学小史』（岩波書店 1978）、R. L. Trask. *Historical Linguistics*. Arnold, 1996.

［田口善久］

連鎖変化
れんさへんか
chain shift
(歴史)

複数の音変化が相互に関連して生じ、全体的な音韻体系に影響が及ぶ現象を連鎖変化と言う。ある音が変化し、当該言語の音韻体系の中でその音が占めていた位置が空き、隣接する別の音がその隙間を埋めるように変化する場合を引き連鎖(drag chain)と言う。また、ある音が変化した結果、音韻体系内で隣接する音との間隔が狭くなり、意味の区別に支障を来たさないよう、もう一方の音が体系内での十分な距離を確保する方向に変化する場合を押し連鎖(push chain)と言う。実際に生じたのが引き連鎖なのか押し連鎖なのかを判別するのは難しいことが多いが、方言の状況からある程度の推測ができることもある。連鎖変化としてよく知られているのは、15〜16世紀に英語の長母音に生じた大母音推移と呼ばれる現象である。現代英語に引き継がれている語例について、15世紀初頭と16世紀後半頃に推定される発音の順に挙げると(最後の括弧内は現代英語)、前舌の長母音はtide [tiːd] > [teid] (> [taid])、bete [beːt] > [biːt] (> beet [biːt])、mete [mɛːt] > [meːt] (> meat [miːt])、name [naːm] > [nɛːm] (> [neim]) のように(つまり [iː] > [ei], [eː] > [iː], [ɛː] > [eː], [aː] > [ɛː]と)、また後舌の長母音はhous [huːs] > [hous] (> house [haus])、boote [boːt] > [buːt] (> boot [buːt])、boat [bɔːt] > [boːt] (> [bəut]) のように(つまり [uː] > [ou], [oː] > [uː], [ɔː] > [oː] と)、それぞれ舌の位置がもっとも高い母音は二重母音に変化し、それより低い位置の母音は一段ずつ高くなるという変化が生じた。子音の連鎖変化としては、グリムの法則と呼ばれるゲルマン語で生じた子音体系の推移がよく知られている(→グリムの法則)。

[文献] R. Lass. *Phonology*. Cambridge Univ. Press, 1984. 　　　　　　　　　　　　　[入江浩司]

連続体
れんぞくたい
continuum
(文法)

あるカテゴリーAと別のカテゴリーBにおいてその間に明確な境界が引けずAからBへと繋がっているような状態が観察される時、これを「AとBは連続体をなしている」と言う。

人間の言語には連続体をなしていると考えられる現象がたくさんある。たとえば、自動詞と他動詞である。いかなる言語でも自動詞と他動詞はそれぞれプロトタイプ的な例が存在するものの、自動詞とも他動詞とも言えない動詞も存在する(→他動性)。項と付加詞の区別もそうである。どういう基準でも項あるいは付加詞としか言えないものがある一方で、基準次第では項にも付加詞にも分類できてしまうものが存在する。さらに、語類も連続体をなす。名詞と動詞はそのプロトタイプにおいて大きく異なるが、形容詞はその中間的存在である(→語類)。さらには、語と接辞の間にはどちらとも言えない接語が存在する(→接語)。屈折とも派生とも言えない接辞も存在する。

【なぜ連続体か?】自然言語に連続体として捉えるべき現象が数多く存在する理由は大きく2つある。まず、人間の認知がプロトタイプ的構造を持つことである。カテゴリーは必要十分条件で規定されるのではなく、プロトタイプと周縁的なメンバーからなっており、メンバーらしさの程度はさまざまで、カテゴリーの境界はあいまいである。他動性や項といった文法に関するカテゴリーも例外ではない(→カテゴリー化)。

もう1つは言語変化である。我々が観察する共時態は絶え間なく起こる言語変化の一局面である。したがって、その共時態には文法化のさまざまな段階にある形式が混在している。たとえば、動詞から前置詞・後置詞への文法化は、共時的には動詞とも前置詞・後置詞とも言えない語を生む。　　　　[長屋尚典]

枠付け類型論
わくづけるいけいろん
framing typology
分野名・文法

　タルミー（Leonard Talmy）によって提案された、マクロ事象（macro-event）の中核スキーマ（core schema）が文のどの統語要素によって表現されるかに基づく言語の類型。マクロ事象とは、主要な枠付け事象（framing event）と従属的な共事象（co-event）と両者の補助関係から構成される複合的な事象を指す。実際には複合的であるものの、概念統合により、さまざまな言語において単一の節で表現可能な単一事象として概念化される。たとえば［私がボールを部屋の中に移動させた］という枠付け事象は、それと［原因］という補助関係を持った［私がボールを蹴った］という共事象と共にマクロ事象を構成する。この複合的なマクロ事象を、日本語では「私は部屋にボールを蹴りいれた」、英語では I kicked the ball into the room と単一の節で表現する。共事象は多くの場合、時間的限界性を持たない事象であり、枠付け事象がマクロ事象全体の時間的な枠組みを提供する。この枠付け事象は、注意や関心の焦点となる図（figure）、図を特徴づけるための参照点となる地（ground）、図が地に対して推移するか静止状態であるかを指定する活性化プロセス（activating process）、図と地を特定の関係で結びつける関連付け機能（association function）の4つから構成される。前述の例では図がボール、地が部屋、活性化プロセスは推移（移動）、関連付け機能は経路（INTO）にあたる。このうち関連付け機能、または関連付け機能と地の組み合わせが枠付け事象の中核スキーマを担う。タルミーの提示した重要な観察は、様々な言語において枠付け事象が以下の5つの異なる概念領域にわたるという点と、各領域において各言語が中核スキーマをどの統語要素で表現するのかが概ね一貫しており、2つのタイプに大別できるとした点である。

①移動の領域における経路：The ball rolled **in**／ボールが転がって**入った**　②時間的輪郭付け領域におけるアスペクト：They talked **on**／彼らはしゃべり**続けた**　③状態変化領域における変化後の状態：The candle blew **out**／ろうそくが**吹き消された**　④行為の相関付け領域における相関関係：She danced **to** the rhythm／彼女はリズムに合わせて踊った　⑤実現事象領域における達成：The police hunted him **down**／警察は彼を追跡して**捕えた**

　それぞれの概念領域において中核スキーマが動詞に付随する不変化詞や動詞接辞などの付随要素（satellite）や側置詞によって表される言語を付随要素枠付け言語（satellite-framed language）と呼ぶ。英語を含むゲルマン諸語、スラブ諸語、フィン・ウゴル諸語などがこのタイプに含まれる。一方、中核スキーマが主動詞によって表される日本語のような言語は動詞枠付け言語（verb-framed language）と呼ばれ、ロマンス諸語、セム諸語、バンツー諸語などはこのタイプに属するとされる。

【移動表現の類型】 移動表現の研究は近年特に盛んに行われ、タルミーの提示した類型論についてさまざまな修正がなされている。たとえば、多くの動詞枠付け言語において、経路が境界を跨がない非境界的（atelic）経路である場合、付随要素枠付け言語と同様に、経路を主動詞ではなく「駅**に向かって**歩いた」のように側置詞によって表現可能である。松本曜は、英語の前置詞やフィン・ウゴル諸語の格標識がタルミーの付随要素の定義にあたらないことを指摘し、経路が主要部かそれ以外によって表現されるかという、主要部枠付け言語、非主要部枠付け言語という類型を提案している。また、スロービン（D. Slobin）は、実際の言語使用における様態の表現頻度に着目し、等位枠付け言語（equipollently-framed language）という3つ目のタイプを設けている。

［文献］田中茂範・松本曜『空間と移動の表現』（研究社出版 1997）

［古賀裕章］

話題継続性
わだいけいぞくせい
topic continuity
【語用論・文法】

　文レベルの話題（sentential topic）とは、文の内容によって解説が加えられる対象である（→主題）。「太郎は学生だ」と言う時、「太郎」が文の話題であり、それについて「学生である」という記述がなされる。複数の文が共通の話題によってつながり合い、より大きな談話レベルでの話題（discourse topic）を形成する。この際、文から文へと話題が引き継がれる過程を話題継続性という。特に、ある指示対象がどのように談話に導入され、その後言及されるか、またはどのように言及されるかが考察の対象となることが多い。

　日本語においては、典型的にまず名詞句で指示対象が導入され（例：私の友達に太郎というのがいる）、助詞の「は」を伴って受け継がれ（例：太郎は学生だ）そして省略されることが多い（例：(太郎は)東京に住んでいる）。しかしながら、どのような文法、音韻、その他の手段によって話題の継続性が表されるかは言語ごとに異なり、また言語内においても多様な表現形態が存在するのが常である。英語では、名詞句、代名詞、指示代名詞などの指示表現（referential expression）のほか、前方・後方照応（anaphora, cataphora）、アクセント、倒置、分裂文、言語要素の左方・右方転位（left-, right-dislocation）など多様な手段が用いられることが知られている（→非規範的語順）。Givón (1983) では、英語、日本語をはじめ、アムハラ語、ウテ語、古ヘブライ語、南米スペイン語、ハウサ語、チャモロ語など多様な言語における話題継続性が論じられている。

　ギヴォンは、談話における話題形成の仕組みを分析するために2つの基準を提案した。1つ目は話題の指示距離（referential distance）と呼ばれ、任意の指示対象へのある時点における言及とその指示対象に対する直前の言及との距離を指す。つまり問題となるのは、当該の指示対象への先行文脈における言及である。通常、文や発話などが距離を測る単位として用いられる。最低値は1（直前の文）であり、これが最大限継続的とされる。もう1つの基準は持続性（persistence）である。ある指示対象が後続の談話の中で言及される回数で測られ、最大値は任意に決められる。持続性は、談話における名詞句の重要性に近似すると考えられる。つまり、談話において重要な指示対象、すなわち話題性の高い名詞句は言及される回数が多く、持続的である。また、これら2つの基準のほかに、他の名詞句が介在する頻度が話題の曖昧性の指標として用いられることもある。

　こうした基準によって、明確に定義することが難しい談話レベルでの話題の概念を、計量的に分析することが可能になった。また、談話内に話題の継続性を作り出すという目的が、文単位での文法規則や情報構造の選択とどのように関わりあうのかについても研究が進められている。たとえば、談話における話題性の継続に関する傾向が、（形態的）能格性（→アラインメント）の機能的動機づけの1つになる。自動詞の唯一項をS、他動詞のより能動的に行為を行う項をA、その行為によって影響を被る項をPとすると、典型的に新情報を提示する語彙的名詞句をAの位置に使用して談話に新しい指示対象を導入する傾向は、言語普遍的に極端に低い。一方、SとPにはそのような制限はない。これがSとPを一括りにする動機を与え、能格性に繋がる。

　さらに、自然言語処理（Natural Language Processing）の観点からは、談話の話題とその継続性を自動的に抽出するモデルも多く提案されており、文書要約などの目的に活用されている。

[文献] T. Givón. *Topic Continuity in Discourse: A Quantitative Cross-Language Study*. John Benjamins, 1983.

[車田千種]

音声器官

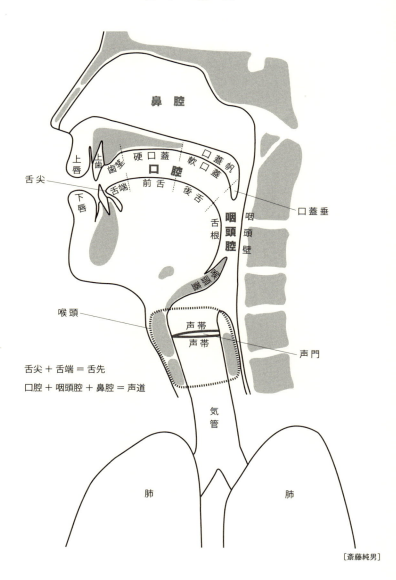

舌尖 + 舌端 = 舌先

口腔 + 咽頭腔 + 鼻腔 = 声道

［斎藤純男］

子 音

(1) 調音位置による子音の類

下側の器官 (動的)		上側の器官 (静的)	調音位置による子音の類		
下唇	→	上唇	1	両唇音	bilabial
	→	上歯	2	唇歯音	labiodental
舌尖/舌端	→	上歯の裏	3	歯音	dental
舌端	→	歯茎	4	歯茎音	alveolar
舌尖	→	歯茎後部	5	そり舌音	retroflex
舌端	→	歯茎後部	6	後部歯茎音	postalveolar
前舌	→	硬口蓋	7	硬口蓋音	palatal
後舌	→	軟口蓋	8	軟口蓋音	velar
	→	口蓋垂/軟口蓋の縁	9	口蓋垂音	uvular
舌根	→	咽頭壁	10	咽頭音	pharyngeal
声帯	→←	声帯	11	声門音	glottal

IPA（国際音声記号）のチャート

肺気流による子音の表ではこれら1から11が左から右に並べられている（これらは器官の図の唇から喉頭までに対応）。
肺以外の気流によるものは小さな表の上下に簡略に示されている。

記号が表には含められていない子音		記載場所
調音位置が「歯茎硬口蓋」の子音	[ɕ] [ʑ]	「その他の記号」
調音位置が「喉頭蓋」の子音	[ʜ] [ʢ] [ʡ]	「その他の記号」
調音位置が「舌唇」の子音	[t̼] [d̼]	「補助記号」

調音の違いが表には含められていない子音		記載場所
調音位置が「歯」の子音の明示	[t̪] [d̪]	「補助記号」
下の調音器官が「舌尖」か「舌端」かの明示		
舌尖を使う	[t̺] [d̺]	「補助記号」
舌端を使う	[t̻] [d̻]	「補助記号」

［斎藤純男］

(2) 調音方法による子音の類

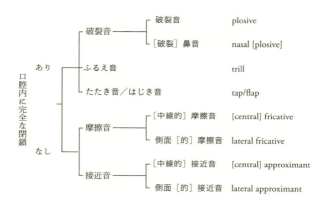

「調音方法」は「調音様式」とも言う。
「鼻音」以外はすべて「口音」だが、それは名称に明示しない。
「中線的」は、気流が口腔の中央部分を通るもの。
「側面的」は、舌が上の器官に接触しているが側面が開いており、気流がそこから出るもの。
［　］内はふつう省略する。

IPA（国際音声記号）のチャート

肺気流による子音の表に上記の子音が上から下に並べられている。

```
記号が表には含められていない子音            記載場所
    「側面はじき音」　　［ɺ］              「その他の記号」
```

［斎藤純男］

母 音

舌と唇の形状による母音の類

		前舌 front				中舌 central				後舌 back	
		非円唇	円唇	非円唇	円唇	非円唇	円唇	非円唇	円唇	非円唇	円唇
狭	close	i	y			ɨ	ʉ			ɯ	u
				ɪ	ʏ				ʊ		
半狭	close-mid	e	ø			ɘ	ɵ			ɤ	o
						ə					
半広	open-mid	ɛ	œ			ɜ	ɞ			ʌ	ɔ
		æ				ɐ					
広	open	a	ɶ							ɑ	ɒ

IPA（国際音声記号）のチャート

上に示したような表ではなく、台形の母音図が示されている。

図で縦と横の線が交差するところの母音は「非円唇・前舌・狭母音」のように名称がある。

IPAでは口腔内の空間の大きさに注目して「狭母音」「広母音」と言うが、舌の位置の高さに注目してそれらを「高母音」「低母音」と言うこともある。

［斎藤純男］

IPA（国際音声記号）2015年改訂版

子音（肺臓気流）

	両唇音	唇歯音	歯音	歯茎音	後部歯茎音	そり舌音	硬口蓋音	軟口蓋音	口蓋垂音	咽頭音	声門音
破裂音	p b			t d		ʈ ɖ	c ɟ	k g	q ɢ		ʔ
鼻音	m	ɱ		n		ɳ	ɲ	ŋ	ɴ		
ふるえ音	ʙ			r					ʀ		
はじき音		ⱱ		ɾ		ɽ					
摩擦音	ɸ β	f v	θ ð	s z	ʃ ʒ	ʂ ʐ	ç ʝ	x ɣ	χ ʁ	ħ ʕ	h ɦ
側面摩擦音				ɬ ɮ							
接近音		ʋ		ɹ		ɻ	j	ɰ			
側面接近音				l		ɭ	ʎ	ʟ			

各マス目の中の右が有声音、左が無声音　　網かけは調音が不可能と考えられる部分

子音（肺臓気流以外）

吸着音		有声入破音		放出音	例：
ʘ	両唇	ɓ	両唇	ʼ	
ǀ	歯	ɗ	歯（茎）	pʼ	両唇
ǃ	(後部)歯茎	ʄ	硬口蓋	tʼ	歯（茎）
ǂ	硬口蓋歯茎	ɠ	軟口蓋	kʼ	軟口蓋
ǁ	歯茎側面	ʛ	口蓋垂	sʼ	歯茎摩擦

母音

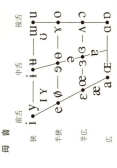

記号が2つ並んでいるものは、右が円唇、左が非円唇

IPA(国際音声記号)

その他の記号

ʍ	無声両唇軟口蓋摩擦音	ɕ ʑ	歯茎硬口蓋摩擦音
w	有声両唇軟口蓋接近音	ɧ	歯茎側面はじき音
ɥ	有声両唇硬口蓋接近音		ʃとxの同時調音
ʜ	無声喉頭蓋摩擦音		破擦音と二重調音は、必要があれば2つの記号を次のように結合させて表すことができる
ʢ	有声喉頭蓋摩擦音		
ʡ	喉頭蓋破裂音	ts k͡p	

補助記号 下に伸びた記号にはその上に付けてもよい。例：ŋ̊

̥	無声の	n̥ d̥	̤	息もれ声の	b̤ a̤	歯音の	t̪ d̪
̬	有声の	s̬ t̬	̰	きしみ声の	b̰ a̰	舌尖で調音する	t̺ d̺
ʰ	帯気音化した	tʰ dʰ	̼	舌唇音	t̼ d̼	舌端で調音する	t̻ d̻
̹	より丸めの強い	ɔ̹	ʷ	唇音化した	tʷ dʷ	鼻音化した	ẽ
̜	より丸めの弱い	ɔ̜	ʲ	硬口蓋化した	tʲ dʲ	鼻腔開放の	dⁿ
̟	前寄りの	u̟	ˠ	軟口蓋化した	tˠ dˠ	側面開放の	dˡ
̠	後ろ寄りの	e̠	ˤ	咽頭化した	tˤ dˤ	開放のない	d̚
̈	中舌寄りの	ë	̃	軟口蓋あるいは咽頭化した	ɫ		
̽	中央寄りの	x̽	̝	より狭い	e̝ (ɹ̝ =有声歯茎摩擦音)		
̩	音節主音の	n̩	̞	より広い	e̞ (β̞ =有声両唇接近音)		
̯	音節副音の	e̯	̘	舌根が前に出された	e̘		
˞	r音色	ɚ a˞	̙	舌根が後ろに引かれた	e̙		

超分節音

ˈ	第1ストレス
ˌ	第2ストレス ˌfoʊnəˈtɪʃən
ː	長
ˑ	半長
̆	特に短い
|	小(フット)グループ
‖	大(イントネーション)グループ
.	音節境界 ɹi.ækt
‿	切れ目のない

トーンとアクセント

平らまたは 曲線
e̋	˥ 超高平ら	ě	᷅ 上がり
é	˦ 高平ら	ê	᷆ 下がり
ē	˧ 中平ら	e᷄	᷄ 高上がり
è	˨ 低平ら	e᷅	᷇ 低上がり
ȅ	˩ 超低平ら	e᷈	᷈ 上がり下がり
↓	ダウンステップ	↗	全体的上昇
↑	アップステップ	↘	全体的下降

文字の系統図

使用言語の例

	中国語, 朝鮮語, 日本語
	日本語
	ベトナム語（20世紀前半まで）
	朝鮮語
	シュメル語, アッカド語, ヒッタイト語
	ウガリト語
	古代ペルシア語
	古代エジプト語
	ギリシア語
	ロシア語, ブルガリア語, モンゴル語（モンゴル国）
	古代教会スラブ語
	英語, ドイツ語, フランス語, チェコ語, トルコ語, ベトナム語, インドネシア語
	アルメニア語
	グルジア語
	ヘブライ語
	アラビア語, ペルシア語, ウルドゥー語, 現代ウイグル語
── モンゴル文字	モンゴル語
── チベット文字	チベット語
└ パスパ文字	中期モンゴル語
┌ ベンガル文字	ベンガル語
── デーヴァナーガリー文字	サンスクリット語, ヒンディー語
├ タミル文字	タミル語
└ テルグ文字	テルグ語
	モン語
	ビルマ語
	カンボジア語
	タイ語
	古代北アラビア語
	古代南アラビア語
	ゲエズ語
	古代マヤ語

［池田潤、斎藤純男］

英日対照表

【A】

abbreviation　略語
ablative　奪格
ablaut　アプラウト、母音交替
absolutive　絶対格
accent　アクセント
Accessibility Hierarchy　接近可能性の階層
accusative　対格
acoustic phonetics　音響音声学
acrolect　上層方言
acronym　頭字語
active voice　能動態
active-stative　活格・不活格型
ad hoc concept construction　アドホック概念構築
adjective　形容詞
adjunct　付加詞
adposition　側置詞
adstratum　傍層
advanced tongue root　ATR
adverb　副詞
affectedness　受影性
affirmative sentence　肯定文
affix　接辞
affixation　接辞化
affordance　アフォーダンス
agent　動作主
agglutinating language　膠着語
agglutination　[1] 膠着 [2] 語の癒着
agglutinative　膠着型
agrammatism　失文法
agraphia　失書
agreement　一致
airstream mechanism　気流機構
Aktionsart (独)　アクチオンスアルト
alexia　失読
alienable possesion　譲渡可能所有
alignment　アラインメント
allegory　諷喩
allograph　異文字
allophone　異音
alphabet　アルファベット
ambiguity　曖昧性
ambitransitive　自他同形動詞
American Structural Linguistics　アメリカ構造主義言語学
analogy　類推
analytic (language)　分析的（言語）
anaphor　[1] 照応形 [2] 照応詞
anaphora　（前方）照応
anaptyxis　語中音添加
animacy　有生性
animate　有生
antecedent　先行詞
anthropological linguistics　人類言語学
anticausative　逆使役
antipassive voice　逆受動態
aphasia　失語症
apheresis　語頭音消失
apocope　語末音消失
applicative voice　適用態
arbitrariness　恣意性
archiphoneme　原音素
areal norm(s)　地域基準
argument　項
argument alternation　項交替
argument structure　項構造
article　冠詞
articulation　[1] 調音 [2] 分節
articulatory phonetics　調音音声学
aspect　アスペクト、相
aspiration　気音
assimilation　同化
association function　関連付け機能（→枠付け類型論）

auditory phonetics 聴覚音声学
Autosegmental-Metrical theory　AM理論
Autosegmental Phonology　自律分節音韻論
auxiliary verb　助動詞

【B】

back formation　逆成
base　[1] 語基　[2] ベース
basic color term　基本色彩語
Basic Linguistic Theory　基礎言語理論
basic vocabulary　基礎語彙
basilect　基層方言
Bedeutung (独)　意味 (→内包・外延)
benefactive　受益者格
bilingualism　二言語使用、バイリンガリズム
binding (theory)　束縛 (理論)
blend　混成語
blending　[1] 混成　[2] 融合
borrowing　借用
branch　語派
breathy voice　息もれ声

【C】

calque　カルク
cardinal number　基数詞
cardinal vowels　基本母音
case　格
Case Grammar　格文法
cataphora　後方照応
categorization　カテゴリー化
causal chain　因果連鎖
causative-inchoative alternation　自他交替
causative construction　使役構文
causative voice　使役態
c-command　c統御
chain shift　連鎖変化
Chinese character　漢字
circumfix　接周辞、共接辞
citation form　引用形式
classifier　類別詞
clause linkage　節連結

cleft sentence　分裂文
click　吸着音
clipping　短縮
clitic　接語、倚辞
coarticulation　同時調音
coda　尾子音
code-mixing　コードミキシング
codeswitching　コード切り替え
coefficient sonantique　成節的係数
co-event　共事象 (→枠付け類型論)
cognate　同源語
cognitive linguistics　認知言語学
Cognitive Principle of Relevance　認知に関する関連性の原理
coherence　結束性
cohesion　結束構造
collation　校合(きょうごう)
comitative　共格
common language　共通語
communicative competence　伝達能力
Communicative Principle of Relevance　伝達に関する関連性の原理
community of practice　実践の共同体
comparative construction　比較構文
comparative linguistics　比較言語学
comparative method　比較法
complement　補部
complementary distribution　相補分布
complex sentence　複文
compositionality　合成性
compound sentence　重文
compounding　複合
concord　呼応
conditioned change　条件変化
conjugation　活用
conjunction　接続詞
consonant　子音
constituent　構成素
constituentized grid　構成素グリッド
construal　捉え方
construction　構文

Construction Grammar　構文法
contact language　接触言語
contamination　混交
content word　内容語
context　コンテクスト
continuum　連続体
contoid　子音状音、子音類
contour tone　曲線声調
contrastive analysis　対照分析
contrastive distribution　対立分布
contrastive linguistics　対照言語学
controller　コントローラー
converb　副動詞
convergence　収斂（しゅうれん）
Conversation Analysis (CA)　会話分析
conversational implicature　会話の含意
conversion　転換
covert prestige　潜在的威信
Cooperative Principle　協調の原理
coordination　等位接続
Copenhagen School　コペンハーゲン学派
copular sentence　コピュラ文
core　中核
core schema　中核スキーマ
corpus (linguistics)　コーパス（言語学）
cosubordination　連位接続
covert prestige　潜在的威信
creaky voice　きしみ声
creativity　創造性
creole　クレオール
critical period　臨界期
cross-linguistic　通言語的

【D】

dative　与格
dative alternation　与格交替
dead language　死語
declarative sentence　平叙文
declension　曲用
decreolization　脱クレオール化
definite　定

definiteness　定性
deictic　ダイクシス表現（→ダイクシス）
deixis　ダイクシス
demonstrative　指示詞
deontic modality　拘束的モダリティ
dependency grammar　依存文法
derivation　派生
descriptive linguistics　記述言語学
determinative　限定符
diachronic linguistics　通時言語学
diachrony　通時態
dialect　方言
dialect contact　方言接触
dialect geography　方言地理学
differntial object marking (DOM)　DOM、示差的目的語標示
diffusion　拡散
diglossia　ダイグロシア、二言語使い分け
direct　順行
direct speech　直接話法
disambiguation　曖昧性除去
discourse　談話
discourse analysis　談話分析
Discourse Management Theory　談話管理理論
dislocation　転位
display map　資料地図
dissimilation　異化
distinctive feature　示差的特徴、弁別素性、弁別的特徴
documentary linguistics　記録言語学
domain　言語使用領域
double articulation　[1] 二重調音 [2] 二重分節
doublet　二重語
drag chain　引き連鎖
drift　ドリフト
dual　双数
dynamic modality　動的モダリティ

【E】

economy　経済性
ejective　放出音

elaborated code　精密コード
emic　イーミック
empathy　共感度
enclitic　前接語、後倚辞
encyclopedic semantics　百科事典的意味論
endangered language　危機言語
endocentric　内心的
epenthesis　語中音添加
epistemic modality　認識的モダリティ
equipollent　両極派生
equipollently-framed language　等位枠付け言語
ergative　能格
ergative-absolutive　能格・絶対格型
ergativity　能格性
error analysis　誤用分析
ethnography of speaking　ことばの民族誌
ethnolinguistics　民族言語学
etic　エティック
etymology　語源（学）
etymon　語源
euphemism　婉曲語法
evidential modality　証拠性モダリティ
evidentiality　証拠性
evolutionary linguistics　進化言語学
exclamatory sentence　感嘆文
excrescence　語中音添加
existential sentence　存在文
exocentric　外心的
exophora　外界照応
experimental phonetics　実験音声学
experimental phonology　実験音韻論
explicature　表意
extension　外延

【F】

Faithfulness Constraint　忠実性制約
family tree　系統樹
fashions of speaking　好まれる言い廻し
Feature Geometry Theory　素性階層理論
figure　図

finiteness　定形性
first language acquisition　母語の獲得
focal area　焦点地域
focus　焦点
folk etymology　民衆語源、民間語源、語源俗解
foot　フット
force dynamics　力動性
foreigner talk　フォリナートーク
formal semantics　形式意味論
fortis　フォルティス、硬音
fortition　強化
frames of reference　空間参照枠
framing event　枠付け事象（→枠付け類型論）
framing typology　枠付け類型論
free direct speech　自由直接話法
free enrichment　自由拡充
free indirect speech　自由間接話法
function word　機能語
functional load　機能負担量
functional syntax　機能的構文論
fusion　融合[1]
fusional　融合型（→融合[1]）
fusional language　融合的言語（→融合[1]）

【G】

gender　[1] ジェンダー　[2] （文法的）性
generative grammar　生成文法
Generative Phonology　生成音韻論
genetic relationship　系統関係
genitive　属格
genius　（→ドリフト）
geolinguistics　地理言語学
gerund　動名詞
glossematics　言理学
glottochronology　言語年代学
glottogram　グロットグラム
government　支配
Government Phonology　統率音韻論
grade　階梯
grammar　文法

grammatical category 文法範疇、文法カテゴリー
grammatical change 文法変化
grammatical gender 文法的性
grammatical relation(s) 文法関係
grammatical word 文法的語
grammaticalization / grammaticization 文法化
grammatology （→文字論・文字素論）
grapheme 文字素
graphemics / graphetics / graphology （→文字論・文字素論）
Grimm's Law グリムの法則
ground 地

【H】

habitual 習慣相
Hangeul ハングル
haplology 重音脱落
Head-Driven Phrase Structure Grammar (HPSG) 主辞駆動句構造文法
hieroglyph 象形文字
high variety 高位変種、H変種
historical linguistics 歴史言語学
homonymic clash 同音衝突
hypercorrection 過剰修正

【I】

iconicity 類像性
identificational sentence 同定文
identity アイデンティティ
identity sentence 同一性文
ideogram 表意文字
ideophone 表意音
idiolect 個人語
illocutionary force 発話内の力
immediate constituent 直接構成素
imperative sentence 命令文
imperfective 非完結相
implicational law 含意法則
implicature 推意
implosive 入破音

importation 移入
inalienable possesion 譲渡不可能所有
inanimate 無生
inceptive 起動相
indefinite 不定
indirect speech 間接話法
infant speech 幼児のことば
infix 接中辞
inflection 屈折
information structure 情報構造
innovation 改新（特徴）
instrumental 具格
instrumental phonetics 器械音声学
intension 内包
interfix 接合辞、中間接辞
interjection 間投詞
interlanguage 中間言語
internal reconstruction 内的再建法
International Phonetic Alphabet (IPA) IPA
interpretive map 解釈地図
interrogative (sentence) 疑問文
inter-sentential codeswitching 文間コード切り替え
intonation イントネーション
intra-sentential codeswitching 文中コード切り替え
introspection 内省
inverse 逆行
inversion 倒置
isochronism 等時性
isogloss 等語線
isolate / isolated language 孤立の言語
isolating 孤立型
iterative 反復相

【J】

joint attention 共同注意

【L】

labile 自他同形動詞
Laboratory Phonology 実験音韻論

langage（仏）　ランガージュ
language behavior　言語行動
language classification　言語の分類
language contact　言語接触
language family　語族
language ideology　言語イデオロギー
language planning　言語計画
language policy　言語政策
language rights　言語権
language transfer　言語転移
language universal(s)　言語普遍性
langue（仏）　ラング
Laryngeal Theory　喉音仮説
laryngealization　喉頭化（→発声）
lateral release　側面開放
Lautgesetz（独）　音法則
lax　ラックス
left-dislocation　左方転位
lengthened grade　延長階梯
lenis　レーニス、軟音
lenition　弱化
leveling　平準化
lexeme　語彙素
lexical aspect　アクチオンスアルト、語彙的アスペクト
lexical item　語彙項目
Lexical Phonology　語彙音韻論
Lexical Functional Grammar (LFG)　語彙機能文法
lexicalization　語彙化
lexicostatistics　語彙統計学
lexifier language　語彙提供言語
linear phonology　線形（線状）音韻論
linearity　線状性
lingua franca　リンガ・フランカ
linguistic anthropology　言語人類学
linguistic area　言語領域
linguistic determinism　言語決定論
linguistic fieldwork　言語調査
linguistic geography　言語地理学
linguistic landscape　言語景観

linguistic map　言語地図
Linguistic Paleontology　言語先史学
linguistic relativity, linguistic relativism　言語相対論
linguistic typogeography　類型地理論
linguistic typology　言語類型論
linguistic variable　言語変数
literacy　リテラシー
literary language　文語
loan translation　翻訳借用
loanword　借用語
locative　場所格
locative alternation　場所格交替
locus of marking　形態的標示の場所
logogram　表語文字
London School　ロンドン学派
low variety　低位変種、L変種

【M】

marked(ness)　有標（性）
Markedness Constraint　有標性制約
maximum parsimony principle　最節約原理
Mental Spaces Theory　メンタル・スペース理論
Merge　併合
merger　合流
mesolect　中層方言
metalanguage　メタ言語
metanalysis　異分析
metaphor　メタファー、隠喩
metathesis　音位転換
metonymy　メトニミー、換喩
Metrical Phonology　韻律音韻論
middle voice　中動態
mimetic　擬音語、擬態語
minimalism　極小主義、ミニマリズム
minimal pair　ミニマルペア
mirativity　意外性
mixed language　混合言語
modality　モダリティ
modifier　修飾語

module　モジュール
monolingualism　単一言語使用、単一言語主義
Montague Grammar　モンタギュー文法
mood　ムード
mora　モーラ
morpheme　形態素
morphological process(es)　形態論的プロセス
morphological typology　形態的類型論
morphology　形態論
morphophoneme　形態音素
morphophonemic alternation　形態音素交替
multilingualism　多言語使用、多言語主義
murmur　息もれ声

【N】

nasal release　鼻腔開放
national language　国語
natural class　自然類
Natural Phonology　自然音韻論
negation　否定
negative raising　否定辞繰り上げ
negative sentence　否定文
neologism　新語（創造）
network　ネットワーク
nominal hierarchy　名詞句階層
nominalization　名詞化
nominalizer　名詞化標識（→名詞化）
nominative　主格
nominative-accusative　主格・対格型
　　　　　　　　　　（→対格（型）（言語））
non-canonical word order　非規範的語順
Non-linear Phonology　非線形音韻論
non-verbal communication　非言語伝達
norm　規範
noun　名詞
noun class　名詞クラス
noun incorporation　名詞抱合
noun-modifying clause　名詞修飾節
NP-movement　名詞句の移動
nucleus　[1] 内核 [2] 核母音
number　数

numeral　[1] 数詞 [2] 数字

【O】

object language　対象言語
obligatory application　義務適用
oblique　斜格（語）
obsolescence　廃用
obviation　疎化
official language　公用語
onomasiology　命名論
onomastics　固有名詞学
onomatopoeia　オノマトペ
onset　頭子音
operator　操作子
optative sentence　祈願文
Optimality Theory (OT)　最適性理論
optional application　随意適用
ordinal number　序数詞
orthographic word　正書法的語
orthography　正書法
overgeneralization　過剰一般化
overt prestige　顕在的威信

【P】

palatalization　口蓋化
paradigmatic relation　系列的関係
paragoge　語末音添加
paragrammatism　錯文法
parallel development　平行発展
parallel evaluation　並列評価
parole (仏)　パロール
paronymic attraction　類音牽引
participant observation　参与観察
participle　分詞
particle　小辞、不変化詞、助詞
partitive　部分格
parts of speech　品詞
passive voice　受動態
patient　被動者
perfect　完了相
perfective　完結相

peripheral distribution 周辺分布・周圏論的分布・ABA分布
permissive 許容（使役）
person 人称
Philippine-type フィリピン・タイプ
philology 文献学
phonation 発声
phonetic radical 声符、音符
phoneme 音素
phonemics 音素論
phonetics 音声学
phonogram 表音文字
phonological process 音韻プロセス
phonological rule 音韻規則
phonological word 音韻的語
phonology 音韻論
phonotactics 音素配列
phrase (structure) 句（構造）
phylogeny 系統の親疎関係
phylum 大語族
pictogram 絵文字
pidgin ピジン
pivot 軸項
plural 複数
plurilingualism 複言語主義
polarity 極性
politeness theory ポライトネス理論
polysemy 多義性
polysynthesis 複統合、輯合、複総合
polysynthetic language 複統合語、多総合的言語、輯合語（→複統合）
portmanteau word カバン語
possession 所有
possible worlds semantics 可能世界意味論
post-creole continuum クレオール後連続体
postposition 後置詞
pragmatic strengthening 語用論の強化
pragmatics 語用論
Prague School プラーグ学派
preaspiration 前気音
predicate 述語

predicational sentence 措定文
prefix 接頭辞
pre-language 史前言語
preposition 前置詞
prestige 威信
primary strategy （→接近可能性の階層）
Principles and Parameters 原理・パラメータ（理論）
procedural meaning 手続き的意味
proclitic 後接語、前倚辞
productivity 生産性
profile プロファイル
progressive 進行相
pronoun 代名詞
proper name / proper noun 固有名（詞）
proposition 命題
prosodic hierarchy 韻律階層
Prosodic Morphology 韻律形態論
Prosodic Phonology 音律音韻論
prosthesis 語頭音添加
protolanguage 原型言語
proto-language 祖語
prototype プロトタイプ
psycholinguistics 心理言語学
push chain 押し連鎖

【Q】

quantifier 数量詞
quotation 引用

【R】

reanalysis 再分析
recipient 受取手
reconstruction 再建、再構
reduplication 重複
reference 指示、意味（→内包・外延）
reference point 参照点
referent 指示対象
referential distance 指示距離
referential expression 指示表現
register レジスター

register tone　段位声調
Relational Grammar (RG)　関係文法
relative chronology　相対的年代
Relevance Theory　関連性理論
relic area　残存地域
relic form　残存形式
repetition　反復
replication　複製
restricted code　限定コード
retention　残存特徴
rhotacism　ロタシズム
right-dislocation　右方転位
rhyme / rime　ライム、韻
Role and Reference Grammar (RRG)　RRG
role language　役割語
root　語根
root modality　根源的モダリティ

【S】

Sapir-Whorf Hypothesis　サピア・ウォーフの仮説
satellite(-framed language)　付随要素（枠付け言語）
schema　スキーマ
scope　作用域
second language acquisition　第二言語習得
secondary articulation　二次的調音
segment　分節音
segmental phonology　分節音韻論
semantic change　意味変化
semantic radical　義符、意符
semantic role　意味役割
semantics　意味論
semasiology　意味変化論
sense　意義（→内包・外延）
serial derivation　直列派生
serial verb construction　動詞連続構文
shift　推移
sign　記号
sign language　手話
signe（仏）　シーニュ、記号

signifiant（仏）　シニフィアン、能記
signifié（仏）　シニフィエ、所記
simple sentence　単文
singular　単数
Sinn（独）　意義（→内包・外延）
situation　場面
slang　俗語
sociolinguistics　社会言語学
sonority hierarchy　聞こえの階層
sound addition　音添加
sound change　音変化
sound correspondence　音対応
sound law　音法則
sound loss　音消失
sound symbolism　音象徴
spatial norm(s)　地域基準
specificational sentence　指定文
specificity　特定性
speech　話法
speech act　発話行為、言語行為
speech chain　ことばの鎖
speech community　言語共同体
speech sound(s)　音声
speech-language disorder　言語障害
split　分裂
split intransitivity　分裂自動詞性
spoken language　口語、話しことば
Sprachbund（独）　言語連合
Stammbaum（独）　系統樹
Standard Average European　SAE
standard language　標準語
standardization　標準化
stem　語幹
stereotype　ステレオタイプ
strengthening　強化
stress clash　強勢衝突
structural dialectology　構造方言学
structural linguistics　構造主義言語学
structure dependence　構造依存性
style　スタイル
subgrouping　下位分類

subject 主語
subjectification 主観化、主体化
subjectivity 主観性、主体性
subordination 従位接続
substitution 代用
substratum (theory) 基層（説）
suffix 接尾辞
superstratum 上層
suppletion 補充
suprafix 超分節接辞、かぶせ接辞
suprasegmental 超分節音
switch-reference 交替指示、指示転換
syllable 音節
syllable quantity 音節量
syllable weight 音節の重さ
synchrony 共時態
syncope 語中音消失
syncretism 融合^2
syntagmatic relation 統合的関係
syntax 統語論、統辞論
synthesis 統合
synthetic 統合型（→統合）
synthetic language 統合的言語、総合的言語（→統合）
Systemic Functional Linguistics 選択体系機能言語学
Systemic Grammar 体系文法

【T】

taboo タブー
target [1] 標的（→参照点）[2] ターゲット（→支配）
tautology トートロジー
tense [1] テンス（時制）[2] テンス（→テンス・ラックス）
terminative 終結相
text linguistics テクスト言語学
theme 移動体
theory of territory of information 情報のなわ張り理論
thinking for speaking 発話のための思考

time series linguistic map 時系列言語地図
tone [1] 声調 [2] トーン（→ToBI）
Tones and Break Indices (ToBI) ToBI
tonogenesis 声調の発生
topic 主題、題目、話題
topic continuity 話題継続性
topicality 話題性
toponymy 地名学
transcription 転写
transfix 貫通接辞
transitivity 他動性
transliteration 翻字
truth condition 真理条件
typological 類型論的

【U】

umlaut ウムラウト
unaccusative (verb) 非対格（動詞）
unconditioned change 無条件変化
Underspecification Theory 不完全指定理論
unergative (verb) 非能格（動詞）
uniformitarian principle 斉一原理
Universal Grammar (UG) 普遍文法
unmarked 無標
usage-based model 用法基盤モデル

【V】

vague 不明瞭
valency 結合価
variable 変項
variation (theory) 変異（理論）
variety 言語変種
verb 動詞
verbalization 動詞化
verb-framed language 動詞枠付け言語
vocative 呼格
vocoid 母音状音、母音類
voice ヴォイス、態
Voice Onset Time (VOT) （→気音・前気音）
volitionality 意志性
vowel 母音

vowel harmony　母音調和

【W】

wave theory　波動説、波紋説
weakening　弱化
Wellentheorie（独）　波動説、波紋説
wh-movement　wh句の移動
word　語
word class　語類
word form　語形
word formation　語形成
word order　語順
written language　文語

明解言語学辞典

2015 年 8 月 20 日　第 1 刷発行
2023 年 3 月 10 日　第 3 刷発行

編　者　斎藤純男、田口善久、西村義樹
発行者　株式会社　三省堂　代表者　瀧本多加志
印刷者　三省堂印刷株式会社
発行所　株式会社　三省堂
　　　　　〒 102-8371
　　　　　東京都千代田区麴町五丁目 7 番地 2
　　　　　電話　(03)3230-9411
　　　　　商標登録番号　5028257
　　　　　https://www.sanseido.co.jp/

落丁本・乱丁本はお取り替えいたします。
©Yoshio SAITÔ, Yoshihisa TAGUCHI, Yoshiki NISHIMURA 2015
Printed in Japan
ISBN978-4-385-13578-6
〈明解言語学辞典・288pp.〉

本書を無断で複写複製することは、著作権法上の例外を除き、禁じられています。また、本書を請負業者等の第三者に依頼してスキャン等によってデジタル化することは、たとえ個人や家庭内での利用であっても一切認められておりません。